ACCESO GRATIS *a la Lectura en la Nube*

Para visualizar el libro electrónico en la nube de lectura envíe junto a su nombre y apellidos una fotografía del código de barras situado en la contraportada del libro y otra del ticket de compra a la dirección:

ebooktirant@tirant.com

En un máximo de 72 horas laborables le enviaremos el código de acceso con sus instrucciones.

La visualización del libro en **NUBE DE LECTURA** excluye los usos bibliotecarios y públicos que puedan poner el archivo electrónico a disposición de una comunidad de lectores. Se permite tan solo un uso individual y privado.

LOS OBJETIVOS DE DESARROLLO SOSTENIBLE (ODS): CUESTIONES GEOPOLÍTICAS Y CONSIDERACIONES JURÍDICAS

LOS OBJETIVOS DE DESARROLLO SOSTENIBLE (ODS): CUESTIONES GEOPOLÍTICAS Y CONSIDERACIONES JURÍDICAS

FRÉDÉRIC MERTENS DE WILMARS
CARLA DE PAREDES GALLARDO
Coordinadores

tirant lo blanch
Valencia, 2024

EDITA: TIRANT LO BLANCH
C/ Artes Gráficas, 14 - 46010 - Valencia
TELFS.: 96/361 00 48 - 50
FAX: 96/369 41 51
Email: tlb@tirant.com
www.tirant.com
Librería virtual: www.tirant.es
DEPÓSITO LEGAL: V-3727-2023
ISBN: 978-84-1197-378-6

Si tiene alguna queja o sugerencia, envíenos un mail a: *atencioncliente@tirant.com*. En caso de no ser atendida su sugerencia, por favor, lea en *www.tirant.net/index.php/empresa/politicas-de-empresa* nuestro procedimiento de quejas.

Responsabilidad Social Corporativa: http://www.tirant.net/Docs/RSCTirant.pdf

Índice

TERCERA PARTE
EL DERECHO AL SERVICIO DE LOS ODS

CUARTA PARTE
LA GEOECONOMÍA DE LOS ODS

PRESENTACIÓN

La sostenibilidad se ha convertido en una preocupación global apremiante tanto para los gobiernos como para las organizaciones y consumidores en todo el mundo. Estamos cada vez más conscientes de los desafíos medioambientales, sociales y económicos que enfrenta nuestro planeta y reconocemos la necesidad de tomar medidas urgentes para garantizar un futuro sostenible para las generaciones venideras.

Al formular la Agenda 2030 y sus 17 Objetivos de Desarrollo Sostenible (ODS, en adelante), la comunidad internacional ha puesto en tela de juicio las divisiones tradicionales del mundo, en particular la oposición Norte-Sur. Por un lado, frente a las exigencias del desarrollo sostenible, todos los países se enfrentan a desafíos en relación con su propia situación y, por tanto, pueden considerarse en desarrollo.

Por otro lado, los grandes retos del desarrollo suelen trascender las fronteras, por lo que el Sur y el Norte se enfrentan juntos a los desafíos de la pobreza extrema, el cambio climático, la degradación del medio ambiente y los límites del planeta. Es más, debido a su complejidad y escala, estos grandes retos requerirán coaliciones y alianzas muy amplias de actores —actores públicos, actores de la sociedad civil, empresas, científicos, etc.— tanto en el Norte como en el Sur, en las que los gobiernos, garantes de una acción coherente a escala nacional, no siempre serán los principales impulsores del cambio. Los ODS han reconfigurado las relaciones internacionales. También ofrecen un papel crucial al Derecho Internacional.

Los ODS representan un notable paso adelante en el fortalecimiento de la visión compartida del desarrollo a nivel mundial y la primacía del interés general sobre los intereses particulares. Por primera vez, se ha esbozado una jerarquía de criterios vinculados al "bien común". Su aplicación movilizará a un amplio abanico de actores, tanto en el Norte como en el Sur, y el papel de los gobiernos será esencial como orquestadores y garantes de la coherencia a escala nacional, pero también como intermediarios de asociaciones entre los distintos actores de la sociedad civil, las empresas, los científicos, etc.

Está claro que los ODS están remodelando unas relaciones que durante mucho tiempo se han descrito como “Norte-Sur”, en el sentido de una responsabilidad más compartida, aunque diferente. Estas nuevas relaciones entre países con distintos niveles de desarrollo deben concebirse dentro de un marco de gobernanza mundial que aún está por construir.

Los ODS exigen cambios de gran calado que no serán evidentes. Aunque el clima internacional actual no parezca especialmente favorable —en particular, la guerra en Ucrania, las tensiones entre Estados Unidos y China— justifican la aparición de una “política pública internacional” que permita las compensaciones que inevitablemente surgirán.

Ahora bien, si el multilateralismo parece ser esencial para la coordinación de la acción internacional y, por tanto, para la consecución de los ODS, ya que permite la gestión conjunta, la regulación entre Estados y la asistencia mutua, el sistema internacional atraviesa en la actualidad numerosas crisis que han demostrado que no conocen fronteras y afectan a la gobernanza mundial. Ya sean políticas, económicas, de seguridad, ecológicas, sociales, migratorias, identitarias o sanitarias, todas ellas han cambiado lo que está en juego a nivel internacional y han alterado el equilibrio.

De hecho, estas crisis han provocado trastornos en las relaciones internacionales, han aumentado las desigualdades entre las poblaciones y han contribuido al auge del populismo. Al no poder responder a estos retos mediante la cooperación y el multilateralismo, los Estados se repliegan sobre sí mismos, actuando de forma unilateral y/o bilateral, ya que la protección de sus intereses nacionales vuelve a ser prioritaria. El principal objetivo de los jefes de Estado es garantizar la prosperidad de su nación y el bienestar de su población en la inestabilidad reinante. Para ello, los intereses colectivos se sustituyen por intereses individuales. Los retos de la paz, la seguridad, el crecimiento económico, el clima, las cuestiones sociales, políticas y financieras están cambiando y los Estados intentarán alcanzarlos por sí mismos.

Las contribuciones de esta obra colectiva tratan de diagnosticar situaciones o fenómenos y proponer unas reflexiones para abordar posibles soluciones o aproximaciones en las cuales las disciplinas de

Relaciones Internacionales y Derecho Internacional constituyen el prisma de este trabajo.

Por ello, la primera parte del libro trata de la "alianza metodológica" necesaria para la consecución de la realización de los ODS. Trata el aprendizaje interdisciplinario (los estudios de relaciones internacionales, así como la clínica de sostenibilidad) y la aproximación normativa —en su sentido amplio— de la alianza de actuación (alianza bioética, alianza normativa e investigación contra la corrupción).

La segunda parte hace referencia al "desafío a la seguridad colectiva" que marca la actualidad de numerosas regiones del mundo (la guerra de Ucrania, la violencia electoral en el Liberia) en las cuales las organizaciones internacionales tratan de responder (la Unión europea y el Consejo de Seguridad de la ONU, en la búsqueda de una paz "positiva").

En la tercera parte llamada "el Derecho al servicio de los ODS", los autores analizan los aspectos jurídicos de la implementación de los ODS en diversos sectores que el Derecho Internacional regula o pretende regular: el medioambiente (en sí mismo y en un contexto geopolítico "VUCA"), los derechos humanos y los delitos de lesa humanidad, así como la cuestión del tiempo en el marco del trabajo decente (ODS 8).

Finalmente, la cuarta y última parte de este trabajo colectivo destaca la "geoeconomía de los ODS" en la medida que la realización de éstos es estrechamente vinculada con los condicionantes económicos que radican en algunas tensiones (las controversias inversor-Estado, los conflictos en los sectores del gas y del agua), y retos como algunos tipos de operaciones industriales (la relocalización sostenible de la "industria 4.0") y cuestiones monetarias internacionales.

Este libro ofrece una visión holística de las implicaciones (geo) políticas y jurídicas de la realización de los ODS y los métodos para realizarlos. Métodos que tienen como base común —o columna vertebral— la alianza entre todos los actores internacionales o no, públicos y privados, incluida la ciudadanía. Sin el ODS nº 17, los objetivos del Agenda 2030 serían inalcanzables desde el instante mismo de concepción. Por ello, esta alianza necesita estrategias decisionales elaboradas conjuntamente entre todos. En este sentido, esta obra colectiva se inscribe en las líneas de trabajo del grupo de investigación "SDG 17: Alliance For Collective Coproduction" de la Universidad Europea de Valencia.

Valencia, junio de 2023

PRIMERA PARTE
ALIANZA METODOLÓGICA

EL PAPEL DE LOS ESTUDIOS DE RELACIONES INTERNACIONALES Y LA GEOPOLÍTICA EN EL CUMPLIMIENTO DEL ODS 17 EN ESPAÑA

THE ROLE OF INTERNATIONAL RELATIONS STUDIES AND GEOPOLITICS IN THE FULFILMENT OF ODS 17 IN SPAIN

SARA CANDEL-AÑÓN[1]

Resumen

Desde la aparición oficial en 1969 del concepto de "desarrollo sostenible", este término se ha establecido universalmente en las agendas políticas internacionales. En el 2015 la Organización de las Naciones Unidas encabezó la Agenda 2030 integrada por 17 objetivos (ODS), con la finalidad de crear un futuro resiliente y sostenible. El presente capítulo tiene como objeto establecer específicamente la conexión entre el ODS 17, relacionado con la creación de alianzas para el desarrollo sostenible y la cooperación internacional, con la geopolítica, concretamente, de qué forma el ODS 17 puede significar una baza estratégica geopolítica para España.

Palabras clave: Objetivos de desarrollo sostenible - ODS 17 - geopolítica - opinión pública - revitalización de alianzas

Abstract

Since the official appearance in 1969 of the concept "sustainable development", this term has become universally established in international political agendas. In 2015, the United Nations led the 2030 Agenda composed of 17 goals (SDGs), with the aim of creating a resilient and sustainable future. This chapter aims to establish the connection between SDG 17, related to the creation of partnerships for sustainable development and international cooperation, with geopolitics, specifically, how SDG 17 entails a geopolitical strategic asset for Spain.

Keywords: Sustainable Development Goals - SDG 17 - geopolitics - public opinion - revitalization of alliances

1 Graduada en Relaciones Internacionales por la Universidad Europea de Valencia. Máster en Estudios Internacionales y Europeos de la Universitat de València. (scandel.vlc@gmail.com)

Sumario: 1. INTRODUCCIÓN. 2. OBJETIVO DE DESARROLLO SOSTENIBLE 17, "ALIANZAS PARA LOGRAR LOS OBJETIVOS". 3. EL OBJETIVO DE DESARROLLO SOSTENIBLE 17, "ALIANZAS PARA LOS OBJETIVOS" Y LA GEOPOLÍTICA. 4. EL IMPACTO DEL ODS 17 EN LA ESTRATEGIA NACIONAL ESPAÑOLA: REVITALIZACIÓN DE ALIANZAS NUEVAS O TRADICIONALES DESDE EL AÑO 2015. 5. CONCLUSIONES.

1. INTRODUCCIÓN

En los últimos años, la agenda política internacional destaca la participación en la consecución de los Objetivos de Desarrollo Sostenible de la Organización de las Naciones Unidas (ODS)[2]. El creciente multilateralismo entre naciones deriva en que la ONU haya tomado el relevo como actor gubernamental en materia de defensa del medioambiente, social, económico y político, pero, sobre todo, en el fomento de creación y revitalización de alianzas entre los Estados para la consecución de los objetivos de desarrollo sostenible.

La literatura consultada[3] revela que algunos ODS, como, por ejemplo, medioambiente o ayuda humanitaria: pobreza y hambre, han recibido más atención y más difusión en comparación con los otros objetivos. No obstante, el ODS 17 parece estar estrechamente vinculado y tener un papel muy relevante para la consecución de los otros 16 Objetivos de Desarrollo Sostenible, ya que, el ODS 17 así como sus respectivas metas incentivan a los Estados a la inversión en materia de cooperación, desarrollo y asistencia internacional.

A pesar de que el concepto de "desarrollo sostenible" se asocie al cuidado y protección del área natural y medioambiental, su significado se ha ampliado en los últimos tiempos y ha pasado a englobar aspectos relacionados con las desigualdades sociales, la protección laboral, la defensa de producción sostenible, la paz y justicia en las instituciones, las energías renovables, entre muchos otros aspectos[4].

---

[2] Todas las fuentes electrónicas mencionadas en este trabajo han sido consultadas por última vez el 10 mayo de 2022.

[3] EDWARDS, B., *Guía básica de la sostenibilidad*, Barcelona, Gustavo Gili, 2009.

[4] DE VICENTIIS, G., "La evolución del concepto de desarrollo sostenible", *Medio Ambiente & Derecho: Revista electrónica de derecho ambiental*, N°. 23, 2012.

Esta ampliación de significado se localiza en un momento estratégico debido a los acontecimientos históricos vividos en estas últimas décadas, que han llevado a los gobiernos a adoptar planes y estrategias relacionadas con el crecimiento resiliente. Después del grave impacto social e institucional de la pandemia provocada por el COVID-19, los gobiernos han tratado de proponer planes estratégicos a largo plazo relacionados directamente con la perspectiva de un futuro sostenible, aplicando planes de adaptación medioambiental y social, como el fomento de la cooperación y las alianzas internacionales. De esta forma, desde otro punto de vista, que no sea concretamente medioambiental, se puede asociar el ODS 17 como una baza geopolítica para el país. En este caso se estudia a España, desde la percepción de la opinión pública internacional y los documentos publicados desde las instituciones estatales, y de qué forma la creación de alianzas en línea con las metas del ODS 17 suponen un punto favorable y de explotación para la estrategia geopolítica española.

Desde el punto de vista de las relaciones internacionales, resulta especialmente interesante estudiar la conexión entre el ODS 17 la geopolítica y sus respectivas bazas económicas, como las inversiones en el país receptor con la creación de alianzas o la revitalización de las ya existentes.

Tomando como referencia los tres fundamentos que sostienen este trabajo: el Objetivo de Desarrollo Sostenible 17, "Alianzas para lograr los objetivos", la geopolítica, y la opinión pública, para esta investigación se han analizado diferentes documentos e informes clave de los planes estratégicos de España en diferentes áreas, para identificar la contribución española en la consecución de los aspectos clave establecidos en las metas del ODS 17. Los informes analizados proceden de fuentes primarias como son el Ministerio de Asuntos Exteriores, Unión Europea y Cooperación, el Instituto de Comercio Exterior, la Agencia Española para la Cooperación Internacional para el Desarrollo entre otros. Estas instituciones publican informes anuales donde se recogen los planes estratégicos sobre el progreso de la Agenda 2023 a nivel nacional, y han servido para el análisis de los datos y tendencias, así como de punto de partida para ampliar con otras fuentes relevantes esta investigación.

2. OBJETIVO DE DESARROLLO SOSTENIBLE 17, "ALIANZAS PARA LOGRAR LOS OBJETIVOS"

Los Objetivos de Desarrollo Sostenible (ODS), surgen de la Organización de las Naciones Unidas que impulsó durante la Cumbre del Clima en París la creación de unos propósitos determinados dentro de la Agenda 2030, acordada el 25 de septiembre de 2015, con el objetivo de mejorar la perspectiva futura de generaciones jóvenes. Se definen como una agenda común internacional, que tiene la finalidad de poder resolver diecisiete retos relacionados con el medioambiente, bienestar social, igualdad entre géneros, alianzas, energía sostenible, o trabajo digno, entre otros[5].

Para Gil[6], los ODS constituyen un listado de problemas actuales que afectan a nivel global y que incentivan la acción colectiva de la sociedad internacional. Los sitúa en un contexto de globalización y de revitalización de la cooperación internacional, y destaca la importancia de la creación de una política común: cooperación entre los Estados. Asimismo, también expone y señala la dificultad que puede confrontar la resolución de los objetivos y las limitaciones que supone establecer una agenda común, uniforme en la sociedad internacional, caracterizada por la diversidad y las diferencias estructurales. Según Colacrai[7], en la sucesión del nuevo milenio, la sociedad internacional se ve inmersa en un caos derivado de la interculturalidad, que afecta directamente a los paradigmas de relaciones internacionales. Por lo que se puede considerar que la existencia de la diversidad cultural es un factor positivo para el progreso, pero puede suponer uno de los grandes problemas de implementación.

La Agenda 2030[8] es la guía de cumplimiento de los Objetivos de Desarrollo Sostenible, la cual consolida las bases de su realización.

---

5 ONU, Objetivo 17: Alianzas para los Objetivos. 2022, Recuperado el 13/03/2022 de https://www.sdgfund.org/es/objetivo-17-alianzas-para-los-objetivos

6 GIL, C. G., "Objetivos de Desarrollo Sostenible (ODS): una revisión crítica", *Papeles de relaciones ecosociales y cambio global, 140*, 2018, 107-118

7 COLACRAI, M., "Coexistencia y diversidad de enfoques teóricos: apuntes para abordar la complejidad actual de las relaciones internacionales", *Agenda Internacional,* Vol 7, N°. 14, 2000, pp. 57-66.

8 KALTENBORN, M., KRAJEWSKI, M., & KUHN, H., *Sustainable development goals and human rights,* Springer, Cham, 2020.

Estos autores señalan la presencia de interdependencia entre los países y la posible variabilidad en cada país en función de su desarrollo económico y social. La sociedad internacional se ve impactada por grandes diferencias en el crecimiento económico y social, y consecuentemente intensifica una mayor brecha social que puede derivar en un obstáculo para establecer medidas adecuadas por la escasez de recursos en los gobiernos. Estos autores reflejan el problema que puede suponer el incremento de estas acciones y la repercusión directa que tendrán en los ODS. Por este motivo, resaltan la importancia de la Alianza Mundial, el último Objetivo de Desarrollo Sostenible, como nexo de cumplimiento del resto de ODS y pilar en la actualidad: es fundamental la creación y el crecimiento de alianzas estatales sólidas para la progresión de la sociedad internacional hacia la sostenibilidad, la cohesión y la equidad.

Para contextualizar el progreso de la Agenda 2030 conviene establecer el vínculo entre sostenibilidad y ODS. El término "desarrollo sostenible"[9] aparece por primera vez en un documento oficial publicado en 1969 en la Unión Internacional para la Conservación de la Naturaleza (UICN) por parte de Estados africanos, una organización que nace con el objetivo de incentivar y promover medidas de protección de medio ambiente, debido a la conciencia común y la presión de la opinión pública durante los años 60 sobre la protección del entorno natural.

Años más tarde, en 1987, en el seno de la Organización de las Naciones Unidas, más concretamente en la "Comisión Brundtland", el concepto de "desarrollo sostenible" se establece institucionalmente en el Informe Brundtland "Nuestro futuro en común"[10], focalizado en promover a los gobiernos a instaurar medidas sostenibles, paralelamente con la economía sostenible. A partir de ese momento, la Organización de las Naciones Unidas, comienza a reaccionar frente al fenómeno de sostenibilidad para poder sustentar unas bases futuras

---

9 DE VICENTIIS, G., "La evolución del concepto de desarrollo sostenible", *Medio Ambiente & Derecho: Revista electrónica de derecho ambiental,* N°. 23, 2012.

10 WORLD COMMISSION ON ENVIRONMENT AND DEVELOPMENT (WCED), *Our Common Future (Brundtland Report),* United Nations, 1987, Recuperado el 10/04/2022 de https://sustainabledevelopment.un.org/content/documents/5987our-common-future.pdf

de carácter sostenible con el medio que le rodea y a tantear nuevos ámbitos de actuación en el panorama internacional.

En numerosas ocasiones se une el concepto de sostenibilidad con protección del medio ambiente o cambio climático[11], donde se argumentan las bases y los pilares de estos tres términos y su próxima unión. No obstante, conceptualmente no es del todo así: Edwards[12] menciona que la sostenibilidad es un concepto que abarca un carácter social, económico, institucional, comercial, empresarial, medioambiental, entre muchas otras áreas. No se reduce al cuidado del entorno natural, sino del entorno que construye la sociedad internacional.

Por otro lado, los predecesores de los ODS, los Objetivos del Milenio, que datan del año 2000, se crearon en el seno de la Asamblea General. Para Perales[13], eran ocho objetivos que destacaban por localizarse en ámbitos como la educación, la igualdad de género, la erradicación de la pobreza, la protección de la maternidad, la investigación de enfermedades, la protección del medio ambiente y de la infancia. Sin embargo, la falta de iniciativa por parte de los gobiernos, la poca compenetración entre las alianzas y la ausencia de compromiso derivó en su nulo cumplimiento. Estos objetivos mencionados, tenían como ambicioso plazo el año 2015 como fecha de cumplimiento.

Los ODS se han estudiado desde diversas perspectivas como la educación, y de qué forma se puede invertir en enfocar asignaturas de ética a la creación de futuras sociedades responsables y morales. Además de ampliar el abanico de recursos de aprendizaje en materia de sensibilidad y de cuidado del entorno, el cual, no solo abarca el natural sino también en materia social[14]; o desde la economía, que se centra en fomentar la economía verde circular y establecer los

---

11 GIDDENS, A., & DEL BUSTILLO, F. M., *La política del cambio climático*, Madrid, Alianza, 2010.

12 EDWARDS, B., *Guía básica de la sostenibilidad*, Barcelona, Gustavo Gili, 2009.

13 PERALES, J. A. "De los Objetivos del Milenio al desarrollo sostenible: Naciones Unidas y las metasglobales post-2015", *Anuario Ceipaz*, Vol. 7, 2014, pp. 49-84.

14 HERNÁNDEZ-CASTILLA, R., SLATER, C., & MARTÍNEZ-RECIO, J., "Los objetivos de Desarrollo Sostenible, un reto para la escuela y el liderazgo escolar", *Profesorado, Revista de Currículum y Formación del Profesorado*, 24(3), 2020, pp. 9-26.

futuros pilares de economías responsables y comprometidas con su sociedad. Adicionalmente, añaden el factor de la era "Post Covid-19", que se presta a la innovación de futuros mecanismos que eviten la precariedad y fomenten el crecimiento laboral y económico de la sociedad internacional[15].

En el área de estudio de ciencia y tecnología, Oviedo[16] menciona el factor de la innovación y de la necesidad de inversión en materia de sostenibilidad. También hace referencia a la búsqueda de nuevas fuentes de energía para el cumplimiento específico del ODS 7 sobre "Energía asequible y no contaminante". A pesar de encontrar más áreas de estudio, las ciencias políticas juegan un factor muy relevante en el estudio de los ODS.

Después de abordar los ODS en su conjunto, se hace necesario resaltar la indudable posición del ODS 17: "Alianzas para lograr los Objetivos". Según la División de Análisis de Políticas de Desarrollo las relaciones entre Estados han estado presentes desde el primer momento, pero el concepto en sí que representa el ODS 17 surge en el marco de la ONU en el año 2000, en el momento en el que se decidió emprender unas medidas y negociar unas bases que afectaran, no solo al ámbito nacional, sino al mundial. Para Laureano[17], el concepto de geopolítica abarca una gran inmensidad de disciplinas que pueden derivar en un error de interpretación. El autor destaca que, este tipo de estrategia siempre ha existido, pero logró tomar un papel relevante a principios del siglo XX, coincidiendo con la Segunda Guerra Mundial.

---

15 FONTENLA, E. H., *La virtuosa complementación entre los principios cooperativos y ODS: una mirada desde la economía social y solidaria*, Buenos Aires, CG CYM Ediciones, 2020.

16 OVIEDO, M. P., "Buenas prácticas hacia el cumplimiento del ODS 7 Energía Asequible y No Contaminante", *Revista Científica de la UCSA*, N°. 7, Vol. 3, 2020, pp. 72-75.

17 LAUREANO, R. C., "Geopolítica. Origen del concepto y su evolución", *Revista de Relaciones Internacionales de la UNAM*, 113, pp. 59-80.

3. EL OBJETIVO DE DESARROLLO SOSTENIBLE 17, "ALIANZAS PARA LOS OBJETIVOS" Y LA GEOPOLÍTICA

A mediados del año 2020, el Foro Económico Mundial, planteaba la reaparición de movimientos populistas que promovían nacionalismos y se posicionaban en contra del multilateralismo y la creación de alianzas con otros Estados. Este momento coincidía con la mayor crisis social, económica, geopolítica y diplomática del siglo XXI: la pandemia del COVID-19.

Este mismo foro incitaba a la necesidad de reactivar los acuerdos multilaterales, pero, sobre todo, la cooperación internacional y la formación de alianzas. Recordaban una cita de 1935 presidente de los Estados Unidos de América, John F. Kennedy, que decía: "Si la escribimos en chino, la palabra "crisis" se compone de dos partes: una representa el peligro y la otra oportunidad"[18]. Así mismo, este foro sugería que el contexto de pandemia podía otorgar la oportunidad de fortalecer una comunidad internacional multilateral e interconectada.

En este sentido, también se han situado nuevas preocupaciones como el aumento del CO2 o Gases de efecto invernadero (GEI), guerras híbridas, recursos naturales, etc., o nuevas protestas como lograr igualdad entre hombres y mujeres, erradicar el trabajo precario, universalizar el acceso a la educación y la sanidad, entre muchas otras reivindicaciones.

Este cambio del orden mundial y de paradigma de relaciones internacionales, requiere la construcción de alianzas y compromisos sostenibles con la sociedad que la forma. Es en este momento en el que la Agenda 2030 constituye un pilar fundamental para la construcción de una sociedad nueva, que coopere con los países en desarrollo y sustituya sus prácticas insostenibles. Por todo ello, el ODS 17 es el encargado de revitalizar los contactos entre estados y motivar la cooperación para la resolución de la Agenda 2030. Aun así, los asuntos estratégicos en formación de alianzas, en la mayoría de los casos se han guiado por la geopolítica.

---

18 ARROYO, L., *Los cien errores en la comunicación de las organizaciones*, ESIC Editorial, Madrid, 2011.

Hitos históricos como las Primaveras Árabes, los recursos farmacéuticos, las grandes migraciones hacia Europa o las altas tasas de desempleo, las sanciones económicas, los tratados comerciales transoceánicos, la limitación de alimentos, el terrorismo, la escasez de recursos naturales como el agua o el gas, etc., que han surgido en las últimas décadas amenazan la estabilidad de los Estados. Consecuentemente han derivado en el aumento de las dimensiones geopolíticas tradicionales, las cuales, históricamente, se reducían a elementos geográficos. Tales como la extensión territorial, el acceso al mar, el relieve geográfico entre muchas otras variables geopolíticas.

Actualmente, estas dimensiones se pueden clasificar en tres: la dimensión humana que engloba bazas geopolíticas como el creciente envejecimiento de la población, las migraciones, la internacionalización del idioma. La dimensión económica, que comprende los contratos internacionales, las inversiones extranjeras, el posicionamiento en el país, sanciones económicas, etc. Y la dimensión física, que reúne las bazas más tradicionales de la geopolítica como son el acceso al agua, gas o petróleo, las fronteras, la geografía, los recursos hídricos o la extensión territorial. Es en ese punto, donde se observa este aumento de dimensiones que contienen un gran abanico de posibilidades estratégicas para los Estados y su formación de alianzas en el tablero internacional, considerar los compromisos entre países como bazas geopolíticas.

Las manifestaciones de la opinión pública en torno a las acciones y políticas de los Estados han adquirido una gran relevancia en el panorama internacional. Gómez[19] define la opinión pública como una agenda mediática: el dictamen de las masas sociales acerca de un tema particular se establece como tópico central en las grandes cadenas de difusión de comunicación. El problema que este autor identifica es el grado de influencia que se puede lograr en la sociedad, que es el factor de verdadera consideración hacia la fuerza que puede establecer la opinión pública en el momento de toma de decisiones de los gobiernos estatales, las cuales, pueden afectar notablemente a las relaciones entre países. En otras palabras, si un actor no estatal

---

19 GÓMEZ, P., "Opinión pública y medios de comunicación. Teoría de la agenda setting", *Gazeta de Antropología*, Vol. 25, N° 1, 2009.

con alto grado de autoridad da a conocer su juicio sobre asuntos relacionados con situaciones de los Estados, por ende, fomentarían la popularidad de ese determinado Estado o, por el contrario, si la valoración es negativa, afectaría a la imagen exterior del país.

Según Noya[20] la imagen exterior de un país siempre ha sido fundamental en una nación, e incluso crear una "marca" representativa que favoreciera su proyección en el exterior. Desde las guerras en Europa durante el siglo XIX, hasta las primeras formaciones de intereses comerciales, la imagen exterior de un país ha sido supervisada y considerada por los gobernantes. Este mismo autor, asegura que la globalización y la aparición del capitalismo impuesto en el sistema internacional provoca que de una época moderna que concibe el Estado-nación se pasara a una era de globalización y se transformara en un Estado-Marca. De esta forma, en la actualidad se busca el reconocimiento del resto de países y que resulte en una preocupación constante hacia la conservación de la reputación. Además, incluso la esencia que se quiere transmitir al resto de la esfera global. Algunos ejemplos que menciona son los proyectos de Reino Unido con el "panel 2000", Alemania con el "Concept 2000" o España con "España Global".

Especialmente, "España Global" trata de mejorar la percepción de España como país y de lograr un posicionamiento en el panorama internacional. El gobierno, mediante el Ministerio de Asuntos Exteriores, Unión Europea y Cooperación (MAUEC) y sus respectivas agencias de representación; como son las embajadas españolas o centros de investigación como el Real Instituto el Cano, ente otros, son las encargadas de transmitir los valores, logros y prestigios españoles en la sociedad internacional.

Para Noya[21], España es un éxito de creación de marca-país tras la estrategia de apertura turística durante la década de los 80. La transición española hacia la democracia proporcionó al país el posicionamiento que se requería para el recibimiento de turistas extranjeros,

---

20 NOYA, J., "La imagen exterior como política de Estado", *Boletín Elcano*, Nº. 6, Vol. 6, 2002.

21 NOYA, J., "La nueva etapa de la marca España", *Boletín Elcano*, Nº. 37, Vol. 5, 2004.

inversiones, contratos internacionales, entre muchos otros factores, que se resumen en un aumento de riqueza del país y la aparición de nuevas bazas geopolíticas de carácter social y económico.

La imagen exterior entra dentro del juego táctico de la diplomacia pública, y en una de las bases de la geopolítica estratégica de los Estados. Las dos nociones fundamentan los pilares de institucionalización de gestión de alianzas y creación de compromisos internacionales para el cumplimiento de objetivos o estrategias. Particularmente la diplomacia pública, realmente desapercibida, está completamente integrada en los hábitos diarios, desde la moda hasta las tradiciones.

Los Estados Unidos de América representan el éxito de esta herramienta diplomática, que comienza sus primeras manifestaciones en la esfera de influencia generada tras la Primera Guerra Mundial. Para Jiménez[22], la diplomacia pública estadounidense significa su posición como potencia internacional. Gracias a la propaganda norteamericana desplegada después de la Primera Guerra Mundial, la influencia en occidente culminó con su auge como primera potencia mundial. La expansión de su cultura mediante Hollywood como cuna del arte cinematográfico mundial. La introducción del inglés como idioma internacional, así como sus tradiciones se pueden ver reflejadas en prácticas actuales como son la celebración de "Halloween" o las rebajas durante noviembre del llamado "Black Friday" que es una tradición estadounidense después del día de "Thanksgiving" (Acción de Gracias).

En otras palabras, la diplomacia pública posiciona al país, pero también otorga oportunidades geopolíticas ya que como se mencionaba anteriormente, la geopolítica no se reduce a la posesión de recursos naturales o la extensión territorial, sino también a las alianzas extranjeras, estrategias comerciales en el mercado, la internacionalización del idioma, la firma contratos con multinacionales, la demografía y su densidad, la presencia de ideologías determinadas, la democracia, la propaganda nacional y un largo etcétera.

---

22 JIMÉNEZ, J. A. M., "Diplomacia pública, debate político e historiografía en la política exterior de los Estados Unidos (1938-2008)", *Ayer*, N°. 75, 2009, pp. 63-95.

Por ejemplo, en relación con el idioma, el español representa una baza geopolítica en Latinoamérica. El idioma transmite culturas, y compartirlo resulta en mejorar la comunicación intercultural y, por tanto, el fácil acceso a mercados extranjeros, que consecuentemente, puede resultar en el incentivo a inversiones extranjeras en Latinoamérica o la creación de alianzas en el continente americano que favorezca la ventaja competitiva del país.

Según Badillo y Hernández[23], el español está en auge a razón del crecimiento demográfico de los países hispanohablantes. Además, mencionan que se debe ser precavido con las proyecciones de futuro por la incertidumbre que abarca el panorama político, económico, social y geopolítico. Es decir, que no se puede relegar la diplomacia pública española en el idioma y su éxito en ámbitos compartidos, se deben abarcar más áreas de interés para establecer una verdadera estratégica geopolítica que implique los recursos lingüísticos. Se critica que la causa del auge del idioma español no viene por políticas estatales de España, sino por otros factores ya mencionados.

En línea con las bazas económicas mencionadas en el párrafo anterior, gran parte de las inversiones extranjeras se deben a dos factores: en primer lugar, a los recursos que le puede ofrecer el país destino, y en segundo, la imagen que se percibe en el exterior.

Por esta misma razón, los ODS pueden resultar una baza geopolítica, puesto que un país que depende de la opinión pública y de su imagen exterior, debe mostrar un buen posicionamiento, un progreso sostenible y también dar a conocer los logros en materia de sostenibilidad en la esfera internacional. Especialmente en el caso del ODS 17, objeto de este trabajo, sobre la creación de alianzas para el cumplimiento de los objetivos, que resulta el más relevante para dos actores de relaciones internacionales principales: el Estado y las multinacionales.

El ODS 17 está concebido para lograr el cumplimiento del resto de ODS mediante alianzas entre Estados fundamentado en la ayuda

---

23 BADILLO, Á., & HERNÁNDEZ, R., "El español se cuida solo: desafíos para una geopolítica lingüística del español ante el horizonte multilateral", *Real Instituto Elcano*, Nº. 2, 2019, pp. 1-18.

a los países en desarrollo, y en establecer una sociedad internacional equitativa, estable y coherente con sus políticas.

Un referente de la geopolítica como Morgenthau[24], argumentaba la necesidad de cooperación mediante instrumentos de desarrollo en países en situaciones más desfavorables, defendiendo así que ayudaría a los intereses y la estrategia nacional. A pesar de ser duramente criticado por sus ideologías y disidencias hacia las guerras, aportó grandes avances a la geopolítica e ilustró los posibles instrumentos que los Estados tenían para cooperar con países en desarrollo y que favoreciesen sus propios intereses: mostraba una nueva visión antiimperialista de la geopolítica moderna, y consideraba la cooperación como baza geopolítica indispensable para los Estados.

El caso de la estrategia de Xi Jin Ping en su presencia en África puede asemejarse a la idea de Morgenthau. Por ejemplo, China[25] lleva a cabo un proyecto estratégico basado en la construcción de infraestructuras en gran parte de África con el objetivo de mejorar sus conexiones comerciales, en torno a crear una "Nueva Ruta de la Seda" bajo la Iniciativa de la Franja y la Ruta. La política exterior china se ve centrada en aumentar sus riquezas y su poder en el sistema internacional, y su estrategia está basada en la inversión en infraestructuras, favoreciendo así a los dos actores involucrados.

Como ya se mencionaba al principio, actualmente nos situamos en un paradigma más parecido al realista, en el cual, por el contexto, se ha desarrollado un instinto de supervivencia. Los valores como la asistencia internacional a otros Estados se han desvanecido, y, por el contrario, se focaliza en los intereses particulares de cada país. Pues bien, Morgenthau defendía el paradigma de relaciones internacionales de carácter realista, afirmaba la existencia de una anarquía internacional y una era de post-imperialismo, donde todos los países buscaban aumentar su territorio en base a estrategias militares ofensivas.

---

24 MORGENTHAU, H. J., THOMPSON, K. W., & CLINTON, W. D., *Politics among nations: The struggle for power and peace,* Londres, Macat International, 1985.

25 FERDINAND, P., "Westward ho—the China dream and 'one belt, one road': Chinese foreign policy under Xi Jinping", *International Affairs,* Nº. 92, Vol. 4, 2016, pp. 941-957.

El autor proponía en su obra Politics among nations: The struggle for power and peace[26] la cooperación como estrategia nacional, un hecho que se asemeja considerablemente al ODS 17. Este ODS fue creado después de comprobar con los ODM, la necesidad de su existencia, de la participación de países con más recursos en países en desarrollo. Esta es una de las razones más por la que el ODS 17 se puede considerar como una baza geopolítica que preserve los intereses nacionales de un Estado.

Especialmente, con el caso ilustrado de España y sus raíces hacía los países latinoamericanos. La coincidencia con el mismo idioma, la herencia cultural parcialmente similar, el pasado histórico compartido, entre muchos otros, podría favorecer los intereses de los dos países mediante la creación de alianzas y compromisos que aseguren un desarrollo sostenible conjunto, y que, al mismo tiempo, se vean los intereses nacionales beneficiados, tal y como Hans Morgenthau mencionaba en su obra.

4. EL IMPACTO DEL ODS 17 EN LA ESTRATEGIA NACIONAL ESPAÑOLA: REVITALIZACIÓN DE ALIANZAS NUEVAS O TRADICIONALES DESDE EL AÑO 2015

España es un país que históricamente mantiene lazos culturales con un gran número de países, principalmente localizados en Latinoamérica por los lazos culturales que los unen. Así mismo, se puede observar como en los dos informes de Estrategia de Política Exterior del período 2015 al 2024, Latinoamérica es uno de sus principales objetivos en materia de asuntos exteriores[27].

De la misma forma, Magreb y Oriente Medio ocupa un bloque esencial de los dos documentos de informes de política exterior. La causa principal por la que la cooperación internacional y la asistencia

---

26 MORGENTHAU, H. J., THOMPSON, K. W., & CLINTON, W. D., *Politics among nations: The struggle for power and peace*, Londres, Macat International, 1985.

27 MINISTERIO DE ASUNTOS EXTERIORES Y UNIÓN EUROPEA, *Oficina de información diplomática ficha país República Federativa de Brasil*, 2021, Recuperado el 30/04/2022 http://www.exteriores.gob.es/documents/fichaspais/brasil_ficha%20pais.pdf

en materia de asuntos exteriores se debe a las estrechas relaciones históricas con estas dos áreas regionales. A pesar de que los dos continentes tengan objetivos y direcciones distintas, se ha podido observar cómo los proyectos españoles han tenido una presencia de gran relevancia, así como una representación en sus planes estratégicos de política exterior.

Las alianzas para el desarrollo se conciben como un proceso de formación de sinergias de agentes con intereses diferentes, compartiendo objetivos comunes, que deberían estar en línea con los objetivos establecidos en los planes nacionales de desarrollo de los países socios.

Seguidamente, y a pesar de encontrar un gran número de aliados nuevos o "revitalizados", se expondrán algunas de ellas creadas a partir del año 2015, coincidiendo con el periodo de aprobación e implementación de los ODS en el sistema internacional. Las siguientes alianzas se clasificarán para partir de diferentes niveles: comercial, económico, cooperación al desarrollo, y sector empresarial.

A nivel de cooperación al desarrollo, la India, a pesar de que las relaciones diplomáticas España-India se establecieran hace más de 60 años, fue a partir del año 2015 cuando se intensificaron los contactos entre los dos países con el objetivo de crear una nueva alianza. Según el informe realizado en ese mismo año por Campos y Sengupta[28], entre el Real Instituto el Cano y la Observer Research Foundation de la India, se ilustraba la gran posibilidad para ambos países de cooperación y asistencia mutua para el progreso. La opinión pública india, en ese mismo año, calificaba positivamente la cultura española y a sus ciudadanos, que suponía un dato positivo para intensificar relaciones. Además, se señalaba la necesidad de inversión extranjera en materia de infraestructuras en la India. Lo que sugería que España podía aportar parte de su cooperación al desarrollo en el país. Por otro lado, España aludía a la simbiosis que supondría una inversión

[28] CAMPOS R. & SENGUPTA, J., "España y la India: en busca de unas relaciones bilaterales más estrechas", *Real Instituto Elcano*, 2017. Recuperado el 27 de marzo 2022 de https://www.realinstitutoelcano.org/documento-de-trabajo/espana-y-la-india-en-busca-de-unas-relaciones-bilaterales-mas-estrechas

española en India, que podría proporcionar una cooperación tecnológica y en las ciencias recíproca.

Recientemente, el vicepresidente ejecutivo de Acciona, Juan Ignacio Entrecanales, remarcaba el hecho de que, históricamente, España y la India han tenido unas relaciones pacíficas y que la intensificación de relaciones países podrían ser una buena combinación para el comercio internacional, desarrollo tecnológico y cooperación internacional. Todo ello bajo el compromiso compartido de cumplir la Agenda 2030. De esta forma, se podría considerar que India se encuentra a nivel comercial y de cooperación al desarrollo por sus implicaciones en la posible inversión extranjera en la India, la cooperación tecnológica y el compromiso por la sostenibilidad[29].

A nivel económico, en el año 2017, las relaciones Marruecos-España se intensificaban ya que, a pesar de ser aliados históricos, los dos países aún localizaban tensiones diplomáticas. Según Escribano[30], sus compromisos en política exterior de manera bilateral siempre han existido, pero a partir de la firma de la COP 22 en Marrakech y el compromiso en desarrollo sostenible, aumentaron. Durante ese periodo, se firmó desde Marruecos el plan de generar energías renovables, específicamente energía solar: se presentó a España como una estrategia de poder estabilizar las relaciones entre ambos países, y también ser un punto estratégico europeo para abastecer a la Unión Europea de energías renovables. Así mismo, contribuir al desarrollo sostenible y a la acción por el cambio climático que recientemente habían entrado en vigor, y tanto la Unión Europea como España habían comenzado a redactar leyes en relación con la inmersión de la Agenda 2030 en las legislaciones vigentes.

En cuanto al nivel empresarial, con México las relaciones bilaterales pertenecen a unos lazos culturales presentes, junto a un pasado histórico común, que, a pesar de resultar poco presentes en las accio-

---

29 SPAIN INDIA, Sesión "Las relaciones India-España y sus implicaciones para las empresas" 2022. Recuperado el 27/03/2022 de http://www.spainindia.org/es/actualidad/sesion_las_relaciones_india_espana_y_sus_implicaciones_para_las_empresas

30 ESCRIBANO, G., & LÁZARO, L., "Energía y clima en 2017: volatilidad contenida, implementación climática e incertidumbre política", *Real Instituto Elcano* ARI 31, 2017, 1-13.

nes de política exterior española, su acción por parte de empresas es de gran notoriedad en el país centroamericano.

Según el informe realizado por Malamud[31], en el año 2015 las inversiones españolas por parte de grandes empresas multinacionales resultaron de gran importancia para el país, aportando así la integración de México en el marco de la producción de energías renovables. Algunos ejemplos que menciona son:

En 2015, las empresas españolas han invertido 2.300 millones de dólares: Iberdrola tiene seis proyectos de centrales de gas en construcción con una inversión de 2.000 millones de dólares; Gas Natural Fenosa 95 millones para el incremento de redes y transporte de gas; Acciona Energía, 111 millones en diseño, ingeniería y construcción de un parque eólico entre Oaxaca, Chiapas, Tabasco y Veracruz; y ACS 560 millones en un proyecto de refinería para Pemex en el estado de Hidalgo.

En grado comercial y a pesar del contexto derivado de la pandemia, las relaciones bilaterales entre España y China parecen haberse revitalizado por los frecuentes contactos comerciales, y la gran comunidad china presente en el país. Cincuenta años después del establecimiento de relaciones diplomáticas, los encuentros a partir del año 2018 entre los dos países se intensificaron, según el ICEX[32]. Cabría destacar la gran presencia de las exportaciones españolas, además de la firma en el 2018 de un Memorándum de entendimiento entre China y España para la cooperación en mercados terceros y su fomento al desarrollo. Por otro lado, según Higueras[33] la Asociación Estratégica Integral entre China y España creada en el 2005, se intensifica durante el periodo del 2017 al 2018, enfocándolo en un contexto de cooperación al desarrollo y fomento de sostenibilidad. España

[31] MALAMUD, C., "Informe Relaciones España-México", *Real Instituto Elcano.* 2016. Recuperado el 11/04/2022 de https://media.realinstitutoelcano.org/wp-content/uploads/2021/10/informe-elcano-21-relaciones-espana-mexico.pdf

[32] ICEX., *Relaciones Bilaterales con China*, 2022. Recuperado el 20/04/2022 de icex.es/icex/es/navegacion-principal/todos-nuestros-servicios/informacion-de-mercados/paises/navegacion-principal/el-pais/relaciones-bilaterales/index.html?idPais=CN

[33] HIGUERAS, G. (2018). "España - China, diez años de asociación estratégica", *Revista Del Instituto Español De Estudios Estratégicos,* Nº 5, 2018, 289-308.

significa para China una entrada al mercado europeo, que favorece la inversión extranjera por la presencia de empresas asiáticas y los acuerdos comerciales con las empresas nacionales.

Para finalizar y también con aspectos a nivel comercial y desarrollo, las relaciones bilaterales establecidas entre Brasil y España se remiten al pasado histórico y la proximidad entre España y Portugal. Un factor donde se ve reflejado este hecho es que 12 empresas brasileñas están presentes en el mercado de valores español que pueden cotizar en euros. De la misma forma, según el Ministerio de Asuntos exteriores y Unión Europea[34], la empresa española CEPSA tiene un control del 72% en el país brasileño, siendo un dato realmente significativo para la presencia española en Brasil. Además, el Ministerio de Asuntos Exteriores localiza un Memorándum de Entendimiento (MOU) para la cooperación al desarrollo entre las dos agencias de cooperación brasileña y española desde el año 2020.

Estos cinco ejemplos de países: India, Marruecos, México, China, Brasil, significan que, a partir del año 2015, los asuntos en materia de sostenibilidad y de desarrollo sostenible obtuvieron una mayor consideración en la política exterior de los países. Lógicamente, esto deriva en una revitalización de alianzas debido a la nueva dirección de las relaciones bilaterales, basadas, en los cinco casos expuestos en un mecanismo de sinergias basada en la cooperación.

Este hecho está directamente relacionado con el ODS 17, objeto de este trabajo, basado en dirigir las relaciones internacionales al ámbito del desarrollo para el cumplimiento del resto de objetivos de la Agenda 2030. Sigue el mismo mecanismo de sinergias mencionado anteriormente, donde los países pueden proporcionar asistencia, inversión extranjera, desarrollo tecnológico, u otros factores a disponibilidad del Estado emisor, y que el Estado receptor pueda otorgar un incremento del índice de internacionalidad a las empresas, y que en situaciones de crisis; COVID-19, Guerra en Ucrania, se puedan

---

[34] MINISTERIO DE ASUNTOS EXTERIORES Y UNIÓN EUROPEA, *Estrategia cooperación, estrategia de acción exterior*, 2015, Recuperado el 30/04/2022 https://www.exteriores.gob.es/es/ServiciosAlCiudadano/PublicacionesOficiales/2015_ExtrategiadeAccionExterior.pdf

buscar otros aliados para hacer frente a los desabastecimientos, entre muchos otros ejemplos.

Los casos presentados comenzaron planes de cooperación al desarrollo a partir de la implementación de los ODS, y España muestra un gran interés por el desarrollo sostenible y la cooperación internacional, como una forma nueva de establecer relaciones bilaterales. Este nuevo sistema favorece la entrada de acuerdos comerciales, económicos, de desarrollo o de colaboración, y es otra nueva forma de entrar en el mercado del país. Sin embargo, Pintor[35] menciona que la presencia de actores privados, como las multinacionales, podrían derivar en un futuro en una simple aspiración comercial. Donde la cooperación al desarrollo quede en una segunda escena y los actores privados sean los únicos favorecidos de esta estrategia.

5. CONCLUSIONES

La sostenibilidad se ha posicionado como un pilar fundamental, donde los organismos públicos y privados están tratando de adecuarla a nivel empresarial, legislativo, político, social y económico. Consecuentemente los ODM, la Agenda 2030 y los ODS, han ilustrado el pacto global y la evolución del compromiso entre naciones motivada por el organismo internacional de la Organización de las Naciones Unidas. Aunque el establecimiento de los conceptos "sostenibilidad" y "desarrollo sostenible" comenzaba en los años 70 del siglo XX, es en este nuevo milenio cuando su integración se ha incrementado y ha sido finalmente institucionalizada. La velocidad y rapidez con la que se ha adaptado "sostenibilidad" y "desarrollo sostenible" a legislaciones nacionales, proyectos de cooperación internacional, planes estratégicos nacionales, o informes de evaluación, no ha tenido precedentes a nivel internacional.

El ODS 17: "Revitalizar la Alianza Mundial para el Desarrollo Sostenible", forma parte de la Agenda 2030. Esta Agenda 2030 tie-

[35] PINTOR PIRZKALL, H. C., "El impacto de las alianzas público-privadas para el desarrollo financiadas por la cooperación alemana en Latinoamérica. ¿Desarrollo sostenible o afán comercial?", *Acta Hispanica*, Supplementum II, N°. 25, 2020, pp. 333-345.

ne como objetivo solventar o reducir los impactos negativos en el medioambiente y en la sociedad en su conjunto, provocados por años de destrucción del entorno. Lo característico es que se proponen, mediante el consenso de las naciones que forman parte de la ONU, una fecha límite en la que se deben de haber cumplido los 17 objetivos que configuran la agenda de desarrollo sostenible. Así pues, la importancia del ODS 17 se debe a que constituye la principal herramienta para la resolución del resto de objetivos: la cooperación y la creación de alianzas.

De esta forma, el ODS 17 es una rama de la baza geopolítica relacionada con la imagen exterior de un país, la percepción y el posicionamiento internacional, y su respectiva distribución relativa a los logros conseguidos en materia de ODS en los materiales de divulgación estatales favorece la apreciación internacional.

En el caso particular de España, desde que las agendas de sostenibilidad se establecieron, primero con los ODM y después con los ODS, la revitalización de nuevas alianzas que, en su mayoría, se han basado en desarrollo sostenible, proyectos de cooperación y de asistencia de ayuda, hechos que fuertemente van ligados con la filosofía del ODS 17. Algunos de estos casos son Marruecos, México, India, China y Brasil. Entre el gobierno marroquí y el español, se llevan a cabo acuerdos relativos a la producción de energías renovables y su distribución, debido al punto estratégico que significa España para países que quieren acercarse a la UE. Con México, destacan las inversiones españolas en las grandes empresas nacionales como son Iberdrola, o Gas Natural. Por otro lado, la innovación en tecnología india significa un punto a favor para el país asiático, que le proporciona la ventaja competitiva en materia de realizar acuerdos en investigación, innovación y desarrollo, como ha sido con España. Con Brasil se han revitalizado los acuerdos en materia de cooperación, y con China la estrategia utilizada por España ha sido un proyecto de cooperación para el desarrollo del mercado asiático.

En conclusión, el ODS 17, aparte de ser fundamental para la consecución del resto de objetivos de la Agenda 2030, es una baza geopolítica asimilada a la cooperación al desarrollo, donde su principal función es la creación o revitalización de alianzas para el desarrollo, pero que estas se ven transformadas en otra forma de crear alianzas económicas y políticas enfocadas a los recursos geopolíticos del país. Concretamente, se puede observar el caso de España, cómo sus alianzas más próximas en el tiempo han empezado con inversiones a la cooperación al desarrollo y luego se han transformado en inversiones extranjeras en España y viceversa. Así pues, en esta era del fomento de la resiliencia, las empresas valoran el factor de la sostenibilidad y la adecuada divulgación de los materiales entorno a los ODS.

Referencias bibliográficas

ARROYO, L., *Los cien errores en la comunicación de las organizaciones*, ESIC Editorial, Madrid, 2011.

BADILLO, Á., & HERNÁNDEZ, R., "El español se cuida solo: desafíos para una geopolítica lingüística del español ante el horizonte multilateral", Real Instituto Elcano, Nº. 2, 2019, pp. 1-18.

CAMPOS R. & SENGUPTA, J., "España y la India: en busca de unas relaciones bilaterales más estrechas", Real Instituto Elcano, 2017. Recuperado el 27 de marzo 2022 de https://www.realinstitutoelcano.org/documento-de-trabajo/espana-y-la-india-en-busca-de-unas-relaciones-bilaterales-mas-estrechas

COLACRAI, M., "Coexistencia y diversidad de enfoques teóricos: apuntes para abordar la complejidad actual de las relaciones internacionales", *Agenda Internacional*, Vol 7, Nº. 14, 2000, pp. 57-66.

DE VICENTIIS, G., "La evolución del concepto de desarrollo sostenible", *Medio Ambiente & Derecho: Revista electrónica de derecho ambiental*, Nº. 23, 2012.

DEVELOPMENT POLICY AND ANALYSIS DIVISION (DESA). Naciones Unidas, "A renewed global partnership for development Report of the UN System Task Team on the Post-2015 UN Development Agenda" 2012, Recuperado el 15/03/2022 de https://www.un.org/en/development/desa/policy/untaskteam_undf/faqs.pdf

EDWARDS, B., *Guía básica de la sostenibilidad*, Barcelona, Gustavo Gili, 2009.

ESCRIBANO, G., & LÁZARO, L., "Energía y clima en 2017: volatilidad contenida, implementación climática e incertidumbre política", *Real Instituto Elcano* ARI 31, 2017, pp. 1-13.

FERDINAND, P., "Westward ho—the China dream and 'one belt, one road': Chinese foreign policy under Xi Jinping", *International Affairs*, Nº. 92, Vol. 4, 2016, pp. 941-957.

FONTENLA, E. H., *La virtuosa complementación entre los principios cooperativos y ODS: una mirada desde la economía social y solidaria*, Buenos Aires, CG CYM Ediciones, 2020.

GIDDENS, A., & DEL BUSTILLO, F. M., *La política del cambio climático*, Madrid, Alianza, 2010.

GIL, C. G., "Objetivos de Desarrollo Sostenible (ODS): una revisión crítica", *Papeles de relaciones ecosociales y cambio global, 140,* 2018, pp. 107-118.

GÓMEZ, P., "Opinión pública y medios de comunicación. Teoría de la agenda setting", *Gazeta de Antropología,* Vol. 25, Nº 1, 2009.

HERNÁNDEZ-CASTILLA, R., SLATER, C., & MARTÍNEZ-RECIO, J., "Los objetivos de Desarrollo Sostenible, un reto para la escuela y el liderazgo escolar", *Profesorado, Revista de Currículum y Formación del Profesorado,* 24(3), 2020, pp. 9-26.

HIGUERAS, G. (2018). "España - China, diez años de asociación estratégica", *Revista Del Instituto Español De Estudios Estratégicos,* Nº 5, 2018, pp. 289-308.

ICEX., Relaciones Bilaterales con China. 2022. Recuperado el 20/04/2022 de icex.es/icex/es/navegacion-principal/todos-nuestros-servicios/informacion-de-mercados/paises/navegacion-principal/el-pais/relaciones-bilaterales/index.html?idPais=CN

JIMÉNEZ, J. A. M., "Diplomacia pública, debate político e historiografía en la política exterior de los Estados Unidos (1938-2008)", *Ayer,* Nº. 75, 2009, pp. 63-95.

KALTENBORN, M., KRAJEWSKI, M., & KUHN, H., *Sustainable development goals and human rights,* Springer, Cham, 2020.

LAUREANO, R. C., "Geopolítica. Origen del concepto y su evolución", *Revista de Relaciones Internacionales de la UNAM,* 113, 2012, pp. 59-80.

MALAMUD, C., "Informe Relaciones España-México", *Real Instituto Elcano,* 2016. Recuperado el 11/04/2022 de https://media.realinstitutoelcano.org/wp-content/uploads/2021/10/informe-elcano-21-relaciones-espana-mexico.pdf

MINISTERIO DE ASUNTOS EXTERIORES Y UNIÓN EUROPEA, *Estrategia cooperación, estrategia de acción exterior,* 2015, Recuperado el 30/04/2022 https://www.exteriores.gob.es/es/ServiciosAlCiudadano/PublicacionesOficiales/2015_ExtrategiadeAccionExterior.pdf

MINISTERIO DE ASUNTOS EXTERIORES Y UNIÓN EUROPEA, *Oficina de información diplomática ficha país República Federativa de Brasil,* 2021, Recuperado el 30/04/2022 http://www.exteriores.gob.es/documents/fichaspais/brasil_ficha%20pais.pdf

MORGENTHAU, H. J., THOMPSON, K. W., & CLINTON, W. D., *Politics among nations: The struggle for power and peace,* Londres, Macat International, 1985.

NOYA, J., "La imagen exterior como política de Estado", *Boletín Elcano,* Nº. 6, Vol. 6, 2002.

NOYA, J., "La nueva etapa de la marca España", *Boletín Elcano,* Nº. 37, Vol. 5, 2004.

ONU, *Informe de los Objetivos de desarrollo sostenible 2021.* Recuperado el 23/04/2022 de https://unstats.un.org/sdgs/report/2021/The-Sustainable-Development-Goals-Report-2021_Spanish.pdf

ONU, *Objetivo 17: Alianzas para los Objetivos. 2022,* Recuperado el 13/03/2022 de https://www.sdgfund.org/es/objetivo-17-alianzas-para-los-objetivos.

OVIEDO, M. P., "Buenas prácticas hacia el cumplimiento del ODS 7 Energía Asequible y No Contaminante", *Revista Científica de la UCSA,* Nº. 7, Vol. 3, 2020, pp. 72-75.

PERALES, J. A. "De los Objetivos del Milenio al desarrollo sostenible: Naciones Unidas y las metas globales post-2015", *Anuario Ceipaz,* Vol. 7, 2014, pp. 49-84.

PINTOR PIRZKALL, H. C., "El impacto de las alianzas público-privadas para el desarrollo financiadas por la cooperación alemana en Latinoamérica. ¿Desarrollo sostenible o afán comercial?", *Acta Hispanica,* Supplementum II, Nº. 25, 2020, pp. 333-345.

SPAIN INDIA, Sesión "Las relaciones India-España y sus implicaciones para las empresas" 2022. Recuperado el 27/03/2022 de http://www.spainindia.org/es/actualidad/sesion_las_relaciones_india_espana_y_sus_implicaciones_para_las_empresas

WORLD COMMISSION ON ENVIRONMENT AND DEVELOPMENT (WCED), *Our Common Future (Brundtland Report),* United Nations, 1987, Recuperado el 10/04/2022 de https://sustainabledevelopment.un.org/content/documents/5987our-common-future.pdf

ALIANZA BIOÉTICA PARA EL DESARROLLO SOSTENIBLE: ESTUDIO DE CASO

BIOETHICAL ALLIANCE FOR SUSTAINABLE DEVELOPMENT: CASE STUDY

ANA BELÉN CRUZ VALIÑO[1]

Resumen

La Agenda 2030 para el Desarrollo Sostenible requiere de alianzas sólidas e inclusivas implementadas a distintos niveles de acción (ODS 17). Las potencias mundiales apostaron por las diplomacias plurales (*soft power*) para crear sinergias mediante el intercambio de experiencias y conocimientos tras finalizar la guerra fría. Una experiencia de diplomacia cultural y científica para mejorar la gobernanza global en salud pública, entendida como *one health*, ha cobrado carta de naturaleza tras la Declaración de Lisboa (2022) que constituye la Plataforma de Bioética para la Lusofonia, impulsando, a su vez, otros objetivos.

Palabras clave: Alianza estratégica - Bioética - Diplomacia científica - Objetivos de Desarrollo Sostenible - Salud Pública.

Abstract

The 2030 Agenda for Sustainable Development requires solid and inclusive alliances at different levels of action (SDG 17). The world powers opted for plural diplomacy (soft power) to create synergies through the exchange of experiences and knowledge after the end of the cold war. An experience of cultural and scientific diplomacy to improve global governance in public health, as *one health* has received a letter of nature after the Lisbon Declaration (2022) that constitutes the Bioethics Platform for Lusofonia, promoting, in turn, other objectives.

Keywords: Bioethics - Public health - science diplomacy - Sustainable Development goals - Strategic alliance.

[1] Instituto Europeu de Estudos Superiores-IEES (Portugal). Doctora y Licenciada en Derecho (Universidade da Coruña). Licenciada en Ciencias Políticas y Sociología. Máster Bioética. Profesora acreditada.

naturaleza y composición. 3.2.1. Debates sesión y desarrollo Evento Satélite. 3.2.2. Comunidad de Países de Lengua Portuguesa (CPLP). 3.2.3. Contenido Declaración de Lisboa de 2022, Encuentro Lusófono de Bioética. 4. CONCLUSIÓN: ALIANZA ESTRATÉGICA Y ESCENARIO DE FUTURO.

1. INTRODUCCIÓN

La Agenda 2030, aprobada en el año 2015, establece 17 Objetivos para el Desarrollo Sostenible (ODS), con la finalidad de erradicar la pobreza extrema; reducir las desigualdades y asegurar la igualdad de género; garantizar el acceso universal a servicios de salud y educación de calidad o combatir el cambio climático, entre otros[2]. Ante la pregunta: ¿qué podemos hacer para cumplir la Agenda? El ODS 17 pone el foco en compartir recursos; desarrollar tecnología y generar capacidades a través de alianzas sólidas e inclusivas y redes multinivel, a través de *Alianzas* para lograr los objetivos. En un mundo globalizado, estos objetivos solo se podrán alcanzar con la actuación conjunta de actores (gobiernos, sociedad civil, científicos, mundo académico y sector privado), tomando en consideración a todos los interesados[3]. Al tiempo que favorece la Gobernanza global, también fortalece las relaciones entre países.

La iniciativa *One Health* (una sola salud) de la OMS, reconoce el control de las zoonosis como prioridad, y es que nadie duda de la relación entre el factor ambiental, el cambio climático y las infecciones emergentes[4]. En este sentido, enfrentar las crisis (pandémica, recesión económica y climática) exige la convergencia multidisciplinar (medicina, biología, veterinaria, ingeniería, derecho, economía, filosofía, ética, etc.) para renovar el liderazgo al servicio del orden mun-

---

2 UNITED NATIONS. Resolution adopted by the General Assembly on 25 September 2015, Transforming our world: the 2030 Agenda for Sustainable Development (A/RES/70/1) https://undocs.org/Home/Mobile?FinalSymbol=A%2FRES%2F71%2F313&Language=E&DeviceType=Desktop&LangRequested=False

3 UNITED NATIONS. El futuro es ahora: ciencia para lograr el desarrollo sostenible. Disponible en: https://sustainabledevelopment.un.org/content/documents/24797GSDR report 2019.

4 LOSA, J. E., Enfermedades infecciosas emergentes: una realidad asistencial. *Anales Sistema Sanitario Navarra.* 2021, 44 (2).

dial con redes y estructuras científicas íntegras que evitan el proteccionismo científico y promuevan los ODS[5]. El uso de la Diplomacia *a favor de la ciencia* mediante la colaboración internacional arroja un balance exitoso en el campo de la investigación biomédica y la salud pública como quedó demostrado en el control de la expansión del virus zika en el continente americano tras la alerta epidemiológica (2015-2016) y exhibe su potencial ante el estudio de las enfermedades emergentes o infectocontagiosas que ya han sido notificadas en países de África Occidental y Oriental, y que carecen de un tratamiento efectivo.

La medicina (como la biomedicina o la biotecnología) constituye un sector económico geoestratégico que está expuesto a las tensiones externas, lo que también repercute a nivel interno afectando al bienestar de la población. El denominado "poder blando" de las naciones utiliza los desarrollos científicos para la defensa del interés nacional y promover la salud como bien de interés global, pero también es utilizado para mantener determinadas *zonas de influencia.*

En este escenario, dos acontecimientos históricos acontecidos entre los años 2020 y 2023 marcan un punto de inflexión en el marco institucional de las relaciones internacionales, que insta a su revisión y a la de los actores tradicionales, —estados y organizaciones internacionales—, Por una parte, 1) la pandemia mundial derivada de la enfermedad Covid-19, visibilizó no solo los límites de la soberanía estatal para enfrentar los problemas globales, sino las brechas del multilateralismo. Y, en segundo término, 2) la invasión rusa de Ucrania en el año 2022, con la guerra a las fronteras del espacio europeo y las crisis derivadas de este conflicto: energética, alimentaria y humanitaria (inmigración), que amenazan la estabilidad interna de los países desarrollados, como la de los países en desarrollo, cuyas señas identitarias y/o anticoloniales son activados por intereses geopolíticos. Una visión holística, recogida en la obra coordinada por Fréderic Mertens de Wilmars, F. & Carla de Paredes Gallardo muestra esta transición

---

5 Podemos encontrar una exposición general en CRUZ-VALIÑO, A. B., "Diplomacia para la ciencia y gobernanza global en salud". *EIDON,* nº 56, 2021, pp. 56-78.

geopolítica[6], donde al margen de las reglas del Derecho internacional, parece que todo se permite, desde afrontar virus emergentes sin recursos o el surgimiento de actores (multinacionales, ONG, redes sociales) que redibujan las coordenadas espacio-tiempo en las relaciones internacionales. Al tiempo, Occidente entra en declive y potencias emergentes, —como China—, se consolidan.

En el ámbito de la salud global, una nueva experiencia se ha puesta en marcha en el Evento Satélite de la *Cumbre Global de la OMS* celebrada en Lisboa (2022), en cuyo transcurso se acordó la creación de la *Plataforma Lusófona para promoción bioética* mediante la Declaración de Lisboa de 2022, de 14 de septiembre de 2022. Este caso ilustra cómo colaborar en la Gobernanza global en salud mediante prácticas de *paradiplomacia* enriquece las relaciones internacionales. Cultura y lengua actúan de consumo para ahondar en la consecución de los ODS en países pertenecientes a diversas regiones geográficas. Asimismo, la Bioética, entendida como puente de conexión entre las ciencias de la vida y las humanidades o ciencias sociales, y con vocación interdisciplinar y global, se revela un instrumento valioso para unificar criterios en la preservación de la salud global y la promoción de los derechos humanos (ODS3), con énfasis en la formación (ODS4) en Bioética.

Para su estudio realizaré algunas precisiones: en primer lugar, 1) un apunte conceptual sobre el escenario global y las diplomacias plurales, y en segundo lugar, 2) la naturaleza de la alianza lusófona en torno a la reflexión *bioética,* mediante el estudio de cuestiones previas: a) el marco de referencia bioético, b) el análisis de los debates de la sesión, cuyo contenido dibujará el contexto socio-cultural, y c) el marco de la Comunidad de Países de Lengua Portuguesa (CPLP), como actor clave de Diplomacia Cultural, para mapear su ámbito e interés estratégico, y finalmente, 3) el contenido de la *Declaración de Lisboa* de 2022.

---

6 MERTENS DE WILMARS, F. & de PAREDES GALLARDO, C., (Coord). *Nuevos tiempos, nuevos espacios para las relaciones internacionales y el Derecho Internacional.* Tirant lo Blanch, Valencia, 2022, pp. 735-763.

2. DIPLOMACIAS PLURALES

Las Diplomacias plurales constituyen una forma de ejercicio del *poder blando* en el escenario de las relaciones internacionales, que bien se enfrenta a las prácticas más clásicas de diplomacia tradicional (*hard power*), o bien las acompaña. En la década de los años noventa del siglo XX se impulsó su desarrollo cuando un nuevo (de)orden internacional irrumpe en la arena internacional, intensificado tras finalizar la guerra fría, pues recuperar influencia y reputación era un objetivo de las potencias mundiales. A su vez, el proceso de globalización favoreció nuevas prácticas diplomáticas, tan diversas como múltiples son los desafíos a los que se enfrenta la humanidad: diplomacia científica, cultural, digital o medioambiental[7]. *De facto*, son las potencias hegemónicas las que más utilizan estas prácticas (acompañan al *hard power*). Ello no obsta para que redunde en beneficios para las poblaciones y ecosistemas vulnerables cuando se abordan problemáticas mediante alianzas significativas[8]. Esta *transprofesionalización* de la profesión diplomática o acercamiento flexible se muestra receptiva ante nuevas realidades, formas y procedimientos de actuación[9], no estando exenta de voces críticas e, incluso Tim Flink, señala que pueda "estar ahogándose en su propio éxito"[10].

2.1. *Escenario: problemas globales*

El planeta sufre degradación ambiental, como se aprecia en las alteraciones del aire, del agua y de la tierra, con pérdida de biodiversidad y extinción de especies. Algunas enfermedades emergentes (zoonosis), que amenazan la salud global, son consecuencia de estas alteraciones. Los problemas de orden global exceden del ámbito de una región geográfica e interactúan generando efectos devastadores.

---

7 CRUZ VALIÑO, A. B.… *op. cit.*

8 ECHEVERRÍA KING, L. F.; GONZÁLEZ, D. A. y ANDRADE SASTOQUE, E., "Science diplomacy in emerging economies: a phenomenological analysis of the colombian case". *Frontiers in Research Metrics and Analytics*, 2021, 6, p. 636538.

9 CONSTANTINOU, CM; KERR P. & SHARP, P., *The SAGE handbook of diplomacy*: Sage, 2016, pp. 435-665.

10 FLINK, T., "Taking the pulse of science diplomacy and developing practices of valuation". *Science and Public Policy*, Volume 49, Issue 2, April 2022, pp. 191-200.

Los determinantes sociales de la salud (que generan inequidad) o los riesgos derivados de la investigación biomédica, las patentes de material biológico, entre otros, constituyen amenazas que se tornan más intensas sobre los colectivos vulnerables[11].

Así las cosas y, ante la pretendida neutralidad de la ciencia, se apela al principio de precaución por su triple dimensión; jurídica, política y ética, para contrarrestar las amenazas de los desarrollos tecnológicos. Y es que al Derecho se le exige intervenir en medidas de protección a la ciudadanía. Este principio se invoca como respuesta política a situaciones en las que se vislumbra un potencial efecto lesivo sobre la salud o el medioambiente, entre otros. El criterio de prudencia y ecuanimidad concilia la incertidumbre con la información científica y las alternativas. Esto permite avanzar desde soluciones extremas (prohibición) hasta intermedias (moratorias, repetición ensayos clínicos) salvaguardando bienes jurídicos protegidos y sin paralizar los desarrollos científicos o económicos[12].

No es un azar que la Organización Mundial de la Salud (OMS) haya reclamado que la salud sea el *centro* de las negociaciones de la *Conferencia de las Naciones Unidas sobre el Cambio Climático* (CNUCC) celebrada en el año 2022 (COP27) en Sharm El-Sheikh (Egipto)[13]. Evitar seudonacionalismos (proteccionismo científico) y reforzar liderazgos al servicio del orden mundial protege los derechos humanos y garantiza la integridad de las redes científicas; no en vano, la

---

11 TEN HAVE, H. T. & GORDJIN, B.," Sustainability". *Medicine, health care, and Philosophy*, 2020, 2, pp. 153-154.

12 El principio de precaución deviene un principio del Derecho Internacional consuetudinario, integrado en los principios generales del Derecho reconocidos por las naciones *ex.* art. 38 de los Estatutos de la Corte Internacional de Justicia, e internalizado vía derecho positivo en materias como medio ambiente o salud. BERGEL, S. D., "Precaución". En ROMEO CASABONA, C. M., (dtor). *Enciclopedia de bioderecho y bioética.* Granada: Comares.

13 UNITED NATIONS, *Convención marco de las naciones unidas sobre el cambio climático (CMNUCC). Conferencia sobre el cambio climático de Sharm el Sheij - noviembre de 2022*, Egipto. https://unfccc.int/es/cop27#:~:text=La%20conferencia%20tuvo%20del%206,al%20que%20asistieron%20principalmente%20ministros. COP-27

pandemia por Covid-19 deja lecciones para la historia, y alerta sobre nuevos desafíos[14].

2.2. *Aproximación conceptual: diplomacia científica y cultural*

En el marco de la denominada *migración diplomática* entre profesiones, entendida como: "la apertura del mundo [diplomático] al cambio", una amplia red de asociaciones e híbridos de servicios diplomáticos nacionales y actores profesionales, y un elenco *no profesional* se aglutina en torno al concepto laxo de diplomacia[15]. Diplomacia cultural y Diplomacia científica comparten algunas características, entendidas como formas de diplomacia plural.

2.2.1. Diplomacia científica

Una revisión de literatura realizada por Ana B. Cruz Valiño[16]se aproxima al contenido semántico de la *Diplomacia científica* analizando sus elementos (actores, motivaciones, oportunidades y desafíos) con énfasis en la diplomacia sanitaria, cuya utilidad para la gobernanza global incluye la prevención, la investigación biomédica y la salud pública. Diplomacia y ciencia interactúan en la toma de decisiones informadas a nivel supranacional, nacional y local y se alían para la resolución pacífica de los problemas globales que demandan respuestas coordinadas, fruto de la sinergia entre disciplinas como biología, tecnología, veterinaria, biomedicina, derecho y ciencia política. Esta modalidad permitió compartir experiencias en investigación biomédica y salud pública, —como ocurrió en la contención del virus zika en el continente americano—.

---

14 VARGAS SOLORZANO, M., "Diplomacia científica: el rol del científico en el manejo de pandemias" *Revista de Bioética y Derecho*, 2020, 50, pp. 255-270.

15 Sin ánimo de exhaustividad, una evaluación En: CONSTANTINOU, KERR Y SHARP: ["lejos de etiquetarse peyorativamente pretende "valorizarlos positivamente a través de asociación con otras vocaciones y actuaciones diarias conscientes que pertenecen a diferentes tipos de habilidad y compromiso diplomático"].

16 CRUZ VALIÑO, A. B., op. cit. pp. 59-61.

La capacidad expansiva de su perímetro conceptual se ilustra con algunas definiciones como las proporcionadas por Nina V. Federoff[17] o Monserrat Vargas Solorzano[18], mientras se consolida la tendencia hacia un concepto laxo tras la celebración del *Encuentro Global de Redes S4DC4: Diplomacia científica de la UE más allá de 2020,* en diciembre del año 2018, en la cual se adoptó la *Declaración de Madrid sobre Diplomacia Científica,* que la define como: "una serie de prácticas en la intersección de la diplomacia científica a nivel global"[19]. Se enuncian algunas notas caracterizadoras[20]:

Ciencia, Tecnología e Innovación interactúan con la política y la cooperación internacional desde tres *dimensiones,* como distinguió la *Royal Society* (2010), siendo la *Diplomacia para la ciencia* la ansiada por razones de orden teleológico[21], a saber:

a) Ciencia en la diplomacia: política exterior con asesoramiento científico.

b) Diplomacia para la ciencia: cooperación internacional para la ciencia (como fin).

c) Ciencia para la diplomacia: cooperación científica para mejorar las relaciones internacionales entre países (ciencia como medio).

---

17 Sin ánimo de exhaustividad, una exposición en FEDEROFF, N. V., "Science Diplomacy in the 21st. Century". *Cell,* 136, (9), pp— 9-11. "es el uso de colaboraciones científicas entre naciones para abordar los problemas comunes que enfrenta la humanidad del siglo XXI y para construir asociaciones internacionales constructivas. Hay muchas formas en que los científicos pueden contribuir a este proceso".

18 Sin ánimo de exhaustividad, una exposición en VARGAS SOLORZANO, M., "Diplomacia científica: el rol del científico en el manejo de pandemias". *Revista de Bioética y Derecho,* 2020, 50, pp. 255-270. "es la diplomacia entendida en su sentido amplio como la participación a la toma de decisiones, y que, junto con la ciencia, se complementan brindando soluciones mundiales a problemas sociales de gran envergadura, en áreas tales como: la salud, el ambiente, el desarrollo urbano o tecnológico, la educación, etc".

19 DECLARACIÓN DE MADRID SOBRE DIPLOMACIA CIENTÍFICA, *Encuentro Global de Redes S4DC4, Diplomacia científica de la UE más allá de 2020.*

20 CRUZ VALIÑO, A. B., op. cit. pp. 59-61.

21 ROYAL SOCIETY. *New frontiers in science diplomacy.* RS Policy document 01/10, RS1619, The Royal Society, London, 2010.

Las *acciones* diseñadas obedecen a tres tipologías en torno a intereses geográficos: necesidades nacionales (locales y regionales), intereses transfronterizos y desafíos globales.

Algunos *factores incentivadores* promueven la cooperación internacional, como la confianza y la voluntad política de los organismos internacionales o las buenas prácticas científicas, mientras que los *factores desincentivadores* internalizan la solución de problemas, mediante obstáculos (nacionalismo, falta de liderazgo internacional, decisiones sin evidencia) o alertas (burocracia, indefinición y deseo de competir *vs* colaborar)[22].

Destaca la *heterogeneidad de actores,* institucionalizados o no institucionales: 1) Organismos multilaterales, 2) Gobiernos nacionales y territoriales, 3) Redes, 4) Diplomáticos científicos, 5) Organizaciones civiles, y 6) Empresas y Centros Educativos o investigadores.

En cuanto a las *motivaciones,* estas oscilan entre: 1) el *acceso* a recursos (infraestructura, recursos naturales), 2) la *marca* de nación (resultados I+D, reputación), y 3) la *influencia* o prestigio, entendida como capacidad de atraer talento, capital y apoyo económico o político[23].

2.2.2. Diplomacia cultural

La *Diplomacia cultural* comparte el marco teórico de la diplomacia científica. En este caso, los recursos o medios de los que se sirve son bienes culturales y/ o artísticos, tales como la promoción de sectores industriales y económicos como el turismo, la moda, el diseño, la construcción o el paisajismo o la divulgación de formas de vida, entre otros, mediante los que se trata de ejercer influencia en otros países, o mejorar la marca de país[24]: un ejemplo lo constituyen las

---

22 MELCHOR, L; LACUNZA I; ELORZA, A; MCGRATH, P. F.; RUNGIUS, C.; FLINK, T. Y AUKES, E. J., "What is Science Diplomacy?", *S4D4C European Science Diplomacy Online Course,* Vienna: S4DC, 2021.

23 FLINK T. y SCHREITERER, U. "Science diplomacy at the intersection of S&T policies and foreign affairs: toward a typology of national approaches". *Science and Public Policy,* 2010, 37(9), pp. 665-677.

24 KITSOU, S. "The power of culture in diplomacy: The case of US cultural diplomacy in France and Germany", *Exchange: The Journal of Public Diplomacy,* 2011, 2(1), p. 3.

series televisivas. En alguna ocasión, se han utilizado mecanismos de diplomacia cultural en procesos de reconstrucción post-conflicto o de justicia restaurativa[25].

La lengua y la literatura, el patrimonio histórico-artístico, entre otros, son activos de gran relevancia, incluso desde una visión de sostenibilidad (bienes no renovables), porque atesoran bienes intrínsecos como valores culturales y antropológicos, ligados a la identidad de los pueblos. Estos bienes son utilizados para el desarrollo de las ciudades o enclaves a través de la obtención de recursos, como también la organización de eventos deportivos o culturales. En este contexto, la postulación a candidaturas de declaraciones institucionales o denominaciones como la "Capital Europea de la Cultura", o declaraciones de "Patrimonio de la Humanidad", concedidas por la UNESCO, entre otros, convierten estos atributos de la ciudad, región o país en ventaja estratégica. Sin embargo, algunos autores consideran que repercuten negativamente en la concepción y transformación del patrimonio llegando a liquidar lo que les otorgó su valor[26], pues en ocasiones, han contribuido al desarrollo de áreas de actuación y fenómenos de gentrificación, —con su cuestionamiento ético—, mientras son anheladas por países en desarrollo para rehabilitar edificios históricos o conservar y promocionar los recursos naturales y paisajísticos.

En cuanto a la difusión y enseñanza de los idiomas destacan algunas instituciones por su actividad a escala mundial, como el Instituto Cervantes (España), o el Instituto Camões (Portugal), el Goethe-Institut (Alemania), o el Instituto Confucio (China), entre otros.

---

25 PANTEA, D. & STOICA, A. "The role of cultural diplomacy in contemporary crises and conflict reconciliation". *Studia Universitatis Babe⊠-Bolyai. Studia Europaea*, 2014, 1, pp. 219-230.

26 SÁNCHEZ, ÁC y GUTIÉRREZ CG., "La ética en la gestión turística del patrimonio cultural y su conservación: reflexiones a propósito de la ciudad de Córdoba (España). *Revista Internacional de Turismo, Empresa y Territorio. RITUREM,* 2021, 5(2), pp. 116-130.

3. ESTUDIO DE CASO: PLATAFORMA LUSÓFONA PARA PROMOCIÓN BIOÉTICA

En el ámbito de la salud global, una experiencia ha comenzado su andadura en el Evento Satélite de la *Cumbre Global de la OMS* celebrada en Lisboa (2022), en cuyo transcurso se acordó la creación de la *Plataforma Lusófona para promoción bioética* mediante la Declaración de Lisboa de 2022, de 14 de septiembre de 2022, en aras de contribuir a la salud global por medio de alianza estratégica, y muestra cómo la diplomacia cultural y científica devienen un instrumento útil para la gobernanza global en salud. Esta declaración fue adoptada en el transcurso de la *Reunião Lusófona de Bioética,* del Evento Satélite a la 13ª Cumbre mundial (*Global Summit*) de la OMS, celebrada en la ciudad de Lisboa (Portugal) en la Fundação Calouste Gulbenkian, convocado por el *Conselho Nacional de Ciéncias da vida* (CNCV)[27].

La reciente pandemia por Covid-19 mostró la fragilidad de un modelo de producción insostenible, y algunos retos futuros[28]: "Todos los países están recurriendo a la ciencia", —afirma el diálogo de la UNESCO, de 30 marzo de 2020—, lo que reactiva la *falacia tecnocrática,* y sus peligros: reducir a problemas técnicos lo que son problemas éticos, trasladando el poder a los expertos que no solo gobiernan su sector productivo, sino el ámbito sociopolítico[29]. Crear alianzas estratégicas, como las redes de formación y reflexión bioética desde un enfoque interdisciplinar e inclusivo, contribuye a dar una respuesta coordinada a los problemas globales.

3.1. Marco de referencia bioético

La Bioética Global se interesa por la responsabilidad ecológica, la justicia cosmopolita o transnacional y la solidaridad entre los vivientes, es decir, integra las consideraciones ambientales y los deberes de

---

27 CONSELHO NACIONAL DE CIÉNCIAS DA VIDA (CNCV) "Constituição da Plataforma Lusófona de Bioética e Declaração de Lisboa". Web de la institución: https://www.cnecv.pt/pt/atividades/eventos-internacionais/plataforma-lusofona-de-bioetica

28 CRUZ-VALIÑO, A. B., … op. cit. p. 62.

29 GRACIA, D., *Bioética mínima.* Madrid, Triacastela, 2019, pp. 37-38.

justicia, que no terminan en los límites de las fronteras políticas[30]. La Bioética, cuyo término vincula vida (bios) y éthos (moral), fue utilizado por Van Rensselaer Potter en el año 1970[31] con el objetivo de acercar el conocimiento científico y el humanístico. Surge en EE. UU. y se desarrolla en los años 70 del s. XX como aproximación interdisciplinar (medicina, filosofía, biología, derecho) de carácter plural y racional, considerando el factor axiológico (ideológico o creencias). Desde entonces, diversos métodos bioéticos se han desarrollado para el análisis de casos y toma de decisiones (principalísimo, casuismo, método deliberativo, etc.), ofreciendo guías de actuación para la resolución de problemas concretos.

Como premisa conviene recordar los *vínculos morales* que los seres humanos establecemos con: a) la naturaleza, b) los demás seres vivos y 3) los seres humanos. La Bioética, como ética de la vida, encuentra fundamento en este escenario, pues somos *seres relacionales*. Esto nos obliga a generar vínculos para sobrevivir, y porque tenemos obligaciones con ellos, somos responsables de su cuidado, como lo somos del nuestro. Explicación moral de por qué estamos obligados a cuidar del medio que nos rodea[32]. Asimismo, la globalización ética actúa en un marco transcultural y multidisciplinar desde la aceptación de valores y derechos compartidos, cuyo armazón axiológico permite responder a los retos globales, al tiempo que reflexiona sobre los avances en Biotecnología y la equidad en su acceso[33].

La *Convención sobre Derechos Humanos y Biomedicina (*CDHB, 1997), denominado *Convenio de Oviedo,* como instrumento internacional jurídicamente vinculante, se ocupa de los derechos humanos en biomedicina. El preámbulo menciona los objetivos[34]:

---

30 FERRER, F. J., "Bioética global. Algunas reflexiones preliminares", en *La Bioética un puente inacabado.* (Coord). REYES LOPEZ, M, RIVAS FLORES FJ, BUISÁN PELAY. R. Y GARCÍA FEREZ. J., 2005, p. 34.

31 POTTER, V. R., *Bioethics: bridge to the future,* Prentice Hall, New Jersey, 1971.

32 GRACIA D., *Ética y ciudadanía,* vol. 1. PPC, 2016, p. 14.

33 CRUZ VALIÑO, A. B., op. cit. pp. 71-72.

34 CONSEJO DE EUROPA. Convenio para la protección de los derechos humanos y la dignidad del ser humano con respecto a las aplicaciones de la biología y la medicina. Aprobado por Estados miembros del Consejo de Europa, los demás Estados y la Comunidad Europea. Instrumento de Ratificación del Convenio para protección de los derechos humanos y la dignidad del ser humano con

Considerando que la finalidad del Consejo de Europa es la de conseguir una unión más estrecha entre sus miembros y que uno de los medios para lograr dicha finalidad es la salvaguardia y el fomento de los derechos humanos y de las libertades fundamentales;

Conscientes de los rápidos avances de la biología y la medicina,

Convencidos de la necesidad de respetar al ser humano a la vez como persona y como perteneciente a la especie humana y reconociendo la importancia de garantizar su dignidad;

Conscientes de las acciones que podrían poner en peligro la dignidad humana mediante una práctica inadecuada de la biología y la medicina;

Afirmando que los progresos en la biología y la medicina deben ser aprovechados en favor de las generaciones presentes y futuras;

Subrayando la necesidad de una cooperación internacional para que toda la Humanidad pueda beneficiarse de las aportaciones de la biología y la medicina;

Reconociendo la importancia de promover un debate público sobre las cuestiones planteadas por la aplicación de la biología y la medicina y sobre las respuestas que deba darse a las mismas;

Deseosos de recordar a cada miembro del cuerpo social sus derechos y responsabilidades;

Tomando en consideración los trabajos de la Asamblea Parlamentaria en este ámbito, comprendida la Recomendación 1160(1991) sobre la elaboración de un Convenio de Bioética;

Decididos a adoptar las medidas adecuadas, en el ámbito de las aplicaciones de la biología y la medicina, para garantizar la dignidad del ser humano y los derechos y libertades fundamentales de la persona.

La *Declaración Universal sobre Bioética y Derechos Humanos* (DUBDH) fue aprobada el 19 de octubre de 2005 por la 33ª reunión de la Conferencia General de la UNESCO, cuyo preámbulo expresa la conveniencia de "elaborar nuevos enfoques de la responsabilidad social para garantizar que el progreso de la ciencia y la tecnología contribuya a la justicia y la equidad y sirva al interés de la humanidad", abriendo así nuevas perspectivas de intervención que integra la bioética y los avances científicos en el contexto de un debate abierto al mundo político y social. Así las cosas, la UNESCO dedicó un monográfico en el año 2018 al artículo 14 de esta Declaración por su carácter innovador, pues introduce el principio de responsabilidad social y salud en

---

respecto a las aplicaciones de la Biología y la Medicina (Convenio relativo a los derechos humanos y la biomedicina), hecho en Oviedo el 4 de abril de 1997, *BOE*, núm. 251, de 20 de octubre de 1999, pp. 36825 a 36830.

el ámbito bioético[35], cuya dimensión global considera las relaciones sociales derivadas de actividades comerciales y de investigación. El apartado c) contempla la mejora de las condiciones de vida y del medio ambiente[36].

La Bioética aborda los problemas desde una perspectiva holística (social, política y económica), aportando soluciones prudentes. Un ejemplo de avance en investigación que puede ser útil, pero conlleva riesgos para la autonomía personal o potencial discriminación ante un uso inadecuado, atañe al ámbito de los datos personales, genéticos y de salud que se pueden extraer (minería de datos), combinar (*Big Data*) y aplicar algoritmos de inteligencia artificial (IA), lesionando valores relacionados con la vida o la salud[37]. En este sentido, la Conferencia General de la UNESCO adoptó la *Recomendación sobre la Ética de la Inteligencia Artificial* en el año 2021, primer instrumento normativo para proteger y promover los derechos humanos y la dignidad humana como guía ética y base normativa global en el medio digital[38].

3.2. Alianza bioética: naturaleza y composición

Un precedente de colaboración estratégica, como la "*Conferéncia sobre la Bioética nos Países de Língua Oficial Portuguesa*", celebrada en Lisboa los días 5 y 6 de mayo de 2014 (PALOP), contó con la presencia del presidente de la CPLP, en cuyo debate de apertura se aclaró, sin embargo, que no existe una bioética propiamente lusófona[39]:

---

35 UNESCO Y CIBIR, *Responsabilidad social y salud. Informe del Comité Internacional de Bioética de la UNESCO (CIB)*, 2018. [183], Centro Nacional de Documentación en Bioética.

36 VIVANCO, L., "Responsabilidad Social y salud: una tarea pendiente", *Atención Primaria*, 2018, 50(10), pp. 653-654.

37 POSE, C., "El caso Tuskegee: un antes y un después en la investigación biomédica", *EIDON. Revista española de bioética*, 2022, 58, p. 49.

38 UNESCO, *Recomendación sobre la ética de la inteligencia artificial. Informe del Comité Internacional de Bioética de la UNESCO (CIB)*, 2022, UNESCO [65446]. Código documento: SHS/BIO/PI/2021/1.

39 Traducción propia: CONSELHO NACIONAL DE CIÉNCIAS DA VIDA (CNC). "Bioética nos Países de Língua Oficial Portuguesa Justiça e Solidariedade", *Coleçao Bioética 18. Conferéncia sobre la Bioética nos Países de Língua Oficial Portuguesa.*

"No existe una Bioética lusófona, ciertamente pero puede haber una cierta sensibilidad, una cierta racionalidad bioética a la que no le es extraña una cierta lusofonía, mejor, una cierta cultura lusófona, En este sentido, habrá una comunidad bioética lusófona, tanto más que los pueblos y las naciones son también depositarios de valores a los que deben de ser fieles y saber realizar".

Una aproximación a la naturaleza y composición de la *Plataforma lusófona para promoción bioética,* constituida mediante la Declaración de Lisboa de 2022, aconseja analizar el desarrollo de los debates y el contenido de esta.

3.2.1. Debates sesión y desarrollo Evento Satélite

La Plataforma lusófona (2022) descartó *a limine* dotar dicha alianza de infraestructura institucional de carácter intergubernamental, pues lo desaconseja la inestabilidad política y social de los países que la conforman.

El Evento Satélite abordó distintas temáticas sobre las que puede intervenir la Bioética en aras de enfrentar desafíos futuros y cómo los países pueden impulsar proyectos comunes que aúnen sinergias (ODS 3 y 4). Para ello contó con la participación de ponentes de países del mundo lusófono, reforzando la necesidad de avanzar en cooperación y debate interdisciplinar[40]:

- Angola (*Comissão de Ética, Instituto Nacional de Investigação em Saúde Pública*): Saúde Pública: implementação das orientações bioéticas internacionais em Angola.
- Brasil (*Sociedade Brasileira de Bioética*): Desafios da saúde pública no Brasil - uma perspctiva bioética
- Cabo Verde (C*omité Nacional de Ética para Pesquisa em Saúde de Cabo Verde*): Saúde Pública: os desafios da transplantação de órgãos e tecidos

---

Lisboa 5/6 de mayo de 2014. pp. 17-18. [Sesión de apertura, Miguel Oliveira da silva. Presidente del CNMV].

40 *Íbidem,* CONSELHO NACIONAL DE CIÉNCIAS DA VIDA (CNCV). Op. cit. "APRESENTAÇÕES"

- Guinea-Bissau (*Comité de Ética*): Saúde Única" - uma perspetiva preventiva, em ameaças Saúde Pública, na Guiné Bissau
- Mozambique (*Comité Nacional de Bioética para a Saúde de Moçambique*): Emergência em Saúde Pública e lições aprendidas durante a pandemia da COVID-19
- San Tomé y Príncipe (*Comissão de Ética na Saúde para a Investigação Científica*): Contributo da bioética na agenda de transformação do milénio: objetivos sustentáveis de desenvolvimento
- Portugal (*Conselho Nacional de Ciências da vida*, CNECV): Contextualização da Saúde Pública no domínio alargado de "uma só saúde" (One Health)

En un giro narrativo, conviene no obviar cómo el hecho de abordar problemas de ámbito internacional según las fronteras políticas, —un límite de soberanía, en ocasiones artificial ajeno a la población de zonas transfronterizas (etnias, órganos de autoridad y hábitos culturales)— puede obstaculizar la consecución de los ODS.

Destaca el caso de Guinea Bissau, un país que tuvo que gestionar una crisis pandémica por Covid-19 con la colaboración de treinta y tres tribus distribuidas por todo el país[41]. La *mediación intercultural,* como competencia específica, contempla la dimensión axiológica y se alía con las personas que, dentro de cada comunidad ostentan autoridad moral, sin extrapolar miméticamente prácticas sociales y científicas. No atender esta premisa frustra la oportunidad de mejorar la calidad de vida de las poblaciones, o bien desata conflictos ante problemas globales cuyas soluciones inciden sobre prácticas rituales o convicciones espirituales (vida, enfermedad, muerte).

La existencia de enfermedades infecciosas (que se creían erradicadas o no se expandieron al mundo desarrollado) son notificadas en países de África, lo que quedó de manifiesto, al tiempo que ofrece una oportunidad para su estudio. *De facto,* ante la explosión de viruela del mono (*monkey pox*) notificada en Europa a finales del año 2022 y expandida al resto de países, —declarada emergencia sanitaria por la OMS—, se sirvió de los protocolos clínicos de países como

---

[41] CONSELHO NACIONAL DE CIÉNCIAS DA VIDA (CNCV). op. cit.

Nigeria[42]. Y es que el reservorio natural de estas enfermedades se encuentra en países que, con escasos recursos, han lidiado con ellas, mientras el mundo desarrollado se revela ignorante y vulnerable, y lo observa como una amenaza real.

En relación con las alteraciones del medio y, —continuando con el desarrollo de la sesión—, destaca la aportación efectuada por la delegación portuguesa enumerando resoluciones de tribunales internacionales derivadas de la omisión del deber de los estados de adoptar medidas contra los daños ambientales[43].

La variedad, la tolerancia, la diversidad cultural y antropológica de los debates se unifica por un denominador común; la cultura y la lengua lusófona, por un lado; y la reflexión bioética, por el otro. El evento contó con la asistencia del máximo representante de la Comunidad de Países de Lengua Portuguesa (CPLP), cuya relevancia se expone a continuación, por la dimensión de países miembros y de países observadores que agrupa. Finalmente, la Plataforma constituida no descarta la participación de otros países no lusófonos, sino que invita a la incorporación de otros, como por ejemplo España.

3.2.2. Comunidad de Países de Lengua Portuguesa (CPLP)

Dos organizaciones agrupan a los países lusófonos: por una parte, 1) la comunidad de países donde la lengua portuguesa es la lengua oficial o *País Africano de Lengua Oficial Portuguesa* (PALOP), que contempla solo países de este continente: Angola, Cabo Verde, Guinea-Bissau, Mozambique, y Santo Tomé y Príncipe. Mientras que, 2) la *Comunidad de Países de Lengua Portuguesa* (CPLP) incluye regiones y países, cuya lengua cooficial es el portugués, pudiendo citar, entre otros, Goa (India), Macao (China) o Guinea Ecuatorial (África). A partir de esta distinción, centraré el estudio en la composición de esta última.

---

42 BALAKRISHNAN, V. S., "Collaborating to improve monkeypox diagnostics", *The Lancet Microbe,* 2022, 3 (10), p. 733.

43 CONSELHO NACIONAL DE CIÊNCIAS DA VIDA (CNCV).

a) Estados miembros

En atención a su génesis, cabe decir que en el año 1966 la CPLP se constituyó con siete estados fundadores, que ostentan la consideración de miembros: Angola, Brasil, Cabo Verde, Guinea-Bissau, Mozambique, Portugal y Santo Tomé y Príncipe. A este grupo se sumó Timor Oriental en el año 2002, tras la independencia de Indonesia, así como Guinea Ecuatorial desde el año 2014. La CPLP se constituyó como Foro multilateral y organismo internacional entre países de lengua portuguesa el 17 de julio de 1996, y su ámbito de actuación comprende alrededor de 223 millones de habitantes y un área que ocupa del orden de 10.708.674 kM2 distribuidos en distintos continentes. Su sede radica en la ciudad de Lisboa[44].

b) Países observadores

En la categoría de países *observadores* consta la incorporación de países como Guinea Ecuatorial y Mauricio, que fueron aceptados en el año 2006 y Senegal en el año 2008. En el año 2014, países como Georgia, Japón, Namibia y Turquía se asociaron en esta modalidad, que fue aumentada en el año 2016 al sumarse Eslovaquia, Hungría, República Checa y Uruguay. También Argentina, Chile, Francia, Andorra, Italia, Luxemburgo, Reino Unido y Serbia entraron como observadores en el año 2018.

En el año 2021, España se convirtió en Estado Observador Asociado, si bien, algunas organizaciones civiles como la *Academia Galega da Lingua portuguesa* y el *Consello da Cultura Galega* ya eran Observadores Consultivos, pues la lengua cooficial de la Comunidad Autónoma de Galicia deriva de la misma raíz, el galaicoportugués[45].

---

44 COMUNIDAD DE PAÍSES DE LENGUA PORTUGUESA (CPLP). Disponible: https://www.cplp.org/id-2597.aspx

45 Se ilustra esta adhesión: "la candidatura de España fue presentada en 2020 mediante la remisión de los correspondientes Planes de Acción y de Promoción de la Lengua Portuguesa. Cabe reseñar el notable impulso que la Comunidad Autónoma de Galicia ha dado a la candidatura de España, y, de hecho, tanto la *Academia Galega da Lingua Portuguesa* y el *Consello da Cultura Galega* ya son Observadores Consultivos de la CPLP". GOBIERNO ESPAÑA. MINISTERIO DE ASUNTOS EXTERIORES. Disponible en: *Ingreso de España en la Comunidad de Países de Lengua Portuguesa como Observador Asociado (exteriores.gob.es).*

c) Agente de Diplomacia cultural

El rol activo desempeñado por la CPLP, como organismo de Diplomacia cultural, es ampliamente reconocido por su contribución en algunas crisis, como el impulso de reformas económicas en Santo Tomé y Príncipe o reformas democráticas en Guinea-Bissau.

En el área de la educación destaca la escolarización de niños en áreas rurales de África y Timor Oriental, no en vano los educadores proceden mayoritariamente de Portugal o de Brasil.

Un lugar destacado en este escenario es ocupado por los Centros de enseñanza de la lengua portuguesa impulsados a través del *Instituto Camões* y, que, distribuidos por todo el mundo, promocionan este idioma. Algunos países de África meridional, cuasi fronterizos con países lusófonos, como Namibia y Sudáfrica, incorporan la enseñanza del portugués. No en vano, quienes pueden comunicarse en esta lengua (gobierno y comercio) acceden a un empleo.

Hay que señalar la posición geoestratégica que detentan algunos países del África subsahariana (Sahel), o la posición geopolítica de Brasil en el continente americano, no solo por su extensión, sino como potencia emergente, cuya influencia es tal, que países como Argentina, con provincias limítrofes donde se habla portugués, y Chile, o países vecinos, demandan el conocimiento de esta lengua.

3.2.3. Contenido Declaración de Lisboa de 2022, Encuentro Lusófono de Bioética

Tras contextualizar el escenario en el que se celebró el Evento Satélite, entre Bioética y progreso, la Declaración de Lisboa de 2022 fue aprobada con el siguiente *contenido*[46]:

> "Los representantes de los Consejos de Ética, Asociaciones de Bioética y Comités de Investigación Clínica reunidos en el Encuentro Lusófono de Bioética, en Lisboa, el 14 de septiembre de 2022,
>
> Considerando los vínculos históricos y lingüísticos compartidos por los países de habla portuguesa y la proximidad entre los pueblos a los que contribuyen

46 Traducción propia de CONSELHO NACIONAL DE CIÊNCIAS DA VIDA (CNCV) "Constituição da Plataforma". op. cit.

Destacando la conveniencia mutua de crear y desarrollar redes de cooperación y solidaridad en materia de reflexión y práctica de la bioética,

Reconociendo la relevancia de fortalecer los canales de comunicación científica e institucional en el campo de la ética aplicada a las ciencias de la vida

Al identificar los principios éticos como pilares estructurantes de una estrategia de desarrollo sostenible, se comprometen a:

Para a continuación enunciar los *compromisos* que alcanzaron los miembros firmantes[47]:

1. Desarrollar lineamientos/recomendaciones éticas para ser ajustados a nivel nacional a cada contexto cultural, económico y social en los países de lengua portuguesa;

2. Colaborar en la formación institucional de formadores y otros profesionales en el campo de la enseñanza de la bioética en los países de lengua portuguesa;

3. Promover la implementación de lineamientos bioéticos y normativos internacionales en todos los países de lengua portuguesa;

4. Priorizar el amplio dominio de Una Salud, en el contexto de los Objetivos de Desarrollo Sostenible (ODS)/Agenda 2030, para desarrollar un trabajo de reflexión y un plan de acción conjunto a programar.

5. Compartir asesoramiento técnico y especializado, con miras a pronunciamientos públicos, a nivel nacional e internacional, sobre temas emergentes en el área de ética para las ciencias de la vida entre los países de lengua portuguesa;

6. Producir documentos de información, en portugués, de libre acceso, con el objetivo de capacitar tanto a los profesionales como a los ciudadanos comunes en el campo de la Bioética, especialmente en el contexto de las cuestiones éticas asociadas al cuidado de la salud y la formulación de políticas públicas de salud, investigación biomédica. y su regulación nacional y supranacional;

7. Potenciar la reflexión sobre las implicaciones éticas de las ciencias de la vida entre los profesionales de la salud, los investigadores/investigadores y la población en general de los países de lengua portuguesa".

47 *Ibidem.*

4. CONCLUSIÓN: ALIANZA ESTRATÉGICA Y ESCENARIO DE FUTURO

Unificar este escenario con el contenido de la declaración de Lisboa de 2022 permitirá responder a los interrogantes siguientes:

En primer lugar, a) ¿Qué conduce a establecer una *alianza estratégica*? La respuesta se encuentra en los considerandos de la declaración, a saber:

1. Los *vínculos históricos y lingüísticos* que comparten los países firmantes.
2. La conveniencia mutua de establecer *redes de cooperación* y solidaridad para la reflexión y práctica de la Bioética.
3. Fortalecer la *comunicación científica e institucional* en ética aplicada.
4. Estructurar una *estrategia de desarrollo sostenible* sobre los principios éticos.

Y, en segundo lugar, b) ¿Cuáles son las *acciones propuestas* por la Plataforma?

Los compromisos adquiridos enuncian líneas de acción para actuaciones concretas: fomentar la salud pública global mediante alianzas obedece a dos propósitos: 1) aprovechar el conocimiento que atesoran algunos países sobre enfermedades emergentes erradicadas o desconocidas (ODS3: Promover salud y bienestar), y 2) promover la formación como activo valioso (ODS4) mediante el respeto a los derechos humanos y el reconocimiento de la vulnerabilidad y la diversidad. Al tiempo, fomenta la estabilidad en las regiones (ODS 16 "Promover sociedades justas, pacíficas e inclusivas).

El primer *Informe mundial sobre el desarrollo sostenible* elaborado en el año 2019 sentó las bases de la Agenda 20230 y los ODS. Sin embargo, un programa de desarrollo requiere establecer asociaciones inclusivas (a nivel mundial, regional, nacional y local) sobre principios y valores desde una visión y objetivos compartidos con foco en las personas y el planeta[48].

---

[48] NACIONES UNIDAS. El futuro es ahora: ciencia para lograr el desarrollo sostenible.

La *Plataforma Lusófona* descartó *a limine* dotarse de infraestructura institucional. Sin embargo, la doble utilización de diplomacia cultural y científica, amparado bajo la autoridad moral de la CPLP facilita el engranaje para una alianza internacional. Avanza un prometedor escenario de futuro a través de la reflexión bioética para el conocimiento, prevención y estudio de enfermedades emergentes, y los nuevos desarrollos tecnocientíficos y avances biomédicos, desde la óptica de *una sola salud*, estableciendo sinergias en zonas de interés geoestratégico.

Referencias bibliográficas

BALAKRISHNAN, V. S., "Collaborating to improve monkeypox diagnostics", *The Lancet Microbe,* 2022, 3 (10), p. 733.

BERGEL, S. D., "Precaución". En ROMERO CASABONA, C. M., (Dtor). *Enciclopedia de bioderecho y bioética,* Comares, Granada, 2011.

CONSTANTINOU, CM., CORNAGO & McCONELL, F., "Transprofessional diplomacy", *Brill Research Perspectives in Diplomacy and Foreign Policy,* 2016, 1 (4), pp. 1-66.

CONSTANTINOU, CM., KERR P. & SHARP, P., *The SAGE handbook of diplomacy,* Sage. 2016.

COMUNIDAD DE PAÍSES DE LENGUA PORTUGUESA (CPLP). Disponible en: https://www.cplp.org/id-2597.aspx

CONSELHO NACIONAL DE CIÉNCIAS DA VIDA (CNC). "*Bioética nos Países de Língua Oficial Portuguesa —Justiça e Solidariedade*", Coleçao Bioética, 18, 2014.

CONSELHO NACIONAL DE CIÉNCIAS DA VIDA (CNCV) "Constituição da Plataforma Lusófona de Bioética e Declaração de Lisboa". Disponible en: https://www.cnecv.pt/pt/atividades/eventos-internacionais/plataforma-lusofona-de-bioetica

CONSEJO DE EUROPA. Convenio para la protección de los derechos humanos y la dignidad del ser humano con respecto a las aplicaciones de la biología y la medicina. Instrumento de Ratificación del Convenio para la protección de los derechos humanos y la dignidad del ser humano con respecto a las aplicaciones de la Biología y la Medicina (Convenio relativo a los derechos humanos y la biomedicina), hecho en Oviedo el 4 de abril de 1997. "BOE" núm. 251, de 20 de octubre de 1999, páginas 36825 a 36830. Disponible en: https://www.boe.es/eli/es/ai/1997/04/04/(1).

CRUZ VALIÑO, A. B., "Diplomacia para la ciencia y gobernanza global en salud", *EIDON, Revista española de bioética,* 2021, pp. 56-78.

DECLARACIÓN DE MADRID SOBRE DIPLOMACIA CIENTÍFICA. Encuentro Global de Redes S4DC4, Diplomacia científica de la UE más allá de

2020. Disponible en: https://www.s4d4c.eu/s4d4c-1st-global-meeting/the-madrid-declaration-on-science-diplomacy/

ECHEVERRÍA KING, L. F.; GONZÁLEZ, D. A. y ANDRADE SASTOQUE, E., "Science diplomacy in emerging economies: a phenomenological analysis of the colombian case, *Frontiers in Research Metrics and Analytics,* 2021, p. 636538.

FEDEROFF, N. V., "Science Diplomacy in the 21st. Century", *Cell,* 2019, 136, (9), pp. 9-11.

FERRER, F. J., "Bioética global. Algunas reflexiones preliminares". En *La Bioética un puente inacabado* (Coord) REYES LOPEZ, M, RIVAS FLORES FJ, BUISÁN PELAY. R. y GARCÍA FEREZ. J., 2005.

FLINK T. y SCHREITERER, U., "Science diplomacy at the intersection of S&T policies and foreign affairs: toward a typology of national approaches.", *Science and Public Policy,* 2010, pp. 665-677.

FLINK, T., "Taking the pulse of science diplomacy and developing practices of valuation", *Science and Public Policy,* 2022, pp. 191-200.

GOBIERNO ESPAÑA. MINISTERIO DE ASUNTOS EXTERIORES y COOPERACIÓN INTERNACIONAL Ingreso de España en la Comunidad de Países de Lengua Portuguesa como Observador Asociado (exteriores.gob.es)

GRACIA, D., FEITO, L., MORATALLA, T. D., GONZÁLEZ, MAS; MARTÍNEZ, J. A., *Ética y ciudadanía,* vol. 1. PPC, 2016.

GRACIA GUILLÉN, D., *Bioética mínima.* Triacastela, Madrid, 2019.

KITSOU, S., "The power of culture in diplomacy: The case of US cultural diplomacy in France and Germany", *Exchange: The Journal of Public Diplomacy,* 2011, p. 3.

LOSA, J. E., "Enfermedades infecciosas emergentes: una realidad asistencial." *Anales Sistema Sanitario Navarra,* 2021, p. 44.

MELCHOR, L., LACUNZA, ELORZA, A., MCGRATH, P. F., RUNGIUS, C., FLINK, T. y AUKES, E. J., "What is Science Diplomacy?", *S4D4C European Science Diplomacy Online Course,* Vienna: S4DC, 2021.

MERTENS DE WILMARS, F. & de PAREDES GALLARDO, C., (Coord). *Nuevos tiempos, nuevos espacios para las relaciones internacionales y el Derecho Internacional,* Tirant lo Blanch, Valencia, 2022.

PANTEA, D. & STOICA, A., "The role of cultural diplomacy in contemporary crises and conflict reconciliation". *Studia Universitatis Babeş-Bolyai. Studia Europaea,* 2014, 1, pp. 219-230.

POSE, C., "El caso Tuskegee: un antes y un después en la investigación biomédica (y algunos problemas por resolver)", *EIDON. Revista española de bioética,* 2022, 58, pp. 39-52.

POTTER, V. R., *Bioethics: bridge to the future,* Prentice Hall, New Jersey, 1971.

ROYAL SOCIETY. *New frontiers in science diplomacy,* RS Policy document 01/10, RS1619, The Royal Society, Londres, 2010.

SÁNCHEZ, Á. C. & GUTIÉRREZ, C. G., “La ética en la gestión turística del patrimonio cultural y su conservación: reflexiones a propósito de la ciudad de Córdoba (España). *Revista Internacional de Turismo, Empresa y Territorio. RITUREM,* 2021, pp. 116-130.

TEN HAVE, H. T. & GORDJIN, B., “Sustainability”, *Medicine, health care, and Philosophy,* 2020, pp. 153-154.

UNITED NATIONS, *Convención Marco de las Naciones Unidas sobre el Cambio Climático. (CMNUCC). Conferencia sobre el cambio climático de Sharm el Sheij-noviembre de 2022,* Egipto.

UNITED NATIONS, Resolution adopted by the General Assembly on 25 September 2015, Transforming our world: the 2030 Agenda for Sustainable Development (A/RES/70/1).

UNITED NATIONS, *El futuro es ahora: ciencia para lograr el desarrollo sostenible,* 2019.

UNESCO Y CIBIR, *Responsabilidad social y salud. Informe del Comité Internacional de Bioética de la UNESCO (CIB),* 2018. [183], Centro Nacional de Documentación en Bioética, España.

UNESCO, *Recomendación sobre la ética de la inteligencia artificial. Informe del Comité Internacional de Bioética de la UNESCO (CIB)*, 2022. UNESCO [65446]. Código documento: SHS/BIO/PI/2021/1.

VARGAS SOLORZANO, M., "Diplomacia científica: el rol del científico en el manejo de pandemias", *Revista de Bioética y Derecho,* 2020, pp. 255-270.

VIVANCO, L., “Responsabilidad Social y salud: una tarea pendiente”, *Atención Primaria,* 2018, pp. 653-654.

LA CLÍNICA DE SOSTENIBILIDAD COMO METODOLOGÍA DE APRENDIZAJE

THE SUSTAINABILITY CLINIC AS A LEARNING METHODOLOGY

CARLA DE PAREDES GALLARDO[1]
LUZ MARTÍNEZ MUSOLES[2]
RAQUEL MARTÍN LÓPEZ[3]

Resumen

La Clínica de Sostenibilidad fue concebida como metodología innovadora y alternativa de enseñar que fortalece la responsabilidad social. La Clínica de Sostenibilidad de la Universidad Europea de Valencia es un espacio de formación abierta para el alumnado y dar la oportunidad de trabajar en problemas de sostenibilidad en el mundo real, en el cual los estudiantes prestan asesoramiento bajo la supervisión de profesores y profesionales vinculados en la Universidad Europea. Va dirigida principalmente a pymes, start-ups, autónomos, asociaciones, y otras organizaciones para adaptarse a nuevos retos, y regulaciones de la sostenibilidad acompañándolos en este nuevo camino que van a iniciar.

Palabras clave: Sostenibilidad - desarrollo - ODS - aprendizaje - responsabilidad

Abstract

The Sustainability Clinic was conceived is an innovative and alternative teaching methodology that would strengthen social responsibility. The Sustainability Clinic of the European University of Valencia is a training space open for the students and to give them the opportunity to work on sustainability problems in the real world, in which students provide advice under of supervision of professors and professionals associated with the University. It is mainly aimed at SMEs, start-ups, the self-employed, associations, and other organizations to adapt to new

---

[1] Profesora del Departamento Jurídico de la Facultad de Ciencias Sociales en la Universidad Europea de Valencia (carla.deparedes@universidadeuropea.es).

[2] Profesora del Departamento de Empresa de la Facultad de Ciencias Sociales, en la Universidad Europea de Valencia (marialuz.martinez@universidadeuropea.es).

[3] Profesora del Departamento de Empresa de la Facultad de Ciencias Sociales en la Universidad Europea de Valencia (raquel.martin3@universidadeuropea.es). Todas las páginas webs mencionadas en este trabajo han sido consultadas el 01 de marzo de 2023.

challenges, regulations, and sustainability trends, accompanying them on this new path that they are about to start.

Keywords: Sustainability - development - ODS - Learning responsibility.

Sumario: 1. INTRODUCCIÓN. 2. PROYECTO DE INNOVACIÓN: OBJETIVOS Y METODOLOGÍA. 3. RESULTADOS Y CONCLUSIONES.

1. INTRODUCCIÓN

La sostenibilidad pretende satisfacer las necesidades actuales de las generaciones sin poner en compromiso a las necesidades de las generaciones futuras, garantizando un equilibrio en el crecimiento económico, social y medioambiental. Concepto de necesidad que numerosas civilizaciones intuían. Un ejemplo de ello, son los indígenas norteamericanos, los cuales tenían como premisa conservar la naturaleza y advertir de las consecuencias de la ruptura del círculo de la vida. Otro ejemplo, fueron los alemanes en la Edad Media, los cuales tras descubrir el carbón utilizaron criterios sostenibles para la extracción de madera de los bosques[4]. Hecho en el que se basa la World Energy Foundation[5] para considerar que la palabra *sostenibilidad* fue acuñada en Alemania, apareciendo en un manual sobre bosques publicado en 1713 haciendo referencia a la necesidad de no cosechar más madera de la que el bosque podía regenerar[6].

Sin embargo, no es hasta 1971 cuando en el informe *Los límites del crecimiento,* se desarrolló un modelo de crecimiento cero, conciliando la economía con la conservación medioambiental. Lo que implicó, la aparición del concepto *ecodesarrollo* que fue propuesto por Maurice Strong en una reunión del consejo de administración del Programa de las Naciones Unidas para el Medio Ambiente, y más tarde, elabo-

---

4 VON WEIZSÄCKER, E. U., LOVINS, L. H. y LOVINS, A. B., *Factor 4,* Círculo de Lectores, Barcelona, 1997.

5 THE WORLD ENERGY FOUNDATION, "A Brief History of Sustainability", August 20th, 2014. Disponible en: https://theworldenergyfoundation.org/a-brief-history-of-sustainability/.

6 GUTIÉRREZ, S. I., "La sostenibilidad: aspectos conceptuales", *Economistas, núm.* 176, 2022, pp. 10-16.

rado y difundido por Sach. Mientras que, la introducción del concepto *sustentabilidad* tuvo lugar en 1974 en la declaración de Cocoyot, en una reunión celebrada por las Naciones Unidas en México, y asumida en la publicación de la *Estrategia Mundial de la Conservación* de la Unión Internacional de la Conservación de la Naturaleza de 1980. A nivel mundial, la concreción, desarrollo y difusión del concepto *desarrollo sostenible* fue realizado en 1986 de la mano de la Comisión Mundial para el Medio Ambiente y el Desarrollo[7]. De tal forma, que fue en los años 80 del siglo XX cuando la palabra *sostenibilidad* comenzó a ser utilizada en referencia a la manera en que los seres humanos viven en el planeta.

El primer documento oficial en el que se puede encontrar la expresión *desarrollo sostenible* fue en el informe *Nuestro Futuro Común* (Informe Brundtland), publicado en 1987 por la Organización de las Naciones Unidas en una comisión presidida por la doctora Gro Harlem Brundtland. Dicho informe inspiró la Cumbre de la Tierra o Cumbre Río, celebrada en Río de Janeiro en 1992[8], en la que la educación se presentó como un instrumento más a integrar en la construcción de un desarrollo sostenible[9].

En el año 2000, la Organización de las Naciones Unidas redacta los 8 objetivos del Milenio. Tras 15 años sin alcanzar todas las necesidades existentes en la sociedad, la Organización de Naciones Unidas adapta estos 8 objetivos y pasan a ser los Objetivos de Desarrollo de Sostenibilidad, con la finalidad de cumplirlos en los próximos 15 años. Dichos objetivos fueron aprobados por 193 Estados miembros de Naciones Unidas dando lugar a la Agenda 2030. Los Objetivos de Desarrollo de Sostenibilidad se tratan de 17 objetivos considerándose como retos importantes para el ser humano y para nuestra sociedad, que incluyen la lucha contra el cambio climático, la educación,

---

7 GARCÍA, M. L. y VERGARA, J. M. R., "La evolución del concepto de sostenibilidad y su introducción en la enseñanza", *Enseñanza de las ciencias: revista de investigación y experiencias didácticas,* 2000. pp. 473-486.

8 GUTIÉRREZ, S. I., "La sostenibilidad: aspectos conceptuales", *Economistas,* núm. 176, 2022, pp. 10-16.

9 CARBONELL, E. A., MACHADO, J. L. y CONDE, A. P. (2004). Universidad y Desarrollo Sostenible. *Pedagogía Universitaria, núm. 9,* 2004, pp. 86-95.

la eliminación de la pobreza, la igualdad de género o el diseño de las ciudades.

Los Objetivos de Desarrollo Milenio supusieron un avance para nuestra sociedad, dando lugar a la construcción de una nueva agenda de desarrollo internacional, de la misma manera, permitieron conocer la metodología más adecuada para la implantación de los Objetivos de Desarrollo de Sostenibilidad mediante las carencias que se tuvieron a la hora de implantar los objetivos de Desarrollo Milenio. Por otro lado, permitieron focalizar el trabajo de los ODS.

Las universidades, como agentes sociales generadores del conocimiento, tienen un desafío o papel fundamental para dar respuesta a los ODS. La Universidad Europea creó la Clínica de Sostenibilidad para dar respuesta a esta necesidad[10]. Tenemos que recordar que, en términos globales, no fue hasta finales de los años 90 cuando se tomó en consideración la introducción de la educación ambiental y la sostenibilidad en las universidades[11].

Por otro lado, es necesario llevar a cabo actividades que trabajen las competencias transversales relacionadas con los ODS dentro de los planes de estudios de las distintas titulaciones mediante la difusión de los ODS a través de los TICS, utilizando recursos de las nuevas tecnologías, los cuales son muy usados por el alumnado, así como actividades con la metodología de simulaciones, como pueden ser simulaciones de congresos sobre la temática de los ODS. Por otro lado, se pueden llevar a cabo distintas acciones relacionadas con la pobreza[12].

Actualmente, las empresas están empezando a tener la necesidad de adaptarse a la sostenibilidad y para ello necesitan profesionales con dicha formación y capacidad. Por ello, la finalidad de las actividades que se quieren llevar a cabo en las universidades es implantar

---

10 RAMOS TORRES, I., "Contribución de la educación superior a los Objetivos de Desarrollo Sostenible desde la docencia", *Revista española de Educación comparada,* núm. 37, 2021, pp. 89-110.

11 COYA, M., *La Ambientalización de la Universidad,* Tesis doctoral, Universidad de Santiago de Compostela, 2001.

12 SOUTO, B., "La educación en valores en España. Discrepancias sobre la consecuencia de las metas del Objetivo de Desarrollo Sostenible 4 de la Agenda 2030", *Revista de Educación y Derecho,* núm. 1, 2021, pp. 192-214.

y dar a conocer entre el alumnado los objetivos de desarrollo sostenible, para que tengan la formación necesaria para poder ser personas globales para la sociedad actual.

Sin embargo, los ODS han sido criticados por parte de la comunidad internacional al ser considerados ambiciosos y retóricos, que se transforman en unos objetivos de imposible cumplimiento, y en especial, se critica la pasividad por parte de España para su implantación[13]. Para llevar a cabo su aplicación es necesario tomar medidas ambiciosas[14].

2. PROYECTO DE INNOVACIÓN: OBJETIVOS Y METODOLOGÍA

La Clínica de Sostenibilidad conecta la formación de los alumnos con la realidad de las empresas trabajando en proyectos reales siempre tutelados por profesionales del mundo de la sostenibilidad y de la docencia. Considerando previamente, del mismo modo que autores ya referenciados en el presente artículo[15], que la universidad es un entorno al que se debe contribuir a la generación de demanda de cambio hacia la sostenibilidad. Formando al alumnado con la conciencia de los límites y con una relación sostenible con el sistema natural.

El objetivo principal fue llevar a cabo un aprendizaje práctico para los estudiantes, así como ser un vehículo que permitiera al alumno observar desde primera línea la función social que desarrolla la Universidad y que, en su caso, puede desarrollar el propio alumno/a en el ejercicio de su profesión a través de la integración de la responsabilidad social y la sostenibilidad. Por lo que, se quiere convertir en un referente para la orientación y consulta sobre la sostenibilidad en

---

13 EASTERLY, W., "The Trouble with the Sustanaible Development Goals", *Current History,* vol. 114, núm. 775, 2015, pp. 322-324.

14 GÓMEZ GIL, C., "Objetivos de Desarrollo Sostenible (ODS): una revisión crítica", *Papeles de relaciones ecosociales y cambio global,* núm. 140, 2017/2018, pp. 107-118.

15 GARCÍA, M. L. y VERGARA, J. M. R. (2000), "La evolución del concepto de sostenibilidad y su introducción en la enseñanza", *Enseñanza de las ciencias: revista de investigación y experiencias didácticas,* 2000, pp. 473-486.

Pymes / Autónomos / Asociaciones / Fundaciones y acompañarlos en el desarrollo e interiorización dentro de sus compañías.

Entre los objetivos concretos del proyecto, que han servido de hoja de ruta para el establecimiento de actividades concretas, cabe mencionar los siguientes, en primer lugar, la comunicación interna y externa mediante la promoción a través de eventos, masterclass, blog UEV, el desarrollo de la página web de la Clínica y la difusión en redes sociales de la Clínica. Por otro lado, se ha querido sensibilizar y llevar a cabo un desarrollo de conocimiento específico, a través de la documentación básica, como normativa, marcos de referencia, identificación y lectura de fuentes información (newsletter, referentes, etc.).

Para la metodología en la creación de la Clínica de Sostenibilidad se ha contado con la colaboración de profesores académicos "clínicos" y de profesionales en sostenibilidad que han dirigido y orientado a los alumnos en la preparación para la resolución de asuntos concretos y ser capaces de que, una vez en marcha, la propia Clínica de Sostenibilidad se nutra de las necesidades de organizaciones sin acceso a este tipo de información, permitiendo así a la Facultad y a nuestros alumnos aprender, pero sobre todo desarrollar una labor social. Entre las organizaciones, destacan las pymes, sobre todo las de menor tamaño, con especiales dificultades de acceso a información y asesoramiento profesional en sostenibilidad. En la ejecución de la Clínica, se ha trabajo con un modelo colaborativo, en primer lugar, el equipo docente que coordina y supervisa las tareas y, por otro lado, los alumnos de postgrado que apoyan a los alumnos de grado.

Para alcanzar todos los objetivos se han llevado a cabo distintas actividades. En primer lugar, la presentación de la Clínica a alumnos de grados, con carácter transversal e interdisciplinar, y en concreto a alumnos de primero y tercer curso del grado de relaciones internacionales y alumnos del Taller Jurídico del Grado de Derecho, alumnos de Marketing Digital y, por último, a alumnos del Máster de Responsabilidad Social y Sostenibilidad.

Fuente propia

En segundo término, se llevó a cabo el desarrollo del logo de la Clínica, siguiendo las directrices de la Coordinadora de Ciclos y de los alumnos del Máster de Responsabilidad Social y Sostenibilidad. Los alumnos de Ciclo de Marketing Digital propusieron tres logos, que se sometieron a votación tras la visualización de los alumnos del Máster de RS y Sostenibilidad, Marketing y Taller Jurídico.

Fuente propia

Como tercera actividad, branding. Los alumnos del Máster proporcionaron la información necesaria a los alumnos de Marketing para el futuro desarrollo de la página web y líneas de comunicación a través de los canales de redes sociales. Los hitos deseados para los alumnos son, entre otros, habilidades de lectura, interpretación y redacción de textos, un mejor manejo de fuentes en términos de sostenibilidad para el estudio y preparación de los casos, y habilidades de argumentación. Desde el punto de vista del marketing se pide a los alumnos entender la segmentación y posicionamiento, no solo de la Clínica de Sostenibilidad sino también de las organizaciones colaboradoras, para poder dar un servicio real y eficiente y otras habilidades básicas como el manejo de recursos informáticos para la obtención y gestión de información, y el análisis crítico de problemas.

Por último, el Taller de Alfabetización en Sostenibilidad en el marco del taller jurídico. Se ha impartido un taller de alfabetización en sostenibilidad a los alumnos del taller jurídico, el cual consistió en una doble sesión de introducción a la sostenibilidad y otra sesión práctica de desarrollo de trabajos por los alumnos. Dichas sesiones se llevaron a cabo con el objetivo de dar a conocer la Clínica de Sostenibilidad a los alumnos e involucrar a los mismos en el futuro de la Clínica. En la sesión práctica elaboraron un documento a modo de ficha informativa sobre la sostenibilidad. Dicho documento debían exponerlo, ante un tribunal compuesto por alumnos del Máster, que los evaluaron. Los alumnos presentaron 6 proyectos, en grupo e individualmente, en las siguientes categorías: acerca de la sostenibilidad (genérico), sostenibilidad para asociaciones, ODS en empresa y empresas del futuro.

Debido a la crisis socio-medioambiental en la que estamos inmersos, nos parece pertinente seguir reforzando el aprendizaje integral de todos los alumnos que forman la Clínica de Sostenibilidad, tanto a corto, medio, como a largo plazo.

A corto y medio plazo, consideramos que seguir formando a los alumnos en conocimientos teóricos es fundamental para poderlos aplicar en cada caso a contemplar por parte de la Clínica con las organizaciones. Para ello, contaremos con profesionales externos que trabajan día a día por fomentar la sostenibilidad en su empresa y en la sociedad. Profesionales que pertenecen a organizaciones donde la sostenibilidad formó parte de su ADN el día de su creación y que, en la actualidad, así sigue; como también, profesionales que forman parte de organizaciones donde la sostenibilidad ha sido implantada de forma transversal en toda la cadena de valor de la misma. Gracias a ellos, los alumnos conocen la practicidad de la sostenibilidad en una gran variedad de sectores. Además de ello, contaremos con profesionales que pertenecen a empresas donde asesoran a otras organizaciones para implantar de una forma eficiente la sostenibilidad. Esto es fundamental, ya que la sostenibilización curricular o, como también se llama en la actualidad, sostenibilidad en el currículum, no solo implica incluir contenidos de sostenibilidad en el temario de las distintas asignaturas, sino dar un paso más allá[16]; algo que se trata de perseguir con la Clínica.

A nivel internacional, la Comunidad Valenciana ha destacado por haber sido una de las pioneras en la elaboración de una ley de Responsabilidad Social a la que se refiere como "un sistema innovador de gestión de las empresas y organizaciones que se orienta a incrementar la competitividad, así como el fomento del desarrollo sostenible y la justicia social", en consonancia con las prioridades de la Comisión en ámbitos políticos clave como el Pacto Verde Europeo, la Estrategia Digital y el Plan de Acción del Pilar Europeo de Derechos Sociales, sobre todo en lo concerniente al ODS 16. El pacto Verde Europeo aspira a proteger, mantener y mejorar el capital natural de la UE, así como a proteger la salud y el bienestar de los ciudadanos frente a los riesgos y efectos medioambientales. Por eso, además del compromiso medioambiental resulta crucial también el compromiso de la unión europea con los derechos sociales y el bienestar a nivel global y por eso la Comisión Europea ha dado un paso importante para que el comercio de la UE sea más ecológico, justo y sostenible, dando a conocer un nuevo plan para mejorar la contribución de los acuerdos comerciales de la UE a la protección del clima, el medio ambiente y los derechos laborales en todo el mundo.

3. RESULTADOS Y CONCLUSIONES

Las conclusiones a las que se han llegado son que no solo se ha conseguido fortalecer los valores éticos y deontológicos del ejercicio de la profesión entre alumnos y colaboradores, sino que además se ha sensibilizado a estos mismos alumnos y también profesores de diferentes disciplinas con la realidad social, además de, facilitar la práctica de los conocimientos teóricos adquiridos mediante casos reales y, por supuesto, acreditar y confirmar el compromiso de la Universidad con la responsabilidad social. Queremos resaltar la figura del

---

16 VILCHES, A., y PÉREZ, D. G, "La educación para la sostenibilidad en la Universidad: el reto de la formación del profesorado", *Profesorado. Revista de currículum y formación de profesorado,* núm. 16, 2012, pp. 25-43.

profesorado, ya que tal y como citan algunos autores[17], algunos de los obstáculos detectados que han implicado la escasa presencia real de la sostenibilidad en las universidades impidiendo su incorporación al currículum universitario, ha sido entre otros, la insuficiente cultura de sostenibilidad de muchos docentes universitarios, lo que imposibilitaría la contribución a un futuro sostenible. Por lo que, consideramos de igual relevancia la implicación del docente como la del alumnado en las actividades impartidas por la Clínica, tanto a corto, medio, como a largo plazo.

Unas de las barreras encontradas ha sido el escaso tiempo por parte de los alumnos, la falta de base sobre la sostenibilidad, lo que hace difícil poder aterrizar los contenidos y su correcta transmisión. Por ello, consideramos que sería de real importancia realizar acciones, desde la Clínica —considerándose un proyecto interdisciplinar— y desde el claustro al impartir sus asignaturas, al igual que con futuras investigaciones, para considerar, impulsar y fomentar la implicación entre el alumnado de los ODS y la sostenibilidad.

Esto ayudará, tanto a alumnos como al personal implicado de la Universidad en la Clínica, a ser ciudadanos y profesionales más involucrados con nuestra sociedad y medioambiente. Por tanto, se ha buscado y se sigue buscando, un proceso de cambio en el que toda la comunidad universitaria esté implicada, haciendo de la Clínica un proyecto que sea motor de este proceso de avance constante en la docencia e investigación en ODS y sostenibilidad de la Universidad Europea de Valencia.

Referencias bibliográficas

ALDO OLCESE, J. A., *La Responsabilidad Social, Motor Del Cambio Empresarial,* Mcgraw-hill., Madrid, 2014.

BARRÓN, A., NAVARRETE, A. Y FERRER-BALAS D., "Sostenibilidad circular en las universidades españolas. ¿Ha llegado la hora de actuar?", *Revista Eureka sobre Enseñanza y Divulgación de las Ciencias,* 7, número extraordinario dedicado a la Educación para la Sostenibilidad, 2010, pp. 388-399.

---

17 BARRÓN, A., NAVARRETE, A. y FERRER-BALAS D., "Sostenibilidad circular en las universidades españolas. ¿Ha llegado la hora de actuar?", *Revista Eureka sobre Enseñanza y Divulgación de las Ciencias,* 7, número extraordinario dedicado a la Educación para la Sostenibilidad, 2010, pp. 388-399.

CARBONELL, E. A., MACHADO, J. L. y CONDE, A. P, "Universidad y Desarrollo Sostenible", *Pedagogía Universitaria, núm. 9*, 2004, pp. 86-95.

COYA, M. *La Ambientalización de la Universidad.* Tesis doctoral, Universidad de Santiago de Compostela, España, 2001.

EASTERLY, W., "The Trouble with the Sustanaible Development Goal", *Current History*, vol. 114, núm. 775, 2015, pp. 322-324.

GÓMEZ GIL, C. "Objetivos de Desarrollo Sostenible (ODS): una revisión crítica", *Papeles de relaciones ecosociales y cambio global*, núm. 140, 2017/2018, pp. 107-118.

GUTIÉRREZ, S. I., "La sostenibilidad: aspectos conceptuales", *Economistas*, núm. 176, 2022, pp. 10-16.

RAMOS TORRES, I., "Contribución de la educación superior a los Objetivos Sostenible desde la docencia", *Revista de Educación Comparada*, núm. 37, 2021, pp. 89-110.

SALINAS RAMOS. F., *Responsabilidad social, balance social y empresa social*, Servicio de Publicaciones de la Universidad Católica de Ávila, Ávila, 2003.

SOUTO, B. "La educación en valores en España. Discrepancias sobre la consecuencia de las metas del Objetivo de Desarrollo Sostenible 4 de la Agenda 2030", *Revista de Educación y Derecho*, núm. 1, 2021, pp. 192-214.

VILCHES, A., PÉREZ, D. G., "La educación para la sostenibilidad en la Universidad: el reto de la formación del profesorado", *Profesorado. Revista de currículum y formación de profesorado, 16*, 2012, pp. 25-43.

VON WEIZSÄCKER, E. U., LOVINS, L. H. Y LOVINS, A. B., *Factor 4*, Círculo de Lectores Barcelona, 1997.

ODS 17: ALIANZA NORMATIVA Y DECISIONAL PARA RETOS GLOBALES

SDG 17: NORMATIVE AND DECISION-MAKING ALLIANCE FOR GLOBAL CHALLENGES

FRÉDÉRIC MERTENS DE WILMARS[1]

Resumen

La sostenibilidad de los objetivos del Agenda 2030 es posible si radica en la alianza entre todos los actores responsables de la realización de éstos. Estados, organizaciones internacionales, pero también empresas y ciudadanos han de cooperar en la elaboración de normas y estrategias decisionales para cumplir dichos objetivos (ODS). Cooperación llamada coproducción normativa y decisional. El ODS 17 incluye en el mismo los principios y la metodología que, más allá del contexto de los ODS, ofrecen una innovadora y equilibrada manera de adoptar normas (jurídicas o no) y decisiones (políticas o no).

Palabras clave: ODS - Alianza - Regulación - Multilateralismo - Estados - Organización internacional

Abstract

The Goals Sustainability of the Agenda 2030 can only be achieved through a partnership between all actors responsible for their realization. States, international organizations, but also companies and citizens must cooperate in the development of standards and decision-making strategies to achieve these goals (SDGs). This cooperation is known as co-production of standards and decision-making. SDG 17 includes the principles and methodology that, beyond the context of the SDGs, offer an innovative and balanced way of adopting standards (legal or not) and decisions (political or not).

Keywords. SDG - Alliance - Regulation - Multilateralism - States - International Organization

Sumario: 1. INTRODUCCIÓN. 2. EFICIENCIA NORMATIVA Y DECISIONAL INTERNACIONAL EN CRISIS. 2.1. Crisis del multilateralismo y de las organizaciones internacionales. 2.2. Crisis de los Soft Power y Soft Law. 3. POLICRISIS Y CONSECUENCIAS NOR-

[1] Profesor Titular de Derecho Constitucional y Ciencias Políticas, en la Universidad Europea de Valencia (frederic.mertensdewilmars@universidadeuropea.es). Todas las páginas webs mencionadas en este trabajo han sido consultadas el 01 de marzo de 2023.

MATIVAS. 4. ODS 17: MÁS ALLÁ DE LA SOSTENIBILIDAD. 4.1. Los principios. 4.2. La metodología. 5. CONCLUSIONES.

1. INTRODUCCIÓN

El ODS 17 es el último de los Objetivos de Desarrollo Sostenible (en adelante, ODS) que componen la Agenda 2030. Ahora bien, éste constituye la columna vertebral del conjunto de los ODS puesto que es el conector fundamental entre todos los objetivos de dicha agenda, así como la clave para que éstos se cumplan[2].

En el ODS 17, se propone crear alianzas mundiales que incluyan a los gobiernos, al sector privado, a la sociedad civil y a las instituciones internacionales para solucionar los problemas relacionados con el desarrollo sostenible en sus tres dimensiones (económica, social y ambiental). Esas alianzas son complejas porque aglomeran actores muy diversos a niveles institucionales y sectoriales que, a priori, no comparten ni la misma metodología normativa ni los fines decisionales.

Y, sin embargo, los retos del cambio climático, de nuestra vulnerabilidad colectiva frente una pandemia, así como un conflicto local con consecuencias globales, obligan a tomar medidas, estrategias y decisionales que involucren a unos múltiples actores decisionales. Así pues, en el ámbito medioambiental, si más de cien Estados se han comprometido a fomentar la cooperación para frenar la emergencia climática, a pesar de las buenas intenciones, este tipo de compromisos y pactos, generalmente, adolecen de un problema: pasar de la

---

2 El ODS 17 incluye metas para alcanzar que afectan entre otras las cuestiones sistémicas. En efecto, trata de la coherencia normativa e institucional, pidiendo el aumento de la estabilidad macroeconómica mundial, incluso mediante la coordinación y coherencia de las políticas (meta 17.13); la mejora de la coherencia de las políticas para el desarrollo sostenible (17.14); así como el respeto del margen normativo y el liderazgo de cada país para establecer y aplicar políticas de erradicación de la pobreza y desarrollo sostenible (17.15). También preconiza alianzas entre múltiples interesados al fomentar y promover la constitución de alianzas eficaces en las esferas pública, público-privada y de la sociedad civil, aprovechando la experiencia y las estrategias de obtención de recursos de las alianzas (meta 17.17).

teoría a la práctica. Muchas son las promesas de colaboración. Pocas de ellas se concretan porque los intereses económicos y geopolíticos retrasan o bloquean la actuación de los actores dejando las alianzas del ODS 17 sin contenido sustancial.

Nunca ha habido una necesidad tan amplia y urgente de trabajar en colaboración para enfrentar los riesgos globales —a corto y medio plazo— que nos afectan globalmente y de manera indiscriminada: entre otros, el coste de vida, el estancamiento económico, el fracaso de la acción climática, la fragmentación geoeconómica, las crisis alimentaria y energética o la involución del desarrollo humano[3]. Por ello, es imprescindible darle un verdadero impulso al significado del ODS 17, promover alianzas normativas fuertes, la cooperación intersectorial, especialmente, tras la pandemia de la COVID-19 y cuando la guerra en Ucrania ha contribuido a mayores tensiones geopolíticas.

Ahora bien, los ODS se inscriben en resultados concretos a alcanzar; lo que implica una eficiencia normativa y decisional a nivel internacional puesto que los retos o riesgos sobrepasan nuestras fronteras. La cuestión es que, aunque sufrimos de una cierta inflación normativa (estándares, protocolos, resoluciones, programas, etc.), la eficiencia de las normas y de las decisiones internacionales sufre una doble crisis: la de la regulación de las organizaciones internacionales y la del "soft law"[4]. Como factor agravante, el de la *policrisis* que convierte las aproximaciones normativas y decisionales en obsoletes mecanismos regulatorios.

Por ello, el ODS 17 constituye el principio de base en el procedimiento normativo y decisional que debe ser holístico a la vez aguas arriba y aguas abajo, tanto en el marco del cumplimiento de los objetivos establecidos por el Agenda 2030, como en cualquier mecanismo decisional internacional, regional, véase nacional. Aplicado a ámbitos que sobrepasan los objetivos de sostenibilidad, el principio de la alianza normativa y decisional impone una metodología rigo-

---

3 WORLD ECONOMIC FORUM, *The Global Risks Report 2022,* 17th Edition. Insight Report.

4 Sobre la noción de "Soft Law", ver: CABALLERO HELLION, L., "Incidencia del soft law para la aplicación de normas", *Revista jurídica: Investigación en ciencias jurídicas y sociales,* Vol. 2, N°. 11, 2021, pp. 59-73.

rosa para no tropezar en la regulación internacional que, a su turno impone su realidad.

2. EFICIENCIA NORMATIVA Y DECISIONAL INTERNACIONAL EN CRISIS

La crisis internacional del COVID-19 y la guerra de invasión rusa en Ucrania son, entre otros acontecimientos internacionales, reveladoras de los límites de funcionamiento decisional y normativo a escala internacional.

2.1. Crisis del multilateralismo y de las organizaciones internacionales

El multilateralismo se entiende como un concepto con dos facetas, la de una técnica y la de una esperanza, ambas unidas a un proyecto de orden político. Como técnica diplomática, el multilateralismo se refiere a la consulta pacífica entre al menos tres Estados dentro de un marco definido conjuntamente. Puede tener lugar en dos contextos. Por un lado, una concertación puntual para responder a una crisis. Por otro, una técnica de concertación institucionalizada a través de las organizaciones internacionales, la ONU siendo su paradigma.

En el plano político, el sistema multilateral de la ONU está dando forma a una nueva visión, menos brutal, de las relaciones internacionales. La esperanza y el proyecto se basan en la voluntad de superar el estado de naturaleza en las relaciones interestatales, de introducir una regulación. Este optimismo otorga un papel primordial a las organizaciones internacionales en el periodo de paz mundial posterior a 1960.

Así pues, desde la su creación con los Tratados CECA, CEE y Euratom en los años 1950, la Unión Europea ha beneficiado de ello y actualmente es la primera potencia regulatoria a nivel mundial[5]. Ahora bien, está sufriendo una crisis de eficiencia regulatoria y decisional debido a diversos factores, cuyo principal es la voluntad polí-

---

5 BORRELL, J., "La Unión Europea, ¿potencia reguladora o potencia débil?", *Temas para el debate*, N°. 170, 2009, pp. 38-39.

tica de avanzar en numerosos dossiers por divergencias de intereses o puntos de vista.

La globalización tiene efectos ambivalentes sobre las organizaciones internacionales. Al multiplicar los nuevos espacios de interacción, las soslaya, pero al estrechar las transacciones, exige la intervención de las organizaciones internacionales como "agentes regulatorios y decisionales".

En el ámbito de las organizaciones internacionales, la regulación se entiende como una actividad que consiste en que las cosas sean normales, estables, predecibles, y que está llevada a cabo por las organizaciones internacionales que adquieren instrumentos (todas las formas de normas) con este fin. En este sentido, la regulación es un hecho social complejo, inseparable de los primeros acuerdos interestatales, pero que no siempre ha adoptado la misma forma en la historia de las relaciones internacionales.

Al igual que en muchos ordenamientos jurídicos y sistemas políticos, la regulación de la globalización —y sus facetas— parece enfrentarse a una serie de dificultades. Así pues, ésta parece jerárquica, fragmentada y contestada. El desencanto por la globalización ha conllevado una desconfianza respecto a las organizaciones internacionales que no todas atraen del mismo modo y al mismo tiempo el interés de los actores políticos, los agentes no gubernamentales, las empresas y los medios de comunicación. Desconfianza y/o desinterés que se puede observar, entre otros, en el replanteamiento de principios como el de la universalidad[6].

La economía de mercado, que creía haber ganado definitivamente con la caída del Muro en 1989, se enfrenta, más de treinta años después, a un reto endógeno que hasta ahora no ha querido abordar: su compatibilidad con las capacidades físicas del planeta y su aceptación (geo)política que ve ahora todos sus defectos. De este nuevo estado de cosas se desprende una conclusión: el debilitamiento del

6 LAGAR F. J., PORCELLI, E., "Descentrar las Relaciones Internacionales: mitos, centros múltiples y producción de conocimiento", *Relaciones internacionales: Revista académica cuatrimestral de publicación electrónica*, N°. 50, 2022, pp. 19-37.

multilateralismo es evidente, en beneficio de un orden internacional que se ha vuelto en gran medida imprevisible[7].

En efecto, el multilateralismo está fracasando a la hora de aportar soluciones a las diversas crisis actuales como la recesión global post-covid o el cambio climático, por ejemplo. Esta situación se ha agudizado aún más desde el estallido de la guerra de invasión rusa en Ucrania el 24 febrero de 2022. De ahí, emerge el cuestionamiento de cierta concepción del multilateralismo. El universalismo de las organizaciones creadas en la órbita occidental es criticado ahora por China y Rusia. Estas potencias presentan esta doctrina como una promesa engañosa[8]. Hay que tener en cuenta esta crítica no para autoflagelarse, sino para comprender el cambio que se produce hoy en los países asiáticos y africanos. Para estos países, la narrativa encarnada por esta forma de multilateralismo ya no genera entusiasmo.

En definitiva, la crisis del multilateralismo y las organizaciones internacionales no es coyuntural, es estructural. las potencias occidentales deben aceptarla para adaptarse a ella. Los miembros de la comunidad internacional —principalmente las potencias occidentales— deben realizar una especie de inventario de lo que ha funcionado y lo que ha fracasado, antes de definir un nuevo posicionamiento que incluye una necesaria revisión del modo operatorio decisional y normativo internacional. Sin una reformulación equilibrada del multilateralismo y el funcionamiento de la organización internacional, son los instrumentos decisionales, como el "soft power" y el "soft law", que se ven reducidos a su forma más simple, es decir a nada[9].

2.2. *Crisis de los Soft Power y Soft Law*

Algunos factores son estructuralmente desfavorables para las organizaciones internacionales, como la saturación de la técnica de consulta. Ahora hay tres veces más Estados que en 1945 —¡cuatro ve-

---

7 AGUIRRE ERNST, M., "Multilateralismo en tiempos de incertidumbre", *Política Exterior*, Vol. 34, N° 195, 2020, pp. 92-99.

8 KUMAR, S., "Theorising Chinese International Relations and the Rise of China. A Preliminary Investigation", *Relaciones Internacionales*, año 27, N°. 54, 2018, pp. 23-32.

9 O'C. LEGGETT, B., *The little book of rhetoric: soft power*, EUNSA, Barañáin, 2012.

ces más que en 1900!—. Ahora hay que negociar el multilateralismo con… 193 Estados (había 51 cuando se creó la ONU). La complejidad de la reforma también se explica por la rigidez de estos instrumentos, muchos de los cuales se construyeron en el siglo pasado. Si los Estados quisieran crear hoy las mismas herramientas multilaterales, no conseguirían un resultado tan liberal. Por eso es muy complicado hacerlos evolucionar.

La caída del muro de Berlín, la desaparición del campo socialista y de la URSS dejaron vía libre a Estados Unidos. Éstos no reconstruyeron un orden internacional, pero un ámbito les pareció prioritario, el de la economía y el comercio internacional. Con el Acuerdo de Marrakech por el que se crea la Organización Mundial del Comercio (OMC, 1994), pusieron en marcha tanto un proceso de apertura comercial como un procedimiento de resolución de litigios en materia de competencia, los llamados paneles de revisión, que en principio convierten las decisiones en vinculantes. Sin embargo, no puede considerarse un nuevo orden internacional. Su promotor, la administración Clinton, pudo referirse al "Soft Power", un factor de relaciones pacíficas y positivas, ya que conduce a una concepción de la paz, la paz a través de los intercambios. Sin embargo, la universalidad de la OMC es sólo una vocación, no una realidad[10]. Los últimos grandes tratados con vocación universal constituyen ejemplos flagrantes de la degradación del soft power y del soft law basados en la concertación.

Además de la COP21 en 2015 y su aspecto puramente declarativo, el Tratado sobre la Prohibición de las Armas Nucleares en 2017 (en adelante, TNP), el Pacto Mundial para una Migración Segura, Ordenada y Regular (Marrakech, 2018) es muy instructivo. El actual soft power, incluyendo el soft law, solo contiene declaraciones de intenciones, deseos, pero ningún compromiso real. No hace nada para abordar la inseguridad colectiva que puede derivarse de los desastres del cambio climático, la proliferación nuclear y la migración incontrolada.

Esta profunda erosión del soft power y del soft law corresponde, por una parte, a razones técnicas, a las insuficiencias de las conven-

---

[10] JACKSON J. H., CARRILLO SANTARELLI, N. (trad.). *Soberanía, la OMC y los fundamentos cambiantes del Derecho internacional*, Marcial Pons, Madrid, 2009.

ciones multilaterales y, por otra, a la política jurídica estadounidense, que desde hace varias décadas muestra una preferencia por el unilateralismo.

Debilidades técnicas, en primer lugar. El soft law y el soft power pueden presentar rigideces que lo sitúan en contradicción, convertido en fuente de inseguridad e inadaptado a la evolución de las relaciones internacionales. La técnica de la concertación fija las reglas en un momento dado, en un contexto particular, entre Estados con intereses diferentes. El contexto y los intereses cambian con el tiempo, pero no las reglas. Sin embargo, en la práctica es muy difícil modificar los tratados, sobre todo los multilaterales. Corren el riesgo de perder sus ventajas para la seguridad.

El TNP ofrece un ejemplo esclarecedor[11]. Se basa en la distinción entre cinco potencias nucleares oficiales y Estados no nucleares. Sin embargo, desde entonces, varios Estados han pasado, formal o informalmente, a ser nucleares, y están tanto fuera del TNP como en condiciones de no adherirse a él, ya que su participación exigiría renunciar a estas armas o modificar el tratado, lo que está excluido.

En segundo lugar, el equilibrio político ha cambiado. Sin que ello conlleve necesariamente el rechazo de los instrumentos multilaterales y del Soft Power que se deriva de ellos, están perdiendo interés y están siendo marginados. En el caso de la Carta de las Naciones Unidas, es la composición del Consejo de Seguridad la que plantea interrogantes. En cuanto a los tratados basados en el acuerdo americano-soviético del periodo Este-Oeste, ya no corresponden necesariamente al estado actual de las relaciones internacionales.

Por último, lo mismo cabe afirmar del multilateralismo de la Casa Blanca estadounidense. El ascenso de China le permite desafiar el orden internacional, ya que se basa en gran medida en el poder blando impuesto por Occidente. La crisis ucraniana ha permitido a China desarrollar su propio multilateralismo, como la creación de sus "Rutas de la Seda", su presencia en Sudamérica y África, y sus acuerdos con aliados tradicionales de Estados Unidos como Arabia

---

11 ZAMARRIPA MARTÍNEZ, E., "El factor nuclear en las relaciones internacionales. Dimensiones bélicas y pacíficas", *Revista del Instituto Español de Estudios Estratégicos*, N°. 20, 2022, pp. 213-242.

Saudí. En cuanto a la Unión Europea, que reafirma regularmente su interés por el multilateralismo, el multilateralismo que promueve es de baja calidad, y no está en condiciones de hacerlo mejor por falta de liderazgo[12].

En definitiva, si el soft power y el soft law tuvieron su momento de gloria con la globalización liberal y el "único" poder del mercado, el desencanto generalizado ante las promesas incumplidas y su compatibilidad con regímenes autocráticos —incluso dictatoriales— han reducido el alcance de su campo decisorio y normativo.

Además, con el soft law, la norma suplanta a la regla entendida como general e impersonal. El respeto ya no procede de una norma establecida de antemano y a la que uno se ajusta, sino de su eficacia y eficiencia. En función de las variaciones de la validez de la norma, entre validez formal (legalidad), validez axiológica (legitimidad) o validez fáctica (eficacia), sólo esta última parece prevalecer[13]. Son las categorías jurídicas las que se adaptan a los hechos, y no al revés. Esta evolución es el resultado de un largo proceso inacabado tras la dilución de la verticalidad en redes horizontales, la complejización de las relaciones o la injerencia del particular en el diálogo jurídico internacional, que ya no es sólo el de una orden dada desde arriba que debe filtrarse hacia abajo.

La preocupación por obtener la adhesión del destinatario de la norma, y la confianza legítima de éste, configuran el soft law. Los organismos que promulgan el derecho indicativo parten del supuesto de que, si los destinatarios participan en el proceso de producción normativa, no se opondrán al cumplimiento de estas normas, que se consideran entonces legítimas. Y, en lugar de imponer normas "duras" —el "hard law"[14]— que puedan eludirse frontalmente, es preferible —incluso inconscientemente— dejar que los actores se autorregulen, con la esperanza de que favorezcan la seguridad jurí-

---

12 IBÁÑEZ DOBÓN, L., "El soft power de la Unión Europea ¿es suficiente para el papel mundial que desea jugar?", *Boletín de Información*, N°. 322, 2011, pp. 48-67.

13 HIERRO SÁNCHEZ-PESCADOR, L. L., *La eficacia de las normas jurídicas*, Ariel España, Madrid, 2003.

14 TOMUSCHAT, C., "Enforcement of International Law. From the Authority of Hard Law to the Impact of Flexible Methods", *Journal of International Law, HJIL*, Vol. 79, N° 3, 2019, pp. 579-631.

dica frente a la rentabilidad sin red de seguridad, y creen un sistema de autorregulación en su "orden particular". El Derecho indicativo u orientativo es, por tanto, el vehículo preferido de una esfera que aspira a la autorregulación. De este modo, el soft law genera normas que se adaptan a la expansión de sus destinatarios y simplemente se ven frenadas por normas reguladoras que son tanto las impuestas por las viejas estructuras (Estados, organizaciones) como las aceptadas por los actores.

El orden jurídico se caracteriza por un conjunto de normas que pueden sancionarse para hacer cumplir ese orden. Sin embargo, con el derecho indicativo, el control es superior a la sanción. Por lo tanto, se dedujo rápidamente que esta normatividad relativa no cumplía la función de organización social del ordenamiento jurídico internacional que tenemos derecho a esperar de cualquier ordenamiento jurídico. En efecto, este Derecho flexible como sistema autónomo de regulación de las relaciones internacionales se extraería de un orden jurídico uniforme para responder a las preocupaciones particulares de un grupo corporativista restringido, la mayoría de las veces económico, y es la fuerza de la economía la que hace del Derecho flexible un derecho a veces duro sin un orden jurídico predeterminado.

El soft power del Derecho indicativo u orientativo puede conducir a una forma de hegemonía en la gobernanza mundial, lo que algunos podrían denominar totalitarismo blando. Aunque el Derecho indicativo parece estar imponiéndose como una forma cada vez más común y renovada de ver la normatividad, es posible verle el lado oscuro, es decir, ¿no está conduciendo esta disposición a una nueva forma de hegemonía a través del Derecho? Puesto que la autorregulación es la norma, puesto que los actores privados pueden ahora pronunciarse sobre el fracaso de los Estados y las organizaciones internacionales, puesto que el interés general se sustituye por intereses categóricos privados, los riesgos de una forma de monopolio del soft law no son desdeñables.

El monopolio del soft law cuando el hard law no puede o no quiere imponerse también puede constituir un peligro pernicioso. Una ley propuesta en forma de falso voluntarismo se impone también con las limitaciones que sugiere, la mayoría de las veces económicas: "Soft is the New Hard".

Por otra parte, sobre la base de una pericia a la vez técnica y neutra, la norma se propone a escala internacional en simbiosis con el dogma económico o político dominante que se extiende e impregna todo el sistema internacional de manera suave pero perfectamente vinculante. El riesgo de sustituir el interés general por intereses categóricos privados es grande y se ve reforzado por una forma de negación de la democracia real, ya que las normas rara vez llegan a los parlamentos nacionales o a los órganos jurisdiccionales de los Estados. Es el caso, por ejemplo, de los mecanismos de control de los organismos de normalización, que actúan como sustitutos del debate público.

3. POLICRISIS Y CONSECUENCIAS NORMATIVAS

La nueva normalidad post-Covid-19, que se creía radiante, es la crisis energética, la crisis en Ucrania y la aceleración de la crisis climática. Es la "nueva normalidad" de las policrisis. Éstas se caracterizan por choques dispares entre crisis que, sin embargo, se amplifican mutuamente[15]. El impacto global es mayor que la suma de sus impactos individuales. El Informe sobre Riesgos Mundiales 2023 del Foro Económico Mundial de Davos ha puesto en primer plano este concepto[16].

Esta realidad compleja impone decisiones políticas, económicas y normas —en sus sentidos amplio y estricto— adaptadas a su alcance y su diversidad que exigen una aproximación holística. Ahora bien, mucho antes de la aparición del concepto de policrisis, se intuía la complejidad del entorno multisectorial tanto a nivel nacional como internacional. Por ello, asistimos desde hace varias décadas al

---

15 Sobre el concepto de policrisis, ver TOOZE, A., "Welcome to the world of the polycrisis", *Financial Times*, 28 de octubre de 2022 (Recuperado de: https://www.ft.com/content/498398e7-11b1-494b-9cd3-6d669dc3de3)

16 Así pues, en una escala de 10 años, el mundo estará marcado por una crisis medioambiental y una crisis social que aumentará el coste de la vida, el principal riesgo de los próximos dos años. La pérdida de biodiversidad y el colapso de los ecosistemas son los riesgos que más (rápidamente) se deterioran. La confrontación geoeconómica, la polarización política y la erosión de la cohesión social, que es la fuerza de las democracias, son riesgos que se mantendrán.

fenómeno de la inflación normativa, que consiste en el crecimiento excesivo del volumen de normas jurídicas (textos legislativos, reglamentos, decretos) o no, como estándares, protocolos de todo tipo[17].

Los factores de esta inflación son múltiples (ampliación de fuentes de Derecho internacional y nacional[18], aparición de nuevos ámbitos o sectores para regular[19], etc.), pero aquí destacamos, entre ellos, el de la globalización y sus incidencias que exigen una respuesta decisional y/o reguladora. Ahora bien, antes de este fenómeno, cuando se trataba de prevenir o resolver una crisis, la decisión y la norma se tomaban con uno o varios enfoques sectoriales, y poco más. En otras palabras, la actuación normativa o decisional era segmentada, aunque se tomaba en consideración las interacciones y las diversas facetas de la cuestión a tratar.

Con la globalización y las relaciones siempre más estrechas y complejas entre los distintos ámbitos de cualquier sociedad —economía, política, salud, social, medioambiente, seguridad, etc.— la inflación normativa crece porque no hay otra respuesta que la suma de normas o decisiones por falta de una metodología normativa y decisional más acorde a la realidad holística de las problemáticas. Dicha inflación, agravada por la policrisis, genera, entre otras consecuencias, la inseguridad jurídica provocada por el cambio incesante de las normas jurídicas, el bloqueo o incluso la asfixia de determinadas actividades, la dilución del ámbito normativo de las leyes, la confusión entre las normas jurídicas y las normas técnicas o profesionales.

Por ello, las policrisis exigen un cambio radical de la concepción normativa y decisional porque la naturaleza compleja de éstas necesita respuestas simultaneas —normativas, decisionales y estratégicas— que contemplen su característica fundamental: la dimensión multiplicadora de esta crisis que aglutina otras interconectadas.

---

17 La inflación normativa corresponde a una visión más amplia de la inflación legislativa que se refiere únicamente al ámbito del Derecho.

18 Son las normas producidas por organizaciones y tratados internacionales, u organismos internos como una agencia reguladora nacional, por ejemplo.

19 Medio ambiente, tecnologías de la información, biotecnología, etc.

4. ODS 17: MÁS ALLÁ DE LA SOSTENIBILIDAD

El ODS 17 es comúnmente llamado el ODS de las alianzas. En realidad, en términos del vocabulario internacional, se trata a priori más bien de un objetivo de cooperación y de desarrollo. La expresión "alianza" sólo interviene en las metas 17.16 y 17.17 de las diecinueve atribuidas a este ODS[20].

Sin embargo, el texto de la Resolución adoptada por la Asamblea General de la ONU el 25 de septiembre de 2015 había privilegiado el concepto de alianza, insistiendo en que la escala y el alcance del nuevo Programa exigen una Alianza Mundial revitalizada para garantizar su aplicación[21]. Dicha alianza funcionaría en un espíritu de solidaridad mundial, especialmente con los más pobres y las personas más vulnerables. Facilitaría un fuerte compromiso mundial para la consecución de todos los objetivos y metas, reuniendo a los gobiernos, el sector privado, la sociedad civil, el sistema de las Naciones Unidas y otros actores relevantes y movilizando todos los recursos disponibles.

Ahora bien, si es verdad que el enfoque de cooperación está claramente perceptible, entendemos que dicha cooperación sobrepasa su sentido primero, es decir la ayuda a países o regiones en vía de desarrollo. En efecto, los ODS afectan a todos los Estados tanto en su dimensión internacional como en su dimensión nacional. Es más, se trata de una cooperación entre todos los actores de la sostenibilidad, que sean instituciones públicas, entidades privadas o la ciudadanía.

Si la alianza preconizada por el ODS 17 se inscribe en la realización de la sostenibilidad como principio —que podría convertirse en un principio general de cualquier ordenamiento jurídico— creemos

---

20 17.16: Mejorar la Alianza Mundial para el Desarrollo Sostenible, complementada por alianzas entre múltiples interesados que movilicen e intercambien conocimientos, especialización, tecnología y recursos financieros, a fin de apoyar el logro de los Objetivos de Desarrollo Sostenible en todos los países, particularmente los países en desarrollo.
17.17: Fomentar y promover la constitución de alianzas eficaces en las esferas pública, público-privada y de la sociedad civil, aprovechando la experiencia y las estrategias de obtención de recursos de las alianzas

21 Resolución aprobada por la Asamblea General el 25 de septiembre de 2015, *Transformar nuestro mundo: la Agenda 2030 para el Desarrollo Sostenible*, A/RES/70/1.

que su metodología y la "filosofía" que conlleva deberían inspirar los modelos decisionales y normativos democráticos. De un cierto modo, el ODS 17 contribuye a la mejora del funcionamiento del Estado de derecho. Ahora bien, esta metodología sufre límites impuestos por sus propios mecanismos y factores externos que exigen otros tipos de intervenciones para que pueda convertirse en realidad.

4.1. Los principios

Todavía hay que diseñar la metodología y construirla en base de la coproducción, —noción más proactiva que la cooperación— respondiendo a la pregunta un tanto mareante: "¿Qué es una alianza mundial para 8.500 millones de personas en 2030?". A esto, los distintos actores suelen responder que la inteligencia colectiva es la clave de la coproducción, fundamento de las alianzas.

Cabe señalar que la coproducción se ha estudiado en el ámbito de las ciencias de la educación y, si tomamos a Piaget como punto de partida, hunde sus raíces en la compleja actividad cognitiva del alumno en los procesos de experimentación, resolución de problemas y desarrollo de sistemas provisionales, en relación con lo que le ofrece su entorno[22]. La inteligencia colectiva se construye mediante los mismos procesos que la adquisición de la inteligencia, y este aprendizaje es el que permitiría la mayoría de edad de una comunidad internacional.

Del mismo modo, John Dewey ha demostrado, en su teoría de la indagación, que, a nivel biológico, los organismos deben responder a las condiciones que condicionan y las relaciones de los organismos a la adaptación recíproca que se requiere para el mantenimiento de las funciones vitales[23]. Los organismos humanos se encuentran con lo mismo.

Las distintas teorías de la inteligencia distinguen entre el desarrollo de las ideas, su validación, su yuxtaposición, su enumeración

---

22 SALEME DE BURNICHON, M., *¿Adónde va la educación? Una propuesta de Piaget, Centro d Estudios Avanzados,* Universidad Nacional de Córdoba, N°. 6, 1996, pp. 173-174.

23 WESTBROOK, R., *John Dewey and American democracy,* Ithaca, Cornell University Press, 1991.

y, por último, la construcción. Varias organizaciones intentan aplicar estas diferentes etapas al ODS 17, es decir, a la construcción de otro mundo. Para nosotros, el ODS 17 no es una norma "reparadora", sino una llamada a la acción, a "hacer cosas juntos".

Por supuesto, el ejercicio mismo del desarrollo sostenible es una coproducción, como lo expresa la famosa expresión "partes interesadas": no se hace, no se establece un desarrollo sostenible, sin trabajar con una comunidad global, local, que trabaja para hacer viable el planeta. Por mucho que la participación se haya teorizado, incluso judicializado, por ejemplo, con el Convenio de Aarhus a nivel europeo, la coproducción sigue siendo un concepto vago; y no basta con participar para coproducir.

La coproducción es el proceso a través del cual las contribuciones para producir un bien o servicio son realizadas por individuos que no pertenecen a la misma organización. Se ve enseguida que la originalidad de esta forma de organización es una doble multiplicidad de actores, organizaciones y tipos de organizaciones, que privilegian la acción y el objetivo de resultados, frente al despliegue de planes de acción unisectoriales. Reconocen implícitamente la complejidad de nuestro mundo, privilegiando el pragmatismo para "co-construir" un bien común que vaya más allá del interés general, cuyo concepto ha sido construido únicamente por los Estados. La coproducción decisional y/o normativa también tiene que ver con la preferencia por la gobernanza, que se adapta mejor al mundo actual que las organizaciones gubernamentales por sí solas.

De hecho, la coproducción decisional o normativa florece en el ámbito de la gobernanza más que en el de la democracia. Se escribe mucho sobre la gobernanza del desarrollo sostenible, la gobernanza medioambiental, la gobernanza económica, y así tenemos una sucesión de enfoques locales y globales de un sistema complejo. La coproducción es deliberativa y participativa, florece en la gobernanza e interactúa con la opinión. Esta necesidad ha surgido de la constatación de que las grandes transformaciones afectan a todo el planeta y de que la aplicación del cambio debe contar con el apoyo de la sociedad civil.

Ahora es esencial que todas las fases de la aplicación de las políticas públicas, desde el desarrollo hasta la evaluación, estén abiertas a las partes interesadas. Por último, podemos decir que la coproducción cualifica el ejercicio democrático de lo que hoy estamos obligados a hacer, es decir a Ahora estamos obligados a coproducir, es decir, a la "coviabilidad".

4.2. La metodología

El ODS 17 empuja un modelo de proceso de toma de decisiones con múltiples partes interesadas. Las decisiones o las normas sobre cuestiones fundamentales y complejas, a menudo, tienen que tomarse con prisa (el cambio climático, una epidemia mundial, una inflación global, etc.). Las evaluaciones en su modelización actual que ofrecen los expertos (normas de seguridad validadas científicamente, normas de estandarización, etc.) son insuficientes para la toma de decisiones públicas o privadas sobre cuestiones relacionadas con riesgos elevados e irreversibles.

Esta insuficiencia de la evaluación técnica ofrecida por los expertos queda demostrada por numerosos casos históricos. A este respecto, cabe recordar las siguientes controversias científicas y públicas: energía nuclear (seguridad de los reactores y almacenamiento de residuos), lluvia ácida y catalizador, tecnologías de modificación genética (médicas, agrícolas, industriales), accidentes industriales, innovaciones farmacéuticas y efectos indeseables, etc.

Una explicación de esta deficiencia no es la irracionalidad de los miembros de la sociedad, sino las propiedades inherentes a las diversas situaciones siempre más complejas e interconectadas. Son incertidumbres irreductibles (incluida la imprevisibilidad de los sistemas complejos y los riesgos incuantificables de daños reales para la salud y el medio ambiente o de pérdida de oportunidades económicas), la pluralidad de valores sociales y, por tanto, preocupaciones y criterios de justificación divergentes.

También se trata de decisiones con mucho en juego (incluidos los intereses comerciales y militares, los riesgos de desorden social, los impactos potencialmente elevados e irreversibles sobre la salud de las personas y los sistemas de soporte vital) y los impactos a largo plazo. Ahora bien, las evaluaciones previas a las decisiones y las normas (métodos de valoración económica y evaluaciones de riesgos, por ejemplo) no pueden ser decisivas en tales condiciones. La pluralidad de valores y la controversia sobre los criterios son irreductibles.

En tales circunstancias, la garantía de calidad en la toma de decisiones puede lograrse articulando los conocimientos especializados con la negociación con las partes interesadas. Las perspectivas de opciones socialmente satisfactorias pueden explorarse reuniendo las perspectivas de diversas partes interesadas en un diálogo constructivo para buscar un terreno común. Este planteamiento logra objetivos de calidad en los siguientes ámbitos: credibilidad de las aportaciones científicas y técnicas a la toma de decisiones; opciones social, económica y técnicamente sólidas; amplia legitimidad social; calidad científica en un contexto de complejidad, grandes incertidumbres sistémicas e indeterminación social[24].

Este nuevo enfoque se caracteriza por un cambio de perspectiva. Ya no se hace hincapié únicamente en la calidad técnica de las aportaciones a un proceso decisorio, sino también en la calidad de la comunicación del propio proceso decisorio. Cuando la pluralidad de valores es irreductible, se considera probable que un proceso consultivo de negociación de alta calidad entre los diversos agentes implicados, basado en un conocimiento compartido, ofrezca la mejor garantía posible de resultados satisfactorios para la sociedad.

Construir un proceso de alianza decisional y normativa es fundamental. Por ello, es necesario desarrollar amplios procesos de intercambio de conocimientos, deliberación y negociación entre las partes interesadas para dar cabida al amplio abanico de agentes sociales implicados. Las partes interesadas típicas son loa organismos gubernamentales y reguladores, los ciudadanos preocupados y el público en general, la comunidad científica, los intereses industriales y comerciales, los ONG y grupos activistas de "interés público".

La estructuración de la alianza debe generar, además de una formulación decisional coparticipativa, el desarrollo de herramientas de comunicación y procedimientos consultivos que permitan el establecimiento de elementos de definición común del objeto de la decisión o de la regulación y un lenguaje común para una comunicación clara entre todas las partes de la decisión y/o la norma a tomar.

---

24 COURTY, G., "Les lobbies font-ils la loi?", *Sciences Humaines,* 2017, pp. 68-70.

También, la metodología del ODS 17 incluye una comprensión de los supuestos en que se basan las técnicas de evaluación experta, los términos en que estas técnicas pueden contribuir a la toma de decisiones informadas y los límites de su aplicación. En este sentido, el "método ODS 17" implica la puesta en común de las razones y justificaciones aportadas por las distintas partes en el proceso decisional, así como un amplio desarrollo y una profesionalización de los participantes en los nuevos procesos deliberativos de búsqueda de nuevas soluciones y compromisos basados en el respeto a los criterios divergentes y en la necesidad de convivencia.

Por último, conviene mantener una distinción entre dos situaciones. Primero, las situaciones en las que los actores afirman colectivamente su pertenencia a un valor deliberativo. Segundo, las situaciones en las que no existe un acuerdo previo entre los actores que justifique el proceso deliberativo. En el primer caso, el proceso deliberativo se beneficia de un consenso previo. El problema no es, pues, el de su legitimidad, sino el de su práctica. En el segundo caso, el proceso deliberativo es más bien la expresión de una elección y de una esperanza: por un lado, el rechazo de las soluciones de dominación basadas en la negación de los valores marginados; por otro, la esperanza en la posibilidad de una sociedad basada en la tolerancia y la convivencia (que aún habría que construir).

La aplicación de la metodología del ODS17 tiene un impacto considerable en la lógica de las alianzas estatales tradicionales, que ya no reflejan la defensa de los intereses de los Estados que inmediatamente, sin preservar siempre el largo plazo, respetan y controlan los compromisos públicos, consagrando sin decirlo el soft law internacional.

Para favorecer la cooperación decisional y/o normativa, se plantean algunas preguntas metodológicas para diseñar una experiencia de la coproducción decisional o normativa atendiendo, principalmente, a varios bloques de cuestiones: retos, objetivos, necesidades y oportunidades, grupo de trabajo, posibles soluciones alternativas y agenda de trabajo. Así pues, estos bloques o ejes de dicha coproducción normativa/decisional podrían radicar en las cuestiones siguientes: la problemática social / institucional; los objetivos generales y específicos perseguidos; la necesidad y la oportunidad de la aprobación de un instrumento jurídico; las posibles soluciones regulatorias y no regulatorias; alianzas y redes necesarias para desplegar la normativa; las tareas principales a incluir en la agenda de trabajo; el tiempo previsto de ejecución en el procedimiento de elaboración normativa; los recursos y los medios disponibles; la evaluación y la publicación de los resultados de la coproducción; la validación a nivel político, social y económico político de las decisiones que se tomen durante el proceso de coproducción normativa.

5. CONCLUSIONES

Ante la complejidad de nuestro mundo actual y la explosión de su población, el concepto "composibilidad" de Leibniz[25] ofrece una referencia para interpretarlo, en la medida en que ilustra que, en el plano geopolítico, las alianzas son disruptivas según el ámbito de intervención y, en la vida interna de los Estados, las reacciones y los sentimientos de múltiples categorías de poblaciones a menudo ya no son compatibles con las decisiones públicas. Sin embargo, si la compatibilidad, como el multilateralismo, que la complejidad de las policrisis ha generado, es siempre más difícil, las amenazas que afectan los equilibrios de la biosfera y del orden internacional, abren múltiples posibilidades, desde las más preocupantes a las más tranquilizadoras, pero con una mayor "composibilidad", debido a la interdependencia entre los individuos y las sociedades tanto nivel global como a nivel local.

Porque más allá de la esperanza infundida por la elección de Joe Biden después del unilateralismo brutal de su predecesor, había indicios de que los bloqueos institucionales estaban cediendo. En el mundo actual, coexisten dos movimientos: la tentación del repliegue, con el cuestionamiento del universalismo occidental, y el auge de la sociedad civil y la importancia de la opinión pública internacional a través de las informaciones por múltiples canales. En otros términos, hemos pasado de un mundo multilateral a un mundo mul-

---

[25] La *composibilidad*, tal como la define Leibniz, tiene una esfera lógica más restringida que la posibilidad cuando se considera desde un punto de vista lógico. Para existir, no basta con que algo sea posible, sino que debe ser composible con muchas otras cosas que constituyen el mundo real. Ver SOTO BRUNA, M. J, "La contingencia como composibilidad en G.W. Leibniz", *Anuario filosófico*, Vol. 38, Nº 81, 2005, pp. 145-162.

ticanal, ya que los ciudadanos de nuestro siglo utilizan varios canales de comunicación (medios de comunicación de masas, Internet, SMS, redes sociales) en una "arquitectura onusiana" que ha mantenido sus cimientos.

Se derriban muros mientras se levantan otros nuevos, se forman alianzas entre actores que a menudo se oponen en foros diferentes, como por ejemplo las organizaciones no gubernamentales y las empresas. En efecto, éstas chocan en los tribunales, pero colaboran como "partes interesadas". Otro ejemplo, los Estados del "Sur Global" reclaman responsabilidades diferenciadas, pero, al mismo tiempo, afirman pertenecer a una sola humanidad. Por su parte, la finanza internacional se inspira de los informes y normas científicas. Y podemos extender al infinito esas alianzas entre antagonistas en la coproducción decisional y normativa. Los imperativos de las crisis forman alianzas libres, temporales, oportunistas y a veces contradictorias.

Los movimientos creados por los jóvenes por el clima ilustran este movimiento. De hecho, son alianzas espontáneas, a veces sin estructuras jurídicas, que se comprometen tanto en luchas internacionales como en soluciones locales. Es el encuentro de las necesidades crecientes, la conciencia de la escasez de recursos y el pragmatismo de las organizaciones públicas y privadas ante la realidad que ha creado un movimiento de coproducción del bien común que aún no se reconoce en gran medida.

Incluso las más altas instancias mundiales evolucionan bajo la doble presión de los nuevos riesgos y de las exigencias participativas de los pueblos. Uno de los ejemplos de esta renovación de la gobernanza mundial fueron las reuniones del Consejo de Seguridad de la ONU, que antes se mostraba muy reacio a tomar resoluciones más allá de las meras cuestiones del cambio climático. Así pues, el Consejo de Seguridad se expresó el 24 de febrero de 2021 sobre el clima y el concepto de "seguridad humana", en el que participaban los Estados y los representantes de la seguridad civil. Esta iniciativa puede considerarse como un ejemplo de la meta 17.15 del ODS 17, que pretende respetar el margen normativo y el liderazgo de cada país para establecer y aplicar políticas de erradicación de la pobreza y desarrollo sostenible, ya que da a entender que los Estados siguen siendo soberanos en el espíritu del funcionamiento del Consejo de Seguridad, al tiempo que trabajan por la dimensión global en de las cuestiones de seguridad colectiva en su sentido amplio —climático incluido.

En un mundo que tendrá que recuperarse de la pandemia, que ha incrementado las desigualdades en los servicios sanitarios y está configurando un mundo diferente, el ODS 17 sigue siendo una "brújula" en la tormenta de las policrisis globales. La pandemia del COVID-19 ha enfrentado a la humanidad con sus responsabilidades. Se ha revisado nuestro modelo económico frente a ella, y ahora hace falta condicionar el plan de recuperación global a proyectos compatibles con la descarbonización y la preservación de la sostenibilidad, así como la realización de los otros dieciséis ODS. Para ello, son necesarios tanto el acuerdo como la presión de las sociedades, en organizaciones políticas totalmente renovadas.

En definitiva, la comunidad internacional como las democracias nunca han necesitado tanto contar con la experiencia colectiva y el compromiso de todos los componentes de cualquier sociedad que la hacen vivir. Así pues, el ODS17 hace posible siempre que sea posible gracias a sus principios y metodología. Ofrece una oportunidad instrumental de innovar en los procesos decisionales y normativos al generar alianzas entre todas las partes interesadas.

Referencias bibliográficas

AGUIRRE ERNST, M., "Multilateralismo en tiempos de incertidumbre", *Política Exterior*, Vol. 34, N° 195, 2020, pp. 92-99.

BORRELL, J., "La Unión Europea, ¿potencia reguladora o potencia débil?", *Temas para el debate*, N°. 170, 2009, pp. 38-39.

CABALLERO HELLION, L., "Incidencia del soft law para la aplicación de normas", *Revista jurídica: Investigación en ciencias jurídicas y sociales*, Vol. 2, N°. 11, 2021, pp. 59-73.

COURTY, G., "Les lobbies font-ils la loi?", *Sciences Humaines*, 2017, pp. 68-70.

HIERRO SÁNCHEZ-PESCADOR, L. L., *La eficacia de las normas jurídicas*, Ariel España, Madrid, 2003.

IBÁÑEZ DOBÓN, L., "El soft power de la Unión Europea ¿es suficiente para el papel mundial que desea jugar?", *Boletín de Información*, N°. 322, 2011, pp. 48-67.

JACKSON J. H., CARRILLO SANTARELLI, N. (trad.). *Soberanía, la OMC y los fundamentos cambiantes del Derecho internacional*, Marcial Pons, Madrid, 2009.

KUMAR, S., "Theorising Chinese International Relations and the Rise of China. A Preliminary Investigation", *Relaciones Internacionales,* año 27, Nº. 54, 2018, pp. 23-32.

LAGAR F. J., PORCELLI, E., "Descentrar las Relaciones Internacionales: mitos, centros múltiples y producción de conocimiento", *Relaciones internacionales: Revista académica cuatrimestral de publicación electrónica,* Nº. 50, 2022, pp. 19-37.

O'C. LEGGETT, B., *The little book of rhetoric: soft power,* EUNSA, Barañáin, 2012.

SALEME DE BURNICHON, M., *¿Adónde va la educación? Una propuesta de Piaget, Centro d Estudios Avanzados,* Universidad Nacional de Córdoba, Nº. 6, 1996, pp. 173-174.

SOTO BRUNA, M. J, "La contingencia como composibilidad en G.W. Leibniz", *Anuario filosófico,* Vol. 38, Nº 81, 2005, pp. 145-162.

TOMUSCHAT, C., "Enforcement of International Law. From the Authority of Hard Law to the Impact of Flexible Methods", *Journal of International Law, HJIL,* Vol. 79, Nº 3, 2019, pp. 579-631.

TOOZE, A., "Welcome to the world of the polycrisis", *Financial Times,* 28 de octubre de 2022.

WESTBROOK, R., *John Dewey and American democracy,* Ithaca, Cornell University Press, 1991.

WORLD ECONOMIC FORUM, *The Global Risks Report 2022,* 17th Edition. Insight Report.

ZAMARRIPA MARTÍNEZ, E., "El factor nuclear en las relaciones internacionales. Dimensiones bélicas y pacíficas", *Revista del Instituto Español de Estudios Estratégicos,* Nº. 20, 2022, pp. 213-242.

LAS UNEXPLAINED WEALTH ORDERS COMO MECANISMO DE INVESTIGACIÓN PARA HACER FRENTE A LA CORRUPCIÓN

UNEXPLAINED WEALTH ORDERS AS AN INVESTIGATIVE MECHANISM TO TACKLE CORRUPTION

ANNA RAGA VIVES[1]

Resumen

Las Unexplained Wealth Orders constituyen una herramienta de investigación que, bajo determinadas circunstancias, imponen la obligación a individuos específicos de presentar declaraciones relativas al origen de sus activos. Dichas órdenes no representan un medio directo de confiscación de los bienes, sino que se configuran como una herramienta de investigación que puede desembocar en un proceso de decomiso civil. No obstante, están exentas de dificultades.

Palabras clave: corrupción - economía - herramienta de investigación - provechos

Abstract

Unexplained Wealth Orders can oblige certain people, in some circumstances, to submit declarations about the origin of their assets. They are not mechanisms of direct deprivation of assets, but an investigative tool that can lead to civil forfeiture proceedings.
Keywords: corruption - economy - investigation tool - proceeds

1 Profesora Ayudante de Derecho Penal en la Universidad Jaume I de Castellón (araga@uji.es). Todas las páginas webs mencionadas en este trabajo han sido consultadas el 1 de marzo de 2023.

1. INTRODUCCIÓN

En la *Proceeds of Crime Act* de Reino Unido (en adelante, PoCA), en el año 2002, se legisló sobre los "provechos del acto criminal"[2]. No obstante, el modelo presentaba algunas deficiencias, sobre todo para congelar y recuperar las propiedades que presumiblemente procedían de la corrupción[3].

La falta de recursos de algunos Estados, su capacidad o límites para la cooperación y la excepcionalidad que presentaban las figuras existentes, junto a la globalización del delito, de la economía y los movimientos de capital[4], propiciaron que el Gobierno explorase nuevas opciones legales, que ya venían utilizándose en Irlanda y Australia[5]: las Unexplained Wealth Orders (en adelante, UWO), unas *órdenes de riqueza inexplicables,* que requieren a una persona para que explique el origen de sus bienes[6].

No hay que olvidar que Reino Unido se encontraba en una situación límite[7], que llegó a ser calificada por la prensa británica como

---

2 PoCA 2002.

3 SHALCHI, A., "Unexplained Wealth Orders", *House of Commons Library*, 2022, p. 9.

4 Sobre las razones que llevaron a crear esta nueva figura, *vid.* BLANCO CORDERO, I., "Estrategias modernas de lucha contra las ganancias de origen delictivo: especial referencia a las Unexplained Wealth Orders del Reino Unido" en *Decomiso y recuperación de activos. Crime doesn't pay,* Tirant lo Blanch, Valencia, 2020, pp. 581 y ss.

5 Sobre la experiencia en Irlanda y Australia, *vid.* REURTS, N., "Unexplained Wealth Laws: The Overseas Experience, *The White Crime Centre,* january 2017, pp. 14 y ss. A grandes rasgos, como señala BLANCO, en Australia hay que acreditar la conexión de los bienes con un delito (aunque no se precise una condena). Del año 2001-2016 solamente ha habido 28 procesos de UWO. En sentido contrario, en Irlanda, no se ha de acreditar la conexión entre el bien y una concreta actividad delictiva y, además, sus efectos tienen carácter retroactivo. A diferencia de Australia, su regulación sí ha tenido relevante impacto, ha reducido la actividad delictiva (BLANCO CORDERO, I., "Estrategias modernas de lucha… cit. pp. 569 y ss.)

6 Action Plan for anti-money laundering and counter-terrorist finance, HM Treasury, April, 2016, p. 21. Disponible en: https://assets.publishing.service.gov.uk/government/uploads/system/uploads/attachment_data/file/517992/6-2118-Action_Plan_for_Anti-Money_Laundering__web_.pdf

7 Destacan, entre las principales leyes anticorrupción, la UKBA de 2010 (United Kingdom Bribery Act).

"la capital del lavado de dinero"[8]. Por ello, en 2017, con el *Criminal Finances* Act, se dio un paso más allá respecto de la anterior regulación y, modificando la Ley del año 2002, se introdujeron las órdenes de patrimonio injustificado[9].

2. LAS UNEXPLAINED WEALTH ORDERS EN REINO UNIDO

Las UWO son *herramientas de investigación* (*investigation tool*) que obligan a determinadas personas, siempre que concurran ciertas circunstancias, a presentar declaraciones acerca del origen de sus bienes[10]. No son mecanismos de privación directa de bienes, sino que son un instrumento de investigación que puede derivar en un proceso de decomiso civil[11] y, como se verá más adelante, cabe, incluso, en ausencia de condena.

Las UWO tienen, en esencia, dos objetivos: hacer frente al crimen organizado y la gran corrupción que emana de la "cleptocracia"[12].

Estas órdenes tienen como objetivo *facilitar* la confiscación de los bienes derivados de las actividades criminales[13], pero no requieren

---

8 Artículo de Prensa "Foreign criminals use London housing market to launder billions of pounds", The Guardian, 2015. Disponible en: https://www.theguardian.com/uk-news/2015/jul/25/london-housing-market-launder-offshore-tax-havens

Sobre los paraísos fiscales en territorios británicos, *vid.* GONZÁLEZ GARCÍA, J., "Paraísos fiscales 2021. El acuerdo del G7 de Tributación mínima de las grandes compañías", *Global Politics and Law*, 2021. Disponible en: https://www.globalpoliticsandlaw.com/acuerdo-g7-fiscalidad-empresas/

9 PoCA 2002, 362 A y ss.

10 Más ampliamente, sobre este particular: *vid.* BLANCO CORDERO, I., "Estrategias modernas de lucha…", cit. pp. 561 y ss.

11 BLANCO CORDERO, I., "Estrategias modernas de lucha …", cit., pp. 567-568.

12 MAYNE T., HEATERSHAW, J., "Criminality Notwithstanding. The use of unexplained wealth orders in anti-corruption cases", *Anti-Corruption Evidence Research Programme*, UK, 2022, p. 4. Disponible en: https://ace.globalintegrity.org/wp-content/uploads/2022/03/CriminalityNotwithstanding.pdf

13 SHALCHI, A., "Economic Crime (Transparency and Enforcement) Act 2022", *House of Commons Library*, 2022, p. 16; DORNBIERER, A., Enriquecimiento ilícito. Guía sobre las leyes que abordan los activos de procedencia inexplicable", *Basel Institute on Governance*, Basilea, 2022, p. 86.

el inicio de ningún procedimiento civil o penal contra la persona. Son un mecanismo *civil*[14] que exige a ciertas personas una explicación sobre la procedencia de sus bienes[15].

El procedimiento lo inicia la autoridad correspondiente (Agencia Nacional del Crimen, Administración de Hacienda y Aduanas, Autoridad de Conducta Financiera, la Oficina de Fraudes Graves, el Ministerio Fiscal), que presenta una solicitud de emisión de la orden al Tribunal Superior (*High Court*), especificando la persona y los bienes a los que se refiere[16]. Asimismo, como medida cautelar, se prevé el "congelamiento" del patrimonio del demandante para evitar que disponga de él[17].

A través de la solicitud del Tribunal Superior, la persona (*respondent*) que tenga un patrimonio injustificado (y superior a 50.000 libras[18]), debe dar explicaciones acerca del mismo. La emisión de la UWO consiste en exigir al demandado que preste declaración acerca de la naturaleza de los bienes y de su procedencia.

Los demandados únicamente podrán ser personas que estén expuestas al medio político (PEP) y aquellos relacionados con él (excluye a los del Reino Unido y de otros Estados del Espacio Económico Europeo[19]). La referencia a las PEP manifiesta el énfasis en la lucha contra la corrupción[20]. También procede frente a quienes existan motivos razonables para sospechar que están o han estado implicados en un delito *grave* (independientemente del lugar), o

---

14 Circular 003/2018: Unexplained wealth orders, 2018.

15 BLANCO CORDERO, I., "Estrategias modernas de lucha… cit. p. 562.

16 PoCA, sections 362ª (2) y 369ª (2).

17 PoCA, sections 362J y 396J.

18 PoCA, section 362 B.
En la definición de propiedad entra el dinero, toda forma real o personal de propiedad y propiedad intangible en cualquier parte del mundo (414 Section PoCA, 2002)

19 Esta medida refleja la preocupación por aquellas personas que blanquean capitales en el Reino Unido (*vid.* Criminal Finances Act 2017, Explanatory Notes, Unexplained Wealth Orders. Disponible en: https://www.legislation.gov.uk/ukpga/2017/22/notes/division/3/index.htm).

20 BLANCO CORDERO, I., "Estrategias modernas de lucha… cit. p. 577 y ss.

una persona relacionada con el demandado que haya estado o esté implicada[21].

Las declaraciones prestadas en respuesta de la UWO no pueden ser utilizadas en el proceso penal[22]. Ahora bien, las consecuencias jurídicas que tiene el actuar del demandado son diversas según la declaración que realice. En caso de declaración, la autoridad resuelve las medidas que debe adoptar. Puede decidir que no necesita tomar ninguna medida adicional (porque los bienes se encuentran justificados) o considerar que los bienes son recuperables (y derivar la investigación por la vía del decomiso civil).

Sin embargo, no prestar declaración o prestar una declaración engañosa sí puede tener consecuencias penales. En caso de que el demandado decida no prestar declaración, puede ser procesado por un delito de desobediencia y, si la presta, pero ésta es falsa o mendaz, por un delito por faltar a la verdad (de hasta dos años de prisión[23]).

En todo caso, si el Tribunal decide no tomar medidas, sigue teniendo en el futuro la potestad para iniciar nuevamente procedimientos frente a los mismos bienes.

3. DIFICULTADES QUE PLANTEAN LAS UNEXPLAINED WEALTH ORDERS

La doctrina entendía que Reino Unido había ha cumplido con los objetivos de la Convención de las Naciones Unidas contra la Corrupción[24], su espíritu quedaba claramente reflejado en las UWO e incluso iba más allá: su ámbito de aplicación era más amplio[25]. Sin

---

21 PoCA, sections 362B (4). *vid.* sobre este particular: MAYNE T., HEATERSHAW, J., "criminality Notwhstanding. The use of unexplained wealth orders in anti-corruption cases", *Anti-Corruption Evidence Research Programme*, UK, 2022. Disponible en: https://ace.globalintegrity.org/wp-content/uploads/2022/03/CriminalityNotwithstanding.pdf

22 PoCA, sections 362F (1).

23 PoCA, sections 362E.

24 FISHER, J. S., CLIFFORD, A., *The Criminal Finances Act 2017*, Routledge, UK, 2020, Chapter 4.

25 THOMAS-JAMES, D., "Does UK need to create a criminal offence of illicit enrichment —or is the Unexplained Wealth Order provision of the Criminal Finan-

embargo, hoy en día, esta afirmación queda en entredicho por la prácticamente nula aplicación de estas órdenes[26]. Y ello encuentra su explicación, entre otras causas, en el hecho de que las inmunidades de Derecho Internacional restringen su uso[27]. Como predecía SPROAT en 2018, las UWO tenían la voluntad de mejorar la capacidad de las autoridades para abordar el problema de la corrupción, pero presentan problemas de legalidad y la falta de recursos restringen su uso[28].

Asimismo, la doctrina alerta de que las UWO pueden plantear problemas de compatibilidad con los derechos humanos. Concretamente, fricciones con la presunción de inocencia y con el derecho a no declarar contra sí mismo y a no confesarse culpable por la presunción de *ilicitud* de los bienes y también porque, si bien es cierto que los tribunales penales no pueden utilizar las declaraciones que se presten en estos procedimientos, resulta llamativo que si el sujeto se niega a declarar en la investigación o declara de forma falsa o mendaz podrá cometer un delito[29]. Es definitiva, el sujeto se encuentra en la difícil situación de optar por contestar o no y, si se resigna a hacerlo, se podrán desencadenar consecuencias penales contra él.

Referencias bibliográficas

BLANCO CORDERO, I., "Estrategias modernas de lucha contra las ganancias de origen delictivo: especial referencia a las Unexplained Wealth Orders del Reino Unido", en *Decomiso y recuperación de activos. Crime doesn't pay*, Tirant lo Blanch, Valencia, 2020.

---

ces Bill 2016 a welcome compromise", *The White Crime Centre*, january 2017, p. 21.

26 Desde su introducción se han concedido en cuatro ocasiones en relación con activos por un valor combinado de 143 millones de libras. En 2020, se recuperó, tras el uso de una UWO, 10 millones de euros (última actualización de datos: 16/06/2022).
Sobre su eficacia, *vid.* MAYNE T., HEATERSHAW, J., "Criminality Notwithstanding… cit. p. 4.

27 BLANCO CORDERO, I., "Estrategias modernas de lucha… cit. p. 581 y ss.

28 SPROAT, P., "Unexplained Wealth Orders… cit. p. 243.

29 Sobre la compatibilidad de las UWO con los derechos humanos, *vid.* BLANCO CORDERO, I., "Estrategias modernas de lucha… cit. pp. 581 y ss.

DORNBIERER, A., Enriquecimiento ilícito. Guía sobre las leyes que abordan los activos de procedencia inexplicable", *Basel Institute on Governance*, Basilea, 2022.

FISHER, J. S., CLIFFORD, A., *The Criminal Finances Act 2017*, Routledge, UK, 2020.

GONZÁLEZ GARCÍA, J., "Paraísos fiscales 2021. El acuerdo del G7 de Tributación mínima de las grandes compañías", *Global Politics and Law*, 2021.

MAYNE T., HEATERSHAW, J., "Criminality Notwithstanding. The use of unexplained wealth orders in anti-corruption cases", *Anti-Corruption Evidence Research Programme*, UK, 2022.

REURTS, N., "Unexplained Wealth Laws: The Overseas Experience, *The White Crime Centre*, enero 2017.

SHALCHI, A., "Unexplained Wealth Orders", *House of Commons Library*, 2022.

THOMAS-JAMES, D., "Does UK need to create a criminal offence of illicit enrichment —or is the Unexplained Wealth Order provision of the Criminal Finances Bill 2016 a welcome compromise", *The White Crime Centre*, january, 2017.

SEGUNDA PARTE
EL DESAFÍO A LA SEGURIDAD COLECTIVA

LA GUERRA DE UCRANIA COMPROMETE LOS OBJETIVOS DE DESARROLLO SOSTENIBLE Y LA AGENDA 2030

THE WAR IN UKRAINE COMPROMISES THE SUSTAINABLE DEVELOPMENT GOALS AND THE 2030 AGENDA

JOSÉ MANUEL CORRALES AZNAR[1]

Resumen

La guerra de Ucrania ha agravado e intensificado la crisis planetaria. Se produce en un contexto de conflictos, progresivos desequilibrios sociales y medioambientales, exigua reducción de emisiones de gases de efecto invernadero, y un desarrollo desigual de las principales economías que priorizan la producción y consumo de combustibles fósiles.

La prolongación de la invasión rusa en Ucrania no solo tiene impactos negativos en los derechos humanos, sino unos efectos económicos y sociales que menoscaban la seguridad internacional y la confianza en las instituciones, provocando que el interés por el medio ambiente pase a un segundo plano.

Palabras clave: guerra - ODS - pobreza - crisis - cambio climático

Abstract

War in Ukraine has aggravated and intensified the planetary crisis. Produced in a context of conflicts, progressive social and environmental imbalances, meager reduction in greenhouse gas emissions, and uneven development of the main economies that prioritize production and consumption of fossil fuels.

The prolongation of the Russian invasion in Ukraine not only has significant negative impacts on human rights, but economic and social effects that undermine international security and trust in institutions, causing concern for the environment to take a backseat.

Keywords: War - SDGs - Poverty - Crisis - Climate change

---

1 Profesor Doctor del Departamento de Economía y Empresa, en la Universidad Europea de Madrid (josemanuel.corrales@universidadeuropea.es). Todas las páginas webs mencionadas en este trabajo han sido consultadas el 18 de diciembre de 2022.

Sumario: 1. INTRODUCCIÓN Y MARCO HISTÓRICO. 2. LA SITUACIÓN ACTUAL DE LOS OBJETIVOS DE DESARROLLO SOSTENIBLE Y DE LA AGENDA 2030. 3. LA GUERRA DE UCRANIA Y SUS EFECTOS ECONÓMICOS Y SOCIALES EN EL MUNDO. 4. LA CRISIS GEOPOLÍTICA Y DE SEGURIDAD EN EUROPA. 5. CONCLUSIONES.

1. INTRODUCCIÓN Y MARCO HISTÓRICO

En los primeros días de la invasión de Ucrania algunos analistas creyeron que el conflicto se resolvería en un breve plazo de tiempo con el triunfo de las tropas rusas. Así en escasas horas después de la incursión armada, las tropas rusas cercaban Kiev, la capital, y Ucrania, un país aislado y desprotegido, tenía muchas dificultades de poder resistir el brutal ataque del régimen de Putin. Pero la valerosa resistencia ucraniana y la cuantiosa ayuda occidental movilizada y recibida, ha hecho que meses después el ejército ruso retroceda, con el consiguiente empantanamiento de la guerra y un terrible balance de destrucción y sangre, que se ha sufrido durante todo el año 2022.

Cerca de cumplirse un año desde el inicio de la invasión de Ucrania, lo que comenzó como una especie de "guerra relámpago" ya es una guerra prolongada. Putin ambiguamente proclamaba que esta operación militar solo aspiraba a frenar un supuesto genocidio que sufre la población rusa en la región del Donbás y a *"desnazificar"* el gobierno ucraniano.

Partiendo del hecho que la invasión rusa y el quebrantamiento de la soberanía territorial de Ucrania supone una clara violación del derecho internacional y es condenable, desde todas las perspectivas, conviene recordar que cada una de las partes en conflicto esgrime algunos argumentos y razones que nos pueden permitir comprender mejor cuáles son los motivos del conflicto[2].

Rusia, utiliza como principal justificación para esta intervención militar la denuncia de la expansión de la Organización del Tratado del Atlántico Norte (OTAN) hacia el este, lo que supone para Putin, una agresión a sus intereses y un menoscabo a la seguridad e integridad de su país. Para evitar esto, la invasión de Ucrania se realiza

---

2 BRUGOS, T. "Tambores de guerra se oyen por el Este", *Viento Sur*, 3 de febrero 2022. https://vientosur.info/tambores-de-guerra-se-oyen-por-el-este/

ejecutando una estrategia similar a la instauración de un "protectorado", que en la época colonial imponían su tutela a un país en asuntos de seguridad y política exterior. De esta forma se pretende actualizar la antigua doctrina soviética aplicada a los países del este bajo su influencia. De acuerdo con esta idea, actualmente podrían aplicarse las mismas recetas de tutela a los países vecinos de Rusia y a aquellos estados bálticos que pertenecieron a la antigua URSS, lo que supondría un contrasentido pues algunos de ellos están plenamente incorporados a la Unión Europea (UE) y a la OTAN y porque la arquitectura actual en la que se sostienen las relaciones internacionales es diferente, una vez desaparecidos los bloques militares.

Por la parte contraria, Ucrania alega su legítimo derecho a ejercer libremente su soberanía como estado, internacionalmente reconocido e integrado, y por eso ha reclamado reiteradamente su incorporación a la UE.

La gestión del divorcio posterior a la disolución de la Unión Soviética se ha saldado con un estrepitoso fracaso, aunque comenzó con relaciones trabajosamente pactadas. Las renuncias de Ucrania al armamento nuclear heredado, la negociación sobre Crimea y las garantías para la flota rusa del mar Negro, no han evitado que finalmente surja el conflicto.

El ciclo actual de enfrentamiento se inicia en el año 2014 con la revolución de Maidán, aunque tiene antecedentes. Efectivamente, antes de que se produjera ese estallido de indignación popular, la política ucraniana ya se enfrentaba a la dicotomía de apostar por una política exterior independiente o estrechar los vínculos con Rusia.

En este sentido conviene analizar algunos aspectos significativos que condicionan, intervienen y explican este conflicto. En el marco político, se percibe como el liderazgo practicado por Vladimir Putin, tiene claros elementos de populismo en sus estrategias discursivas y formales. Este populismo va más allá de la contraposición pueblo/ *establishment*, y se basa en nociones complejas de enemistad y alianza, una definición muy amplia de la nación rusa, una nueva división del espacio político, e introduce nuevos y antiguos símbolos de unidad más allá de las fronteras de la Rusia actual. Durante años, Putin ha esbozado una visión de los ucranianos y los rusos como un único pueblo, con un pasado común, con símbolos y enemigos compartidos. Pero en lugar de una noción simplificada de nacionalismo, el discurso oficial ruso necesita el concepto de un pueblo que resulte más amplio y en el que puedan caber todos. Putin emerge, así como un hombre del pasado, con alguna que otra alusión al extinto pueblo soviético, mezclando a los rusos actuales con el pueblo soviético. Así la "identidad soviética" actual tiene, en realidad, esta dimensión étnica rusa. Lo que comparte este pueblo, más allá del pasado común, es la oposición a determinadas élites y determinados enemigos del pasado y del presente. Sus discursos activan narrativas históricas, pero no para representar una nación, sino más bien para crear un pueblo[3].

Rusia, según la versión de Putin, es víctima de una conjura múltiple. Por un lado, la OTAN y su política de ampliación con el objetivo de cercar el país y por otro, el sufrimiento del pueblo ruso que vive dentro de las fronteras del estado ucraniano, sometido a un genocidio. Putin con el pretexto de aspirar a *desnazificar* al gobierno ucraniano ha revitalizado la narrativa partisana de los años heroicos de la II Guerra Mundial, en donde la Unión Soviética sacrificó veinticinco millones de personas para derrotar el nazismo.

Aunque pocos analistas apostaban por un desenlace en el terreno militar, existían indicios que podrían haber inducido a pensar que esa opción era posible. La guerra en Georgia en 2008 culminada con la declaración de independencia de Osetia del sur y Abjasia, es un claro precedente del modo de intervención del ejército ruso, modo que sería repetido posteriormente en la intervención en Crimea de 2014.

Para Rusia, la prolongación de la situación actual supone un desgaste importante en su imagen internacional, con impactos notables en su economía, sufriendo numerosas bajas militares y el riesgo de una desestabilización interna. Por el lado ucraniano, resistir no es sinónimo de victoria, porque la superioridad rusa es significativa, pero funciona como un estímulo de orgullo nacional que cohesiona. En el lado negativo de la balanza, una prolongación de la guerra implica,

---

3 TIPALDOU, S.; CASULA, P, "¿Justificaciones populistas de la guerra? La intervención rusa en el este de Ucrania", *Revista CIDOB d'Afers Internacionals*, n. 119, 2018, pp. 135-159.

sin duda alguna, un incremento terrible de los daños y el sufrimiento entre la población civil[4].

En este contexto en Europa, se han producido diversos procesos lesivos a su unidad interna, sumados a la crisis social y sanitaria provocada por la pandemia del Covid-19, las diversas inestabilidades presupuestarias y financieras sufridas y las sucesivas oleadas y crisis de "refugiados"[5] que han provocado una revitalización política de los populismos, la ultraderecha y la xenofobia.

2. LA SITUACIÓN ACTUAL DE LOS OBJETIVOS DE DESARROLLO SOSTENIBLE Y DE LA AGENDA 2030

Los Objetivos de Desarrollo Sostenibles (ODS) abordan retos que son transcendentales y prioritarios para el mundo, que van desde el hambre, la paz, la salud, las desigualdades, el desarrollo económico, la protección del planeta, la lucha contra el cambio climático, la inclusión social, la educación, el consumo y la producción sostenibles, la mejor gobernanza, la reducción de la pobreza, las ciudades y los territorios, y la energía.

Los 17 Objetivos de Desarrollo Sostenible y las 169 metas acordadas por los Estados miembros de la ONU intentan dar respuesta a una crisis planetaria muy compleja. La relación detallada de estos ODS es la siguiente[6]:

---

4 BRUGOS, T., "Ucrania, la guerra prolongada", *Revista Nortes,* 23 de marzo de 2022. Disponible en: https://www.nortes.me/2022/03/23/ucrania-la-guerra-prolongada/

5 ALIJA, M. A., "La persistente crisis de los refugiados en Europa. El marco jurídico y de gestión de la Unión Europea", *RESI: Revista de estudios en seguridad internacional,* Vol. 6, Nº. 1, 2020, pp. 37-56.

6 https://www.educo.org/blog/Que-son-los-17-Objetivos-de-Desarrollo-Sostenible?

1. Poner fin a la pobreza en todas sus formas en el mundo.

La pobreza se ha reducido en un 50% desde el año 2000 pero aún millones de personas que malviven con solo 1,90 dólares al día. La pobreza conduce al hambre, la malnutrición, la falta de vivienda digna, la imposibilidad de acceder a la educación, etc. Para lograr este objetivo es necesario fomentar un crecimiento económico que fomente la igualdad y que sea sostenible.

2. Poner fin al hambre, lograr la seguridad alimentaria y la mejora de la nutrición y promover la agricultura sostenible. Actualmente la tierra, y el agua de océanos y ríos se siguen degradando y sufren los efectos de la sobreexplotación. El sector agroalimentario es esencial, precisando su potenciación y reestructuración para eliminar el hambre y la pobreza.

3. Garantizar una vida sana y promover el bienestar para todos en todas las edades. Las tasas de mortalidad materna y neonatal son muy altas, se propagan enfermedades infecciosas y existe una mala salud reproductiva. Por tanto, se trata de impulsar iniciativas que erradiquen determinadas enfermedades, financiar los sistemas de salud, mejorar el saneamiento y aumentar el acceso a los servicios médicos.

4. Garantizar una educación inclusiva, equitativa y de calidad y promover oportunidades de aprendizaje durante toda la vida de todos. La educación y la alfabetización proporcionan a las personas las herramientas necesarias para salir de la pobreza y tener un futuro mejor. En la actualidad hay más de 265 millones de niños sin escola-

rizar. Algunas dificultades son el mal estado de las escuelas o la escasa preparación de los profesores, entre otros.

5. Lograr la igualdad entre los géneros y empoderar a todas las mujeres y las niñas. Para lograr la igualdad es necesario que mujeres y niñas accedan a la educación, a la atención médica, a un trabajo decente y participen en la toma de decisiones políticas y económicas.

6. Garantizar la disponibilidad de agua y su gestión sostenible y el saneamiento para todos. Para lograr que todos tengan acceso al agua potable y al saneamiento es fundamental que se gestionen de forma sostenible los recursos hídricos en el mundo.

7. Garantizar el acceso a una energía asequible, segura, sostenible y moderna para todos. La energía empleada por más de 300 millones de personas en actividades cotidianas como cocinar o el aseo personal sigue dependiendo de combustibles muy contaminantes. Para proteger el medioambiente es fundamental impulsar la utilización de energías renovables y tecnologías más limpias.

8. Promover el crecimiento económico sostenido, inclusivo y sostenible, el empleo pleno y productivo y el trabajo decente para todos. Se considera que la mitad de la población mundial, aproximadamente, vive con menos de 2 dólares al día y en muchos países se dan casos de explotación infantil. En algunos países el hecho de tener un empleo no ayuda a salir de la pobreza.

9. Industria, innovación e infraestructuras. La innovación, además, es fundamental para que exista una industria más productiva y menos contaminante. Aunque durante los últimos años se ha producido una reducción de las emisiones de dióxido de carbono en la fabricación, la reducción no ha sido igual en todo el mundo.

10. Reducir la desigualdad en y entre los países. Actualmente existen grandes desigualdades en países y entre países en lo que respecta al acceso a los servicios de salud, a la educación y a los bienes productivos.

11. Lograr que las ciudades y los asentamientos humanos sean inclusivos, seguros, resilientes y sostenibles. En general, se considera que las ciudades han ayudado a muchas personas a progresar social y económicamente y, de hecho, las ciudades han crecido y siguen creciendo de manera que se espera que, en 2030, 5.000 millones de personas vivan en ciudades. Para superar el reto de que tantas personas

vivan en las ciudades, estas deben convertirse en espacios seguros, inclusivos, resilientes y sostenibles.

12. Garantizar modalidades de consumo y producción sostenibles. El consumo no sostenible produce contaminación y degrada el medioambiente, por lo tanto, es necesario actuar desde la raíz para implementar sistemas de producción respetuosos con el entorno y sostenibles.

13. Adoptar medidas urgentes para combatir el cambio climático y sus efectos. El cambio climático es una realidad y está produciendo efectos negativos en las personas, en la economía y en la naturaleza. Para luchar contra el cambio climático en 2016 varios países firmaron el Acuerdo de París y se comprometieron a trabajar para limitar el aumento de la temperatura global a menos de 2 grados.

14. Conservar y utilizar en forma sostenible los océanos, los mares y los recursos marinos para el desarrollo sostenible. Para lograr proteger mares y océanos es fundamental una regulación que sea efectiva y que controle la sobrepesca y la contaminación.

15. Gestionar sosteniblemente los bosques, luchar contra la desertificación, detener e invertir la degradación de las tierras y detener la pérdida de la biodiversidad. Más del 30% de la superficie de la tierra está cubierta por bosques y los árboles son elementos esenciales para frenar el cambio climático. El reto consiste en proteger los bosques, gestionar el uso de los recursos de forma sostenible y reducir la desertificación pues actualmente se destruyen 13 millones de hectáreas al año que conducen a la desertificación.

16. Promover sociedades justas, pacíficas e inclusivas. La paz es fundamental para lograr el resto de ODS, sin embargo, la violencia en todas sus manifestaciones sigue siendo un problema para personas de todo el mundo, en este sentido cabe destacar el maltrato infantil y sus graves consecuencias.

17. Revitalizar la Alianza Mundial para el Desarrollo Sostenible. De nada sirve que se establezcan objetivos si no hay acuerdos entre todos los actores que deben participar: gobiernos, empresas privadas y ciudadanos. En este sentido es fundamental fomentar alianzas para aunar esfuerzos y recursos y lograr que los ODS sean una realidad.

Estos 17 puntos enmarcados dentro de la llamada Agenda 2030 de la ONU, tal como se indica en su documento fundacional, son "un plan de acción a favor de las personas, el planeta y la prosperidad", que "también tiene por objeto fortalecer la paz universal dentro de un concepto más amplio de la libertad". La erradicación de la pobreza, "incluida la pobreza extrema, es el mayor desafío a que se enfrenta el mundo y constituye un requisito indispensable para el desarrollo sostenible", señala Naciones Unidas al respecto.

En el informe de la OCDE "El corto y sinuoso camino hacia la Agenda 2030: Midiendo la distancia hacia las metas de los ODS"[7], se destaca como el grado de cumplimiento de los 17 Objetivos de Desarrollo Sostenible y las 169 metas acordadas por los Estados miembros de la ONU, es claramente insuficiente y tiene resultados muy modestos.

El Informe de la OCDE señala como en los países desarrollados, uno de cada ocho habitantes es pobre en términos nivel de renta. Si la valoración la hiciésemos en el tercer mundo, la situación seria aún peor. Aunque como dato positivo se puede destacar como los fondos de recuperación europea *Next Generation* y los paquetes de recuperación desplegados por la mayoría de los gobiernos de la OCDE, han fortalecido la resiliencia sistémica para hacer frente a nuevas crisis y potenciales retos.

Los desequilibrios medioambientales siguen aumentando, con raquíticos avances en la reducción de emisiones de gases de efecto invernadero, y a pesar del compromiso retórico de los países del G20 de eliminar gradualmente las subvenciones ineficientes a los combustibles fósiles, las principales economías siguen apoyando su producción y consumo.

La renovada posibilidad de un conflicto nuclear provoca una perturbación grave en el mundo, pues la guerra amenaza con extenderse más allá del territorio ucraniano afectando aún más a la economía europea, con persistentes dinámicas inflacionistas en los mercados, incrementos de los precios energéticos, afecciones en la cadena de distribución y una grave y progresiva crisis alimentaria en todo el mundo, especialmente en el continente africano, lo que alimentará los flujos migratorios.

---

7 OCDE, *"El corto y sinuoso camino hacia la Agenda 2030: Midiendo la distancia hacia las metas de los ODS"*, 2022.

El anuncio realizado por Putin, el 21 de septiembre de 2022, de una movilización militar parcial de la población rusa y su amenaza de que usará armas nucleares si peligra la integridad del territorio ruso, ya ha provocado múltiples protestas y detenidos en Rusia, una nueva diáspora de ciudadanos rusos disconformes, la imposición de sanciones y reacciones negativas en todos los ámbitos.

En las relaciones internacionales la complicidad que se puede constatar entre Rusia-China puede desplazar la centralidad en los intercambios comerciales de la UE a otras áreas geográficas. Si el fantasma de la estanflación recorría de nuevo la Unión Europea en los primeros meses de la guerra, ya no es un espectro fantasmal sino una cruda realidad, con una recesión en ciernes en varios países[8].

Por todos estos antecedentes la guerra tendrá efectos negativos en la perspectiva de reducción de la pobreza, tal y como contempla el ODS 1, ya que previsiblemente provocará el incremento de las crisis alimentarias en el mundo, y un retroceso considerable en el cumplimiento de los ODS y en los acuerdos internacionales.

El ODS 2, que afronta el reto del hambre y la producción de alimentos, también sufrirá una involución. Según el análisis del programa mundial de alimentos de la ONU, el alza en los precios mundiales de los alimentos alcanzó un máximo histórico en febrero de este año y marcando la dificultad de acceso a los mismos. Rusia y Ucrania representan más del 50% del suministro mundial de aceite de girasol y en torno a un tercio del trigo mundial. Ucrania además es el primer proveedor de maíz y el mayor proveedor de trigo, por lo que la prolongación del conflicto impactará negativamente en la erradicación del hambre y la producción sostenible de alimentos. El maíz ha comenzado a escasear, lo que se une al aumento de precios en productos como la carne y el pan.

En el ODS 3, la calidad de vida y el bienestar de las personas y el ODS sobre salud y educación de calidad se ve seriamente afectado por el conflicto en Ucrania.

---

8 CORRALES AZNAR, J. M. "El otoño se prevé muy gris y el invierno puede ser totalmente negro", *Revista MUYPYMES*, 11 de julio de 2022.

En relación con el ODS 8, se estima que Europa tiene ya la crisis de refugiados de mayores dimensiones desde la Segunda Guerra Mundial.

Los desequilibrios ambientales que van en aumento comprometen de forma nítida los ODS 6, 7, 13, 14, 15. La crisis energética, el perjuicio a la reserva marina (Mar Negro), la contaminación de agua, aire y suelo, la destrucción de depósitos de combustible, oleoductos e infraestructura energética generadoras de emisiones nocivas y la revisión de los derechos de emisión de dióxido de carbono, van a tener repercusiones negativas en el cambio climático.

La guerra y las sanciones adoptadas por la comunidad internacional contribuirán a complicar el proceso de transición ecológica en el que Europa se encuentra inmersa. De entrada, el abastecimiento de gas y petróleo, en donde Rusia juega un papel muy importante para algunos países de la Unión Europea, hará más visible la falta de soberanía energética y obligará a diversificar las importaciones, hecho que beneficiará a los Estados Unidos que nos abastecerá con material producto del *fracking*, con precios más elevados, cuya demanda incrementará los efectos negativos sobre la sostenibilidad del planeta y con efectos negativos en la agenda descarbonificadora.

Por tanto, en esta comunicación se parte de la hipótesis de trabajo que la invasión de Ucrania está comprometiendo seriamente la consecución de la Agenda 2030 y los objetivos de desarrollo sostenible, y que se precisarán acciones más decididas para cumplir estos objetivos. Con la guerra de Ucrania, como sucede en todos los conflictos bélicos que están latentes en el mundo, se ven afectados los ámbitos de actuación prioritarios de los ODS: la población, el planeta, la prosperidad, la paz y las alianzas. El militarismo, la pandemia, la dinámica inflacionista y el deterioro de las condiciones de vida configuran una tormenta perfecta que impide en la práctica avanzar en el cumplimiento de los ODS.

3. LA GUERRA DE UCRANIA Y SUS EFECTOS ECONÓMICOS Y SOCIALES EN EL MUNDO

La prolongación de la invasión y agresión rusa a Ucrania está teniendo importantes efectos económicos y sociales en el mundo, menoscabando significativamente la confianza en las instituciones internacionales y provocando que el interés por el medio ambiente pase a un segundo plano[9].

La guerra en Ucrania ha provocado una inmensa conmoción en la comunidad internacional por la grave y reiterada violación de normas fundamentales del Derecho Internacional Humanitario, con ataques sistemáticos a la población y a infraestructuras de naturaleza civil. Asimismo, se ha realizado un uso indebido de los instrumentos y medios de guerra con las limitaciones establecidas en los Convenios de Ginebra y, en especial, en el Protocolo Adicional 1, para la Protección de los Derechos Humanos y de las Libertades Fundamentales. Prácticamente desde el inicio del conflicto, la prensa y diversas organizaciones internacionales se han pronunciado sobre la eventual comisión de crímenes internacionales en territorio ucraniano por parte de las tropas sobre la población civil, de acuerdo con lo establecido en el Estatuto de Roma, aumentando las voces que demandan crear "un tribunal especial para crímenes de agresión"[10].

La invasión de Ucrania es un paso más en una estrategia reaccionaria dirigida a crear un nuevo marco para las relaciones internacionales, en las que el Gobierno de Putin ha quebrado de forma intencionada consensos internacionales en relación con los derechos humanos y el derecho internacional, y específicamente en cuestiones tan sensibles como la igualdad de género, cuestionando la Agenda Mujeres, Paz y Seguridad. En Ucrania, Rusia ha optado por tratar de vencer por la fuerza militar, en lugar de convencer, mediante una guerra de agresión, con un despliegue militarista, violento y criminal

---

9 CORRALES AZNAR, J. M. "La pobreza que viene: Todas las actividades económicas y de servicios caerán ante la estanflación. La combinación de una elevada inflación y el estancamiento económico es el escenario menos deseado y el más peligroso", *Revista Inversión*, Núm. 1276, 2022, pp. 10-12.

10 DÍAZ GALÁN, E. C. La Guerra de Ucrania y el Derecho Internacional Humanitario: Crónica de una guerra anunciada. Tiempo de Paz, [s. l.], n. 146/147, 2022, pp. 66-73, 2022. Disponible en: https://search-ebscohost-com.ezproxy.universidadeuropea.es/login.aspx?direct=true&AuthType=sso&db=asn&AN=159920293&lang=es&site=ehost-live&scope=site.

de liderazgos construidos sobre sistemas profundamente patriarcales y reaccionarios[11].

En Europa los gobiernos europeos están reconociendo un empeoramiento de las condiciones de vida, un estancamiento económico y una alta inflación que durará al menos hasta el verano de 2023. Además, el gobierno de Putin, a través de la empresa Gazprom, empresa estatal rusa y mayor compañía de gas natural del mundo, ha dejado de suministrar gas a Europa, como medida de guerra económica que se suma a la escalada bélica. El corte de suministro energético junto a la amenaza nuclear es un chantaje y una violación del derecho internacional y un incumplimiento grave de los contratos firmados por países soberanos[12].

La Conferencia de las Naciones Unidas sobre el Cambio Climático, COP27, celebrada del 6 al 18 de noviembre de 2022 en Sharm el Sheij (Egipto) se ha clausurado con un acuerdo modesto para proporcionar financiación por "pérdidas y daños" a los países vulnerables duramente afectados por los desastres climáticos.

En un contexto geopolítico difícil, la COP27 impulsa su compromiso de limitar el aumento de la temperatura mundial a 1,5 grados centígrados por encima de los niveles preindustriales. Dichas decisiones también sirvieron para reforzar la acción de los países para reducir las emisiones de gases de efecto invernadero y adaptarse a los efectos inevitables del cambio climático, además de impulsar el apoyo al financiamiento, la tecnología y la creación de capacidades que necesitan los países en desarrollo.

Los gobiernos decidieron establecer nuevos acuerdos de financiamiento y crear un fondo específico, para ayudar a los países en desarrollo a responder a las pérdidas y daños. Los estados también acordaron articular un "comité de transición" para hacer recomendaciones sobre cómo poner en marcha los fondos en la COP28 del próximo año y la Red para pérdidas y daños, con el fin de canalizar

---

11 CEBADA ROMERO, A., "La Guerra de Ucrania y su impacto en la Agenda Mps y en el Orden Mundial", *Tiempo de Paz,* 146/147, 2022, pp. 106-113.

12 CORRALES AZNAR, J. M., "El fantasma de la estanflación recorre la Unión Europea", *El Nuevo Lunes,* 28 de marzo de 2022, p. 3.

la asistencia técnica a los países en desarrollo especialmente vulnerables a los efectos adversos del cambio climático.

La transformación mundial hacia una economía baja en emisiones de carbono requiere inversiones de al menos 4 a 6 billones de dólares al año. La obtención de esta financiación requerirá una transformación rápida y completa del sistema financiero y de sus estructuras y procesos, con la participación de los gobiernos, los bancos centrales, los bancos comerciales, los inversores institucionales y otros actores financieros.

En la COP27 continuaron las deliberaciones para establecer un "nuevo objetivo colectivo cuantificado sobre la financiación del clima" en 2024, teniendo en cuenta las necesidades y prioridades de los países en desarrollo. En los debates también se abordaron temas como la seguridad alimentaria, las comunidades vulnerables y la transición justa y cómo proporcionar el financiamiento, los recursos y las herramientas para llevar a cabo una acción climática eficaz a gran escala.

La COP27 reunió a más de 45.000 participantes para compartir ideas y soluciones, y crear alianzas y coaliciones. Los pueblos indígenas, las comunidades locales, las ciudades y la sociedad civil, incluidos jóvenes y niños mostraron cómo están afrontando el cambio climático, y compartieron cómo afecta a sus vidas.

Se ha hecho hincapié en la importancia crítica de empoderar a todas las partes interesadas para que participen en la acción climática; en particular, a través del plan de acción quinquenal sobre la Acción para el Empoderamiento Climático y la revisión intermedia del Plan de Acción de Género.

Un duro informe de ONU Cambio Climático abordó el grado de cumplimiento de los compromisos actuales por parte de los gobiernos nacionales que sitúa al mundo en la senda de un calentamiento de 2,5 °C para finales de siglo. El Grupo Intergubernamental de Expertos sobre el Cambio Climático de la ONU indica que las emisiones de gases de efecto invernadero deben reducirse en un 45% de aquí a 2030 para limitar el calentamiento global a 1,5°C.

Los países lanzaron un paquete de 25 nuevas acciones de colaboración en cinco áreas clave: energía, transporte por carretera, acero, hidrógeno y agricultura. El secretario general de la ONU, Antonio

Gutiérrez, anunció un plan de 3.100 millones de dólares para garantizar la protección de todos los habitantes del planeta mediante sistemas de alerta temprana en los próximos cinco años. El G7 y los V20 ("los veinte vulnerables") lanzaron el Escudo Global contra los Riesgos Climáticos, con nuevos compromisos. También se lograron importantes avances en la protección de los bosques con el lanzamiento de la Alianza de Líderes por los Bosques y el Clima, cuyo objetivo es unir la acción de los gobiernos, las empresas y los líderes comunitarios para detener la pérdida de bosques y la degradación de la tierra para 2030[13]. Hay que considerar que estos acuerdos son más bien limitados teniendo en cuenta la envergadura del desafío que supone el actual cambio climático.

4. LA CRISIS GEOPOLÍTICA Y DE SEGURIDAD EN EUROPA

Europa vive la guerra en su corazón, y se sitúa en una encrucijada, o da pasos adelante o sufre retrocesos en su proceso de construcción y cohesión. Recientemente hemos visto la consolidación de gobiernos euroescépticos, como el de Meloni en Italia, que cuestionan el acervo comunitario y la gestión de los flujos migratorios complejos y masivos. Los Estados miembros de la UE, sus opiniones públicas y las instituciones comunitarias, no han logrado hilvanar un discurso común solido que impulse la cohesión europea, imponiéndose en la practica una lectura regresiva del principio de solidaridad[14].

La invasión cruenta de Ucrania pone en serio riesgo la recuperación económica de Europa y limita de forma considerable el impacto de los fondos de reconstrucción *Next Generation*. La situación de inseguridad[15] e incertidumbre provocada por la guerra afecta-

---

13 ORGANIZACIÓN DE LAS NACIONES UNIDAS (ONU), *La COP27 llega a un acuerdo decisivo sobre un nuevo fondo de "pérdidas y daños" para los países vulnerables.* https://unfccc.int/es/news/la-cop27-llega-a-un-acuerdo-decisivo-sobre-un-nuevo-fondo-de-perdidas-y-danos-para-los-paises

14 MERTENS de WILMARS, F., "El covid-19: ¿jaque mate a la solidaridad europea?", *Boletín de la Academia de Yuste*, N° 05, mayo 2020, pp. 1-7.

15 CALATRAVA, A., "The transformation of the European security system after the Cold war: from 1991 to the Ukraine crisis", *Historia Actual Online*, oct 2022, Issue

rá al conjunto de relaciones internacionales y a las interacciones geoestratégicas.

En el plano económico el sector exportador, el industrial, los servicios, el transporte y todas aquellas tareas ligadas a la cadena de distribución, son las actividades que se han visto más afectadas, ante una inestabilidad que ha repercutido en el consumo, en la capacidad de compra y en el poder adquisitivo de las familias europeas. Se ha producido una inestabilidad financiera, mientras los precios del gas y de la energía se han incrementado notablemente. En el corto plazo se producirá una aversión al riesgo en los mercados, lo que provoca un retroceso en la confianza de las empresas y los consumidores europeos. El miedo y la incertidumbre, por sí solos, pueden actuar como una bomba de relojería para las decisiones de consumo e inversión.

Las mayores turbulencias se están dando en el coste de la energía ya que Rusia suministra alrededor del 40% del gas que se consume en Europa. La subida del coste de vida, cuyo origen está precisamente en el notable incremento de los precios de la energía, recortan los salarios reales y restringen la demanda y el consumo[16].

La gasolina, la electricidad y otras materias primas ya han alcanzado máximos históricos, con oleadas de alzas de precios. Esta situación va a suponer un lastre en la recuperación económica y las previsiones de crecimiento del PIB de Europa en el 2023 tienen una clara tendencia a la baja. La estanflación ya está aquí. El escenario no deseado de alta inflación y estancamiento económico ya es una realidad en toda Europa, teniendo en cuenta el corte de suministro de gas y de petróleo ruso a Alemania y otros países europeos.

La Unión Europea, aunque ha tardado algunas semanas en reaccionar, en los meses posteriores a la invasión ha realizado una respuesta firme y contundente a la crisis provocada por la guerra. Por primera vez en su historia la UE ha financiado la compra y entrega de armas y otros equipos de defensa a un país que está bajo ataque, Ucrania. El dinero saldrá de un programa llamado Fondo Europeo de Apoyo a la Paz, creado en marzo de 2021.

59, pp. 155-169.

16 CORRALES AZNAR, J. M., "Europa en riesgo de colapso energético", *Cinco Días*, 16 de mayo 2022.

Este instrumento de financiación se ideó para fortalecer las capacidades de las fuerzas armadas de los socios comunitarios y terceros países, y Bruselas ha decidido utilizarlo para prestar asistencia al Gobierno de Ucrania ante el avance ruso, encargándose Polonia de la logística de la entrega de armas.

Pero no se trata de sumarse a una escalada militarista sin sentido ante la actual situación económica. A la Unión Europea le conviene la máxima autonomía frente a Estados Unidos, ya que sus intereses no son exactamente los mismos. Porque si bien los esfuerzos por prevenir la guerra han fallado, los sacrificios para detenerla deben dar frutos[17].

La crisis anterior de la COVID-19 ha supuesto un desafío de proporciones históricas para Europa. Por ello, la UE y sus Estados miembros han tenido que adoptar medidas para proteger la salud y evitar el colapso de la economía. Esto ha supuesto un planteamiento innovador que impulsa la convergencia, la resiliencia y la transformación en la UE. La puesta en marcha de planes de Recuperación, Transformación y Resiliencia (que se deben adaptar ahora a las consecuencias de la guerra) pivotan sobre cuatro ejes transversales:

1. La transición ecológica,
2. La transformación digital.
3. La cohesión territorial y social.
4. La igualdad de género.

Para cumplir los objetivos de recuperación se precisan proseguir con políticas macroeconómicas potentes que reduzcan la incertidumbre, gestionando de forma ágil los fondos europeos *Next Generation*, aportando seguridad jurídica, mejorando la competitividad y la productividad de las empresas mediante la digitalización de la economía, fomentando la formación con contratación y el aprendizaje permanente, promoviendo la igualdad de oportunidades en el mercado de trabajo e impulsando el diálogo social y la negociación colectiva.

---

17 CORRALES AZNAR, J. M., "Europa más cerca del abismo de la recesión", *Revista Ejecutivos,* 2 de noviembre de 2022. https://www.ejecutivos.es/opinion/europa-mas-cerca-del-abismo-de-la-recesion

Europa está sufriendo un progresivo debilitamiento de la cohesión interna de la UE debido al incremento del populismo y especialmente provocado por la salida del Reino Unido de la Unión mediante el "Brexit"[18].

Además de las tensiones bélicas en Ucrania asistimos a una situación muy delicada en las relaciones económicas y comerciales a nivel internacional. En este sentido es muy importante ver cómo evoluciona China como potencia económica mundial. En los últimos meses decenas de ciudades chinas sufren confinamientos parciales o totales, que han provocado manifestaciones de protestas, después de un nuevo auge de nuevos casos de coronavirus que ponen en tela de juicio la controvertida estrategia de "covid cero" del gobierno chino.

Shanghái, con una población superior a los 25 millones de habitantes, tiene un peso estratégico fundamental en el gigante asiático y ejerce como centro financiero global. En Shanghái está el principal puerto comercial del mundo que representa el 17% del tráfico de contenedores y el 27% de las exportaciones de China. Las medidas restrictivas en las ciudades chinas dificultan la llegada de los camiones que tienen que llevarse las mercancías por carretera o distribuirlas a las fábricas cercanas.

Por culta de estas restricciones los barcos se acumulan frente de la costa, esperando el permiso para entrar en el puerto colapsado. Esto provoca que miles de contenedores se apilen en el puerto poniendo de nuevo en jaque la cadena de suministros global. Las consecuencias en la esfera económica internacional son determinadas cadenas de distribución colapsadas, las cadenas de suministro tensas, un flujo de importaciones mucho más lento y el incremento vertiginoso de la inflación.

Ante esta realidad del comercio exterior, el conflicto de Ucrania supone que la UE pierde a Rusia como cliente, pero especialmente como proveedor energético que aporta alrededor del 45% de sus importaciones totales de gas natural. Hasta ahora Rusia era el suminis-

---

18 DE CASTRO RUANO, J. L., *El "Brexit" y la superposición de crisis en la Unión Europea como factor de profundización del proceso de integración*, Unión Europea Aranzadi, Madrid, 2020.

trador más importante de la UE de algunas importaciones cruciales, que no pueden ser sustituidas rápidamente.

Hasta aquí se ha realizado un breve análisis sobre los orígenes, el contexto y los intereses que promueven la guerra en Ucrania y como afecta a la consecución de los objetivos de desarrollo sostenible. Todo ello hay que enmarcarlo en un contexto de aumento progresivo del militarismo, que favorece al creciente papel de la Organización del Tratado del Atlántico Norte (OTAN), la supremacía nuclear y las políticas que han seguido las potencias de Rusia, los Estados Unidos, y China en este conflicto[19].

5. CONCLUSIONES

La prolongación de la invasión rusa a Ucrania está teniendo importantes efectos económicos y sociales que menoscaban significativamente la confianza en las instituciones internacionales (UE, ONU, etc.), provocando que el interés por el medioambiente y el cambio climático pase a un segundo plano.

La guerra, desarrollada en pleno corazón de Europa, tiene repercusiones en su cohesión interna y la recuperación económica tras la pandemia se ha visto lastrada por el precio de la energía, y la espiral inflacionista sufrida en los últimos meses.

Se parte de la hipótesis de trabajo verificada que la guerra de Ucrania está comprometiendo seriamente la consecución de la Agenda 2030 y los objetivos de desarrollo sostenible, y que se precisarán acciones más decididas para cumplir estos objetivos. La guerra de Ucrania, la pandemia, la dinámica inflacionista y el creciente deterioro de las condiciones de vida de las familias, configuran una tormenta perfecta que impide en la práctica avanzar en el cumplimiento de los ODS.

Es necesario buscar una solución negociada y pacífica a la guerra en Ucrania, al igual que en el resto de conflicto bélicos latentes en

19 BELLAMY FOSTER, J. "La guerra por encargo de los Estados Unidos en Ucrania", *Trimestre Económico*, v. 89, nº 355, 2022 pp. 903-915, Disponible en: https://search-ebscohost-com.ezproxy.universidadeuropea.es/login.aspx?direct=true&AuthType=sso&db=asn&AN=157878814&lang=es&site=ehost-live&scope=site.

el mundo, donde la ONU debe jugar un papel fundamental, posibilitando de esta forma avanzar en la consecución de los objetivos de desarrollo sostenible.

Las guerras siempre han tenido un impacto negativo sobre los derechos humanos, el medio ambiente y la prosperidad, lo que impide avanzar en un mundo más justo. En la historia del mundo "cuando piensas que va a suceder lo inevitable, sucede lo imprevisto", por eso hoy por razones humanitarias, socioeconómicas y geoestratégicas lo deseable y necesario es frenar la guerra en Ucrania, evitando que se cronifique el conflicto. La búsqueda de una solución negociada es un imperativo moral para los países y los organismos internacionales porque solo de esta forma se puede afrontar la actual crisis global y podremos avanzar en la consecución de los objetivos de desarrollo sostenible y en la Agenda 2030.

Referencias bibliográficas

ALIJA, M. A., "La persistente crisis de los refugiados en Europa. El marco jurídico y de gestión de la Unión Europea", *RESI: Revista de estudios en seguridad internacional,* Vol. 6, Nº. 1, 2020, pp. 37-56.

BARTIROMO, M. "Covid-19 and sustainable development in Europe: a temporal comparison". *Revista de Estudios Andaluces,* nº 44, 2022, pp. 172-192.

BELLAMY FOSTER, J. "La guerra por encargo de los Estados Unidos en Ucrania". Trimestre Económico, v. 89, nº 355, 2022 pp. 903-915.

BRUGOS, T. "Ucrania, la guerra prolongada". *Revista Nortes.* 23 de marzo de 2022. Disponible en: https://www.nortes.me/2022/03/23/ucrania-la-guerra-prolongada/

BRUGOS, T. "Tambores de guerra se oyen por el Este". *Viento Sur.* 3 de febrero 2022. https://vientosur.info/tambores-de-guerra-se-oyen-por-el-este/

CALATRAVA, A. "The transformation of the european security system after the cold war: from 1991 to the Ukraine crisis". *Historia Actual Online.* oct 2022, Issue 59, pp. 155-169.

CEBADA ROMERO, A., "La Guerra de Ucrania y su impacto en la Agenda Mps y en el Orden Mundial", *Tiempo de Paz,* 146/147, 2022, pp. 106-113.

CORRALES AZNAR, J. M. "El fantasma de la estanflación recorre la Unión Europea". *El Nuevo Lunes,* 28 de marzo de 2022, p. 3.

CORRALES AZNAR, J. M. "La pobreza que viene: Todas las actividades económicas y de servicios caerán ante la estanflación. La combinación de una elevada inflación y el estancamiento económico es el escenario menos deseado y el más peligroso". *Revista Inversión,* Núm. 1276, 2022, pp. 10-12.

CORRALES AZNAR, J. M., "Europa en riesgo de colapso energético", *Cinco Días,* 16 de mayo 2022.
CORRALES AZNAR, J. M. "El otoño se prevé muy gris y el invierno puede ser totalmente negro", *Revista MUYPYMES,* 11 de julio de 2022.
CORRALES AZNAR, J. M. (2022). "Europa más cerca del abismo de la recesión", *Revista Ejecutivos.* 2 de noviembre de 2022. https://www.ejecutivos.es/opinion/europa-mas-cerca-del-abismo-de-la-recesion
DE CASTRO RUANO, J. L., *El "Brexit" y la superposición de crisis en la Unión Europea como factor de profundización del proceso de integración,* Unión Europea Aranzadi, Madrid, 2020.
DÍAZ GALÁN, E. C., "La Guerra de Ucrania y el Derecho Internacional Humanitario: Crónica de una guerra anunciada". *Tiempo de Paz,* [s. l.], n. 146/147, 2022, pp. 66-73.
MERTENS de WILMARS, F., "El covid-19: ¿jaque mate a la solidaridad europea?", *Boletín de la Academia de Yuste,* N° 05, mayo 2020, pp. 1-7.
OCDE, *El corto y sinuoso camino hacia la Agenda 2030: Midiendo la distancia hacia las metas de los ODS.* 2022.
ORGANIZACIÓN DE LAS NACIONES UNIDAS (ONU), *La COP27 llega a un acuerdo decisivo sobre un nuevo fondo de "pérdidas y daños" para los países vulnerables.* https://unfccc.int/es/news/la-cop27-llega-a-un-acuerdo-decisivo-sobre-un-nuevo-fondo-de-perdidas-y-danos-para-los-paises
TIPALDOU, S., CASULA, P., "¿Justificaciones populistas de la guerra? La intervención rusa en el este de Ucrania", *Revista CIDOB d'Afers Internacionals,* nº 119, 2018, pp. 135-159.

ELECTORAL VIOLENCE, WOMEN, AND PEACEBUILDING IN LIBERIA: TOWARDS THE 2023 ELECTIONS

VIOLENCIA ELECTORAL, MUJERES Y CONSOLIDACIÓN DE LA PAZ EN LIBERIA: HACIA LAS ELECCIONES DE 2023

THOMAS KRUIPER / VICTORIA BERG[1]

Abstract

This paper assesses the risk of electoral violence towards Liberia's presidential and legislative elections of October 2023. We analyse previous cases of electoral violence, as well as Liberia's peacebuilding infrastructure more generally. The findings are that while the country's recent successes of peaceful transitions of power have bolstered its democracy, risks remain in all stages in the electoral process. Governance of the electoral process remains fragile, and the country's socio-economic volatility and patronage politics incentivize political actors to exploit the gaps in the system, by violence if necessary.

Keywords: Peace Building - Electoral Violence - Women and Security - West Africa

Resumen

Este trabajo evalúa el riesgo de violencia electoral hacia las elecciones presidenciales y legislativas de Liberia de octubre de 2023. En el trabajo, analizamos casos anteriores de violencia electoral, así como la infraestructura de consolidación de la paz de Liberia en general. Concluimos que, si bien los recientes éxitos del país en transiciones pacíficas del poder han reforzado su democracia, los riesgos persisten en todas las etapas del proceso electoral. La gobernanza del proceso electoral sigue siendo frágil, y la volatilidad socioeconómica del país y la política de clientelismo incentivan a los actores políticos a explotar las brechas en el sistema, mediante la violencia si es necesario.

Palabras Clave: Construcción de Paz - Violencia Electoral - Mujeres, Paz y Seguridad - África Occidental

1 Thomas Kruiper: Associate Professor of International Relations at the Universidad Europea de Valencia (thomas.kruiper@universidadeuropea.es). Victoria Berg: Graduate Student at the Department of International Relations, Universidad Europea de Valencia. All online sources in this paper were consulted on the 18th of January 2023.

Sumario: 1. INTRODUCTION: LIBERIA'S HISTORY OF VIOLENCE AND ELECTIONS. 2. LITERATURE REVIEW: DEMOCRACY AND ELECTORAL VIOLENCE IN AFRICA. 3. RESULTS: THREATS TO ELECTORAL VIOLENCE IN LIBERIA. 3.1. Socio-economic background factors. 3.2. Governance of Registration Period. 3.3. Electoral Campaign Threats. 3.4. Election Day and Post-Election Violence. 4. CONCLUSIONS.

1. INTRODUCTION: LIBERIA'S HISTORY OF VIOLENCE AND ELECTIONS

Liberia is a young democracy and a post-conflict country. Since the end of the Liberian civil war (1989-2003) and the election of President Ellen Johnson Sirleaf in 2005, Liberia has experienced three fair and peaceful democratic elections, including one peaceful transition of power from the ruling Unity Party (UP) to the opposing Coalition of Democratic Change (CDC). After the 2017 election of President George Weah, the United Nations Mission in Liberia (UNMIL) pulled out its last peacekeepers. This means that the upcoming presidential elections in October 2023 will be the first elections to take place without the military protection of the United Nations (UN).

Most of Liberia's history is dominated by authoritarianism and conflict. Between 1848 and 1980, it's presidents were chosen from a small group of Americo-Liberian elites, who settled in the country after the abolishment of slavery in the United States. Their dominance ended with the coup d'état of Samuel K. Doe, an indigenous Liberian military Sergeant who ruled, but also economically ravaged, the country between 1980 and 1990[2].

The period between 1989 and 2003 was dominated by two civil wars. The first war ended in 1997 when the infamous warlord Charles Taylor was elected President. A song that voters sang on election day was "you killed my ma, you killed my pa, I will vote for you"[3]. Shortly after Taylor's election, however, a new civil war broke out in which

2 POSTHUMUS, B., "The Making of Liberia", *Index on Censorship*, 2007, 36(1), 18-25.

3 JAWARA, M, *The Tears of the Innocent and the Bloodshed*, Strategic Book Publishing Press, Houston, 2013, p. 10.

the Taylor government fought two rebel groups from the country's South-East and Northern regions. The conflict ended in 2003 when Taylor fled the country and the United Nations Peacekeeping mission in Liberia (UNMIL) was established. The conflict killed between 150.000 and 250.000 people were killed and (internally) displaced many more, leaving a scar that is still felt a generation later.

Since the end of the war, Liberia's peacebuilding sector has grown, including a comprehensive institutional infrastructure surrounding women and security. Important players in the Liberian peacebuilding sector include the Liberian Peacebuilding Office (PBO), the United Nations Peacebuilding Fund (UNPBF), the National Democratic Institute (NDI), Angie Brooks International Centre (ABIC), the Women in Peace Network (WIPNET), and the Women's NGO Secretariat of Liberia (WONGOSOL).

Despite the progress, Liberia remains fragile both in terms of governance and gender equality. The country ranks as the 33rd weakest state in in the Fragile States Index (out of 179) and ranks 178th on the 2021 United Nations Human Development Index (0.48). In terms of gender equity, traditional ideas of sex roles, tend to confine women to family and domestic duties in the private sphere, whereas men are breadwinners and control decision-making. These socio-economic disparities translate to unequal access to income, education, justice, and political participation, among others.

The 2023 elections in Liberia are not only relevant to the fate of democracy in Liberia, but also to the geopolitical stability of West Africa more generally. West Africa has been home to a string of coups d'état in the past years, including in Mali (2020 and 2021), Niger (2021, failed), Guinea (2021), Burkina Faso (2022), and Guinea-Bissau (2022, failed)[4]. Often, coups create further instability, as well as breeding grounds for terrorism, organized crime, and migratory flows. It would be unfortunate if Liberia became another domino in the region.

---

4 SULEIMAN, M., ONAPAJO, H., "Why West Africa has had so many coups and how to prevent more", *The Conversation*, 2022. (*https://theconversation.com/why-west-africa-has-had-so-many-coups-and-how-to-prevent-more-176577*).

Finally, violence against women in elections is also a longstanding challenge in Liberia. According to the National Democratic Institute, the 2017 presidential elections were paired with physical violence, sexual violence, psychological violence, threats and coercion, and economic violence against women[5]. At the local level, women who present themselves as political candidates face similar incidents of violence and intimidation. According to The Angie Brooks International Centre for Women's empowerment, leadership development, International Peace and security, there are early warning signs of violence ahead of the 2023 presidential and legislative elections.

This paper aims to assess the risk of electoral violence towards the Liberian Presidential and Legislative elections of October 2023, with a specific focus on women, peace, and security. To do so, the paper has analysed cases of (electoral) violence in previous elections, including the 2017 presidential elections, and the 2020 senatorial bi-elections. The paper first summarizes the literature on democratization in Africa, democratic erosion, and electoral violence more generally. Specifically, the paper focuses on the main causes of electoral violence, as well as the different types of electoral violence and the different stages of the electoral process during which they occur. Subsequently, the paper presents findings on the types and causes of electoral violence in the 2017 presidential elections and the 2020 senatorial bi-elections.

To assess the socio-economic, political, and security issues that Liberia faces in the run-up to the 2023 elections, the researchers used a variety of different qualitative and quantitative data sources. The most important of these sources include the Early Warning and Early Response database that is managed by the PBO, and Liberia's Social Cohesion and Reconciliation (SCORE) index. To assess the electoral process and previous account of electoral violence, a combination of international and national sources was used. At the international level, data about the elections was collected from a variety of monitoring missions, including the National Democratic Institute (NDI), the

---

5 NATIONAL DEMOCRATIC INSTITUTE, *Votes Without Violence: A Citizen Observer's Guide to Addressing Violence Against Women in Elections*, NDI, Monrovia, 2016. (*https://www.ndi.org/votes-without-violence-guide*).

European Union (EU), and the Carter Centre. At the national level, data was collected from the National Elections Committee (NEC) and the Liberian Elections Observation Network (LEON). For the data on the involvement of women in conflict resolution and mediation, we used data from Angie Brooks International Centre (ABIC), with a specific focus on the role of Women Situation Rooms (WSR) during the elections.

2. LITERATURE REVIEW: DEMOCRACY AND ELECTORAL VIOLENCE IN AFRICA

There are multiple theories to explain the obstacles of democratization in Africa. The continent's colonial inheritance left many states with arbitrary boundaries and values reflecting European interests. Before the first wave of democratization hit the African continent in the 1990s, the governing style was characterized by a highly personalized executive to govern through tightly controlled one-party structures. While in some countries this led to relatively stable economic growth through 'African Socialism', in other places elites started to abandon their public obligation, and some, including Liberia, were well on the way to becoming warlord states[6]. The unstable political environment made a path of 71 military coup d'états in the era of 1952 to 1990[7].

After the fall of the Berlin Wall, Western donors regarded democracy as the best solution to the life-threatening economic mismanagement and brutal repression unleashed on the continent by Africa's successive authoritarian rulers[8]. Liberal democratic models came to dominate, with the number of multiparty elections across the continent rising from just 9 in 1988 to 45 in 1999, and with more

6 THOMSON, A., "Democracy: De-Legitimizing the African State?", en *An Introduction to African Politics* (3rd ed), Palgrave, Londres, 2010, p. 248.

7 MARSHALL M., MARSHALL, D., "Coup d'état events, 1960-2006", *Center for Systemic Peace*, 2022.

8 ANIMASHAUN, M. A., "Democratization Trapped in Electoral Violence: Is Sub Saharan Africa a Dangerous Place for Democracy?", en *Contemporary Journal of African Studies*, 7(2), 2020, pp. 18-30.

than 140 multi-party elections being held in these 10 years[9]. However, elections are not the only requirement for democracy. Continuous representation and accountability outweigh the simple mechanism of conducting a poll[10]. It has been argued that while some countries have moved towards democracy, others have moved away from it[11].

The participation of citizens in decision making through their elective representatives is a core feature of democratization. One phenomenon that undermines the full-scale implementation of liberal democracy in Africa is the presence of electoral violence[12]. Electoral violence refers to a "coercive force intended at actors in the election process within the context of electoral competition"[13]. It can occur on election days, but also during registration campaigns, the political campaign period, and post-electoral periods. Evidence across the African continent suggests that pre-election violence and post-election violence exhibit different dynamics in terms of motivation and perpetrators. Whereas the basic motivation for pre-election violence is to influence electoral outcome, post-election violence is often unleashed to protest perceived or real manipulation of the electoral process.

Electoral violence also takes on many forms, occurs in different places, and can be perpetrated by different types of actors. Forms of violence include public protests and riots, organized attacks against political parties and their properties, targeted attacks against political candidates (including assassination attempts), violence against voters from certain political parties, attacks against voters from ethnic or religious minorities, or threats and violent acts against the media or journalists. Electoral violence is typically thought to occur at public protests and campaign rallies, but it also takes place at peace marches, at polling places, at media offices, or in the household. It can be

---

9 THOMSON, A., "Democracy: De-Legitimizing the African State?", in *An Introduction to African Politics* (3rd ed), Palgrave, Londres, 2010, p. 252

10 Idem.

11 CHEESEMAN, N., "How does Democracy in Africa look after 30 years?", en *Revista IDEES,* 2021. (https://revistaidees.cat/en/how-does-democracy-in-africa-look-after-30-years/)

12 KOVACS, M. S., BJARNESEN, J. "Violence in African Elections: Between Democracy and Big Man Politics", en *Africa Now,* Zed Books, London, 2018.

13 ANIMASHAUN, M. A., op. cit.

perpetrated and promoted by the government and disenfranchised citizens, but also by the police, non-state armed groups, political parties, youth groups, and foreign actors.

Institutionally, elections in Africa are often threatened by weak election management bodies, intense competition, and a lack of transparency[14]. Weak governance of the electoral process often goes hand in hand with low levels of confidence in public institutions. Simultaneously, the legal and administrative gaps created by weak institutions provide a window of opportunity for political actors to take advantage of the system.

Research has also begun to uncover the gendered patterns of electoral violence. For instance, research suggests that men and women confront different risks, with men more commonly subject to physical violence, and women more often facing acts of intimidation and psychological abuse[15]. Violence can emerge from the elections themselves, but also from the underlying political and societal issues. Caprioli argues gender inequality increases the risk of civil conflict as it is rooted in hierarchy, discrimination, and violence, which supports norms of violence and violent ways of 'solving' conflicts[16]. Gender equality as a norm, on the other hand, is argued to prescribe non-violent conflict resolution. Logically, the literature suggests that the inclusion of women can increase the effectiveness of peacebuilding and help prevent violence and instability. Not all women are inherent peacemakers, but women can play a strategic role in advancing support on the ground and in having a stabilizing role in the management of local tensions[17].

---

14 MCNAMEE, T., MUYANGWA, M., *The State of Peacebuilding in Africa: Lessons Learned for Policymakers and Practitioners*, Palgrave Macmillan, London, 2021, p. 166.

15 BARDALL, G., BJARNEGÅRD, E., PISCOPO, J. M., "How is political violence gendered? Disentangling motives, forms, and impacts", *Political Studies*, 2020, 68(4), 916-935.

16 CAPRIOLI, M., "Primed for Violence: The Role of Gender Inequality in Predicting Internal Conflict", in *International* Studies Quarterly, 2015, 49(2), 161-178, p. 172.

17 DRUMOND, P., "Promoting Democracy in Preventing Electoral Violence: The Women's Situation Room", *Sustainable Development Solutions Network, Issue Brief*, June 2015. (*https://irp-cdn.multiscreensite.com/be6d1d56/files/uploaded/SDSN-Issue-Brief-WSR-1.pdf*)

International, regional, and national stakeholders have committed to strategies to safeguard the integrity of electoral process'. McNamee and Muyangwa argue that peace and elections go hand in hand with the role of election monitors and observers[18]. Consequently, electoral monitoring and observation have been the most frequent methods employed since the 1990s[19]. In Liberia, given the limited institutional capacity, international efforts are mainly focused on technical election assistance. The European Union, the UN Development Program, and the US government fund most programs and materials needed to ensure a credible election process[20]. Burchard argues that the elections in Liberia of 2005 received substantial logistical and technical assistance from the international community, which proved significant[21].

Regionally, The AUs electoral assistance division within the department of political affairs has played a critical role and continues to provide critical support and observation missions (both long-term and short-term) to African countries. The AUs presence and role in elections in Nigeria (2015 and 2019), Ghana (2016), Kenya (2017), Liberia (2017), and Sierra Leone (2018) are clear cases for reference, where their role in promoting peace before, during, and after elections was critical[22].

3. RESULTS: THREATS TO ELECTORAL VIOLENCE IN LIBERIA

To monitor national elections in Liberia, there is a range of national and international organizations that manage and monitor the electoral process and electoral violence. The official institution responsible for organizing the elections is the National Elections Committee (NEC), which is an autonomous agency that has organized

---

18 MCNAMEE, T., MUYANGWA, M., op. cit., p. 167.

19 DRUMOND, P., op. cit.

20 CLAES, J., BORZYSKOWSKI, VON, I., *Preventing Election Violence in Liberia*, United States Institute of Peace, 2017.

21 BURCHARD, S. M., "Electoral Violence in Sub-Saharan Africa: Causes and Consequences", *First Forum Press*, 2015, p. 9.

22 MCNAMEE, T., MUYANGWA, M., op. cit., p. 167.

and supervised elections in Liberia since 1986. The NEC is responsible for managing the voter registration process, as well as printing and distributing ballots to polling stations and ensuring peaceful dialogue between the political parties. They also manage the registration process of candidates and the publication of the electoral results.

Since Liberia has a volatile history and a weak record on public governance, the NEC's work is supported by a range of international institutions and NGOs, including the American National Democratic Institute (NDI), the European Union, and the Carter Center, and the African Union. At the national level, civil society organizations (CSOs) also play an important role in monitoring the elections and mitigating violence where necessary. The most important national organizations include the Liberia Elections Observation Network (LEON), the Women In Peace Network (WIPNET), the West-Africa Network for Peacebuilding, and the Liberia Council of Churches. The 2017 elections were monitored by 6508 national observers and 1388 international observers[23].

The main threats to electoral violence in Liberia can be divided into five sections. (1) Ongoing socio-cultural and economic factors in Liberia, (2) The administrative weaknesses of Liberia's National Elections Committee throughout the electoral process (NEC) and the exploitation of governance gaps by political actors during the voter registration period, (3) intimidation and violence during the electoral campaign period, (4) security threats on election day and violent tactics in the aftermath of the elections.

3.1. Socio-economic background factors

Firstly, there is a range of socio-cultural and economic factors that play in the background and that deserve mention. Such factors include the volatility of Liberia's economy, the structural marginalization of minorities in national and local politics, the lack of physical security and safety, and the lack of confidence in government

---

23 National Elections Commission Liberia. *Statistics National Observers 2017. (https://www.necliberia.org/page_info.php?&e49c7921cb15601409975696l908d03f94e3584c=MTc5)*

(democratic) institutions. These factors are strictly spoken not direct contributors to electoral violence, but they do have the potential to exacerbate electoral violence because political parties can use existing tensions to mobilize ethnic groups or angry youth.

To sketch a comprehensive overview of Liberia's socio-cultural and socio-economic situation, the Social Cohesion and Reconciliation (SCORE) Index interviews a sample of roughly 3900 Liberians every two years to gauge their opinion on issues such as confidence in local and national institutions, ethnic identity, political tribalism, gender rights, human security, and violence tendencies, among others[24]. The 2021 data shows a significant decline in 'civic satisfaction' (from 6.5 to 4.1 out of 10), as well as confidence in institutions, most notably in the president (4.4), the legislature (3.6), and the palava hut mechanism[25]. Human Security has also deteriorated in most countries since 2018, both in terms of economic security, food security, and health security. This is arguably due to a 2018 scandal that involved the disappearance of 16 billion Liberian Dollars (US$ 100 million), which was later put back into circulation, causing inflation to rise to approximately 70% over the course of a year. The Covid-19 pandemic also contributed to the deterioration of human security. During the peak of the pandemic, markets were closed for three months, leading food vendors to lose approximately 50% of their income and an increase of staples such as rice and cassava of more than 12%.

Liberia's Early Response Network (LERN) also provides some insight into the socio-cultural, socio-economic, and security challenges that are ongoing in Liberia. The LERN platform is managed by Liberia's Peacebuilding Office and falls under the African Union's Early Warning and Early Response (EWER) framework[26]. The platform allows local EWER volunteers to upload information about security

24 Centre for Sustainable Peace and Democratic Development. Social Cohesion and Reconciliation Index, Liberia, 2021. (*https://app.scoreforpeace.org/en/liberia/2021/1/map?row=tn-2-0*)

25 Palava Huts are community-based reconciliation spaces in which traditional local leaders mediate and settle local disputes.

26 Due to a lack of funding of the Liberia Peacebuilding Office, the LERN platform is currently offline.

issues that represent a potential threat to regional or national stability. The platform is currently not operational due to a lack of financing, but data from a 2020 evaluation shows that the platform helped local authorities to mediate in more disputes, leading to a reduction of conflict incidents across the country[27]. The most frequently mentioned treats include domestic violence, sexual— and gender-based violence (SGBV), homicides, local land disputes, and local political disputes.

Although domestic violence, gender-based violence, and homicide are not considered as regional or national security threats, they do indicate how weak the country's rule of law is. Most violent crimes are settled by local traditional leaders or remain unresolved. Domestic violence and SGBV are also important forms of electoral violence, both towards female voters and female candidates. As voters, women in Liberia are generally expected to take a subservient role in the household, following the advice of their husbands or fathers when voting. This means that women visiting a campaign event of the 'wrong' party or presenting themselves as political candidates often comes with violence and intimidation that men typically don't face. Section 4 goes deeper into this issue.

Local land disputes and political disputes sometimes go hand in hand when political parties exploit them for political gain. Many land disputes have an ethnic or tribal dimension. The Liberian civil war forced many people to flee to other counties, in which they were temporarily given land to farm on. Since most people in Liberia don't have official property rights of their land, traditional leaders and local elders are often in charge of settling disputes, which can sometimes turn violent.

Finally, political disputes oftentimes involve different types of electoral fraud (see sections 2 and 3), as well as complaints about neopatrimonialism. Since Liberia's political system allows for presidential appointments through a spoils system, the ruling Coalition for Democratic Change (CDC) and President Weah have appointed many county superintendents (equivalent to state governors) and district commissioners that are loyal to the party rather than to their

27 Data comes from project evaluations that are not publicly available.

constituents. A consequence of this patronage system is that many politicians from opposition parties have switched allegiances to the ruling CDC in search of 'greener pastures'. In the short term this practice might reduce the risk on electoral violence, because it rewards loyalty to the incumbent party and can pacify local big men[28]. Simultaneously, however, patronage also means that capable authorities lose their positions of power, leading to weaker governance as well as lower levels of confidence in government institutions.

3.2. Governance of Registration Period

The second section regards the governance surrounding voter registration and the registration of political parties and candidates, which is managed by the National Elections Committee. The threat to electoral violence is both technical and political.

Technical issues surrounding the registration period include difficulties in properly registering voters, issues with the printing and distribution of ballots, and confusion about the official registration roll. Many people in Liberia don't have an official identification card or passport, meaning that their only means of identification is their voter card[29]. In the 2017 elections, this made it difficult for NEC officials to determine the eligibility of voters, both because of their age and their residency.

Another administrative difficulty regards the infrastructure of voting registration offices. Although in 2017 there were 2080 offices for citizens to register during a six-week period, many citizens (especially women) still faced obstacles to travel to these locations. Additionally, due to administrative problems, some offices did not receive registration forms until the third week of the process, and some of the forms had duplicated identification numbers.

---

28 PERSSON, M., "Demobilized or Remobilized? Lingering Rebel Structures in Post-War Liberia", in Utas eds. *African Conflicts and Informal Power: Big Men and Networks,* Zed Books, London, 2021.

29 It's possible to get a voter card without showing official ID or passport if your identity can be verified by a traditional leader or through the sworn testimony of two registered voters.

The administrative weakness of the NEC is not a form of fraud, and it doesn't directly lead to conflict, but it does undermine the trust that citizens have in the authorities. It also allows political parties to exploit weaknesses in the system for political gain. For example, both in 2017 and 2020, reports revealed that voter trucking, which is a practice in which voters from other counties or neighbouring states are bussed in to register as a voter, allowed them to vote twice[30]. Also, officials at local registration offices exploited the system to prohibit minority groups from registering. For example, in counties with large Muslim minorities, such as Lofa, Nimba, Bong, and Gbarpolu, veiled women had difficulties registering. Similarly, ethnic Mandingo citizens were sometimes refused because of their 'foreignness'[31]. Combined with the allegations for voter trucking, some voters are duplicated in the system, while others are excluded. Such practices have in the past created a sentiment of anger among ethnic and religious groups, which has sometimes resulted in violent protests or vandalism against property of political parties or the authorities.

The registration of political candidates is another potential source of conflict. During the 2017 elections, there were no major political tensions around the registering of candidates but instead, several issues in terms of governance around eligibility. Most importantly, of the 984 candidates for the House of Representatives and 20 candidates for the Presidency, about a quarter was forced to start campaigning while their eligibility was still pending.

Although the registration period of the 2023 is yet to begin, some political opponents of President Weah have already faced legal threats to complicate their participation, for instance, Mr. Henry Costa, a popular radio host and the leader of the Council of Patriots, an advocacy group that organized anti-government protests in 2019 and 2020. After a physical attack by CDC supporters and an accusation of forging travel documents, Mr. Costa fled to Sierra Leone in January 2020 and has not returned[32]. Similarly, Mr. Alexander Cummings of

30 Assuming that their duplicate registration is not registered by the authorities.

31 Mandingos have lived in Liberia for generations but were originally migrants from neighboring Guinea.

32 SIEH, R. "Liberia: Council of Patriots Divided Over Responsibility for 'Acts of Violence'. Front Page Africa, 2020. (https://frontpageafricaonline.com/news/

the Alternative National Congress (ANC), an important contender for the 2023 elections, was charged in 2022 with forgery and criminal conspiracy[33]. In June 2022 all charges were dropped, for now allowing Mr. Cummings to run in 2023.

3.3. Electoral Campaign Threats

The electoral campaigning period is perhaps the most delicate stage of the electoral process when it comes to violence and intimidation. Here too, the challenges of the NEC in terms of governance allow for political parties to exploit the situation. Violent threats and intimidation are mostly directed towards political candidates, but also towards supporters. It can take the form of physical attacks at political rallies or candidates houses or headquarters, but also through the media, especially radio and social media.

First, the NEC allows for a relatively high ceiling when it comes to campaign financing, with candidates for the Presidency spending up to $2 million and candidates for the House of Representatives spending up to $400.000[34]. In a country with a GNI per capita of $1460 annually, this creates an unequal playing field in favour of rich candidates and incumbents. Additionally, campaign financing is extremely opaque, making it difficult for the NEC to hold political parties accountable for overspending, the use of government funds for campaign purposes, or accepting donations from abroad, which is prohibited.

A second source of concern is that of threats and intimidation of political candidates. Although the 2017 presidential and legislative elections and the 2020 senatorial bi-elections were widely regarded as free and fair, elections monitors and civil society organizations reported on three violent clashes between CDC and UP supporters, as

---

liberia-council-of-patriots-divided-over-responsibility-for-acts-of-violence/)

33 KOINYENEH, G. "Court Drops Charges against Cummings, Others with Prejudice to the State". Front Page Africa, 2022. (https://frontpageafricaonline.com/politics/liberia-court-drops-charges-against-cummings-others-with-prejudice-to-the-state%EF%BF%BC/)

34 CARTER CENTER., *National Elections in Liberia, fall 2017*, Carter Center, Washington D.C., 2017, p. 53.

well as instances of threats and intimidation against candidates. In the case of female candidates, one CSO documented more than a dozen incidents against women. The only female Presidential candidate, MacDella Cooper, received threats from her own party leadership. Similarly, Jewel Howard-Taylor, the vice-presidential candidate and wife of former warlord Charles Taylor, was targeted in the media through hate-speech and derogatory comments about her morality and ability to govern[35].

Reports indicate that hate-speech and fake news on social media are playing an increasingly important role in electoral campaigns in Liberia. A report by the Liberian Elections Observer Network (LEON) on the role of social media during the 2020 senatorial bi-elections analysed the Facebook profiles of 51 politicians, commentators, and government entities, flagging 257 messages as disinformation (41%), misinformation (30%), hate speech (9%), or online harassment (5%). For example, one candidate was accused of using witchcraft to win the election[36]. In a similar vein, after a riot in the city of Tubmanburg between supporters of two opposing political candidates, Facebook posts were quick to frame it as an 'assassination plot'. In a country with low levels of (voter) education, such messages can be highly inflammatory.

Although the Media landscape in Liberia is widely considered to be free, media outlets and journalists themselves have also been targets of electoral violence. Examples from the 2017 campaign period include an arsonist attack on radio station editor Smith Toby, a physical attack on one of Liberia's most famous radio hosts, Henry Costa, by CDC supporters, threats towards a female reporter of *Front Page Africa* (a newspaper), and a physical attack on two reporters from the *Daily Observer* in Nimba county[37].

To address concerns of political parties during the campaign, all political parties in Liberia are signatory to the Ganta declaration

35 NATIONAL DEMOCRATIC INSTITUTE. "*National Democratic Institute International Election Observation Mission: Final Report - Liberia 2017 Presidential and Legislative Elections*". NDI, 2017, p. 66.

36 LEON, *Report on Social Media Monitoring for Liberia's Midterm Elections. Findings from September to October 2020*", LEON, Monrovia, 2020.

37 Idem.

(2016) and the Farmington Declaration (2017), in which they commit to ensure an orderly and peaceful election process[38]. To hold the parties to their commitments, the NEC manages an Inter-Party Consultative Committee (IPCC), which serves to encourage dialogue and conflict resolution between political parties. Although overall, the IPCC played a positive role in the 2017 elections, several international monitoring missions noted that meetings were infrequent and poorly attended, and that the meetings served the NEC to convey top-down information rather than stimulating dialogue. With the tense political climate towards the 2023 elections, it would be wise to bolster the IPCC and to include political parties as best as possible.

3.4. Election Day and Post-Election Violence

During the 2017 and 2020 electoral processes, election days were generally free of violence and characterized by a celebrative atmosphere. Civil society organizations play a big role in Liberia society generally, and more so during election periods. Hundreds of youth groups, women groups, organizations for people with disabilities, religious organizations, and local peacebuilding organizations were involved in peace rallies during the campaign period, as well as in monitoring the elections. Apart from international observers (1388) and the NEC's Elections Coordinating Committee (2018), the 2017 elections were monitored by 4490 members of CSOs, including the Liberia Elections Observation Network (1348), the Liberian Council of Churches (415), the Women in Peace Network (363), the Women and Children Development Association (200), and the National Civil Society Council of Liberia (161), among others.

The 2017 elections saw a 75% voter turnout in the first round, and a 56% turnout in the second round. In the House of Representatives, most of the 73 seats went to the CDC (21) and UP (20). Interestingly, there was a high number of new representatives (40), with only about half of the incumbents that ran for re-elected keeping their seats.

---

[38] EUEOM, *Final Report of the European Union Election Observation Mission (EUEOM) Liberia 2017*, EUEOM, Brussels, 2018.

Incumbent lawmakers who attended house sessions most infrequently were held accountable by voters, as they lost a disproportionately large number of seats[39]. In the 1st round, George Weah's CDC won 38,6% of the vote, followed by Joseph Bokai (UP, 28.5%), Charles Brumskine (LP, 9.6%), Prince Johnson (MDR, 8.2%), and Alexander Cummings (ANC, 7.2%). In the second round, the CDC won 61.5% of the vote, against 38.5% for the UP.

Although the elections were generally considered to be free and fair, the NEC received complaints about both the legislative elections (96) and the presidential elections (2). For example, there were accusations of political parties buying voter cards off citizens who were going to vote for the opposition, as well complaints about political parties paying people to vote for them. Observers also noted that polling officials sometimes failed to check for ink-marks on voters' thumbs[40]. While most complaints about the legislative elections were relatively easily resolved, the two complaints about the credibility of the presidential elections were more serious. Especially the complaint by the Liberty Party (LP) and the Unity Party (UP), which alleged 'massive irregularities and widespread fraud, presented a potential for conflict'[41]. The evidence presented to the Supreme Court included the late opening of polling places, the absence of queue controllers, and irregularities with the final registration roll (FRR). The legal proceedings lasted for seven weeks, during which eminent leaders from the African Union and ECOWAS played a prominent role in urging citizens to stay calm and patient. Former President Ellen Johnson Sirleaf and George Weah played similar roles in encouraging voters to stay peaceful. Eventually, the Supreme Court concluded that the violations were not of such a high magnitude that it altered or could have altered the results of the election.

---

39 IREDD, *Strengthening Legislative Accountability and Transparency in Liberia: Final Legislative Report Card 2016*, IREDD, 2016. (*https://liberianlawmakerswatch.org/sites/www.liberianlawmakerswatch.org/files/iredd_legislative_report_2016-1_0.pdf*)

40 Voters' thumbs are marked with semi-permanent ink after they handed in their ballot to prevent them from voting twice.

41 CARTER CENTER., *National Elections in Liberia, fall 2017*, Carter Center, 2017.

4. CONCLUSIONS

Liberia's recent achievements in terms of organizing peaceful elections and developing its peacebuilding sector have bolstered its democracy. Liberia has cultivated a culture of peace and inclusion of women that many countries in the region could use as an example. Nevertheless, West Africa has been subjected to a wave of political and economic instability, some of which has also been felt in Liberia. Due to economic mismanagement, patronage politics, and weak rule of law, confidence in public institutions has declined since 2022. Governance of the elections also remains fragile, meaning that risks remain in all stages in the electoral process. Combined with socio-economic and political volatility, this incentivizes political actors to exploit the gaps in the system, by violence if necessary. The IPCC, along with civil society actors, eminent women mediators, and international elections monitors, have a responsibility to detect tensions early on, and to mediate conflicts between political actors before they escalate.

Bibliographic references

ANIMASHAUN, M. A., "Democratization Trapped in Electoral Violence: Is Sub Saharan Africa a Dangerous Place for Democracy?", *Contemporary Journal of African Studies,* 2010, 7(2), pp. 18-30.

BARDALL, G., "Gender-Specific Election Violence: The Role of Information and Communication Technologies", in *International Journal of Security & Development,* 2013, 2(3), p. 60.

BARDALL, G., BJARNEGÅRD, E., PISCOPO, J. M., "How is political violence gendered? Disentangling motives, forms, and impacts", in *Political Studies,* 2020, 68(4), pp. 916-935.

BIRCH, S., DAXECKER, U., HÖGLUND, K., "Electoral violence: An introduction", in *Journal of Peace Research,* 2020, Vol. 57(1), pp. 3-14.

BURCHARD, S. M., *Electoral Violence in Sub-Saharan Africa: Causes and Consequences,* First Forum Press, Boulder, 2015.

CAPRIOLI, M., "Primed for Violence: The Role of Gender Inequality in Predicting Internal Conflict", in *International Studies Quarterly,* 2015, 49(2), pp. 161-178.

CARTER CENTER., *National Elections in Liberia, fall 2017,* Carter Center, Atlanta, 2017.

CLAES, J., BORZYSKOWSKI, VON, I., *Preventing Election Violence in Liberia,* United States Institute of Peace, Washington D.C., 2017.

EUEOM, 2018., *Final Report of the European Union Election Observation Mission (EUEOM) Liberia 2017,* Brussels, 2018.

GOVERNMENT OF LIBERIA. *Liberia's second Phase National action Plan on Women, Peace and Security 2019-2023,* Monrovia, 2019.

JAWARA, M, 2013. *The Tears of the Innocent and the Bloodshed,* Strategic Book Publishing Press, 2013.

KOVACS, M. S., BJARNESEN, J., *Violence in African Elections: Between Democracy and Big Man Politics,* Zed Books, 2018.

LIBERIA ELECTIONS OBSERVER NETWORK, *Report on Social Media Monitoring for Liberia's Midterm Elections. Findings from September to October 2020,* LEON, Monrovia, 2020.

MARSHALL M., MARSHALL, D., *Coup d'état events, 1960-2006,* Centre for Systemic Peace, 2022.

MCNAMEE, T., & MUYANGWA, M., *The State of Peacebuilding in Africa: Lessons Learned for Policymakers and Practitioners,* Palgrave Macmillan, 2021.

NATIONAL DEMOCRATIC INSTITUTE, *National Democratic Institute International Election Observation Mission —Final Report— Liberia 2017 Presidential and Legislative Elections,* NDI, Monrovia, 2017.

PERSSON, M. "Demobilized or Remobilized? Lingering Rebel Structures in Post-War Liberia". In Utas eds. *African Conflicts and Informal Power: Big Men and Networks,* Zed Books, London, 2012.

POSTHUMUS, B., "The Making of Liberia", *Index on Censorship,* 2007, 36(1), pp. 18 —25.

THOMSON, A., "Democracy: De-Legitimizing the African State?", in *An Introduction to African Politics* (3rd ed), Palgrave, London, 2010.

LOS OBJETIVOS DEL DESARROLLO SOSTENIBLE (ODS) COMO ELEMENTOS TRANSVERSALES EN LA APLICACIÓN DE LA "ESTRATEGIA GLOBAL DE LA UE SOBRE POLÍTICA EXTERIOR Y DE SEGURIDAD" (EGUE)

THE SUSTAINABLE DEVELOPMENT GOALS (SDGS) AS CROSS-CUTTING ELEMENTS IN THE IMPLEMENTATION OF THE EU'S "COMPREHENSIVE STRATEGY ON FOREIGN AND SECURITY POLICY" (CFSP)

DARÍO MENICHINI[1]

Resumen

A través de esta contribución, se hace un análisis pormenorizado acerca de la Estrategia de la UE en relación con los ODS, desde su inicio hasta la actualidad. Varios han sido los Tratados Europeos que se han interesado en temas como el desarrollo sostenible, el tema ambiental, el económico, el respeto de los Derechos Humanos, la migración y la economía. En el 2017, la UE ha implementado una política al respecto que ya ha obtenido relevantes resultados en temas como las personas, el planeta, la paz, la prosperidad y las alianzas. Pero a través de una Agenda de proyectos se propone alcanzar aún más resultados, en colaboración con sus estados miembros y con organizaciones internacionales en el año 2030.

Palabras Clave: Desarrollo sostenible - Unión Europea - Prosperidad mundial - Estrategia ONU - Cooperación Internacional

Abstract

With this contribution, we intend to make a detailed analysis of the EU Strategy in the direction of the SDGs, starting from its beginning, up to the present. Several have gone to the European Treaties that have been interested in sustainable development, environmental and economic

1 Doctorando en Derecho Internacional Privado por la Universidad de Jaén, dm000025@red.ujen.es. Todas las páginas web de este trabajo han sido mencionadas el 15 de diciembre de 2022.

issues, respect for Human Rights, migration, and the economy. In 2017, the EU has implemented a policy, which has already obtained relevant results, in terms of people, planet, peace, prosperity, and alliance. But through an Agenda of projects, it is proposed to achieve even more results, in collaboration with its Member States and with International Organizations in 2030.

Keywords: Sustainable development - European Union - world prosperity - UN strategy - International Cooperation

1. INTRODUCCIÓN

Tesis Doctoral trata sobre la Unión Europea, y en estos dos años de investigaciones hemos podido acercarnos con rigor a determinadas cuestiones relativas a la misma, fascinados por la colaboración interna entre sus estados miembros que en varias ocasiones se ha podido manifestar.

Desde su comienzo, la Unión se ha declarado dispuesta a abordar y a respetar los temas relativos al desarrollo sostenible, los ambientales, los económicos, los relacionados a la paz y los de sus alianzas. Con esta investigación, hemos podido detenerme y conocer con detalle la colaboración existente entre las organizaciones más importantes del mundo, a fin de perseguir los objetivos del desarrollo sostenible.

No sorprende que la Unión Europea participe con planes muy actuales, y parte de esta orientación la he podido encontrar en la Estrategia Global de la Política Exterior sobre Seguridad, de la cual trataremos a continuación. La Seguridad es un tema fundamental, y uno de los objetivos principales, pero no solo la seguridad entendida como meramente militar, sino una seguridad que involucre el respeto de los derechos fundamentales del hombre, en la economía, en tener un medio ambiente sano y habitable, en tener oportunidades e igualdades, y en vivir en un mundo más saludable, disminuyendo lo más posible la incidencia de las enfermedades.

2. POLÍTICA EXTERIOR Y LEGISLACIÓN INTERNACIONAL

Nos proponemos el objetivo de analizar las acciones normativas de la UE y de las Instituciones de Derecho Internacional de acuerdo con los planes de la ONU, frente al tema muy actual del desarrollo sostenible[2]. Podemos observar cómo los países europeos no sólo han demostrado ser muy activos y sensibles hacia las temáticas ODS, mejorando la propia colaboración entre sus Estados miembros, sino también cómo la Unión colabora con los estados del mundo en desarrollo, de acuerdo con las estrategias de la ONU. La UE propone una serie de iniciativas para fortalecer la Acción Humanitaria Mundial[3], al fin de satisfacer las necesidades humanitarias que han aumentado sustancialmente por la pandemia de COVID - 19.

La Unión desde su creación, siempre ha demostrado su disponibilidad hacia la cooperación entre sus Estados miembros[4], como también entre los demás Estados extranjeros, para trabajar por un mundo más próspero y pacífico, y alcanzar así los objetivos de fomentar la democracia, garantizar el respeto de los derechos humanos, mantener la paz, y mejorar las condiciones del medio ambiente y la gestión sostenible de los recursos naturales y mundiales.

---

2 El desarrollo sostenible es un concepto que aparece por primera vez en 1987 con la publicación del Informe Brundtland, que alertaba de las consecuencias medioambientales negativas del desarrollo económico y la globalización, tratando de buscar posibles soluciones a los problemas derivados de la industrialización y el crecimiento de la población.

3 La acción humanitaria tiene como objetivo proteger y salvar vidas, prevenir y aliviar el sufrimiento humano y atender a las necesidades básicas de la población desde una perspectiva de reducción de la vulnerabilidad y fortalecimiento de capacidades.

4 Conjuntamente, las instituciones de la UE y los países miembros son los mayores donantes mundiales de ayuda al desarrollo y de cooperación. La UE propone legislaciones y políticas para promover el buen gobierno, el desarrollo humano y económico, así como la lucha contra el hambre y la conservación de los recursos naturales.

Son los objetivos del art 21, apartado 2 del TFUE[5], tratado que efectivamente en muchos artículos, pone a las claras cómo la UE promueve una cooperación multilateral sólida, integrada en una buena gobernanza mundial con el Sistema Internacional, sobre todo en línea con los compromisos de las Naciones Unidas (ONU) y de otras organizaciones mundiales competentes. Asimismo, se puede observar cómo en su primer punto, el art 21 del TFUE afirma que la acción de la UE se basa tanto en la universalidad e indivisibilidad de los derechos humanos y del Estado de derecho como en el fomento del desarrollo sostenible, a través de la colaboración con terceros países, y las organizaciones internacionales y mundiales.

En la misma línea se encuentra el art 208 del TFUE (antiguo art. 177 TCE), que afirma que los objetivos de la acción de la UE son la erradicación de la pobreza, y el respeto a los compromisos del desarrollo acordados en el marco de las Naciones Unidas, y de otras organizaciones mundiales competentes.

El art 4 del TFUE otorga a la UE las competencias para desarrollar actividades y emprender una política común en el ámbito de la cooperación para el desarrollo. Los países de la UE también pueden ejercer sus propias competencias al respecto.

En el año 2017 nace la "*Estrategia global de la UE (EGUE) sobre política exterior y de seguridad*". Esta estrategia establece los intereses y principios centrales del compromiso de la UE, e introduce la visión de una Unión más verosímil, responsable y con mayor capacidad de respuesta en el mundo. Los objetivos del desarrollo sostenible (ODS) constituyen elementos transversales en la aplicación del EGUE.

La UE y sus Estados miembros forman el conjunto de los mayores donantes de Ayuda Oficial al Desarrollo (AOD). *El Fondo Europeo del Desarrollo*[6] *(FED),* es el instrumento principal de la UE para prestar

---

[5] El Tratado de la Unión Europea (TUE) es uno de los tratados principales de la Unión Europea (UE), junto con el Tratado de Funcionamiento de la Unión Europea (TFUE). Conforma la base del Derecho de la UE estableciendo la finalidad y la gobernanza de sus instituciones centrales.

[6] Es uno de los principales instrumentos financieros de la política de cohesión europea. Su objetivo es contribuir a reducir las diferencias entre los niveles de desarrollo de las regiones europeas y mejorar el nivel de vida en las regiones menos favorecidas. Se presta especial atención a las regiones que sufren desven-

ayuda al desarrollo a 79 países de África, Caribe y del Pacifico (ACP) y a los *países y territorios de ultramar*, en virtud del *Acuerdo de Cotonú*. Dicho fondo es el instrumento clave de la UE para fomentar el desarrollo económico en los países en desarrollo, así como también para promover la democracia, el estado de derecho y las garantías de los derechos humanos.

3. LA AGENDA 2030 PARA EL DESARROLLO SOSTENIBLE

Es de relevante importancia la Agenda 2030 para el desarrollo sostenible y sus diecisiete ODS, adoptados por los 193 Estados miembros de la ONU en 2015. Es un instrumento destacado para lograr el desarrollo sostenible a escala mundial para el año 2030. Un mismo consenso ha dado la UE, en el tema del desarrollo sostenible, a la *Agenda de Acción de Addis Abeba*, acordada por la ONU en 2015, así como por el *Acuerdo de París sobre el cambio climático*[7].

Los 5 pilares fundamentales de la UE en relación con los ODS son: las personas, el planeta, la prosperidad, la paz y la alianza. Sobre el primer punto, es decir las personas, la UE pretende reducir la pobreza y la desigualdad, y luchar contra la discriminación. Esa es la razón por la que la desigualdad nacional sigue siendo un problema de peso para el crecimiento rápido y la reducción de la pobreza, en términos generales.

La estrategia del a UE se enfoca en el desarrollo humano, se centra en las personas, en las oportunidades y sus decisiones. La UE apo-

tajas naturales o demográficas graves y permanentes, como son las regiones más septentrionales, que tienen una escasa densidad de población, además de las regiones insulares, transfronterizas y montañosas.

7 El Acuerdo de París es un tratado internacional sobre el cambio climático jurídicamente vinculante. Fue adoptado por 196 Partes en la COP21 en París, el 12 de diciembre de 2015 y entró en vigor el 4 de noviembre de 2016. Su objetivo es limitar el calentamiento mundial por debajo de 2, y preferiblemente a 1,5 grados centígrados, en comparación con los niveles preindustriales. Para alcanzar este objetivo de temperatura a largo plazo, los países se proponen alcanzar el máximo de las emisiones de gases de efecto invernadero lo antes posible para lograr un planeta con clima neutro para mediados de siglo.

ya a las sociedades, a las economías de los países socios para que lleguen a ser más inclusivos y sostenibles.

Muchas han sido también las menciones hacia las acciones en favor de la igualdad de género[8] y el empoderamiento de las mujeres, como también acerca de la migración, el desplazamiento forzado y el asilo, acerca de la cultura, la educación y la salud, y los planes sobre la agricultura sostenible y la seguridad alimentaria y nutricional.

En el segundo punto referido al planeta, la UE se compromete a contribuir en la lucha mundial contra el cambio climático, en consonancia con el acuerdo de París de 2015. La UE se compromete con la gestión sostenible de los recursos naturales.

En cuanto a los aspectos referidos a la prosperidad, la UE ha demostrado una importante colaboración con el sector privado, en un sistema de financiación mixta que permite combinar subvenciones con préstamos y fondos de capital provenientes de agentes financieros públicos y privados.

Respecto al logro de la paz, los objetivos son la democracia, los derechos humanos y la buena gobernanza. También en 2017 la UE asumió un *compromiso multisectorial en materia de resiliencia.*

Acerca del último punto, que trata sobre las alianzas, la UE aborda el tema de la asociación de cara al desarrollo, y subraya la importancia de las plataformas multilaterales inclusivas hacia una cooperación con la sociedad civil, con las comunidades de los donantes, y con las Organizaciones Internacionales. Además, el Consejo Europeo acoge favorablemente la intención de la Comisión de organizar un *Foro Humanitario Europeo* para promover un debate estratégico de alto nivel sobre cuestiones humanitarias, y un diálogo permanente con sus socios clave en el sistema de las Naciones Unidas, organizaciones

8 La Estrategia Europea para la Igualdad de Género responde al compromiso de la Comisión *Von der Leyen* de conseguir una Unión de la Igualdad. La Estrategia presenta actuaciones y objetivos políticos para avanzar de forma sustancial hacia una Europa con mayor igualdad de género de aquí a 2025. La meta es una Unión en la que las mujeres, los hombres, los niños y las niñas, en toda su diversidad, dispongan de libertad para seguir el camino que elijan en la vida, gocen de las mismas oportunidades para prosperar y puedan conformar y dirigir por igual a la sociedad europea en la que vivimos.

internacionales, el Movimiento Internacional de la Cruz Roja y de la Medialuna Roja[9], la sociedad civil y otros donantes.

Los objetivos del desarrollo sostenible, (ODS), conocidos también como Objetivos Globales, fueron adoptados por las Naciones Unidas en el 2015 como un llamamiento universal para poder fin a la pobreza, proteger el planeta y garantizar que para el 2030 todas las personas disfruten de paz y prosperidad.

Con respecto a los 17 ODS, podría decirse que son funcionales los unos para con los otros, casi que no podrían existir los unos sin los otros. Todos estos tratan temas de áreas sociales, económicas y ambientales. Están proyectados para terminar con el hambre mundial y con la discriminación y la guerra, y también para garantizar una eco-sostenibilidad ambiental, a fin de que el único planeta del que disponemos pueda durar lo más posible. Para alcanzar a ese fin se necesita de la participación de todas las personas, sean tanto los jóvenes, o los simples ciudadanos, como de la autoridad pública y de los empresarios, sobre todo éstos que tienen la responsabilidad de no contaminar el ambiente con sus desechos.

¿Cuál es el objetivo de esta Estrategia? La estrategia global establece los intereses y principios fundamentales de la UE para relacionarse con el resto del mundo y tiene como objetivo dar a la UE una visión común y una orientación colectiva. La misma dota a la UE de eficacia al enfrentarse a los nuevos desafíos, como la seguridad energética, la migración, el cambio climático, el extremismo violento, las amenazas de todo tipo. Las cinco prioridades generales de la EGUE son, primera, la seguridad y la defensa; segunda, la resiliencia estatal y social; tercera, un enfoque integrado de los conflictos y las crisis; en cuarto lugar, los órdenes generales de la cooperación; y por último, la gobernanza mundial basada en las normas.

Además de cumplir con sus obligaciones de iniciativas existentes, como el *Acuerdo de París* y los *Objetivos de Desarrollo Sostenible*, la UE

[9] El Movimiento Internacional de la Cruz Roja y de la Medialuna Roja se compone de tres partes independientes. Está guiado por los Principios Fundamentales y unido por un propósito central: ayudar sin discriminación a quienes sufren y contribuir así a la paz en el mundo.

apoya la ampliación del número de sus miembros, su universalización, su plena aplicación y su cumplimiento.

Los objetivos de este estudio son los de examinar los avances en la utilización de la Estrategia Global para la Política Exterior y de Seguridad de la UE[10], en un enfoque funcionalista e institucionalista situado en un marco teórico y conceptual de las relaciones internacionales y en la cooperación defensiva y de seguridad. Esta última es una estrategia mundial para proteger los intereses de los ciudadanos. Y destaca los valores fundamentales, como son la promoción de intereses vitales, la paz y la seguridad, la prosperidad, la democracia y un orden mundial basado en las normas. La paz y la seguridad de los ciudadanos en su propio territorio.

Garantizar estos valores, significa seguramente contar con la capacidad de actuación necesaria para hacer frente a los compromisos de asistencia mutua y solidaridad recogidos en los Tratados Europeos. Al mismo tiempo, no hay un genuino multilateralismo sin el respeto al estado de derecho (internacional), en un orden multilateral que incluye los principios de la carta de las Naciones Unidas, y la Declaración Universal de los Derechos Humanos.

La Estrategia Global de la Unión Europea se compone de varios elementos principales: su unidad, la interacción para hacer frente a los desafíos de un mundo cada vez más interdependiente, la responsabilidad de la cooperación para la solución de conflictos con socios, países afines, regiones. El Tratado de Lisboa[11] supone una evaluación

---

10 Uno de los asuntos debatidos en el Consejo de Asuntos Exteriores del 18 de julio de 2016 fue el camino a seguir para la implementación de la Estrategia Global para la Política Exterior y de Seguridad de la Unión Europea, presentada por la Alta Representante de la Unión Europea para Asuntos Exteriores y de Seguridad, Federica Mogherini, en el Consejo Europeo celebrado los días 28 y 29 de junio de 2016.

11 El "Tratado constitutivo de la Comunidad Europea" pasa a denominarse "Tratado de Funcionamiento de la Unión Europea" (TFUE) y el término "Comunidad" se sustituye por "Unión" en todo el texto. La "Unión ocupa el lugar de la Comunidad y la sucede desde el punto de vista jurídico. El Tratado de Lisboa no establece para la Unión símbolos propios de los Estados, como una bandera o un himno. Aunque el nuevo texto difiere del proyecto de Tratado Constitucional, por lo que respecta a su denominación, sí conserva la mayor parte de sus principales logros.

más cautelosa, y pone al centro de la acción "la resiliencia" de su entorno. La seguridad se ocupa efectivamente de mantener la democracia, la prosperidad y la solidaridad colectiva de Europa.

Vamos a definir el término "resiliencia". Ésta constituye uno de los temas más importantes de la agenda estratégica, y ella sería la capacidad de los Estados y las sociedades para reformarse, soportando así los desastres de todo tipo, con el objetivo de recuperarse de las crisis internas y externas.

Los Estados resilientes no son inmunes a los desafíos, pero disponen de los instrumentos para reaccionar de manera flexible y rápida, con el propósito de mantener un nivel aceptable de funcionamiento estatal y una política de migración más eficaz.

La Unión además promueve la protección del Derecho Internacional Humanitario[12], la legislación internacional sobre derechos humanos, y el Derecho Penal Internacional junto con el Consejo de Derechos Humanos de las Naciones Unidas, e impulsando la más amplia aceptación de la competencia de la Corte Penal Internacional[13] y de la Corte Internacional de Justicia.

La Estrategia Global se ocupa de todos los sectores involucrados en la política exterior, desde la investigación hasta la lucha contra el cambio climático, pasando por la infraestructura, la movilidad, el comercio, el régimen de sanciones, la diplomacia y el desarrollo.

La Unión se propone ser más rápida en su capacidad de respuesta, y más integrada entre sus estados miembros, y en las relaciones hacia otros estados. En el nexo interno-externo, la Unión tiene mu-

---

12 El derecho internacional humanitario (DIH) es un conjunto de normas que, por razones humanitarias, trata de limitar los efectos de los conflictos armados. Protege a las personas que no participan o que ya no participan en los combates y limita los medios y métodos de hacer la guerra. El DIH suele llamarse también "derecho de la guerra" y "derecho de los conflictos armados".

13 La Corte Penal Internacional (CPI), llamada también Tribunal Penal Internacional, es un tribunal de justicia internacional permanente cuya misión es juzgar a las personas acusadas de cometer crímenes de genocidio, guerra, agresión y lesa humanidad. Es importante no confundirla con la Corte Internacional de Justicia, órgano judicial de Naciones Unidas, ya que la CPI tiene personalidad jurídica internacional, y no forma parte de las Naciones Unidas, aunque se relaciona con ella en los términos que señala el Estatuto de Roma, su norma fundacional. Tiene su sede en la ciudad de La Haya, en los Países Bajos.

chas iniciativas dentro del mismo ámbito de políticas y deben ser coherentes, reforzándose mutuamente. Para ello es muy importante la Agenda 2030 de las Naciones Unidas, a fin de alcanzar los objetivos de desarrollo sostenible mencionados.

4. CONSEJO EUROPEO Y ODS

Para alcanzar estos objetivos el Consejo Europeo sobre desarrollo promueve un enfoque coherente de las personas, el planeta, la prosperidad, la paz y la sostenibilidad. Este nexo no puede separarse de la cuestión migratoria a nivel mundial. La Unión ha colaborado en la Declaración de Nueva York para los Refugiados y Migrantes[14], según las garantías de la ONU, creando el Marco de Asociación con terceros piases sobre Migración (Comisión Europea 2016), que tiene como base la idea de que la gestión de la migración solo puede disciplinarse de manera respetuosa, sostenible y humana, de acuerdos con los estados de orígenes y el tránsito de los migrantes.

Construir la paz hoy va más allá de las dimensiones militar y de defensa. Significa también responder a las necesidades humanitarias inmediatas, ayudar a reconstruir países y sociedades desgarradas por los conflictos, y a abordar las causas profundas de la inestabilidad.

Debe insistirse en que la seguridad no es solo la seguridad militar de un país, sino que siendo ella un tema principal en la Estrategia de la Unión, también significa garantizar la democracia, el estado de derecho, fortaleciendo los derechos humanos, el promover el desarrollo económico, la educación, el empleo y las oportunidades para las generaciones más jóvenes.

---

14 El 19 de septiembre de 2016, la Asamblea General de las Naciones Unidas (ONU), adoptó una serie de compromisos para mejorar la protección de las personas refugiadas y migrantes. Estos compromisos se conocen como la Declaración de Nueva York para los Refugiados y los Migrantes. La Declaración de Nueva York reafirma la importancia del régimen de protección internacional de refugiados y establece el compromiso de los Estados Miembros de fortalecer y mejorar los mecanismos de protección de las personas que se desplazan. Establece las bases para la adopción de dos pactos mundiales en 2018: un pacto mundial para los refugiados y un pacto mundial para una migración segura, ordenada y regular.

La Agenda de 2030 y sus objetivos de desarrollo sostenible junto al nuevo Consejo Europeo sobre Desarrollo reconocen el vínculo entre seguridad, migración, cambio climático y acción humanitaria. El nexo entre lo humanitario y el desarrollo de la paz es un objetivo que la UE se ha propuesto alcanzar. El hecho de que los Objetivos de Desarrollo Sostenible de la ONU y los de la Estrategia Global compartan el mismo enfoque holístico, contribuyó a este logro. Dos áreas se destacan a este respecto: la primera, el nexo económico-político-seguridad, y sobre todo la relación entre la política exterior de la UE y sus funciones financieras, económicas y monetarias en el mundo, y la segunda, la relación entre seguridad-clima, dado que la crisis ecológica a la que nos enfrentamos está también impulsando y exacerbando la inseguridad y el conflicto. Es deseable también la integración del clima en otros múltiples aspectos, como ser la energía, el comercio, el desarrollo y las políticas exteriores y de seguridad de la UE.

Explicamos brevemente cuales son estos objetivos, y cómo se entienden en cuanto a su realización, dando un vistazo históricamente a cuáles han sido las necesidades y las reacciones a determinados problemas relacionados.

4.1. Fin de la pobreza

Erradicar la pobreza en todas sus formas es uno de los objetivos principales de la humanidad. Es verdad que la cantidad de personas que viven en extrema pobreza es aún importante, pero entre 1990 y 2015 disminuyó a más de la mitad ese número. Hoy día aún son poco menos de 1000 millones de personas que viven con menos de 1,90 dólares al día, y con un acceso difícil al agua potable, a la luz, a la comida y a la higiene.

El gran desarrollo económico de países muy habitados, antes considerados pobres, como China e India, ha sacado a mucha gente de la pobreza, pero de igual manera se mantienen las desigualdades entre las personas. Hay aún que señalar la mayor vulnerabilidad de las mujeres en cuanto a caer en la pobreza, dado su problema de acceso más dificultado a la vida laboral.

Los Objetivos del Desarrollo Sostenible se plantean que para el 2030, habrá un porcentaje de pobreza en el mundo mucho más limitado. Los trabajos se orientarán a dar un acceso libre a los bienes esenciales, y de apoyar a las regiones pobres o que tengan dificultades de todo tipo, como, por ejemplo, dictadas por el clima.

4.2. Hambre cero

Gracias al gran aumento de la producción agrícola mundial, el hambre ha disminuido casi a la mitad en los últimos años; de tal modo que los países de Asia Central y Oriental, como asimismo América Latina y el Caribe han tenido mejoramientos muy relevantes. Desgraciadamente hoy en día, aun más de 800 millones de personas viven en condiciones de desnutrición, y el plan del desarrollo sostenible es que para el 2030 se llegase a terminar con toda forma de hambre y desnutrición, sobre todo la infantil.

4.3. Salud y bienestar

Sin embargo, hemos llegado a ganar la lucha contra una multitud de enfermedades. Es el caso de las muertes causadas por la malaria, que se han reducido a la mitad, y también es exitosa la lucha contra el VIH. Lamentablemente este proceso de mejora no ha sido igual en todos los países, y los Objetivos del DS son disminuir estas diferencias.

4.4. Educación de calidad

Se han logrado objetivos sensibles. Hoy como nunca se da un alto número de niños que frecuentan la escuela primaria. Los mayores problemas están en Asia Occidental, y Norte de África dados los variados conflictos armados que impiden una vida en paz. Los objetivos más significativos se han obtenido en el África subsahariana, elevándose desde el 52% al 78% en sólo 20 años, la cantidad de niños que tienen acceso a la instrucción. También hay que señalar allí que hay un gran desequilibrio entre las zonas metropolitanas y las zonas rurales. Los objetivos del desarrollo sostenible serían que para el 2030 se pudiera lograr la instrucción gratuita primaria en todo el mundo, centrándose en el fundamento de que la instrucción es el motor del desarrollo sostenible, y es, por tanto, un objetivo principal.

4.5. Igualdad de género

La igualdad de género no sólo es un derecho humano, sino que es otro objetivo principal del desarrollo sostenible. Hoy más que nunca, las mujeres ocupan cargos públicos, pero se trabaja para que en todas las regiones del mundo exista esta igualdad, y, como podemos observar, hay una gran disparidad todavía hoy en día. Es fundamental conseguir que las mujeres tengan libertad sexual e independencia económica: en los últimos 20 años se han notado cambios positivos radicales en torno a ese objetivo.

4.6. Agua limpia y saneamiento

Éste es un problema que afecta a más población de la que podemos imaginar. El 40% de la población mundial sufre de escasez de agua, y esto es debido además al hecho del calentamiento global, por las mayores sequías y la creciente desertificación. Los datos nos comunican que 1 sobre cada 4 personas se verán afectadas por la escasez de agua en el 2050. El objetivo del desarrollo sostenible es que para el 2030 se concluya con la falta de agua, creando infraestructuras adaptadas y valorizando más a la naturaleza. Se apoyará también a la pequeña agricultura sostenible, financiándola y convirtiéndola en sostenible. Se tiene que asegurar el saneamiento básico.

4.7. Energía asequible y no contaminante

Desde el 2000 al 2018 la cantidad de población mundial que tiene acceso a la energía eléctrica pasa del 78% al 90%. Aun así, el notable incremento de población mundial hace que crezca también la demanda de energía accesible. Para realizar el Objetivo de garantizar la energía a toda la población mundial, el Desarrollo Sostenible promueve la inversión en fuentes de energía limpia, como la solar, la eólica, y la termal, y mejorar asimismo la productividad energética tradicional.

4.8. Trabajo decente y crecimiento económico

En los países con crecimiento económico, la cifra de empleados se ha casi triplicado en los últimos 20 años, pero aun así quedan en el mundo 200 millones de personas desempleadas, y el ODS se propone terminar con las discriminaciones laborales de género, y disminuir las enormes diferencias que hay entre los países.

4.9. Industria, innovación e infraestructura

La inversión en infraestructuras y tecnología son los motores fundamentales del desarrollo. El gran crecimiento de la innovación industrial ha permitido un gran desarrollo de la energía renovable. Aun así, hay que considerar que este desarrollo no es para todos. Por ejemplo, hoy en día, 4000 millones de personas no tienen acceso a Internet, y el 90% de ese número pertenece a los países en desarrollo. Es fundamental reducir esa brecha digital.

4.10. Reducción de desigualdades

Las desigualdades de ingresos están en aumento: el 10% más rico de la población se queda hasta con el 40% el ingreso mundial total, mientras el 10% más pobre obtiene solo entre el 2 y el 7% del ingreso total. A pesar de que ha subido, ese aumento se da en diferente proporción según el lugar, siendo más bajo en Europa y más alto en Oriente Medio. Para erradicar este problema se necesitan políticas fuertes, que desalienten todas las discriminaciones, tanto sean de género, raza, religión, condiciones sociales como personales.

4.11. Ciudades y comunidades sostenibles

Más de la mitad de la población mundial vive hoy en zonas urbanas. No se puede pensar en un desarrollo sostenible sin un proyecto de transformación de la manera en que vivimos y administramos las áreas urbanas. Hay que prestar más atención al medio ambiente, mejorar las áreas verdes y luchar contra la contaminación.

4.12. Producción y consumo responsables

Hoy en el mundo hay países que consumen "demasiado" y desperdician sus productos y bienes, sobre todo el agua. Por otro lado, existen países que no disponen de los bienes primarios para sus necesidades básicas. El objetivo del desarrollo sostenible es reducir al máximo esta desigualdad. En otro sentido, es muy importante reciclar y realizar un consumo sostenible.

4.13. Acción por el clima

No hay país en el mundo que no haya experimentado los efectos del cambio climático. Las emisiones de gases de efecto invernadero continúan aumentando y hoy son un 50% superior al nivel de 1990. Las consecuencias podrían ser irreversibles y hay que tomar medidas urgentes ahora. Se han perdido muchas vidas por las catástrofes climáticas y también millones de dólares en bienes materiales. El objetivo de luchar contra estos catastróficos datos se implementaría con inversiones en infraestructuras, y con medidas colectivas urgentes, conducidas por políticas y estrategias nacionales.

4.14. Vida submarina

El espacio oceánico sabemos que es más amplio que el terrestre, así que es de fundamental importancia la manera en que lo tratamos. Los medios de vida de 3000 millones de personas dependen de la biodiversidad marina y costera. La contaminación de los océanos ha llegado a niveles inimaginables. Por cada kilómetro cuadrado de espacio oceánico han llegado a estar presentes 13000 trozos de desechos plásticos. Los objetivos del desarrollo sostenible se sustentarían en medidas de derecho internacional, que supondría mitigar algunos de estos retos destacados.

4.15. Paz, justicia e instituciones sólidas

Sin paz, estabilidad, derechos humanos y gobernabilidad efectiva basada en el estado de derecho, no es posible alcanzar un desarrollo sostenible. Algunas regiones en el mundo viven una condición de paz que parece ser permanente, como permanente es el estado de "guerra" o de "conflictos" que se viven en otras regiones. Es de relevante importancia para el desarrollo, tomar medidas para los países que están más en riesgo. La ausencia del respeto a los derechos humanos obviamente impide el crecimiento económico, educativo, sanitario y social. Se tiene que trabajar con los gobiernos mundiales y cooperar para garantizar la seguridad y las soluciones a los conflictos.

4.16. Alianza para lograr objetivos

Nunca tanto como hoy, el mundo está conectado entre sus partes. Son importantes las cooperaciones entre estados, entidades gubernativas y autoridades para garantizar los objetivos del desarrollo. La finalidad de los objetivos es mejorar la cooperación Norte—Sur y Sur-Sur, apoyando los planes nacionales en el cumplimiento de todas las metas. Promover el comercio internacional, ayudando a los países en desarrollo para que aumenten sus exportaciones, forma parte del desafío de lograr un sistema de comercio universal equitativo basado en reglas, que sea justo, abierto y beneficie a todos.

5. CONCLUSIONES

Sin duda, nos encontramos frente a un pensamiento nuevo, concretizado en consecuencia en una multitud de acciones puestas en práctica por los entes y organismos internacionales. Hay una gran sensibilidad en todo el planeta respecto a los temas del desarrollo sostenible. Es relevante, que hoy las instituciones de enseñanza para todas las edades y de todos los niveles se comprometan a tratar los objetivos del desarrollo sostenible con mucho rigor. Como "ciudadano del mundo", hemos visto cómo las empresas y los entes gubernativos se comprometen en poner en práctica el respeto de estos valores, tal es el caso, mediante la Estrategia de la que he hablado más arriba. Pero consideramos que cada ciudadano en la actualidad tiene el deber moral de respetar y contribuir al desarrollo sostenible, empezando por las acciones habituales de nuestra vida cotidiana. El primer paso que la comunidad debe realizar es la difusión de este conocimiento, ya que con la conciencia empiezan las preguntas, y consideramos que deben brotar desde el sentido cívico de cada individuo.

Referencias bibliográficas

ALDECOA F., *El papel internacional de la Unión Europea,* Libros la Catarata/ Íncipit, 2021.

ANGUITA OSUNA J., *La seguridad interior en la Unión Europea. Del acuerdo de Schengen 1985 a la Estrategia para la Unión de la Seguridad 2020,* Editorial Aranzadi, Pamplona, 2022.

BOGDANDY A. V., *la Justicia Constitucional en el espacio jurídico europeo,* Tirant lo Blanc, Valencia, 2022.

COMISIÓN EUROPEA, "Una Europa sostenible de aquí a 2030 ", 30 de enero de 2019.

LA PENA M., *Agenda 2030,* Editorial Editatum, 2021.

MARQUINA BARRIO A., *"La estrategia global de la Unión Europea Asomándose al precipicio",* Editorial UNISCI, Universidad Complutense de Madrid, Madrid 2017.

MARTINON QUINTERO R., *La Unión Europea ante los Objetivos de Desarrollo Sostenible de la Agenda 2030.* Editorial Dykinson, Madrid, 2022.

NIETO FERNÁNDEZ, M. I., *La UE y el mediterráneo a la luz de la Estrategia global de Seguridad de la Unión,* Editorial Dykinson, Madrid 2020.

PADERA MARTÍNEZ P., *Reflexiones sobre las Estrategias de Seguridad de la UE y otros estudios en el ámbito de la Seguridad Internacional.* Editorial UNED, Madrid, 2021.

MORÁN BLANCO, S., *ODS y cultura: la implementación de la Agenda 2030 en el ámbito cultural,* Editorial Dykinson 2022.

EN BUSCA DE UNA PAZ POSITIVA: COORDENADAS A PARTIR DE LA SEGURIDAD HUMANA

IN SEARCH OF A POSITIVE PEACE: COORDINATES FROM HUMAN SECURITY

MÓNICA NIEVES AGUIRRE[1]

Resumen

En tiempos estremecidos por múltiples crisis, son imprescindibles las miradas integrales y a la vez sinópticas. El escenario bélico en el corazón de Europa revela la convivencia de viejos y nuevos paradigmas que interpelan la legitimidad del multilateralismo, y el rol del Estado. Este trabajo parte del enfoque de seguridad humana como esencia de la paz positiva y se contrasta con determinismos geopolíticos. Los niveles de análisis enfatizados serán el global y el hemisférico, posponiendo los más específicos que refieren a lo subregional, bilateral y nacional. La reflexión se centrará en los Objetivos de Desarrollo Sostenible (ODS) 10 y 16.

Palabras clave: Seguridad humana; Paz positiva; Violencia estructural; Latinoamérica; Objetivos del desarrollo sostenible

Abstract

In times troubled by multiple crises, integral and synoptic views are essential. The war scenario in the heart of Europe reveals the coexistence of old and new paradigms that challenge the legitimacy of multilateralism and the role of the State. This work is based on the approach of human security as the essence of positive peace and is contrasted with geopolitical determinisms. The levels of analysis emphasized will be the global and the hemispheric, putting off the more specific ones that refer to the subregional, bilateral and national. The reflection will focus on the Sustainable Development Goals (SDG) 10 and 16.

Keywords: Human security; Positive peace; structural violence; Latin America; Sustainable Development Goals

1 Profesora Adscripta de Historia de las Relaciones Internacionales, Universidad de la República. Coordinadora académica de la Maestría en Relaciones Internacionales, Universidad de la República. (monica.nieves@fder.edu.uy). Todas las páginas webs mencionadas en este trabajo han sido consultadas el 28 de febrero de 2023.

1. ALGUNOS TRAZOS INICIALES

A nivel hemisférico en el marco de la Segunda Guerra Mundial, el sistema interamericano de defensa va tomando su forma desde la creación de la Junta Interamericana de Defensa (JID) del año 1942. A partir del Tratado Interamericano de Asistencia Recíproca (TIAR) del '47, y del nacimiento de la Organización de Estados Americanos (OEA) un año más tarde, el sistema se abocará a los temas de seguridad interestatal. El entramado de seguridad bipolar promovió a su vez, que Estados Unidos y Canadá fueran parte desde su inicio en 1949 de la Organización del Tratado del Atlántico Norte (OTAN), cimentando con ello sus vínculos en seguridad y defensa[2].

Con el fin de la Guerra Fría las dinámicas internacionales transformaron los temas de agenda internacional, y con ello las amenazas y los riesgos. A la par, el fenómeno de la globalización conllevó a una mayor interdependencia interestatal a raíz de las transformaciones económicas, tecnológicas y sociales, estructuradas sobre la base ideológica-institucional del orden liberal internacional[3]. Paulatinamente, el eje Estado-céntrico de la seguridad y de los asuntos de defensa tradicional, irán trasladándose hacia el individuo.

---

2 BENÍTEZ MANAUT, R. Benítez Manaut, R. "Avances y límites de la seguridad hemisférica a inicios del siglo XXI", en *Revista CIDOB D'Afers internacionals,* n.° 64, dic-ene 2003-2004, pp. 49-70, *http://www.cidob.org/content/download/58380/1516045/version/1/file/64benitez.pdf*

3 ZELICOVICH, J. "¿Crisis en la globalización o crisis de la globalización?", *Perspectivas Revista de Ciencias Sociales,* Año 3, no. 6, jul-dic 2018. pp. 42-59. *https://rephip.unr.edu.ar/xmlui/bitstream/handle/2133/13854/Zelicovich.pdf?sequence=3&isAllowed=y*

A nivel del sistema de Naciones Unidas, la aparición del Informe de Desarrollo Humano del Programa de Naciones Unidas para el Desarrollo de 1994 fue el mojón para la concepción de la seguridad humana. Es en este documento donde se sintetiza su esencia está en la paz y en el desarrollo sostenible. Sin embargo, la evolución del enfoque al compás de la coyuntura internacional no ha logrado consolidar ni posiciones ni perspectivas.

Bajo el paraguas de la seguridad humana, la seguridad multidimensional ha exigido un abordaje en clave de deslocalización del núcleo estatal de la seguridad hacia el individuo, y ha fluctuado entre los claroscuros de la seguritización[4]. En tanto este enfoque conlleva la transformación de algo en un problema de seguridad, la carga de ciertas narrativas hacia la construcción de contextos de amenaza, inseguridad o riesgos son determinantes[5]. Siguiendo a María Cristina Rosas[6], la percepción del riesgo es medular a la hora de hablar de seguridad/protección.

Analizar a Latinoamérica bajo la lupa de la seguridad humana, implica no sólo establecer un hilo conductor que permita interpretar una región etiquetada por sus desigualdades, sino interpelar el sustrato normativo en torno a un enfoque centrado en el individuo, y que ha sido largamente cuestionado. A esto se debe sumar que las asimetrías enraizadas en la región fueron acuciadas por la inminencia del Sars-Cov-2, que funcionó como catalizador de esos fenómenos. No obstante, el impacto disruptivo de la pandemia propulsó exponen-

---

4 La noción de seguritización desarrollada a partir de la obra *Security: A new framework for Analysis* de Barry Buzan, Ole Wæver, y Jaap de Wilde (1998), se recuesta en la idea de que los asuntos seguritizados deben estar politizados y de esta forma, integrarán las políticas públicas. En este contexto, cualquier hecho político puede transformarse en un potencial riesgo de seguridad.

5 NIEVES, M., "Tiempos de crisis: Uruguay y su apuesta a la seguridad humana", en BOGADO BORDÁZAR, L.; BONO, L. (eds.) "Latinoamérica, una región en crisis: los efectos de la pandemia", *Revista: Nueva Serie Documentos de Trabajo,* no. 25, Instituto de Relaciones Internacionales, 2021, pp. 111-12: *http://sedici.unlp.edu.ar/handle/10915/117027,*

6 ROSAS, M. C., 'La Seguridad Humana Sostenible" ¿Paradigma para la seguridad nacional de México en el Siglo XXI?", en ROSAS, M.C. (coord.) *La Seguridad Extraviada: Apuntes sobre la Seguridad Nacional de México en el Siglo XXI,* Universidad Nacional Autónoma de México, Centro de Análisis e Investigación sobre Paz, Seguridad y Desarrollo, 2020, pp. 31-100.

cialmente algunos procesos —destacando los vinculados a las Tecnologías de la información y la comunicación (TICs)—, como consecuencia inmediata de las medidas de distanciamiento impuestas. Sin embargo, otras dinámicas se desaceleraron, como aquellas vinculadas a los intercambios económicos, al deterioro medioambiental, entre otras. En clave de emergencia sanitaria, las transformaciones dadas sesgaron las agendas externas de los gobiernos y la generación de políticas públicas de diferente impacto —global y regional—, lo que hace entrever que el tiempo de postpandemia es aún lejano.

Con el propósito de utilizar el enfoque de la seguridad humana para seguirle el rastro a la paz positiva en la región latinoamericana, la reflexión de este trabajo se estructura sobre los ODS 10 "Reducir la desigualdad en y entre los países", y el ODS 16 "Paz, justicia e instituciones sólidas". Se intenta discernir cómo éstos se proyectan a partir de las estrategias de la seguridad humana[7]. Esto implica proyectar "desde arriba" en relación con la protección de las personas de los peligros, y "desde abajo" promoviendo el empoderamiento de los individuos. En síntesis, a través del "principio orientador" propuesto por Hugo Assman[8] en torno a una sociedad donde quepan todos, se busca reconocer esos "criterios de verificación" institucionales que se reflejan en la construcción de los consensos colectivos resultado de la convivencia social. Por esto es imprescindible detectar aquellos espacios donde se ha promovido la aparición de paz positiva, que al decir de Johan Galtung[9] (1969) permea los derechos humanos, el desarrollo, y apunta hacia la justicia e igualdad, armonía social y la eliminación de una violencia estructural[10] impregnada en el continente. Las dificultades estructurales que padece Latinoamérica, tras

---

7 COMISIÓN DE SEGURIDAD HUMANA DE LAS NACIONES UNIDAS, "Esbozo del informe de la Comisión de Seguridad Humana", 2003.

8 ASSMAN, H., "Por una sociedad donde quepan todos", *Pasos*, no. 62, Segunda época, 1995, San José de Costa Rica.

9 GALTUNG, J. "Violence, Peace, and Peace Research", *Journal of Peace Research*, v. 6, no. 3, 1969, pp. 167-191.

10 Ésta se constituye en las estructuras políticas, sociales, económicas de opresión. Llamada también "violencia institucional" por otros autores, es una violencia invisible —al contrario de la violencia directa—, que se traduce en la pobreza, en la informalidad laboral, en la inaccesibilidad a la educación, vivienda, salud, etc.

la Covid-19 se han profundizado a raíz de las importantes presiones inflacionarias, los altos niveles de deuda soberana, a lo que se suma la guerra en Europa. El resultado será que entre 2014 y 2023, la región crecerá menos que en la "década perdida" de los años '80[11].

A pesar del camino recorrido por el enfoque de seguridad humana, la guerra en Ucrania ha promovido un retorno al estatocentrismo en términos de seguridad. Las incesantes violaciones a los derechos humanos y en consecuencia la vulneración flagrante del derecho humanitario, han quedado soslayados por una competencia geopolítica y estratégica[12] entre "potencias", con tableros de disputa centrados en la expansión de la OTAN, así como el eje del Indo-Pacífico. No obstante, la balanza no se inclina hacia el individuo a la hora de proponer e instrumentar alternativas para darle fin a la guerra.

A partir de ese escenario, se buscará identificar procesos surcados por la seguridad humana como puntal de los ODS, y cimiento para la transformación de la paz negativa en paz positiva. Desde esta óptica, el rumbo de este análisis se traza en torno a algunas interrogantes, en primer lugar ¿se han dado pasos en la región hacia la construcción de paz positiva? A nivel global y con el propósito de identificar determinismos geopolíticos y su posible sinergia con la construcción de una paz positiva, se pretende responder ¿qué forma adquiere el enfoque de seguridad humana en el contexto de competencia hegemónica y reconfiguración del orden internacional?

En tiempos de múltiples crisis, fenómenos como la sindemia[13] por Covid-19, y más recientemente la guerra en Ucrania, suman factores transformadores de diferentes procesos, que ponen sobre la

---

11 COMISIÓN ECONÓMICA PARA AMÉRICA LATINA Y EL CARIBE "Balance Preliminar de las Economías de América Latina", 2022, https://repositorio.cepal.org/bitstream/handle/11362/48574/S2201169_es.pdf?sequence=4&isAllowed=y

12 LÓPEZ-ARANDA, R. "La Resolución de la Asamblea General de Naciones Unidas sobre Ucrania y la pugna por el orden internacional", *Blog Elcano*, 03 marzo 2022, *https://www.realinstitutoelcano.org/comentarios/la-resolucion-de-la-asamblea-general-de-las-naciones-unidas-sobre-ucrania-y-la-pugna-por-el-orden-internacional*

13 Idea propuesta por Merrill Singer en 2009, utilizada por Richard Horton en 2020 en el abordaje de la covid-19 que implica incluir además de los factores biológicos, los económicos y sociales que se acoplan y contribuyen a la propagación del patógeno, y a la vez son una consecuencia de esta circunstancia.

mesa un amplio y complejo *pool* de riesgos y amenazas. Las crisis humanitarias derivadas tanto de una pandemia como de un conflicto armado revelan flagelos que alimentan también la violencia estructural. La invisibilidad de esta violencia descansa —y de manera alarmante en Latinoamérica[14]— sobre sistemas de salud deteriorados, gran informalidad laboral, pobreza extendida, y inaccesibilidad tan variada como —a la educación, a la vivienda, al agua, a la sanidad, a la conectividad a Internet— entre otras[15].

En este contexto, la aspiración de construir paz positiva se sostiene con "la existencia de estructuras, políticas e instituciones que permitan la satisfacción de las necesidades humanas y el desarrollo de sus derechos y potencial, y que exista una sociedad integrada y en paz"[16].

2. TRAS LA PISTA DE LA SEGURIDAD HUMANA

La insociabilidad entre la paz y el desarrollo sostenible abreva en que la "seguridad humana no es una preocupación por las armas: es una preocupación por la vida y la dignidad humanas"[17]. Encolumnadas tras una visión más restringida —liderada por Canadá—, o a partir de una más amplia —sostenida por Japón—, son varias las concepciones que han ido construyendo un enfoque de seguridad humana complejo, tan imprescindible como cuestionable. Sin más, la seguridad centrada en el individuo convive con la que toma como eje al Estado, y esto implica que los avatares de la política internacional que moldean las políticas exteriores y viceversa, vayan delineando la

---

14 COMISIÓN ECONÓMICA PARA AMÉRICA LATINA Y EL CARIBE (2020) "Balance Preliminar de las Economías de América Latina y el Caribe", 2020, LC/PUB.2020/17-P. *https://repositorio.cepal.org/bitstream/handle/11362/46501/91/S2000881_es.pdf*

15 BAS VILIZZIO, M y NIEVES, M. "COVID-19 from the lens of Global International Relations", *Oasis*, no. 36, 2022, pp. 21-38.

16 SANAHUJA, J. A. "La Agenda 2030 y los ODS: sociedades pacíficas, justas e inclusivas como pilar de la seguridad", *La Agenda 2030 y los ODS. Nueva arquitectura para la seguridad*, 2019, Gobierno de España. p. 43.

17 PROGRAMA DE NACIONES UNIDAS PARA EL DESARROLLO, "Informe sobre Desarrollo Humano 1994", 1994, *http://www.hdr.undp.org/sites/default/files/hdr_1994_es_completo_nostats.pdf*

seguritización de los temas de agenda internacional. Fenómeno por demás desafiante considerando las aceleradas dinámicas que caracterizan a la sociedad internacional.

2.1. *Cruce de caminos: las estrategias de la seguridad humana y los ODS*

Durante la Guerra Fría, fue evidente la separación entre las políticas de seguridad y las de desarrollo, así como la preponderancia del eje estatocéntrico. Así en el mundo pos-bipolar, los conflictos giraron en torno a lo social y civil, a diferentes crisis humanitarias derivadas de la "fragilidad o colapso" estatal, flaquezas de la gobernanza, entre otros factores[18]. Desde mediados de los noventa, hasta lo que se asume como el momento de auge de la agenda de la seguridad humana en la Cumbre del Milenio de Naciones Unidas del 2000[19], se ha fluctuado entre posiciones que pretenden potenciar la libertad del miedo —*freedom from fear*—, la libertad de la necesidad —*freedom from want*— y/o la libertad para vivir con dignidad —*freedom to live in dignity*—. Con una concepción amplia, quienes se nuclean en torno a promover la libertad frente a las necesidades las entienden en términos personales, económicos, medioambientales, sociales, alimentarios, políticos, comunitarios y sanitarios[20], lo que apunta a eliminar la violencia estructural.

La creación en 2001 de la Comisión de Seguridad Humana —propulsada por Japón y resultado de la Cumbre del Milenio—, pretende dar luz sobre la noción de seguridad humana a través de sus objetivos. El propósito se centrará en la protección de la vida humana en pos de enaltecer la libertad y realización personal[21].

---

18 GRASA HERNÁNDEZ, R. "Vínculos entre seguridad, paz y desarrollo: evolución de la seguridad humana. De la teoría al programa político y la operacionalización, *Revista CIDOB d'Afers Internacionals,* no. 76, 2006, p. 28.

19 ROSAS, M. C. op. cit.

20 MORILLAS BASSEDAS, P. (2006) "Génesis y evolución de la expresión de la seguridad humana: un repaso histórico", *Revista CIDOB d'Afers Internacionals,* nº. 76, 2006, pp. 47-58. GRASA HERNÁNDEZ, op. cit.

21 MORILLAS BASSEDAS, P. op. cit.

Propulsados por la Declaración del Milenio, los Objetivos de Desarrollo del Milenio (ODM) dieron paso en 2015 a la Agenda 2030 de Desarrollo Sostenible y los ODS, que, sembrados sobre la experiencia de los ODM, fueron el fruto de un trabajo integral gubernamental y civil[22], canalizado a través de 17 ODS y 169 metas. Al decir de José Antonio Sanahuja, en particular el ODS 16 es relevante para la paz positiva en pos de la promoción de "sociedades pacíficas y seguras en la medida que sean justas e inclusivas y, con ello, resilientes". Más aún, propone que su importancia se debe a su "potencial transformador" que va más allá de la paz negativa y su lineal eliminación de la violencia directa[23].

El puzle de la seguridad humana se compone de tres piezas fundamentales: la paz, la seguridad y el desarrollo, que requiere de implementación de su estrategia "desde arriba" —protegiendo— y "desde abajo" —empoderando—. Con el encuadre de un mundo posguerra fría, la agenda de construcción de paz —*peace building*—, articula las nuevas agendas de paz, desarrollo y seguridad[24]. A propósito, las metas que se traza el ODS 10 así como el 16, serán su punta de lanza a partir de la segunda mitad de los 2010. Puede reconocerse en ambos ODS, la presencia de los dos ejes de la estrategia. Así —sin rigor taxativo—, se puede mencionar la meta 10.3 que propone garantizar "la igualdad de oportunidades y reducir la desigualdad de resultados, incluso eliminado las leyes, política y prácticas discriminatorias y promoviendo legislaciones, políticas y medidas adecuadas al respecto", y la adopción de políticas "fiscales, salariales, de protección social". Asimismo, en esa dirección, se procurará facilitar la migración y movilidad ordenadas, generar políticas destinadas a bajar los costos de transacción de las remesas; fomentar la asistencia oficial para el desarrollo hacia Estados más vulnerables, etc.

Adicionalmente a esto, el ODS 16 "Paz, justicia e instituciones sólidas" en varias metas se identifica el eje del empoderamiento. El sistema de Naciones Unidas se preocupado por promover uno de los pilares de la seguridad humana, en lo que refiere a la libertad

---

22 SANAHUJA, J.A. op. cit.

23 Ídem, p. 22

24 GRASA HERNÁNDEZ, op. cit.

con respecto al miedo, afirmando que para lograr los ODS a partir de "sociedades pacíficas, justas e inclusivas", no debe existir el temor a "ninguna forma de violencia"[25]. Engarzadas por la reducción de "todas las formas de violencia", las metas del ODS 16 promueven no sólo el estado de derecho, sino la protección de las libertades fundamentales, el fortalecimiento de las instituciones nacionales pertinentes, aunado a la cooperación, y con especial énfasis en los países en desarrollo[26]. Se entienden como un sostén imprescindible no sólo para apuntalar las libertades que estructuran la seguridad humana, sino también al desarrollo de sus estrategias.

2.2. *Derrotero y sinergia de los sistemas interamericanos de seguridad y de derechos humanos*

El sistema interamericano de seguridad[27] se estructura en torno a la Organización de Estados Americanos (OEA), así como a la Junta Interamericana de Defensa (JIR), delineándose a través de múltiples instrumentos posteriores[28] hacia la consecución de una gobernanza de seguridad. Se suele mencionar su "arquitectura flexible", lo que promovió una defensa hemisférica distinta a la del inicio de la Guerra Fría.

Los años noventa también proyectaron sus transformaciones en el sistema interamericano. El punto de partida lo marca la aparición de la idea de "seguridad cooperativa"[29], propuesta en la reunión de la OEA de Santiago de Chile de 1991 y sostenida sobre la "defensa de los sistemas democráticos de los gobiernos"[30]. A partir de la Declara-

---

25 NACIONES UNIDAS "Paz, justicia e instituciones sólidas: por qué es importante", *Objetivos de desarrollo sostenible*, n.d., *https://www.un.org/sustainabledevelopment/es/wp-content/uploads/sites/3/2017/01/Goal_16_Spanish.pdf*

26 NACIONES UNIDAS "Objetivos del Desarrollo Sostenible. Objetivo 16: Promover sociedades justas, pacíficas e inclusivas", n.d., *https://www.un.org/sustainabledevelopment/es/peace-justice/*

27 Vale mencionar que este sistema no ha sido establecido en ningún documento o tratado.

28 HAMILTON, M., "El sistema interamericano de seguridad", en LOZANO VÁZQUEZ, A.; RODRÍGUEZ SUMANO, A., (coords.), *Seguridad y asuntos internacionales*, Siglo Veintiuno, México, 2020, pp. 614-625.

29 En el marco del Sistema Interamericano y bajo la tutela de la OEA.

30 BENÍTEZ MANAUT, op. cit, p. 56

ción de Santiago sobre Medidas de Fomento de la Confianza y de la Seguridad, se instituyó en 1995 la Comisión de Seguridad Hemisférica (CSH), como entidad permanente del Consejo Permanente de la OEA. Entre sus funciones particulares están el estudio y recomendación sobre la seguridad hemisférica, así como la coordinación y el fortalecimiento de cooperación en materia de seguridad y defensa entre los distintos órganos de la organización[31]. En este punto, vale destacar que uno de los escollos más importantes que ha enfrentado desde el inicio la CSH ha sido el recelo de algunos Estados a ceder espacios de soberanía en determinados asuntos que hacen a una definición de seguridad amplia e incluyente de temas como la pobreza, los desastres naturales, el crimen organizado, las amenazas para la salud, etc.

La adopción de la Carta Democrática Interamericana en 2001 expone que el sistema interamericano reposa en la democracia, y la contemplación y fortalecimiento de todos sus elementos, componentes e institucionalidad. Más aún, se postula la interdependencia entre el desarrollo económico y social y la democracia[32], y se proponen acciones destinadas a enfrentar lo que en este trabajo se identifica como "violencia estructural". En este contexto, es menester considerar que para habilitar un abordaje integral y abarcativo que contemple la paz positiva y la seguridad humana, se hace imprescindible encastrar el sistema interamericano de seguridad con el de derechos humanos.

En la Declaración de Bridgetown de 2002 se adopta un enfoque multidimensional de seguridad. Será a partir de la Declaración sobre Seguridad en las Américas de 2003 que se oficializó que muchos de los flagelos que azotan a América Latina, se constituyen en "nuevas amenazas, preocupaciones y otros desafíos" para la región[33]. Esta Declaración animó esperanzas de lograr cierta coincidencia en las distintas agendas de seguridad del hemisferio. Será la encargada no

---

31 OEA, "Reglamento del Consejo Permanente", 1980, *https://www.oas.org/xxxiv-ga/spanish/reference_docs/Reglamento_CP.pdf*

32 OEA, "Carta Democrática Interamericana, *AG 2001 Documentos, https://www.oas.org/charter/docs_es/resolucion1_es.htm*

33 OEA "Declaración sobre seguridad en las Américas", *OEA/Ser.K/XXXVIII CES/dec.1/03,rev. 1*, 2003, http://www.oas.org/csh/CES/documentos/ce00339s02.doc

sólo de sellar la ampliación del concepto de seguridad hemisférica aplicando la noción multidimensional, sino de constituir su eje en la protección de la persona humana.

Más allá de un debate sobre las críticas que muchos analistas han lanzado —y lanzan— sobre la multidimensionalidad de la seguridad, es innegable la institucionalización en el marco de la OEA abocada a dar respuestas a los desafíos que impone la adopción de este enfoque. Así la Secretaría de Seguridad Multidimensional (SSM) creada en 2005 será apuntalada por otras secretarías y departamentos enfocados en la seguridad pública, la delincuencia transnacional organizada, el control del abuso de drogas y el terrorismo[34]. Consolidando este andamiaje, aparece el reconocimiento intersectorial de los problemas de seguridad hemisférica, con el compromiso de fomentar una "cultura de la paz" en el marco de la 40a. Asamblea General de la OEA en 2010. Formalizado a través de la Declaración de Lima[35] reafirma que la paz, la seguridad y la cooperación son los únicos mecanismos para confrontar las amenazas nuevas y tradicionales. En esta línea, se pone sobre la mesa la necesidad de generar multiplicidad de respuestas que involucren a diferentes actores, tales como organizaciones internacionales, gobiernos, al sector privado y la sociedad civil, cuya sinergia se ampare bajo los valores democráticos, el respeto, la promoción y defensa de los derechos humanos, la solidaridad, la cooperación y el respeto a la soberanía nacional.

La consecución de una nueva y compleja arquitectura de seguridad delineó el trabajo para una nueva agenda, con un escenario complejo de transición para la seguridad hemisférica, dado por el contexto de la llamada "Guerra Global contra el Terror" del presidente George W. Bush. A su vez, serán cada vez más evidentes las particularidades y singularidades nacionales de cada subregión, que se proyectan en sus necesidades, intereses, agendas de seguridad. Así van tomando forma distintos espacios subregionales: el Área Andina, Centroamérica, Caribe y Cono Sur[36].

---

34 HAMILTON, M., op. cit.

35 OEA, "Declaración de Lima: Paz, Seguridad y Cooperación en las Américas", *AG/DEC. 63 (XL-O/10)*, 2010, *http://www.oas.org/consejo/sp/ag/Documentos/AG05138S09.doc*

36 NIEVES, M. op. cit.

Por su parte el sistema interamericano de derechos humanos cuenta con múltiples instrumentos consolidados en distintas declaraciones, convenciones, protocolos, que mandatan y determinan las funciones de multiplicidad de órganos en el marco de la OEA. En el ámbito de esta organización y desde el nacimiento del sistema interamericano, los derechos humanos han sido esenciales para la plataforma democrática, y viceversa. El puntapié inicial está en la Declaración Americana de los Derechos y Deberes del Hombre de 1948[37], la que incluso antecedió a la Declaración Universal de Derechos Humanos de la Organización de las Naciones Unidas.

La forma institucional se va adquiriendo con la creación en 1959 de la Comisión Interamericana de Derechos Humanos (CIDH), sobre la premisa de que los derechos humanos fomentan la democracia. El establecimiento de la Corte Interamericana de Derechos Humanos con carácter jurisdiccional —en vigor desde 1978—, ha sido trascendente en lo que concierne a la responsabilidad internacional de los Estados en los temas pertinentes. Sin embargo, se han generado ciertos claroscuros con relación a la Comisión Interamericana como órgano separado, y la generación de consensos en la composición de una agenda regional de derechos humanos[38].

El 11 de setiembre de 2001, fue aprobada por la Asamblea General Extraordinaria de la OEA, la Carta Democrática Interamericana, sobre el sustrato de que la promoción y protección de los derechos humanos son esenciales para una sociedad democrática. A su vez la democracia, es imprescindible para el ejercicio de las libertades fundamentales y los derechos humanos[39].

Posteriormente, en el marco del sistema de Naciones Unidas, se creó el Consejo de los Derechos Humanos[40], del que destaca —co-

---

37 Emanada de la Novena Conferencia Internacional Americana, celebrada en Bogotá, en la que también fue adoptada la Carta de la OEA.

38 SAINZ BORGO, J. C. "Derechos Humanos en América Latina en el Siglo XXI ¿Un deterioro regional o la ruptura del consenso?", ALTMANN BORBÓN, J.; ROJAS ARAVENA, F. (eds.), *América Latina ¿Hay voluntad política para construir un futuro diferente?*, FLACSO; Universidad para la Paz, 2022, pp. 521-542.

39 OAS "Carta Democrática Interamericana", *AG 2001 Documentos,* 2001, https://www.oas.org/charter/docs_es/resolucion1_es.htm

40 En el año 2006.

mo mecanismo global novedoso sobre el desempeño de los derechos humanos—, el examen periódico universal (EPU)[41].

América Latina muestra una profunda crisis de los derechos humanos, enraizada no sólo —en términos de Galtung— en la violencia directa y estructural, sino potenciada por "la ausencia del consenso regional de los gobiernos de la región"[42]. No obstante, el mismo autor subraya que el sistema interamericano de protección de los derechos humanos ha sido exitoso, en particular en la promoción y consolidación de la democracia, así como en la inclusión de comunidades y grupos marginalizados.

2.3. A partir de Tlatelolco

Firmado en 1967 estipula la proscripción de las armas nucleares para América Latina y el Caribe (ALC), y con él se constituye el Organismo para la proscripción de las armas nucleares en América Latina y el Caribe (OPANAL), del que son miembros los 33 Estados de la región que ratificaron el tratado[43]. Más allá de su esfuerzo inicial de evitar que la confrontación nuclear salpicara a la región[44], lo cierto es que el Tratado de Tlatelolco ha mantenido en el tiempo sobre ALC una zona desnuclearizada. A partir del Comunicado de Brasilia de 2000, y en base a iniciativas gubernamentales, se declaró a América del Sur como una "Zona de Paz y Cooperación". Dos años más tarde, la II Reunión de presidentes de América del Sur en Guayaquil se convirtió en un mojón para la paz regional, acordando el "Consenso de Guayaquil sobre Integración, Seguridad e Infraestructura para el Desarrollo". Se decidió además la creación de una "Zona de Paz Sudamericana"[45]. A grandes rasgos, se prohíbe el uso o amenaza del uso de la fuerza entre los Estados —de acuerdo con los principios

---

41 SAINZ BORGO, J. C. op. cit.

42 Idem, p. 539

43 OPANAL "Tratado para la Proscripción de las Armas Nucleares en la América Latina y el Caribe", 2022, *https://www.opanal.org/tratado-de-tlatelolco*

44 Temor fundado en la situación de riesgo nuclear a raíz de la conocida "Crisis de los misiles de Cuba" en 1962.

45 SELA, "Consenso de Guayaquil sobre Integración, Seguridad e Infraestructura para el Desarrollo", n.d., http://www.sela.org/es/centro-de-documentacion/base-de-datos-documental/bdd/29921/consenso-de-guayaquil-sobre-integra-

y disposiciones de la Carta de Naciones Unidas y de la Carta de la OEA—, así como la fabricación, uso, posesión, etc., de armas de destrucción masiva, sobre la base del Tratado de Tlatelolco, entre otras medidas.

Entre otras, estas coordenadas han sido esenciales para la construcción de un enfoque de seguridad humana. Han ido conformándose desde una noción primigenia de seguridad hemisférica, en una coyuntura internacional que iba tomando forma al compás de la Guerra Fría, y que hacia su fin fue decantando en la adopción de una concepción multidimensional de la seguridad.

3. DE VIEJOS Y NUEVOS PARADIGMAS PARA LA SEGURIDAD HUMANA: EL TRIDENTE DE LA COMPETENCIA HEGEMÓNICA

En tanto la disputa hegemónica —en todas sus dimensiones: económica, tecnológica, comercial y geoestratégica/geopolítica—, ha sido catalizada por la guerra en Ucrania[46], su desarrollo se da sobre una trama de complejas y aceleradas dinámicas que configuran la sociedad internacional actual. El contexto es un amenazante panorama de confrontación geoestratégica que interpela los "marcos de seguridad colectiva", y cuestiona el desarme nuclear[47]. Esto impulsa a (re)pensar y proyectar el enfoque seguridad humana en un contexto no solo de multicompetencia, sino de reconfiguración del orden internacional. En términos de seguridad multidimensional y bajo el paraguas de la seguridad humana que instala el eje de la seguridad en el individuo, vale la reflexión sobre ¿cuáles son los énfasis en seguridad que proyectan Estados Unidos, China y OTAN? ¿está presente de alguna manera el enfoque de seguridad humana?

---

cion-seguridad-e-infraestructura-para-el-desarrollo-ii-reunion-de-presidentes-de-america-del-sur-26-y-27-de-julio-de-2002

46 CIDOB, "El mundo en 2023: diez temas que marcarán la agenda internacional", *CIDOB notes internacionals*, nº. 283, diciembre 2022; SANAHUJA, J. A., "América Latina: una región ausente en un orden internacional en crisis", en SANAHUJA, J. A.; STEFANONI, P., (eds.) *América Latina: transiciones ¿Hacia dónde? Informe anual 2022-2023*, Fundación Carolina, Madrid, 2022, pp. 105-120.

47 CIDOB, op. cit., p. 3.

3.1. La Estrategia de Seguridad Nacional de Estados Unidos (ESN)

Con llamativo *delay* en la tradicional periodicidad en su publicación, la ESN vio la luz en una misma sintonía de la competencia estratégica que su antecesora, pero con otros énfasis. Esto implica un punto de inflexión con los postulados sobre el significado de competencia esgrimido por la Administración Trump. No obstante, lejos de descartarse la competencia con China, se identifica no solo como principal prioridad, sino que se determina a China como "la mayor amenaza militar y económica para EEUU y sus vecinos". Esto implica un par de diferencias con la ESN de 2017, ya que en la actual ESN se jerarquiza a China como competidor estratégico sobre Rusia, a la vez que se propone un escenario de competencia estratégica o geopolítica coprotagonizado y global[48].

De todas formas, paralelamente la ESN rescata la cooperación en la "era de la competencia" estratégica y geopolítica. El escenario de seguridad de la ESN coloca a Estados Unidos en dos frentes, uno en el Indo-Pacífico como epicentro de un quiebre del equilibrio de poder a partir del avance chino, y otro en Europa del Este a raíz de la inestabilidad provocada por Rusia[49]. "Como potencia del Indo Pacífico, Estados Unidos tiene un interés fundamental en lograr que la región tenga apertura, interconexión, prosperidad, seguridad y resiliencia"[50].

El hemisferio Occidental recibe gran atención dentro de la ESN, adquiriendo relevancia sobre el compromiso norteamericano en Oriente Medio, e incluso sobre la zona del Indo-Pacífico. Sobre este punto, Estados Unidos propone la preservación de la resiliencia económica, la estabilidad democrática y la seguridad ciudadana. La defensa de la democracia frente a la autocracia es un estandarte en

---

48 SIMÓN, L.; GARCÍA ENCINA, C. "La nueva Estrategia de Seguridad Nacional de EEUU", *Real Instituto Elcano Blog, 8 noviembre 2022, https://www.realinstitutoelcano.org/analisis/la-nueva-estrategia-de-seguridad-nacional-de-eeuu/*. U.S. DEPARTMENT OF STATE, "Ficha informativa: Estrategia de Seguridad Nacional del gobierno de Biden-Harris", 12 de octubre de 2022, *https://www.state.gov/translations/spanish/ficha-informativa-estrategia-de-%E2%81%A0seguridad-nacional-del-gobierno-biden-harris/*

49 SIMÓN, L.; GARCÍA ENCINA, C., op. cit.

50 U.S. DEPARTMENT OF STATE, op. cit.

la ESN que no ha escapado de debate, por un lado, se ha visto su potencial movilizador en la sociedad, aunque por otro lado se cuestiona como una posición maniqueísta[51].

En el marco de la competencia estratégica, el multilateralismo, así como las alianzas previas, y el orden internacional, son específicamente rescatados en la ESN 2022. Esto la coloca en la acera de enfrente con la ESN de la Administración Trump, que excomulgó al multilateralismo por limitar su margen de acción. A su vez, se identifican los "desafíos compartidos (...) que trascienden las fronteras" y que colindan con la geopolítica —siempre en clave de competencia—, específicamente al cambio climático, la inseguridad alimentaria, las enfermedades transmisibles, la inflación. Determina a su vez, su rol central en la seguridad nacional e internacional[52]. Ahora bien, no es identificable un enfoque de seguridad humana en esencia, hay seguritización. Más aún, el rol de la tecnología y el reconocimiento de que la "seguridad nacional requiere la cooperación tecnológica entre aliados" abreva en la necesidad de que Estados Unidos mantenga su poder económico e influencia, lo que reposa en "un consenso internacional sobre las normas de comercio y propiedad intelectual en torno a la tecnología"[53].

3.2. El Nuevo Concepto estratégico (NCE) de la Organización del Tratado del Atlántico Norte (OTAN)

En el marco de un conflicto bélico, una organización que aparentaba tener más pasado que futuro, resurge y se planta a partir de las facetas más duras de la seguridad y la geoestrategia de otrora. Así el Nuevo Concepto Estratégico de Madrid (NCE) establecido en la XXX Cumbre de la OTAN a fines de junio de 2022, impregna de seguritización el intercambio comercial, la salud, el medioambiente, la migración, la pobreza.

El NCE determina líneas políticas y militares de la OTAN. Sin embargo, tal como en su origen como Concepto Estratégico (CE), su

51 SIMÓN, L.; GARCÍA ENCINA, C., op. cit.
52 U.S. DEPARTMENT OF STATE, op. cit.
53 SIMÓN, L.; GARCÍA ENCINA, C., op. cit.

importancia recala en el establecimiento de propósitos y principios de la Alianza, así como la forma que adquiere la disuasión, la defensa y la gestión de crisis, así como la perspectiva sobre la paz y seguridad[54]. Definido como el "modelo para la Alianza en un mundo más peligroso y competitivo, donde regímenes autoritarios como Rusia y China desafían abiertamente el orden internacional basado en normas", por su secretario general Jens Stoltenberg[55], NCE amplifica el abanico de amenazas y desafíos a la seguridad a nivel global. Esto se sostiene en el "enfoque de 360 grados" —sobre el dominio terrestre, aéreo, marítimo, cibernético y espacial— que se traduce "en cualquier lugar y en cualquier momento". En ese contexto, el punto 13 del NCE determina "La asociación estratégica cada vez más profunda entre la República Popular China y la Federación Rusa y sus intentos de socavar el orden internacional basado en reglas, que se refuerzan mutuamente, van en contra de nuestros valores e intereses"[56].

Mientras el primer CE de 1949 hizo énfasis en la disuasión de la agresión, en la actualidad del escenario de guerra entre Rusia y Ucrania interpela el procedimiento de "gestión de crisis"-ya presente en el CE de 1991—, y recupera las propuestas de 1999 con la inclusión de operaciones no contempladas en el Artículo 5 de la Alianza para la gestión de crisis. Esto fue apuntalado en 2010 con la ampliación del CE que determinó que la OTAN participará, "cuando sea posible y cuando sea necesario", en la prevención de crisis, su gestión y el establecimiento de situaciones posteriores a conflictos en el apoyo de la reconstrucción[57].

Con el telón de fondo del 40° aniversario la adhesión de España a la OTAN, junto al retiro de objeciones de Turquía al ingreso de Finlandia y Suecia como miembros, y al acuerdo para la instalación de

---

54 NIEVES, M. "Nuevo Concepto Estratégico de la OTAN: Soplan vientos de guerra", 13 julio 2022), *El Sol de Cuernavaca*, *https://www.elsoldecuernavaca.com.mx/analisis/poliescenarios-nuevo-concepto-estrategico-de-la-otan-soplan-vientos-de-guerra-8573866.html*

55 SWI "Los líderes de OTAN inician la cumbre de Madrid para transformar la Alianza", 29 junio 2022, *https://www.swissinfo.ch/spa/otan-cumbre_los-l%C3%ADderes-de-otan-inician-la-cumbre-de-madrid-para-transformar-la-alianza/47712308*

56 NATO, "Strategic Concept", 29 junio 2022, *https://www.nato.int/nato_static_fl2014/assets/pdf/2022/6/pdf/290622-strategic-concept.pdf*

57 OTAN "¿Qué es la OTAN?, n.d., *https://www.nato.int/nato-welcome/index_es.html*

una base militar en Polonia, se ha interpretado que el NCE pretende generar un ajuste estratégico. La necesidad reposa en que la Alianza se desorientó estratégicamente al "desaparecer el "enemigo" visible y creíble que era la Unión Soviética"[58]. En esos términos, no sólo se ha ampliado el radio de acción euroatlántica al "resto del mundo", sino que Rusia comparte el rol de enemigo con China, con plus de que la acción de la Alianza ahora es global[59].

3.3. La Iniciativa de Seguridad Global (ISG) de China

Anunciada por Xi Jinping en el Foro de Boao en abril del 2022, no sólo evidencia su desprendimiento del lastre ideológico de la Guerra Fría, sino que postula una seguridad común, integral, cooperativa y sostenible. A su vez reafirma —entre otras cosas—, el principio de respeto a la soberanía y la integridad territorial, la solución pacífica de controversias[60], valiosos principios en el derecho internacional.

Previamente en febrero, una declaración conjunta de China y Rusia confirmaba la amistad "sin límites" entre ambos Estados, proyectándose hacia las áreas de cooperación entre ellos. El documento recupera la democracia como valor humano universal y la necesidad de apoyar el desarrollo global. Asimismo, aparece el apoyo mutuo en problemas de seguridad territorial: a Rusia en lo que se refiere a las demandas a Estados Unidos y la OTAN —previas a la invasión rusa a Ucrania—, y a la seguridad transfronteriza en Ucrania y Europa oriental. Por otro lado, aparece el respaldo a China en lo que refiere a Taiwán frente al bloque AUKUS[61].

La ISG propone que la clave de la estabilidad, el progreso y la paz radica en el desarrollo. Esto vinculado a la seguridad, a su vez

---

58 VILANOVA, P. "OTAN 2022, el Nuevo Concepto Etratégico", *CIDOB opinion. 731*, septiembre 2022, *https://www.cidob.org/es/publicaciones/serie_de_publicacion/opinion_cidob/2022/otan_2022_el_nuevo_concepto_estrategico*

59 NIEVES, M., op. cit.

60 RÍOS, X. "China, el desarrollo y la seguridad global", *Observatorio de la Política China*, 10 de octubre, 2022, *https://politica-china.org/areas/politica-exterior/china-el-desarrollo-y-la-seguridad-global*

61 Acrónimo en inglés de Australia, Reino Unido y Estados Unidos.

conecta con la Iniciativa de Desarrollo Global, y la determinación de aquellos como bienes globales.

Otro vértice relevante en la ISG son los ejes que suma como puntales de la "solución china" a la gobernanza de la seguridad global. Entre ellos la defensa del multilateralismo de Naciones Unidas, la promoción de las conversaciones de paz, las soluciones políticas a asuntos críticos, y el impulso hacia la recuperación económica[62]. Es destacable que alrededor de un centenar de Estados han apoyado la IDG, y más de 50 conforman su "Grupo de Amigos", lo que ha propulsado su proyección en el ámbito de Naciones Unidas.

En setiembre de 2022 se reunió en Samarcanda el Consejo de jefes de Estado de la Organización de Cooperación de Shanghái (OCS). En el discurso pronunciado por Xi Jinping no sólo se evoca al llamado "Espíritu de Shanghái"[63] sino que proyecta la intención de concretar la "gran revitalización de la nación china" a través del impulso de la construcción de "la comunidad de futuro compartido de la humanidad"[64]. Más aún, para hacer frente a "un mundo cambiante y a defender los intereses de los países en desarrollo" se proyecta un co-liderazgo con Rusia[65].

En la Declaración del Consejo de jefes de Estado de la OCS se defiende la seguridad multidimensional, y se reconocen los múltiples desafíos y amenazas internacionales que complejizan el sistema actual. Múltiples acuerdos se firmaron alrededor de la seguridad alimentaria, energética y medioambiental, en los que los Estados Miembros renuevan su compromiso con el desarrollo de la cooperación

---

62 RÍOS, X. op. cit.

63 Con raíces en los años '80, específicamente en el Tratado de Cooperación "4+1" entre Rusia, China, Kazajstán, Kirguizistán y Tayikistán, destinado a cuestiones geopolíticas clásicas de Guerra Fría. El "Espíritu de Shanghái" ha sido duramente cuestionado por quienes lo entienden como punta de lanza para los propósitos autoritarios de los Estados que han ido adoptando sus mecanismos.

64 XINHUA EN ESPAÑOL, "Texto íntegro de discurso de Xi en cumbre de OCS en Samarcanda", 17 setiembre 2022, https://spanish.news.cn/20220917/35ccae51943149da8916f028f8fc13d3/c.html

65 NIEVES, M. "La Cumbre de Samarcanda: nuevos bríos al "Espíritu de Shanghái"", *El Sol de Cuernavaca*, 30 noviembre 2022, *https://www.elsoldecuernavaca.com.mx/analisis/poliescenarios-la-cumbre-de-samarcanda-nuevos-brios-al-espiritu-de-shanghai-9249570.html*

política y en seguridad. La Declaración recupera también las dimensiones económica, financiera, de inversión y social, en búsqueda de profundizar las relaciones culturales y humanitarias. En la Cumbre de Samarcanda se proyecta una región pacífica y estable a partir de una arquitectura de seguridad "equilibrada, efectiva y sostenible" global[66].

4. REFLEXIONES FINALES

Latinoamérica no es una isla, y menos aún una región que pueda comprenderse desde un prisma único ni con propósito globalizante. Es la región más desigual, que la incidencia de la Covid-19 hizo convulsionar a nivel social, político, económico, y por ende en las múltiples dimensiones que hacen a la seguridad. La sindemia disparó la seguritización de múltiples temas, visualizándose dos escenarios potencialmente riesgosos. Uno sobre la base de democracias débiles y vulnerables a los estímulos externos. El otro sobre Estados sólidos con tendencia a endurecer sus regímenes y limitar derechos y libertades a través de la militarización de múltiples áreas, y la extensión indeterminada de medidas excepcionales tomadas durante la emergencia sanitaria[67].

Fenómenos disruptivos como la Covid-19 o la guerra en Ucrania, reconfiguran las dinámicas de la política internacional, generando inacción y desconcierto, lo que se ha potenciado por la existencia de múltiples crisis. Así, la degradación del multilateralismo y por ende un orden internacional en progresivo desgaste están a la orden del día. En Latinoamérica esto es extremadamente peligroso, en tanto la violencia estructural campea y el desprecio al multilateralismo no sólo invalida el esfuerzo y la coincidencia de larga trayectoria, sino que en clave de seguritización, potencia la desconfianza y el desprestigio en arquitecturas de seguridad colectivas imprescindibles. Las distintas respuestas nacionales, proteccionistas y aislacionistas visibles durante la emergencia sanitaria, minaron la cooperación.

---

66 Ídem.

67 En referencia a protección de datos, medidas de vigilancia, entre otras.

Minimizar el impacto interméstico de los determinismos geopolíticos en clave de competencia hegemónica desarrollados en esta pieza, no es una opción. Es ineludible considerarlos, en tanto visibilizan la necesidad de apostar a un multilateralismo fuerte, que brinde garantías, y que como reflejo de un marco efectivo a la política internacional. Es imprescindible perseguir el propósito de garantizar un orden internacional justo de apego a las normas.

Errores históricos aparecen como fantasmas sobre el viejo continente, y más allá de interpelar la ineficacia del orden internacional y sus instrumentos, imponen en clave de seguridad humana, la necesidad de establecer estrategias y acciones dirigidas a los riesgos y amenazas sobre las personas. Ese es el eje. Aumentar el gasto y ayuda militar y amplificar la seguritización no son soluciones en aquel sentido. Recuperar la seguridad humana a partir de una proyección de competencia hegemónica no guarda lealtad con el enfoque, más aún, tiene un potencial riesgo de sesgar las políticas exteriores seguritizadas a partir de una narrativa parida por otros intereses.

En síntesis, la falta de precisión del enfoque de seguridad humana no impide que bajo su cobertura se tiña de seguritización lo que debiera estar dirigido a consagrar la paz y el desarrollo sostenible. El establecimiento de lineamientos geopolíticos que recurren a los basamentos tradicionales de la seguridad nacional con su consecuente proyección en la defensa militar inclina la balanza hacia el estatocentrismo. Merece una reflexión profunda e integral sobre los espacios de seguridad humana que se habilitan en las estrategias y propósitos que ofrecen la ESN de Estados Unidos, el NCE de OTAN o la ISG de China. La contingencia de amenaza global de una guerra "cuasi tradicional" en Europa, en la coyuntura de múltiples crisis ya mencionada, impulsa fácilmente las concepciones de seguridad basadas en cálculos estratégicos, y de competencia hegemónica. Debe evitarse que la seguridad humana se transforme en una etiqueta intercambiable y multiuso.

Referencias bibliográficas

ASSMAN, H., "Por una sociedad donde quepan todos", *Pasos,* nº. 62, Segunda época, 1995.

BAS VILIZZIO, M. y NIEVES, M., "COVID-19 from the lens of Global International Relations", *Oasis*, pp. 21-38.

BENÍTEZ MANAUT, R., "Avances y límites de la seguridad hemisférica a inicios del siglo XXI", *Revista CIDOB D'Afers internacionals*, n.º 64, dic-ene 2003-2004, pp. 49-70.

CIDO, "El mundo en 2023: diez temas que marcarán la agenda internacional", *CIDOB notes internacionals, nº*. 283, diciembre 2022.

COMISIÓN ECONÓMICA PARA AMÉRICA LATINA Y EL CARIBE, *Balance Preliminar de las Economías de América Latina y el Caribe*, 2020, LC/PUB.2020/17-P.

COMISIÓN DE SEGURIDAD HUMANA DE LAS NACIONES UNIDAS, *Esbozo del informe de la Comisión de Seguridad Humana*, 2003.

COMISIÓN ECONÓMICA PARA AMÉRICA LATINA Y EL CARIBE, *Balance Preliminar de las Economías de América Latina*, 2022.

GALTUNG, J., "Violence, Peace, and Peace Research", *Journal of Peace Research*, v. 6, nº. 3, 1969, pp. 167-191.

GRASA HERNÁNDEZ, R, "Vínculos entre seguridad, paz y desarrollo: evolución de la seguridad humana. De la teoría al programa político y la operacionalización", *Revista CIDOB d'Afers Internacionals*, nº. 76, 2006, pp. 9-46.

HAMILTON, M. "El sistema interamericano de seguridad", LOZANO VÁZQUEZ, A.; RODRÍGUEZ SUMANO, A., (coords.) *Seguridad y asuntos internacionales*, Siglo Veintiuno, México, 2020. pp. 614-625.

LÓPEZ-ARANDA, R., "La Resolución de la Asamblea General de Naciones Unidas sobre Ucrania y la pugna por el orden internacional", *Blog Elcano*, 03 marzo 2022,

NACIONES UNIDAS, "Objetivos del Desarrollo Sostenible. Objetivo 16: Promover sociedades justas, pacíficas e inclusivas", n.d., *https://www.un.org/sustainabledevelopment/es/peace-justice/*

NACIONES UNIDAS "Paz, justicia e instituciones sólidas: por qué es importante", *Objetivos de desarrollo sostenible*, n.d., *https://www.un.org/sustainabledevelopment/es/wp-content/uploads/sites/3/2017/01/Goal_16_Spanish.pdf*

NIEVES, M., "Tiempos de crisis: Uruguay y su apuesta a la seguridad humana", en BOGADO BORDÁZAR, L., BONO, L. (eds.), "Latinoamérica, una región en crisis: los efectos de la pandemia", *Revista: Nueva Serie Documentos de Trabajo*, nº. 25, 2021, pp. 111-125.

NIEVES, M., "Nuevo Concepto Estratégico de la OTAN: Soplan vientos de guerra", *El Sol de Cuernavaca*, 13 julio 2022,

NIEVES, M., "La Cumbre de Samarcanda: nuevos bríos al "Espíritu de Shanghái"", *El Sol de Cuernavaca*, 30 noviembre 2022.

MORILLAS BASSEDAS, P. (2006) "Génesis y evolución de la expresión de la seguridad humana: un repaso histórico", *Revista CIDOB d'Afers Internacionals*, nº. 76, 2006, pp. 47-58.

OEA, "Reglamento del Consejo Permanente", 1980, *https://www.oas.org/xxxivga/spanish/reference_docs/Reglamento_CP.pdf*

OEA, "Declaración sobre seguridad en las Américas", *OEA/Ser.K/XXXVIII CES/dec.1/03,rev. 1,* 2003, http://www.oas.org/csh/CES/documentos/ce00339s02.doc

OEA, "Declaración de Lima: Paz, Seguridad y Cooperación en las Américas", *AG/DEC. 63 (XL-O/10),* 2010, *http://www.oas.org/consejo/sp/ag/Documentos/AG05138S09.doc*

OAS, "Carta Democrática Interamericana", *AG 2001 Documentos,* 2001, https://www.oas.org/charter/docs_es/resolucion1_es.htm

OPANAL, "Tratado para la Proscripción de las Armas Nucleares en la América Latina y el Caribe", 2022.

RÍOS, X., "China, el desarrollo y la seguridad global", *Observatorio de la Política China,* 10 de octubre, 2022.

ROSAS, M. C. "La Seguridad Humana Sostenible"¿Paradigma para la seguridad nacional de México en el Siglo XXI?", en ROSAS, M.C. (coord.) *La Seguridad Extraviada: Apuntes sobre la Seguridad Nacional de México en el Siglo XXI,* Universidad Nacional Autónoma de México, Centro de Análisis e Investigación sobre Paz, Seguridad y Desarrollo, 2020, pp. 31-100.

SAINZ BORGO, J. C. "Derechos Humanos en América Latina en el Siglo XXI ¿Un deterioro regional o la ruptura del consenso?", en ALTMANN BORBÓN, J.; ROJAS ARAVENA, F. (eds.), *América Latina ¿Hay voluntad política para construir un futuro diferente?,* 2022, FLACSO; Universidad para la Paz. pp. 521-542.

SANAHUJA, J. A., "La Agenda 2030 y los ODS: sociedades pacíficas, justas e inclusivas como pilar de la seguridad", *La Agenda 2030 y los ODS. Nueva arquitectura para la seguridad,* 2019, Gobierno de España, pp. 19-64.

SANAHUJA, J. A., "América Latina: una región ausente en un orden internacional en crisis", en SANAHUJA, J. A.; STEFANONI, P., (eds.) *América Latina: transiciones ¿Hacia dónde? Informe anual 2022-2023,* Madrid, Fundación Carolina, 2022, pp. 105-120.

SIMÓN, L.; GARCÍA ENCINA, C. "La nueva Estrategia de Seguridad Nacional de EEUU", *Real Instituto Elcano Blog,* 8 noviembre 2022.

U.S. DEPARTMENT OF STATE, "Ficha informativa: Estrategia de Seguridad Nacional del gobierno de Biden-Harris", 12 de octubre de 2022.

VILANOVA, P. "OTAN 2022, el Nuevo Concepto Estratégico", *CIDOB opinion. 731,* septiembre 2022.

XINHUA EN ESPAÑOL "Texto íntegro de discurso de Xi en cumbre de OCS en Samarcanda", 17 setiembre 2022.

ZELICOVICH, J. "¿Crisis en la globalización o crisis de la globalización?", *Perspectivas Revista de Ciencias Sociales,* Año 3, no. 6, jul-dic 2018, pp. 42-59.

LAS RESOLUCIONES DEL CONSEJO DE SEGURIDAD DE LA ONU SOBRE LA AGENDA 2030

THE UN SECURITY COUNCIL RESOLUTIONS ON THE 2030 AGENDA

ANTONIO QUIRÓS FONS[1]

Resumen

La Asamblea General ha sido el órgano de la ONU impulsor de los sucesivos planes de desarrollo a lo largo de sus décadas de existencia, acompañada en todo momento por la labor de seguimiento político del Consejo Económico y Social. En este estudio, se repasa esa trayectoria y se analiza el exiguo papel del Consejo de Seguridad respecto a la Agenda 2030, con dos únicas resoluciones hasta la fecha, referidas al desarrollo sostenible, la S/RES/2282 (2016), relativa al examen de la estructura de consolidación de la paz, y la S/RES/2553 (2020), relativa al mantenimiento de la paz y la seguridad internacionales.

Palabras clave: Consejo de Seguridad de la ONU - Agenda 2030 - ODS - Resoluciones.

Abstract

The General Assembly has been the UN body that has promoted successive development plans throughout its decades of existence, always accompanied by the political monitoring work of the Economic and Social Council. In this study, that trajectory is reviewed and the meager role of the Security Council regarding the 2030 Agenda is analyzed, with only two resolutions referring to sustainable development up to the date, S/RES/2282 (2016), regarding the examination of the structure of peacebuilding, and S/RES/2553 (2020), on the maintenance of international peace and security.

Keywords: United Nations Security Council - Agenda 2030 - SDG - Resolutions.

Sumario: 1. INTRODUCCIÓN. 2. GÉNESIS DE LA AGENDA 2030 PARA EL DESARROLLO SOSTENIBLE: EL PAPEL DE LA ASAMBLEA GENERAL. 3. IMPULSO DE LA SE-

[1] Profesor Titular de Derecho Internacional Público y Relaciones Internacionales, en la Universidad Europea de Valencia (antonio.quiros@universidadeuropea.es). Todas las páginas webs mencionadas en este trabajo han sido consultadas el 18 de diciembre de 2022.

CRETARÍA GENERAL. 4. EL CONSEJO DE SEGURIDAD Y SUS RESOLUCIONES SOBRE LOS ODS. 4.1. S/RES/2282 (2016). 4.2. S/RES/2553 (2020). 5. CONCLUSIONES.

1. INTRODUCCIÓN

El proceso liderado por la Organización de Naciones Unidas (ONU) entre los años 2012 y 2015, conocido como Agenda de Desarrollo Post-2015, buscó definir el marco de desarrollo global para seguir y lograr los Objetivos de Desarrollo del Milenio (ODM). Así, podría decirse que los conocidos como Objetivos de Desarrollo Sostenible (ODS) se concibieron como una sucesión de los ODM, que llegaron a su fin en 2015. En ese proceso, llegó a plantearse la creación de una asociación mundial para el desarrollo basada en los ODM. Pero esa iniciativa fracasó, por tratarse de una relación más bien de donante-receptor entre los estados miembros, para ayudar a los países en desarrollo[2]. Triunfó en cambio el multilateralismo, plasmado en los ODS, que favorecen la acción conjunta de todos los estados miembros.

La ONU, mediante este proceso, ha involucrado a todos sus estados miembros, así como a la sociedad civil global. Aunque parte de este éxito de alcance global se deba a que los ODS se basan en una resolución no vinculante, A/RES/70/1 (2015), titulada "Transformar nuestro mundo"[3], estos conforman, sin embargo, un acuerdo intergubernamental, destinado a servir como Agenda de Desarrollo post-2015, según reza el subtítulo de la resolución, señalando el plazo marcado para esta nueva etapa: la Agenda 2030 para el Desarrollo Sostenible. Se trata, en efecto, de un instrumento de *soft law*[4], pero

---

2 UN SYSTEM TASK TEAM ON THE POST-2015 UN DEVELOPMENT AGENDA., *A renewed global partnership for development*. United Nations, New York, 2013, p. 5. *https://www.un.org/en/development/desa/policy/untaskteam_undf/glob_dev_rep_2013.pdf*

3 Resolución de la Asamblea General de Naciones Unidas, A/RES/70/1, 25 de septiembre de 2015, *Transformar nuestro mundo: la Agenda 2030 para el Desarrollo Sostenible.* https://documents-dds-ny.un.org/doc/UNDOC/GEN/N15/291/93/PDF/N1529193.pdf?OpenElement

4 A pesar de su diversa recepción en el ámbito de la Unión Europea (Cfr. RABINOVYCH, M., "The Legal Status and Effects of the Agenda 2030 within the EU

que cuenta con la virtud añadida de legitimar e implicar también a los actores no estatales en su consecución.

La Asamblea General ha sido el órgano de la ONU impulsor de estos sucesivos planes de desarrollo a lo largo de sus décadas de existencia, acompañada en todo momento por la labor de seguimiento político del Consejo Económico y Social. Pero esta organización mundial, que sirve como garante internacional de la democracia y la libertad, tiene otro órgano encargado específicamente de mantener la paz y la seguridad internacionales, el Consejo de Seguridad.

Desde 2015, se esperaba que el Consejo de Seguridad adoptara un papel más activo y propositivo en relación con la Agenda 2030. Sin embargo, fue otro órgano de la ONU quien desplegó su influencia para apelar al Consejo de Seguridad desde el inicio de la Agenda 2030. Gracias al estímulo de la Secretaría General, se aprobó una primera resolución del Consejo de Seguridad con referencias al desarrollo sostenible, la S/RES/2282 (2016), relativa al examen de la estructura de consolidación de la paz de las Naciones Unidas[5]. Hubo que esperar cuatro años para obtener una segunda y hasta el momento última resolución del mismo órgano sobre la materia, la S/RES/2553 (2020), relativa al mantenimiento de la paz y la seguridad internacionales[6].

En este estudio se pretende analizar, con el recorrido arriba descrito y mediante fuentes normativas e institucionales de la ONU, la exigua producción explícita del Consejo de Seguridad en materia de sostenibilidad, para así discernir los ODS y las correspondientes metas presumiblemente abordadas en esas dos únicas resoluciones.

Legal Order", *Journal of Contemporary European Research*, vol. 16, núm. 2, 2020), muestra que en algunos Estados está adquiriendo paulatinamente un carácter más imperativo, con repercusiones directas en el devenir cotidiano de ciudadanos y empresas.

5 Resolución del Consejo de Seguridad de Naciones Unidas, S/RES/2282 (2016), de 27 de abril de 2016. https://documents-dds-ny.un.org/doc/UNDOC/GEN/N16/118/55/PDF/N1611855.pdf?OpenElement

6 Resolución del Consejo de Seguridad de Naciones Unidas, S/RES/2553 (2020), de 3 de diciembre de 2020. https://documents-dds-ny.un.org/doc/UNDOC/GEN/N20/341/26/PDF/N2034126.pdf?OpenElement

2. GÉNESIS DE LA AGENDA 2030 PARA EL DESARROLLO SOSTENIBLE: EL PAPEL DE LA ASAMBLEA GENERAL

Para conocer los antecedentes próximos de la Agenda 2030, habría que remontarse a 1972, año en que se celebró la Conferencia de las Naciones Unidas sobre el Medio Ambiente Humano en Estocolmo, con los gobiernos reunidos para discutir el derecho a vivir en un ambiente productivo y saludable[7]. En 1983, la ONU creó la Comisión Mundial sobre el Medio Ambiente y el Desarrollo, conocida también como Comisión Brundtland, para proporcionar una definición de desarrollo sostenible, afirmando que tendría que satisfacer las necesidades presentes sin comprometer la capacidad de satisfacer las futuras[8]. Hubo que esperar hasta 1992, con la primera Conferencia de las Naciones Unidas sobre Medio Ambiente y Desarrollo (CNUMAD, conocida también como Cumbre de la Tierra) en Río de Janeiro, para la adopción de la primera agenda sobre la materia, la Agenda para el Medio Ambiente y el Desarrollo en el siglo XXI, o Agenda 21.

En un evento de preparación para la que iba a ser la conferencia de seguimiento de la CNUMAD[9], en Indonesia en 2011, Colombia sugirió la idea de los ODS, que fue considerada más tarde, en septiembre de ese mismo año, por parte del Departamento de Información Pública de la ONU, en la 64ª Conferencia de las ONG. En el primer documento se propusieron 17 ODS, junto con sus respectivos objetivos asociados.

---

7 SECRETARIAT OF THE UNITED NATIONS CONFERENCE ON SUSTAINABLE DEVELOPMENT, RIO+20, "The History of Sustainable Development in the United Nations", en *UN Conference on Sustainable Development Rio+20*, United Nations, New York, 2012. *https://web.archive.org/web/20120618171731/http://www.uncsd2012.org/history.html*

8 WORLD COMMISSION ON ENVIRONMENT AND DEVELOPMENT, "Towards Sustainable Development", en *Our Common Future, Annex to document A/42/427 - Development and International Co-operation: Environment.* UN Documents, 1987. *http://www.un-documents.net/ocf-02.htm*

9 La Asamblea General ya había anunciado la celebración de la Conferencia sobre Desarrollo Sostenible, a la que denominaba Río 20 o Río +20, en su resolución A/RES/64/236, de 24 de diciembre de 2009, *Ejecución del Programa 21 y del Plan para su ulterior ejecución, y aplicación de los resultados de la Cumbre Mundial sobre el Desarrollo Sostenible.* https://documents-dds-ny.un.org/doc/UNDOC/GEN/N09/475/99/IMG/N0947599.pdf?OpenElement

Dos décadas después de la CNUMAD, en 2012, tuvo lugar la Conferencia de las Naciones Unidas sobre el Desarrollo Sostenible, conocida también como Río+20, que también se celebró en Río de Janeiro. Allí, los estados miembros acordaron un documento final, titulado "El futuro que queremos", publicado como anexo de la resolución de la Asamblea General A/RES/66/288. Sus áreas temáticas y asuntos intersectoriales son[10]: erradicación de la pobreza; seguridad alimentaria y nutrición, y agricultura sostenible; agua y sanitización; energía; turismo sostenible; transporte sostenible; ciudades y asentamientos humanos sostenibles; salud y población; promoción de empleo pleno y productivo, trabajo decente para todos y protección social; océanos y mares; pequeños estados insulares en desarrollo; países menos desarrollados; países en desarrollo sin litoral; África; esfuerzos regionales; reducción de desastres; cambio climático; bosques; biodiversidad; desertificación, degradación de la tierra y sequía; montañas; productos químicos y desechos; consumo y producción sostenibles; minería; educación; igualdad de género y empoderamiento de la mujer.

El documento resultante de Río+20 también tiene, en su marco de acción y seguimiento, una segunda sección dedicada a los ODS, donde se subraya que los Objetivos de Desarrollo del Milenio son una herramienta útil para enfocar el logro de metas de desarrollo específicas como parte de una visión amplia de desarrollo y un marco para la actividades de desarrollo de la ONU; que pueden ser útiles para emprender acciones enfocadas y coherentes sobre el desarrollo sostenible; que deben ser orientados a la acción, concisos y fáciles de comunicar, así como de naturaleza global y aplicables universalmente a todos los países; que se debe establecer un proceso intergubernamental inclusivo y transparente sobre los ODS abierto a todas las partes interesadas con miras a desarrollar los ODS globales que serán acordados por la Asamblea General; que el proceso debe ser coordinado y coherente con los procesos para considerar la agenda de desarrollo post-2015; que el progreso hacia el logro de los objetivos debe

---

10 Resolución de la Asamblea General de Naciones Unidas, A/RES/66/288, de 27 de julio de 2012. *El futuro que queremos.* https://www.un.org/en/development/desa/population/migration/generalassembly/docs/globalcompact/A_RES_66_288.pdf

evaluarse y acompañarse de indicadores y metas teniendo en cuenta las circunstancias nacionales; y que se necesita información mundial, integrada y con base científica sobre el desarrollo sostenible. Como se observa en el texto, la sección se denomina Objetivos de Desarrollo Sostenible, refiriéndose indistintamente en su contenido a los todavía vigentes ODM como tales o como ODS.

Siguiendo las indicaciones de "El futuro que queremos", se creó un grupo de trabajo con el fin de identificar los objetivos específicos dentro de los ODS. Se presentaron mediante un informe de la Secretaría General en diciembre de 2014 y finalmente, en la resolución A/RES/70/1, de 25 de septiembre de 2015, la Asamblea General aprobó 17 Objetivos de Desarrollo Sostenible y 169 metas conexas de carácter integrado e indivisible[11]. Entraron en vigor el 1 de enero de 2016.

3. IMPULSO DE LA SECRETARÍA GENERAL

Aparte del indiscutido protagonismo de la Asamblea General y el consecuente seguimiento del Consejo Económico y Social en el itinerario de los ODS, otro órgano de la ONU ha sido el que ha desplegado su influencia para apelar al Consejo de Seguridad desde el inicio de la Agenda 2030: Ban Ki-moon, entonces Secretario General, hizo una declaración en 2016 durante una conferencia de prensa que serviría como premisa rectora para el desarrollo de los ODS, afirmando que no podía haber un plan alternativo porque no había un planeta alternativo[12].

En una reunión con los miembros del Consejo de Seguridad, celebrada en New York en noviembre de 2015[13], ese mismo Secretario General hizo hincapié en el contenido del Informe que les había pre-

---

11 Resolución A/RES/70/1, cit.

12 UNITED NATIONS SECRETARY GENERAL, *Secretary-General's remarks to the press at COP22, Marrakech, 15 November 2016*, United Nations, 2016. https://www.un.org/sustainabledevelopment/blog/2016/11/secretary-generals-remarks-to-the-press-at-cop22/

13 SDG KNOWLEDGE HUB, *UN Security Council Discusses Links with 2030 Agenda*, International Institute for Sustainable Development, 2015. http://sdg.iisd.org/news/un-security-council-discusses-links-with-2030-agenda/

sentado dos meses antes[14], destacando que las causas básicas de conflictos (la injusticia, la exclusión, la desigualdad y el mal gobierno; la opresión y la corrupción; la mala gestión de los recursos naturales; y la alienación y la frustración relacionadas con la falta de empleo y oportunidades) tenían que ser abordadas por la lucha contra el terrorismo.

El Secretario General recordó al Consejo de Seguridad que la Agenda 2030 se basa en el enfoque integrador del entrelazamiento de paz y desarrollo, seguridad y derechos humanos, refiriéndose específicamente al decimosexto Objetivo de Desarrollo Sostenible (ODS), que se centra en lograr sociedades pacíficas e inclusivas, construir instituciones responsables y facilitar el acceso a la justicia[15]. También dejó clara la falta de adecuación de esa integración, destacando para ello cuatro líneas principales de trabajo: primero, centrarse en la prevención haciendo que la Agenda 2030 juegue un papel más importante en las estrategias de la ONU y demandando la diplomacia preventiva, ya que los factores de riesgo como la marginación y la desigualdad pueden ser abordados por la asistencia para el desarrollo; en segundo lugar, centrándose en los derechos humanos, con los estados miembros adoptando la actitud de 'Los derechos humanos por delante'; tercero, la necesidad de fortalecer la cohesión entre los actores, ya que la Agenda 2030 necesariamente implicaba pasar de los silos a las alianzas y el sistema de la ONU debía brindar un análisis sólido a la Comisión de Consolidación de la Paz de la ONU (PBC)[16] y al Consejo de Seguridad; y cuarto, la necesidad de financiación adecuada y predecible para las oficinas de la ONU, el Fondo para la Consolidación de la Paz, los equipos nacionales y el trabajo de mediación.

---

14 SECRETARIO GENERAL DE NACIONES UNIDAS, *Informe sobre las Naciones Unidas y la prevención de conflictos: renovación del compromiso colectivo*, Consejo de Seguridad, S/2015/730, 25 de septiembre de 2015. https://documents-dds-ny.un.org/doc/UNDOC/GEN/N15/288/31/PDF/N1528831.pdf?OpenElement

15 *Ibidem.*

16 UN Peacebuilding Commission (PBC). Comisión establecida en 2005 para abordar los desafíos relacionados con la reducción de la brecha entre el desarrollo y la seguridad.

En este mismo contexto, el Representante Permanente de Suecia, en calidad de presidente del PBC, Olof Skoog, afirmó que la paz y la seguridad son un requisito para el desarrollo sostenible[17]. Describió tres de los que denominó "cambios" que consideró necesarios para prevenir futuros conflictos: primero, hacer hincapié en la prevención mediante el fortalecimiento de las instituciones nacionales, la creación de capacidad nacional, el apoyo a la buena gobernanza y la ampliación de los ciclos estándar de programas de las Naciones Unidas de tres a cinco años sobre estos temas a marcos de quince a treinta años; en segundo lugar, aumentar la inclusión al incluir a las mujeres en todos los aspectos del trabajo de consolidación de la paz, así como involucrar a todas las partes interesadas relevantes; y tercero, fortalecer la coherencia para garantizar una acción más coherente del sistema de la ONU, las instituciones financieras internacionales (IFI) y los actores nacionales y regionales.

Como conclusión de aquel encuentro con el Secretario General, numerosos miembros del Consejo de Seguridad[18] dieron la bienvenida al 16° ODS, destacando que la seguridad está intrínsecamente vinculada al desarrollo, y pidieron integrar las agendas de desarrollo y de prevención de conflictos, así como la cooperación con la Asamblea General de las Naciones Unidas (AG), el Consejo Económico y Social (ECOSOC) y otras agencias de la ONU e instituciones internacionales. Sin embargo, otros, como Rusia y Venezuela, se opusieron a este punto de vista, afirmando que los diferentes órganos tienen prerrogativas diversas.

De este modo, según las dos delegaciones discrepantes[19], solo la AG y el ECOSOC estarían legitimados para atender cuestiones económicas y sociales, así como para promover y monitorizar la Agenda 2030. Para ilustrar lo que constituiría una intromisión en las competencias exclusivas de esos órganos, Venezuela argumentó que el CS no puede establecer un solo tipo de modelo institucional político

---

17 SDG KNOWLEDGE HUB, *UN Security Council Discusses Links with 2030 Agenda*, op. cit.

18 Reino Unido, Estados Unidos, España, Francia, Nueva Zelanda, Lituania, Malasia, Chile, Angola y Nigeria. SDG KNOWLEDGE HUB, *UN Security Council Discusses Links with 2030 Agenda*, op. cit.

19 *Ibidem.*

para apoyar procesos de desarrollo sin violar el principio de soberanía, uno de los principios básicos de la Carta de Naciones Unidas. La Federación Rusa, por otro lado, reconoció el vínculo definitivo entre seguridad y desarrollo, pero alertó del riesgo de elevarlo a verdad absoluta, pudiendo llegar a degradar seriamente la eficacia del CS.

4. EL CONSEJO DE SEGURIDAD Y SUS RESOLUCIONES SOBRE LOS ODS

Así como la ONU ha sido la principal organización mundial que actúa como garante internacional de la democracia y la libertad, a través de los sucesivos planes de desarrollo a lo largo de sus décadas de existencia, el órgano encargado de mantener la paz y la seguridad internacionales ha sido su Consejo de Seguridad.

Desde el empuje del Secretario General de 2015, se han aprobado dos resoluciones del Consejo de Seguridad con referencias al desarrollo sostenible, la S/RES/2282 (2016), y la S/RES/2553 (2020), ambas sin carácter imperativo[20], relativas respectivamente al examen de la estructura de consolidación de la paz de las Naciones Unidas y al mantenimiento de la paz y la seguridad internacionales.

Una posible justificación de la parquedad del CS en relación con los ODS puede explicarse al recordar su composición y estructura. El Consejo de Seguridad ha mantenido exactamente la misma estructura de poder que se formó después del final de la Segunda Guerra Mundial[21], incluso tras intentos de reforma para aumentar la

---

20 Dependiendo del tenor y los fundamentos jurídicos, las decisiones del Consejo de Seguridad pueden ser vinculantes o no para los estados, o si se prefiere de *hard* o *soft law.* El Cap. VII de la Carta de Naciones Unidas es el fundamento generalmente esgrimido en las decisiones imperativas. Cfr. WOOD, M., STHOEGER, E., "Decisions of the Security Council", en *The UN Security Council and International Law,* Cambridge University Press, 2022, pp. 28 - 58.

21 Originalmente compuesto por once miembros, siendo los EE. UU., el Reino Unido, la URSS, la República de China y Francia los cinco permanentes con poder de veto y otros seis no permanentes elegidos por períodos de dos años por la Asamblea General de la ONU, hasta que una enmienda de 1965 cambió el recuento de miembros a quince, quedando los cinco miembros permanentes. La República Popular China reemplazó a la República de China en 1971, y la URSS fue reemplazada posteriormente por la Federación Rusa en 1991.

importancia de otros miembros, como las naciones del *G4* (Alemania, Japón, India y Brasil)[22], a la que se opone el movimiento *Uniting for Consensus* (también conocido como Coffee Club), liderado por Italia[23].

4.1. S/RES/2282 (2016)

La resolución del Consejo de Seguridad de 2016 se ocupa del examen de la estructura de consolidación de la paz de las Naciones Unidas. En su undécimo considerando, recuerda la resolución de la Asamblea General A/70/1, "Transformar nuestro mundo: la Agenda 2030 para el Desarrollo Sostenible"[24], ofreciendo así la definición que el CS maneja para los ODS: un conjunto amplio, de gran alcance y centrado en las personas de objetivos y metas de desarrollo sostenible universales y transformativos.

Conviene destacar el núm. 2 de la resolución, donde ha quedado plasmado el fruto del debate mantenido previamente con el Secretario General sobre los diversos modos de concebir las competencias del CS en relación con los ODS. Se pone de relieve que "sostener la paz requiere coherencia, colaboración continuada y coordinación entre la Asamblea General, el Consejo de Seguridad y el Consejo Económico y Social", añadiendo "de conformidad con los mandatos previstos para ellos en la Carta de las Naciones Unidas". Se trata de una cláusula de salvaguarda que pudiera complacer a los miembros discrepantes del CS (recuérdense las declaraciones de Venezuela y Federación Rusa).

Aunque no se menciona ningún ODS en esa resolución, se puede identificar una serie de claras contribuciones a los mismos, específicamente y por este orden al decimoséptimo, el decimosexto y el quinto. La disposición que puede considerarse como más representativa y aglutinadora es la establecida en el núm. 4(d) en consonancia

---

22 ARIYORUK, A., "Players and Proposals in the Security Council Debate". *Global Policy Forum*, 2005.

23 PIROZZI, N., RONZITTI, N., "The European Union and the Reform of the UN Security Council: Toward a New Regionalism?". *Istituto Affari Internazionali Working Papers*, Vols. 11-12, 2011.

24 Resolución A/RES/70/1, cit.

con los núms. 18 y 30. Estas disposiciones recogen lo anunciado en los considerandos decimoctavo y siguientes. Con el fin de sostener la paz, que exige unas alianzas estratégicas y operacionales estrechas, se reafirma el papel de la Comisión de Consolidación de la Paz, en calidad de órgano consultivo intergubernamental, para servir, entre otras funciones, de plataforma entre las Naciones Unidas y los Gobiernos nacionales, otras organizaciones internacionales, regionales y subregionales (se menciona como fundamento en los considerandos el Cap. VIII de la Carta[25]), las instituciones financieras internacionales, las organizaciones de la sociedad civil (la resolución individualiza además los grupos de mujeres y las organizaciones de jóvenes, que cuentan además con precisiones sobre la mayor presencia de ambos colectivos en el ámbito de la seguridad) y el sector privado.

En el núm. 4(d), se incluye, además, entre las entidades, a las instituciones nacionales de derechos humanos. Respecto a la presencia de la mujer, se dedican además los nn. 21, 22 y 27, de particular relieve este último por destacar la importancia de financiar iniciativas de presencia y empoderamiento de la mujer.

Siguiendo el tenor de esas propuestas, puede decirse que se promueve un marco de alianzas entre múltiples organizaciones de diversos ámbitos personales y territoriales (ODS 17), relativas a un objeto material común de consolidación de la paz (ODS 16), poniendo el foco en el papel de la mujer (ODS 5).

4.2. S/RES/2553 (2020)

La segunda resolución del Consejo de Seguridad en la que se menciona explícitamente la Agenda 2030, aprobada en 2020, ya incluye una remisión a la resolución de 2016, así como a la A/70/1, de la Asamblea General[26], y se refiere a la reforma del sector de la seguridad. Conviene destacar el objetivo mencionado por el núm. 4,

---

[25] El Cap. VIII de la Carta de Naciones Unidas, sobre Acuerdos regionales (Arts. 52-54), legitima las alianzas regionales para el mantenimiento de la paz y la seguridad internacionales, siempre que “sean compatibles con los Propósitos y Principios de las Naciones Unidas” (Art. 52). *https://www.un.org/es/about-us/un-charter/chapter-8*

[26] Resolución A/RES/70/1, cit.

mediante el cual se pretende alcanzar procesos políticos nacionales más amplios que incluyan a todos los sectores de la sociedad, con la participación de la sociedad civil, y que sienten las bases para la estabilidad y la paz y para el desarrollo social y económico, mediante la promoción del estado de derecho, la justicia, el diálogo nacional y las iniciativas de reconciliación. Esta redacción, con la expresa "promoción del estado de derecho", podría representar una posible vía de acceso a la intervención en Estados "con" derecho, dando sentido así precisamente a la preocupación manifestada en 2015 por Rusia y Venezuela[27] sobre una eventual intromisión en la soberanía de determinados países.

En la resolución se destaca, además, que un sector de seguridad profesional, efectivo y responsable, así como unos sectores de aplicación de la ley y justicia accesibles e imparciales son necesarios para sentar las bases tanto del desarrollo sostenible como de la paz. También reafirma que un sector de la seguridad representativo, responsable, eficaz, profesional, eficiente y receptivo, sin discriminación y con total respeto por el estado de derecho y los derechos humanos, sea la piedra angular del desarrollo sostenible y la paz, afirmando que es importante para la consolidación de la paz, prevención de conflictos y mantenimiento de la paz.

También se señala la promoción de la participación plena, significativa e igualitaria de las mujeres en el sector de la seguridad. Al igual que en la resolución de 2016, se dedica un mayor número de disposiciones a esta cuestión[28], constitutiva del ODS 5, planteado como una contribución relevante para construir instituciones legítimas, responsables e inclusivas que a su vez protejan a las poblaciones y promuevan la paz duradera y el desarrollo sostenible de manera más efectiva, expresando preocupación por las barreras significativas que las mujeres continúan enfrentando para su participación igualitaria en las instituciones del sector de la seguridad, donde se dice que a menudo están subrepresentadas. Por todo ello, en la resolución se alienta a los estados miembros a desarrollar estrategias de reforma y programas específicos para el contexto del sector de la seguridad,

---

27 *Vid. supra* cap. 3 *in fine*.

28 S/RES/2553 (2020), nn. 5, 20(b), 24 *inter alia*.

que ayuden a eliminar dichas barreras y aumentar la representación de la mujer en todos los niveles dentro del sector.

Por otra parte, cabe destacar una mayor concreción que en 2016, a modo de avance en las colaboraciones con organizaciones regionales, pues además de recordarse también aquí el Capítulo VIII de la Carta[29], se reconoce explícitamente lo logrado por la Unión Africana[30] en los últimos años.

5. CONCLUSIONES

Hasta el momento, sólo dos resoluciones del Consejo de Seguridad de la ONU han mencionado expresamente, como uno de sus fundamentos jurídicos, la resolución de la Asamblea General A/70/1 por la que se aprobó la Agenda 2030. Aunque en ambas resoluciones no aparece ninguna referencia específica al propio contenido de esa Agenda, esto es, los ODS y sus respectivas metas, sí puede apreciarse en sus correspondientes disposiciones una serie de propuestas de *soft law* que podrían ser alineadas con algunas metas de los ODS decimoséptimo, decimosexto y quinto. Estas resoluciones del Consejo de Seguridad presentan cuestiones relativas a “Alianzas” sobre “Paz, Justicia e Instituciones sólidas”, atendiendo específicamente a la “Igualdad de género”.

Teniendo en cuenta la tendencia descrita por la producción normativa del Consejo de Seguridad en relación directa con la Agenda 2030, podría especularse que la próxima resolución de este órgano de la ONU en la que se recuerde de nuevo dicha Agenda, será aprobada en 2024. También cabe esperar que, caso de producirse, la resolución seguirá el tono y naturaleza jurídica de sus predecesoras y, por tanto, no mencionará ningún ODS explícitamente y no será vinculante, al menos mientras el Consejo mantenga la estructura actual.

Finalmente, la expresa “promoción del estado de derecho” en la resolución de 2020, podría estar dando cabida a la progresiva materialización del temor de algunos Estados, manifestado en el seno del

---

29 Cap. VIII de la Carta de Naciones Unidas, sobre Acuerdos regionales (Arts. 52-54), cit.

30 *Ibidem*, nn. 21-22.

mismo Consejo de Seguridad, respecto a la posible extralimitación en sus propias competencias y la consecuente vulneración del principio de soberanía. Concretamente, mediante la introducción y aplicación del ODS 16, cuya mera existencia se considera un pequeño milagro[31], se cierne sobre el planeta una securitización del desarrollo que podría acabar arreciando en tormenta, pero por el momento, como se ha visto, no pasa de ser una brisa suave.

Fuentes normativas

Carta de las Naciones Unidas, 26 de junio de 1945. https://www.un.org/es/about-us/un-charter/

Resoluciones de la Asamblea General de Naciones Unidas

A/RES/64/236 de 24 de diciembre de 2009. Ejecución del Programa 21 y del Plan para su ulterior ejecución, y aplicación de los resultados de la Cumbre Mundial sobre el Desarrollo Sostenible. https://www.undocs.org/Home/Mobile?FinalSymbol=A%2FRES%2F64%2F236&Language=E&DeviceType=Desktop&LangRequested=False

A/RES/66/288 de 27 de julio de 2012. El futuro que queremos. https://undocs.org/Home/Mobile?FinalSymbol=A%2FRES%2F66%2F288&Language=E&DeviceType=Desktop&LangRequested=False

A/RES/70/1, 25 de septiembre de 2015. Transformar nuestro mundo: la Agenda 2030 para el Desarrollo Sostenible. https://documents-dds-ny.un.org/doc/UNDOC/GEN/N15/291/93/PDF/N1529193.pdf?OpenElement

Resoluciones del Consejo de Seguridad

S/RES/2282 (2016), de 27 de abril de 2016. https://documents-dds-ny.un.org/doc/UNDOC/GEN/N16/118/55/PDF/N1611855.pdf?OpenElement

S/RES/2553 (2020), 3 de diciembre de 2020. https://documents-dds-ny.un.org/doc/UNDOC/GEN/N20/341/26/PDF/N2034126.pdf?OpenElement

---

31 BRUCH, C., "Integrating Security into Sustainable Development to Build More Peaceful Societies", *UN Chronicle*, 6 de noviembre de 2021. *https://www.un.org/en/integrating-security-sustainable-development-build-more-peaceful-societies*

Referencias bibliográficas

ARIYORUK, A., "Players and Proposals in the Security Council Debate". *Global Policy Forum*, 2005.

BRUCH, C., "Integrating Security into Sustainable Development to Build More Peaceful Societies", *UN Chronicle*, 6 de noviembre de 2021.

PIROZZI, N., RONZITTI, N., "The European Union and the Reform of the UN Security Council: Toward a New Regionalism?". *Istituto Affari Internazionali Working Papers*, Vols. 11-12, 2011.

RABINOVYCH, M. "The Legal Status and Effects of the Agenda 2030 within the EU Legal Order", *Journal of Contemporary European Research*, vol. 16, núm. 2, 2020.

SDG KNOWLEDGE HUB, *UN Security Council Discusses Links with 2030 Agenda*, International Institute for Sustainable Development, 2015.

SECRETARIAT OF THE UNITED NATIONS CONFERENCE ON SUSTAINABLE DEVELOPMENT, RIO+20, "The History of Sustainable Development in the United Nations", en *UN Conference on Sustainable Development Rio+20*, United Nations, New York, 2012. *https://web.archive.org/web/20120618171731/http://www.uncsd2012.org/history.html*

SECRETARIO GENERAL DE NACIONES UNIDAS, *Informe sobre las Naciones Unidas y la prevención de conflictos: renovación del compromiso colectivo*, Consejo de Seguridad, S/2015/730, 25 de septiembre de 2015. https://documents-dds-ny.un.org/doc/UNDOC/GEN/N15/288/31/PDF/N1528831.pdf?OpenElement

UN SYSTEM TASK TEAM ON THE POST-2015 UN DEVELOPMENT AGENDA, *A renewed global partnership for development.* United Nations, New York, 2013, p. 5. *https://www.un.org/en/development/desa/policy/untaskteam_undf/glob_dev_rep_2013.pdf*

UNITED NATIONS SECRETARY GENERAL, *Secretary-General's remarks to the press at COP22, Marrakech, 15 November 2016*, United Nations, 2016. https://www.un.org/sustainabledevelopment/blog/2016/11/secretary-generals-remarks-to-the-press-at-cop22/

WOOD, M., STHOEGER, E., "Decisions of the Security Council", en *The UN Security Council and International Law*, Cambridge University Press, 2022, pp. 28 - 58.

WORLD COMMISSION ON ENVIRONMENT AND DEVELOPMENT, "Towards Sustainable Development", en *Our Common Future, Annex to document A/42/427 - Development and International Co-operation: Environment.* UN Documents, 1987. *http://www.un-documents.net/ocf-02.htm*

THE UN SECURITY COUNCIL, A NEW INTERNATIONAL ACTOR IN THE GEOPOLITICAL WARS OVER WATER? ITS POTENTIAL ROLE IN ADDRESSING CLIMATE CHANGE-RELATED CONFLICTS

EL CONSEJO DE SEGURIDAD DE LA ONU, ¿UN NUEVO ACTOR INTERNACIONAL EN LAS GUERRAS GEOPOLÍTICAS POR EL AGUA? SU POSIBLE PAPEL EN LOS CONFLICTOS RELACIONADOS CON EL CAMBIO CLIMÁTICO

LUCAS J. RUIZ DÍAZ[1]

Resumen

Desde la década de 1990, diversas han sido las cuestiones no tradicionales relacionadas con la seguridad que se han incorporado a la agenda del Consejo de Seguridad de Naciones Unidas. Dada la asunción por éste de una concepción amplia de la seguridad, en los últimos años varias han sido las ocasiones en las que se ha intentado incluir en la agenda e intervención del Consejo de Seguridad una referencia expresa al papel desestabilizador del cambio climático en las crisis internacionales. Sin embargo, cualquier intervención en este sentido deberá, en primer lugar, superar las tradicionales reticencias mostradas en su seno y, seguidamente, abordar sus propias limitaciones.

Palabras clave: Consejo de Seguridad - cambio climático - relaciones internacionales - seguridad humana

Abstract

Since the 1990s, several non-traditional security issues have been incorporated into the agenda of the United Nations Security Council. By virtue of its broad conception of security, in the last years we have witnessed several attempts to include onto in its agenda and intervention an explicit reference to the destabilizing role of climate change in international crises. Howe-

1 Lecturer at the Department of Public International Law and International Relations, University of Granada (lucasruiz@ugr.es). All websites mentioned in this work have been consulted on 28 February 2023.

ver, any potential scenario for intervention has to, firstly, overcome the traditional opposition evidenced within the UNSC in recent debates and, subsequently, address its own limitations.

Keywords: Security Council - climate change - international relations - human security

1. INTRODUCTION

In the 1990s, after the collapse of the Soviet Union and the subsequent rise of a new international security environment, the United Nations Security Council (UNSC) increased considerably the scope of its fundamental duties and functions vis-à-vis the maintenance of international peace and security. Indeed, the progressive expansion of its powers occurred with no big contestation[2]. Unquestionably, on account of the "paradigm shift from state-centric (traditional security) to peoples centred (human security) approach to national security"[3], it was agreed on conferring upon the UNSC the authority to also address non-traditional security threats and transnational risks as part of its long-established, specific responsibilities according to the Charter of the United Nations ("the Charter") in the maintenance of international peace and security[4]. Therefore, along with acknowledging the role of women in peace-making and calling for the protec-

2 KOLB, R., *Le droit relatif au maintien de la paix internationale. Evolution historique, valeurs fondatrices et tendances actuelles*, Éditions A. Pedone, París, 2005, p. 42.

3 OGELE, E. P., "Climate Change and Human Security in Rivers State, Nigeria", *International Journal of Advance Research and Innovative Ideas in Education*, Vol. 6, No. 2, 2020, p. 1758.

4 One of the earliest references in the UNSC can be traced back to the 31 January 1992 presidential statement, which stated: "The absence of war and military conflicts amongst States does not in itself ensure international peace and security. The non-military sources of instability in the economic, social, humanitarian and ecological fields have become threats to peace and security. The United Nations membership as a whole, working through the appropriate bodies, needs to give the highest priority to the solution of these matters". (S/PV. 3046, p. 143).

tion of civil populations in conflict, fighting transnational organized crime and international terrorism both being considered as a "driver" of internal and regional conflicts, became the main areas of concern and action for the UNSC at the dawn of the twenty-first century.

Against this background, additionally, a group of Member States of the United Nations (UN) and other international Organizations and informal networks (e.g., the European Union, EU; and the G7/8) have regularly pressed in the last decades to include "climate change"[5] amidst the powers of the UNSC in the maintenance of international peace and security. Initially, climate change reached the UNSC's agenda under the leadership of the former British Prime Minister Tony Blair, who used the presidencies of the United Kingdom of these international fora[6] to launch the debate globally with the acquiescence of other political leaders worldwide. As a result, at the request of the British government and under its presidency, on 17 April 2007, the first ministerial-level meeting within the UNSC on the impact of climate change on international peace and security was held aiming to discuss its implications as a driver of conflict and "calling for international cooperation to tackle the problem in a holistic and preventive manner"[7]. That said, it was accepted from the beginning by the 55 participating delegations that any potential UNSC's intervention should respect the responsibilities and duties of the more "appropriate fora", namely the Conference of the Parties (CoP) to the UN Framework Convention on Climate Change (UNFCCC), the General Assembly and the Intergovernmental Panel on Climate Change (IPCC). In fact, despite acknowledging the lack of

5 ""Climate change" means a change of climate which is attributed directly or indirectly to human activity that alters the composition of the global atmosphere and which is in addition to natural climate variability observed over comparable time periods". Art. 1 of the UNFCCC, FCCC/INFORMAL/84 GE.05-62220 (E) 200705, 1992, *https://unfccc.int/resource/docs/convkp/conveng.pdf*

6 For instance, *The Gleneagles Communiqué: Climate Change, Energy and Sustainable Development*, 2005, *http://www.g8.utoronto.ca/summit/2005gleneagles/communique.pdf*

7 UNSC, *Letter dated 5 April 2007 from the Permanent Representative of the United Kingdom of Great Britain and Northern Ireland to the United Nations addressed to the President of the Security Council*, S/2007/186. Additionally, UNSC, 5663rd meeting, 17 April 2007, S/PV. 5663.

agreement on the UNSC's involvement, these States and fora have traditionally claimed the potential risks associated to climate change as a destabilization force —a "threat multiplier"— of local and regional conflicts in areas where water and food are scarce, or estimates foresee floods and severe droughts, such as in Africa and South Asia, which may exacerbate existing political instabilities and social unrest.

Far from being a closed chapter, the topic has in recent years returned to the international agenda as an issue of security concern. Indeed, in addition to being debated again in recurrent debates at the UNSC during the last decade[8], NATO Secretary-General Jens Stoltenberg called at the 2022 CoP to the UNFCCC (COP27) for an active role of the military in fighting climate change inter alia by reducing the emissions of the deployed forces on the ground, and stressed that "climate change impacts security, [...] is a crisis multiplier"[9]. Actually, his discourse followed the inclusion of climate change as a "defining challenge" in the new NATO Strategic Concept —adopted in June 2022[10], and six years after the release of the EU's Global Strategy calling the Union and its Member States for action to revert its "disruptive" effects[11]. Therefore, climate change is back on the international geopolitical agenda at a time when the territory has regained relevance in the definition of national and international security and defence strategies after the Russian aggression against Ukraine, or even as a guarantee for the survival of the States and their populations, as evidenced in the case of the small island States in the Pacific.

---

8 For instance, at its 9260th meeting, on 14 February 2023, the UNSC debated on the implications for international peace and security of sea-level rise (S/PV. 9260), and, on a general basis, at its 7818th meeting, on 22 November 2016 (S/PV. 7818).

9 High-Level Discussion on Climate Security with the NATO Secretary General Jens Stoltenberg at this year's United Nations Climate Change Conference (COP27), 8 November 2022, *https://www.nato.int/cps/en/natohq/opinions_208773.htm*

10 *NATO 2022 Strategic Concept*, adopted by Heads of State and Government at the NATO Summit in Madrid, 29 June 2022, *https://www.nato.int/nato_static_fl2014/assets/pdf/2022/6/pdf/290622-strategic-concept.pdf*

11 European External Action Service, *Shared Vision, Common Action: A Stronger Europe. A Global Strategy for the European Union's Foreign and Security Policy*, June 2016, *https://www.eeas.europa.eu/sites/default/files/eugs_review_web_0.pdf*

The aim of this analysis is to address the potential challenges and limitations to include climate change amidst the functions and competences of the UNSC in the maintenance of international peace and security, as well as its likely benefits to ensure the enforcement of the international measures undertaken to fight it globally. Firstly, we briefly look into the different, opposing views of UN Member States to draft the whole picture of the debates held so far within the UNSC on the topic as an "international peace and security" agenda item, and to highlight its main proponents and detractors considering in our analysis the first and latest debates held so far (section 2). Moreover, we will take as a case study its long-dated intervention in the water disputes to illustrate not only the limitations, but also the potentialities of the available scenarios for its intervention in addressing climate change as a security concern (section 3). Finally, some policy proposals will be suggested to overcome the main difficulties in the UNSC addressing climate change in its broader role of maintaining international peace and security (section 4), since its impact as a "threat multiplier" is more than evident nowadays[12] and further action is needed to enhance the international response. Because, as stated by Gunter Pleuger (2014), "[o]ne of the main obstacles is the lack of legal and enforceable obligations of states, leaving the actual implementation of agreements to the sovereign decisions of governments"[13]. Therefore, be it either a direct or indirect role, the involvement of the UNSC in addressing climate change as a security concern to the maintenance of international peace and security would help to fill a clear gap in the enforcement of the international non-binding, political commitments concerning the protection of the environment.

---

12 See, for instance, the sixth IPCC assessment report, released in 2022 and available at: *https://www.ipcc.ch/report/ar6/wg2/*

13 PLEUGER, P., "Climate Change as a Threat to International Peace - The Role of the UN Security Council", in SCHORLEMER, S. y MAUS. S. (eds.), *Climate Change as a Threat to Peace. Impacts on Cultural Heritage and Cultural Diversity*, Peter Lang GmbH, Frankfurt am Main, 2014, p. 33.

2. A BRIEF OVERVIEW OF THE DEBATES ON CLIMATE CHANGE HELD SO FAR WITHIN THE UN SECURITY COUNCIL AND THE POTENTIAL POLICY OPTIONS AVAILABLE TO INTERVENE

In the last two decades, the debate on the convenience of including climate change amidst the issues covered by the UNSC to address the whole spectrum of non-traditional threats to international peace and security has encountered proponents and opponents. Indeed, since the April 2007 British initiative to debate climate change within the UNSC was officially launched two opposing opinions emerged[14]. On the one hand, at this first attempt to enlarge the scope of the UNSC's understanding of international security concerns to cover climate change, developed countries —including the G7, the EU and its Member States— and the small island States in the Pacific claimed the negative impact on the International Society of the severe changes in the climate system observed during the last decades —or forecasted in the medium and long term by the assessment reports of the IPCC[15], and requested the UNSC to take action to prevent climate change from exacerbating existing tensions and conflicts worldwide. In fact, the British initiative was an effort to create an alarm on the negative impact of climate change over "frozen conflicts" and its potential as a catalyser of risks and internal crises in vulnerable territories and societies, becoming thus a "threat multiplier" and not just an environmental issue.

On the other hand, other representatives raised doubts during the debate as regards UNSC's role and were reluctant to accept the broadening of the scope of its competences to also cover climate change. During the deliberations, the ambassadors of Indonesia, Pakistan, Namibia, Sudan and Cuba shared the concerns of the devel-

---

14 SINDICO, F., "Climate Change: A Security (Council) Issue?", *Carbon and Climate Law Review*, Vol. 1, No. 1, 2007, pp. 29-34; PENNY, C. K., "Greening the security council: climate change as an emerging "threat to international peace and security'", *Int. Environ Agreements*, Vol. 7, 2007, pp. 35-71; SCOTT, S., "Implications of climate change for the UN Security Council: mapping the range of potential policy responses", *International Affairs*, Vol. 91, No. 5, 2015, pp. 1317-1333.

15 Available at: *https://www.ipcc.ch/reports/*

oping countries —on behalf of the Group of 77[16], the African Group and the Non-Aligned Movement, respectively. They were opposed to the idea of the UNSC becoming the "custodian" of the realization of the compromises on environmental protection assumed by governments in other international fora —i.e., the UNFCCC and the General Assembly[17], which were considered by them more appropriate than the UNSC to address climate change. Moreover, they feared a breach in the competences attributed to this organ regarding the maintenance of international peace and security as they were explicitly detailed in the UN Charter. The underlying fear was, however, that the UNSC could hamper the sovereign power of the States to set up national economic and energy policies if it assumed these new competences on climate change, while developed countries evading their responsibilities, as directly appointed by the Venezuelan representative[18]. The intense opposition evidenced in this first attempt was maintained in the subsequent debates held in the 2010s[19].

Even the UNSC's permanent Member States were divided on the issue. For their part, the People's Republic of China (PRC) and the Russian Federation revealed their scepticism over the assumption of a competence on climate change and the impact on the development of developing countries. PRC's representative, for instance, considered that climate change was "in essence an issue of sustainable development", while Russia's agent stressed that the UNSC "should only deal with the consideration of questions that directly relate to

---

16 Statement available at: https://www.g77.org/statement/getstatement.php?id=080212

17 The General Assembly has debated on climate change and international security for decades, putting forward, for instance, the commitments undertaken at the Millennium Sumit (A/64/350, 11 September 2009) and the Sustainable Development Goals.

18 UNSC, 5663rd meeting, 17 April 2007, S/PV. 5663. All the speeches delivered are recorded and included in the document of the meeting.

19 See, for instance, the Letter dated 14 July 2011 from the Permanent Representative of Egypt to the United Nations addressed to the President of the Security Council, on behalf of the Non-Aligned Movement (S/2011/427), and the Letter dated 19 July 2011 from the Permanent Representative of Kuwait to the United Nations addressed to the President of the Security Council, and its annex, on behalf of the Group of Arab States (S/2011/440), on the eve of the debate held on 20 July 2011.

its mandate" —and climate change was not on the list. On the other side, France and the United Kingdom were in favour of a bigger involvement of the UNSC in order to legitimize international efforts to fight climate change because —they assumed— it was not merely an environmental issue, but one of "the principal threats to the future of humankind and to its environmental security". As regards the United States, the Bush Administration was supportive of fighting global warming, although eluding conferring those powers to the UNSC. As a result of this divide, no concrete measure was taken —one of the conditions to include the debate onto the UNSC's agenda.

Afterwards, the issue has been dealt with both in an informal and formal manner at the subsequent UNSC meetings, in particular in the 2020s[20]. However, the opposing views evidenced during the first ministerial-level debate have not greatly changed since then. In fact, the veto system has impaired taking any concrete action, as demonstrated by one of the latest and serious attempts —at the time of writing— to enact a (binding) Resolution on climate change as a "threat to international peace and security"[21]. Hence, at its 8926th meeting, on 13 December 2021, the Russian Federation vetoed the (first-ever) draft resolution put forward jointly by Niger and Ireland —and sponsored by 113 UN Member States— aiming to integrate climate-related security risks as a central piece of UNSC efforts in conflict resolution, prevention and mediation work, as stated by the Irish representative[22]. In this occasion, the Russian delegate was joined in its negative vote by the India's ambassador, who argued that the UNSC was "not the place to discuss either [climate action or climate justice]", and pointed out that it was an attempt "motivated by a desire to evade re-

---

20 For instance, in 2021, climate change was debated under the "threats to international peace and security" agenda item on three different occasions each at high-level meetings; in 2022, it was held an open debate on "Climate and security in Africa" (12 October) and two Arria-formula meetings on "Climate, Peace and Security: Opportunities for the UN Peace and Security Architecture" (29 November) and "Climate Finance for Sustaining Peace and Security" (9 March), at the requests of Gabon and the United Arab Emirates, respectively.

21 The other serious attempt took the form of the 2011 presidential statement (S/PRST/2011/15).

22 UNSC, 8926th meeting, 13 December 2021, S/PV. 8926. The debates are also available at: *https://www.unmultimedia.org/avlibrary/asset/2697/2697219/*.

sponsibility in the appropriate forum and divert the world's attention from an unwillingness to deliver where it counts"; that is, according to the Indian representative, the UNFCCC process[23]. China, for its part, abstained in the vote —a major step forward regarding its previous objections; while Estonia, France, Ireland, Kenya, Mexico, Niger, Norway, Saint Vincent and the Grenadines, Tunisia, the United Kingdom, the United States of America and Vietnam were *in favour* of the text.

Therefore, for the first time since the issue was formally debated in the institution, most of the Members of the UNSC were on the side of considering climate change as a "threat multiplier". In fact, the "turning of the tides witnessed in relation to the recent draft resolution puts India in an awkward position, as what was once a voice of the Global South in relation to climate change issues now stands in isolation"[24], since the opinion of most of African countries is now on the side of the UNSC's involvement in climate change —be it either directly or indirectly addressed or mentioned, as evidenced in recent debates on the issue[25].

The 2021 veto revealed, nevertheless, that the main arguments against the involvement of the UNSC are still present in current debates, despite the perspective of further discussions in the years to come due to the favourable opinion of most of the incoming UNSC

23 Of the same view, ARYA, S., MOHANTY, A. and BHATTACHARYYA, S., "Climate change as a threat to regional peace and security and the role of the UNSC. An India-EU perspective in context", *Polteja. Eurasia Special Issue*, Vol. 73, No. 4, 2021, pp. 123-144.

24 AKHTAR, S. A. and GANESAN, P., "The UN Security Council and Climate Security: Reflections on the Unsuccessful Draft Resolution", *Opinio Juris*, 2022, *https://opiniojuris.org/2022/02/14/the-un-security-council-and-climate-security-reflections-on-the-unsuccessful-draft-resolution/*

25 For instance, UNSC Member States have agreed in recent times on the inclusion of climate change language in the renewal of the mandates of some UN peacekeeping operations, as well as in the presidential statements adopted in the 2020s. See SECURITY COUNCIL REPORT, "The UN Security Council and Climate Change: Tracking the Agenda after the 2021 Veto", No. 4, 30 December 2022, available at: *https://www.securitycouncilreport.org/atf/cf/%7B65BFCF9B-6D27-4E9C-8CD3-CF6E4FF96FF9%7D/unsc_climatechange_2022.pdf*

Member States on the inclusion of climate change on the agenda[26]. It has, moreover, evidenced the potential policy options and its main limitations —and the objections raised within the UNSC to either of them. As pointed out by Shirley V. Scott (2015), the UNSC is faced with up to four main potential policy responses, namely *a)* rejection of any involvement; *b)* climate change "non-response"; *c)* conscious but measured response to the security risks made worse by climate change; and *d)* "climate change writ large". Being the most extreme options unlikely to become the rule in the light of the precedent debates, the initiatives discussed so far within the UN illustrates that the more moderate options *b)* and *c)* have been steadily gaining ground in the recent praxis of the UNSC when dealing with international peace and security, in particular regarding the renewal of the peacekeeping operations' mandates and the minimization of their carbon footprint[27], in line with the NATO Secretary-General declared commitment at the COP27. The case of the UNSC intervention in the water disputes so far exemplifies, though, the limits of the available policy options to intervene in this issue, including the —not so— "radical" ones of enforcing International Law and "legislate" on climate-related topics.

3. THE ROLE OF THE SECURITY COUNCIL IN THE WATER DISPUTES AS A CASE STUDY

The UNSC's intervention in the water disputes has traditionally and clearly illustrated the limits of its action in the prevention of international conflicts and the management of climate-related crises according to the potential policy options available presented by Shirley V. Scott (2015). In particular, it has demonstrated that the UNSC "has been far more active in resolving international water disputes through the imposition of obligations than" initially acknowledged by the doctrine via the development of a scarce but fruitful

---

26 Albania, Brazil, Gabon, Ghana, United Arab Emirates (2023), and Ecuador, Japan, Malta, Mozambique, and Switzerland (2024).

27 SCOTT, S., loc. cit.; AKHTAR, S. A. and GANESAN, P., loc. cit.; SECURITY COUNCIL REPORT, loc. cit.

praxis in the last decades[28], some of them of particular relevance for our study. However, it has also evidenced the limitations as regards its alternative role as "legislator" —either in support of, or against its essence[29]— or "enforcer" of International (water) Law obligations of States[30], which were considered more "radical" choices by Scott when it comes to climate change —not to mention the preferences of certain authors for judicial methods of resolution of water disputes[31]. Therefore, in addition to its role in mediating in navigational disputes, the UNSC has adopted relevant decisions as regards the other uses of water, including drinking water as part of its humanitarian intervention approach and the protection of basic supply and sanitation infrastructures in conflict areas, such as the Western Balkans in the 1990s and the Middle East and North Africa (MENA) in the 2010s, asking or demanding the parties in conflict to stop using them as a weapon and provide for free access to the local populations in need[32].

Of particular importance for our purposes has been the intervention of the UNSC in the Syrian civil war, where "[w]ater scarcity can be seen as one of the root causes" of the conflict[33], which began in

---

28 FRY, J. D. and CHONG, A., "UN Security Council Resolution of International Water Disputes", *Georgetown Journal of International Law*, Vol. 50, 2019, p. 366.

29 Idem.

30 For our purposes, in this analysis we take into account not only the formal sources of international water law (i.e., the 1966 Helsinki Rules on the Uses of Water of International Rivers, the 1997 United Nations Convention on the Law of the Non-Navigational Uses of International Watercourses, and the 1992 Water Convention on the Protection and Use of Transboundary Watercourses and International Lakes) —which are analysed in depth by James D. Fry and Agnes Chong (2019), but also the 1982 Convention on the Law of the Sea (UNCLOS), because of its relevance in some UNSC Resolutions in the fight against piracy, international terrorism, and migrant smugglers and human traffickers on the high seas, as well as by the COP to the UNFCCC itself.

31 FRY and CHONG, loc. cit.

32 Idem.; SHAPIRO, S. and HOBSON, G., "Weaponization of Water: Iraq and Syria", *The Politics of Water. Water and Conflict in the Middle East*, 2023, *https://waterandconflict.web.unc.edu/weaponization-of-water/*

33 FRY and CHONG, loc. cit., p. 418; VON LOSSOW, T., "Water as Weapon: IS on the Euphrates and Tigris", *Stiftung Wissenschaft und Politik Comments*, German Institute for International and Security Affairs, No. 3, January 2016.

2011, as well as a source of tensions with its neighbours[34]. Given the veto of the United States concerning the water conflicts in the MENA region in which Israel is involved, despite their long-dated and analysed existence[35], the Syrian example is one of the rare cases in which the formal UNSC's intervention can offer some potential scenarios for its future involvement either on its preventive and mitigation powers or its "legislative", "judicial" and coercive powers[36]. In practice, the debate and action of the UNSC in the Syrian case have been focused on its coercive role, calling upon all the parties in conflict to comply with their obligations under international humanitarian law and international human rights law, paying particular attention to the protection of water facilities against the continuous disruptions which have been occurring since the outbreak of the war and have aggravated the humanitarian crisis[37] in a region suffering from hydric stress and water scarcity and where climate change is expected to exacerbate already existing tensions and vulnerabilities[38].

For instance, UNSC's Resolutions 2165 (2014), 2191 (2014), 2258 (2015), 2585 (2021), 2642 (2022) and 2672 (2023) have expressly *recognized* "that humanitarian activities [developed in the framework of the UN system and its partners] are broader than solely addressing the immediate needs of the affected population and should include support to essential services through water, sanitation, health

---

34 VON LOSSOW, T., "More than infrastructures: water challenges in Iraq", *Policy Brief*, Clingendael-Netherlands Institute of International Relations, July 2018.

35 The scarce water resources on surface have been traditionally considered by the doctrine on the Arab-Israeli conflict as one of the reasons for the continued expansion of Israel into the Jordan river, which controls by three-quarters, and the occupation of the Sea of Galilee or even its incursion in southern Lebanon reaching the Litani river. See, for instance, CANS, R., *La bataille de l'eau*, Le Monde Éditions, París, 1994; WOLF, A., "Conflict and Cooperation along International waterways", *Water Policy*, Vol. 1, No. 2, 1998; DOLATYAR, M. and GRAY, T. S., "The Politics of Water Scarcity in the Middle East", *Middle East Review of International Affairs*, Vol. 20, No. 6, 2000, pp. 65-88. Additionally: *https://waterandconflict.web.unc.edu/*

36 Its intervention in the case of Yemen might offer too some examples of UNSC's involvement in this sense, following the lines of the Syrian case.

37 ICRC, "Syria water crisis: Up to 40% less drinking water after 10 years of war", 1 October 2021, *https://www.icrc.org/en/document/syria-water-crisis-after-10-years-war*

38 See the sixth IPCC assessment report, loc. cit., particularly its Chapter 4.

[...]" and *demanded* the parties to respect the provisions of its relevant resolutions in order to cease the hostilities and comply with their obligations under International Law, including International Humanitarian Law[39]. Failing to do so, the UNSC has regularly affirmed that it would take "further measures in the event of non-compliance" "by any party to the Syrian *domestic*[40] conflict" with Resolutions 2165 (2014) and 2139 (2014). These *further measures,* however, have never been taken due to the Russian veto despite the deterioration of the situation in the country. Moreover, even though the negative climate change forecasts for the MENA region and its powers regarding the maintenance of international peace and security, the UNSC has not yet recognized its destabilization role as a "threat multiplier", illustrating the difficulties that the institution encounters to include it on its agenda not only in general terms as a preventive or mitigation measure, but even in specific cases in which it acts under Chapter VII, such as the Syrian, where its impact on the conflict and the protection and wellbeing of local populations is more than evident.

Here, even if the Security Council is neither a source of international (water) law nor a dispute settlement body in the matter[41], it has been vested with the powers to broadly intervene whenever international peace and security is concerned according to the Charter (particularly, Articles 24, 25 and Chapter VII), including water disputes and targeting water as a weapon in conflict. For instance, in other security-related areas, such as international terrorism and children in conflict, the UNSC "has set general rules for actual problems, thereby creating new international law and establishing itself as a new source of international law next to international customary law

39 In its Resolution 2165 (2014), for instance, "*recalls* that starvation of civilians as a method of combat is prohibited by international humanitarian law".

40 Emphasis added.

41 The UNCLOS, for instance, considers as judicial bodies competent to solve a potential controversy the International Tribunal for the Law of the Sea, the International Court of Justice, an arbitral tribunal and a special ad hoc arbitral tribunal constituted under its provisions.

and treaty law".[42]. In other cases, such as piracy[43] and HIV/AIDS[44], it has adopted resolutions *calling upon* Member States to enforce International Law and prosecute those who commit piracy or armed robbery and to consider HIV/AIDS a security concern, respectively. Therefore, it seems that the lack of UNSC's involvement in climate change might be considered more a problem of interpreting what is a security concern under its competences and responsibilities than a question of its factual powers to intervene in the peaceful settlement of disputes involving water (Chapter VI) or to act "with respect to threats to the peace, breaches of the peace, and acts of aggression" (Chapter VII) since its powers have been even recognized by International Law applicable to water disputes[45]. For that purpose, language and decisions on particular (procedural) issues have been essential to unblock the USNC to take action, as well as the absence of individual interests by its permanent Members in a given case. That said, however, it is important to stress that a preventive role on a general basis (i.e., to enact mitigation measures) would be uncertain on account of some limits in the powers conferred by the UN Charter to the Council —not to mention the own inner limits concerning the power of the five permanent Members of the UN Security Council to veto any "substantive" resolution, as the case of the United States' support to Israel during the wars in the Middle East and Russia's in-

---

42 PLEUGER, P., loc. cit., p. 34.

43 For example, in its Resolution 2634 (2022) "[c]*alls upon* Member States in the region to criminalize piracy and armed robbery at sea under their domestic laws, and to investigate, and to prosecute or extradite, in accordance with applicable international law, including international human rights law, perpetrators of piracy and armed robbery at sea, as well as those who incite, finance or intentionally facilitate such crimes, including key figures of criminal networks involved in piracy and armed robbery at sea who plan, organize, facilitate, finance or profit from such attacks".

44 UNSC Resolution 1308 (2000), adopted by the Security Council at its 4172nd meeting, on 17 July 2000, "stress[ed] that the HIV/AIDS pandemic, if unchecked, may pose a risk to stability and security".

45 Article 298 of the UNCLOS stipulates that, in the ratification process of the treaty, a member State might declare in writing that it does not accept any one or more of the judicial procedures provided for in it with respect to "disputes in respect of which the Security Council of the United Nations is exercising the functions assigned to it by the Charter".

tervention in Syria have habitually proved[46]. A "conscious-but-measured-response" —as presented by Shirley Scott (2015)[47]— in *ad hoc* international crises would be thus the most likely option available for the UNSC to intervene in the medium term due to the persistent opposition within the permanent Members and the limitations that other options would imply.

4. THE BOUNDARIES OF THE INVOLVEMENT OF THE SECURITY COUNCIL

Climate change is expected to be on the UNSC's agenda in the forthcoming years, especially if we consider that current and incoming Member states have shown their interest on proceeding this way and that there is no right of veto as setting the agenda is a procedural matter. Moreover, the dynamics perceived in the formal and informal works of the UNSC in the latest years ensure that either directly or indirectly climate change is here to stay, even with the support of some of the more reticent permanent Members[48]. That said, it does not mean that it can be taken for granted that climate change is going to be incorporated as such in the daily work of the institution. As earlier highlighted, the most likely option for the UNSC to intervene is the "conscious-but-measured-response" for several reasons. Firstly, on the one hand, the alternative rejection of any involvement has been already surpassed because of the recent debates held so far, and, on the other hand, there is no consensus as yet on a potential "climate change writ large" response, on account of the lack of both legiti-

---

46 The exception that proves the rule exists though, such as UNSC Resolution 465 (1980), of 1 March 1980.

47 "[... UNSC's] explicit recognition of climate change as a threat to peace and security and is distinguishable from 'climate change writ large' by its addressing the perceived security implications, without tackling the causes of, climate change". SCOTT, S., loc. cit., p. 1326.

48 For example, on the one hand, China abstained in the vote of the draft resolution in 2021 and, on the other, has used its latest UNSC's presidencies (May 2021 and August 2022) to initiate each open debates and publish presidential statements that "recognize[d] the adverse effects of climate change, ecological changes and natural disasters, among other factors, on the stability of a number of African States" (S/PRST/2021/10; additionally, S/PRST/2022/6).

macy and tools —or the technical capacity— to monitor Members' compliance with their associated international obligations and the impracticality of establishing subsidiary bodies to do so. Additionally, the UNSC has already formally debated climate change and adopted (practical) resolutions on greening UN peacekeeping operations or providing them with a climate-sensitive approach[49]. Even a more "radical" intervention, by means of the enforcement of International Law (e.g., the UNFCCC and the Kyoto regime, the United Nations Convention on the Law of the Sea, or the recently passed "high seas treaty"[50]) through its resolutions under Chapter VII, would be envisaged within this category of involvement if we consider its current practice in other security-related areas.

That said, the main limit in this policy option might be the involvement of the Security Council on a general basis, imposing or recommending a mitigation measure in the framework of its powers to prevent international conflicts and menaces to peace and security. Hence, since there is no linear connection between climate change and the potential increase of instability and conflict at international, regional or State levels, the UNSC has no legitimacy to impose mitigating measures, and should be careful when addressing these issues, acting on an ad hoc basis, particularly when invoking Chapter VII to impose a climate-related obligation to a given State or party in a conflict. In particular, if the UNSC wants to proceed according to an implicit competence on climate change as a preventive or mitigating measure, or ad hoc "determine the existence of any threat to the peace, breach of the peace, or act of aggression" (Article 39

---

49 For instance, the UNSC *recognized* in its Resolution "the adverse effects of climate change, ecological changes, and natural disasters, among other factors, on the humanitarian situation and stability in South Sudan", and the need to provide the UN Mission in South Sudan with a "gender-sensitive risk assessments on the adverse effects of climate change". Additionally, UNSC Resolutions 2640 (2022) on extension of the mandate of the UN Multidimensional Integrated Stabilization Mission in Mali (MINUSMA) until 30 June 2023, 2628 (2022) on the establishment of the African Union Transition Mission in Somalia, and 2674 (2023) on the extension of the Mandate of United Nations Peacekeeping Force in Cyprus.

50 STALLARD, E., "Ocean treaty: Historic agreement reached after decade of talks", *BBC*, 5-03-2023, *https://www.bbc.com/news/science-environment-64815782*

of the Charter) in the event of a rising tension, it has to establish a direct link between the menace and its likely negative results over international peace and security. Otherwise, it would be accused of lacking the competence to do so, and any action taken by the UNSC under Chapter VII[51] would be deemed non-legitimate. So far, as the disputes over water and its response to other non-traditional security threats have illustrated, the UNSC has played that key role without a clear reference to climate change per se; an option that would please both supporters and opponents and would open the way to a further commitment in the coming years.

Other limitations to its intervention might be linked to its lack of legitimacy, because of UNSC's restricted composition and non-competence on the mitigation/adaptation debate[52], or the distortive effect on the institutional balance within the UN system established by the Charter, depriving of acting properly other UN organs and international fora, such as the General Assembly, the COP to the UNFCCC and the IPCC. Nevertheless, the non-binding nature of their outcomes may possibly play as a point in UNSC's favour. Additionally, two questions limiting its marge of manoeuvre in this issue are still to be solved if it wants to take an active part: 1) which tools should be used by the UNSC to deal with climate change, and 2) should its response take the form of a recommendation or a compulsory obligation either for the whole international society or the countries/territories directly involved or concerned in a given conflict. In trying to respond to both questions at once, in my opinion, the UNSC should focus in acting regarding specific, immediate crisis in which climate change exacerbates existing socio-political tensions and unrest, becoming the executive part —or "enforcer"— of States' obligations in the event of non-compliance. Its role would be legitimated thus through its intervention via enforcing measures and recommendations within a broader effective governance mechanism in which the UN system as a whole promote international cooperation to mitigate and boost the resilience of local populations in order to mitigate the

51 On the contrary, acting under Chapter VI as a means to prevent the escalation of conflict would be accepted and likely in the event that the UNSC avoids taking any more robust action against climate change.

52 This is one of the main reasons argued by its opponents.

negative impact of climate change in particularly vulnerable areas where other factors play a role in the outbreak of international crises menacing peace and security. Other variables in its involvement in climate change, such as the "legislative" or "judicial" ones, would be clearly discredited by most of the academia and the UN Member States in the short and medium terms because of its lack of legitimacy and the internal division within the UNSC.

5. CONCLUSIONS

The only body competent to enforce international environmental and climate-related law in the event of non-compliance by UN Member States is the UNSC. Nevertheless, there is still a strong opposition to adopt any particular action regarding climate change per se by some permanent Members, such as the PRC, the Russian Federation and —to some point— the United States, but also by developing countries, such as India and Venezuela. That said, the UNSC's intervention is much needed to halt instability and prevent international insecurity and conflicts linked to disputes over the even more scarce resources in the medium and long term, as well as other negative consequences of climate change on international peace and security that has been already raised within the institution, such as the sea-level rise. As forecasted by the scientific community, climate change will become a "threat multiplier" in certain areas of the world specially touched by existing socio-political tensions, such as in Africa and Southeast Asia. Therefore, climate change should be included amid the competences of the UNSC as a non-traditional security concern subject to its preventive role as long as international peace and security are concerned, in addition to its reactive role when it addresses particular cases in which other factors are present, or to address the potential menaces to international peace and security resulting from climate change, such as mass migration of climate refugees or global diseases. A combination of the means at its disposal would be more than desirable and would help to enhance the role of other international fora directly involved in fighting climate change and monitoring the compromises made by the participating States, such as the COP to the UNFCCC. For that to happen, however, changes are needed in the conception of security within the UNSC in the line shown in the last decades to clearly embrace a human-centred approach when acting under Chapter VII, to outline the share of the responsibilities among the UN bodies to avoid side-lining other relevant fora —as feared by developing countries, and to define the role to be played by the UNSC to ensure its legitimate interest and competence on the issue in order for its decisions and recommendations to be implemented by Member States without major oppositions, as it has been the case of other non-traditional security issues.

Bibliographic references

AKHTAR, S. A. and GANESAN, P., "The UN Security Council and Climate Security: Reflections on the Unsuccessful Draft Resolution", *Opinio Juris*, 2022,

KOLB, R., *Le droit relatif au maintien de la paix internationale. Evolution historique, valeurs fondatrices et tendances actuelles*, Éditions A. Pedone, París, 2005.

FRY, J. D. and CHONG, A., "UN Security Council Resolution of International Water Disputes", *Georgetown Journal of International Law*, Vol. 50, 2019, pp. 363-423.

OGELE, E. P., "Climate Change and Human Security in Rivers State, Nigeria", *International Journal of Advance Research and Innovative Ideas in Education*, Vol. 6, No. 2, 2020, pp. 1757-1769.

PENNY, C. K., "Greening the security council: climate change as an emerging "threat to international peace and security'", *Int. Environ Agreements*, Vol. 7, 2007, pp. 35-71.

PLEUGER, P., "Climate Change as a Threat to International Peace - The Role of the UN Security Council", in SCHORLEMER, S. y MAUS. S. (eds.), *Climate Change as a Threat to Peace. Impacts on Cultural Heritage and Cultural Diversity*, Peter Lang GmbH, Frankfurt am Main, 2014, pp. 33-35.

SINDICO, F., "Climate Change: A Security (Council) Issue?", *Carbon and Climate Law Review*, Vol. 1, No. 1, 2007, pp. 29-34.

SCOTT, S., "Implications of climate change for the UN Security Council: mapping the range of potential policy responses", *International Affairs*, Vol. 91, No. 5, 2015, pp. 1317-1333.

SECURITY COUNCIL REPORT, "The UN Security Council and Climate Change: Tracking the Agenda after the 2021 Veto", No. 4, 30 December 2022, available at: *https://www.securitycouncilreport.org/atf/cf/%7B65BFCF9B-6D27-4E9C-8CD3-CF6E4FF96FF9%7D/unsc_climatechange_2022.pdf*

SHAPIRO, S. and HOBSON, G., "Weaponization of Water: Iraq and Syria", *The Politics of Water. Water and Conflict in the Middle East*, 2023,

VON LOSSOW, T., "More than infrastructures: water challenges in Iraq", *Policy Brief*, Clingendael-Netherlands Institute of International Relations, July 2018.
VON LOSSOW, T., "Water as Weapon: IS on the Euphrates and Tigris", *Stiftung Wissenschaft und Politik Comments*, German Institute for International and Security Affairs, No. 3, January 2016.

TERCERA PARTE
EL DERECHO AL SERVICIO DE LOS ODS

INTERNATIONAL LAW TO THE TEST OF THE EFFECTIVENESS OF THE IMPLEMENTATION OF SDG 13 IN A VOLATILE, UNCERTAIN, COMPLEX AND AMBIGUOUS GEOPOLITICAL CONTEXT

EL "DERECHO INTERNACIONAL A PRUEBA DE LA EFICACIA DE LA APLICACIÓN DEL ODS 13 EN UN CONTEXTO GEOPOLÍTICO VOLÁTIL, INCIERTO, COMPLEJO Y AMBIGUO"

ISIDORE E. AGBOKOU[1]

Resumen

La implementación del ODS 13 en un contexto geopolítico incierto y crítico es una prueba de que el derecho internacional sobre el cambio climático es impotente. De hecho, la puesta en práctica de cada artículo del Acuerdo de París debería negociarse en la práctica durante la Conferencia de las Partes (CoP). Al consagrar la vitalidad del derecho internacional, enriquecido constantemente en cada sesión de la CoP, el derecho climático internacional, más que ser la locomotora de la geopolítica, se encuentra a sí mismo a remolque. ¿Debería esperarse que el liderazgo mundial invente otro organismo de gobernanza climática? El multilateralismo reinventado o revitalizado debe convertirse en adelante a la vez en ambición, prioridad y objetivo estratégico de la agenda internacional.

Palabras clave: ODS - Cambio climático - CoP - Geopolítica - Negociación - CDN

Abstract

The SDG 13 implementation in uncertain and critical geopolitical context is proof that international climate change law is impotent. Indeed, the operationalization of each article of the París Agreement should in practice be negotiated during the Conference of the Parties (CoP). By consecrating the vitality of international law, constantly enriched at each session of the CoP, international climate law, rather than being the locomotive of geopolitics, finds itself in

1 MSc, Académie de París, Ecole des Hautes Etudes Internationales et Politiques, Centre d'Etudes Diplomatiques et Stratégiques de París (CEDS), E-mail: isidore.agbokou@gmail.com

tow. Should the global leadership be expected to invent another climate governance body? Reinvented or revitalized multilateralism should henceforth become both ambition, priority, and strategic objective of the international agenda.

Keywords: SDGs - Climate change - CoP - Geopolitics - Negotiation - NDC

1. INTRODUCTION

The international policy response to climate change began in 1992 with the adoption of the United Nations Framework Convention on Climate Change (UNFCCC), which establishes a basic legal framework and principles for international cooperation in the face of climate change, with the aim of stabilizing atmospheric concentrations of greenhouse gases (GHGs). The aim is to avoid "dangerous anthropogenic interference in the climate system". The Convention, which entered into force on March 21, 1994, has 197 Parties. To enhance the effectiveness of the UNFCCC, the Kyoto Protocol (KP) was adopted in December 1997. In December 2015, the Parties adopted the París Agreement (PA). Under it, all the countries will submit Nationally Determined Contributions (NDCs), and overall progress on mitigation and adaptation, as well as means of implementation, will be reviewed every year. The PA entered into force on November 4, 2016, and has been ratified by 187 Parties.

This communication on the theme "International law to the test of the effectiveness of the implementation of SDG 13 in a volatile, uncertain, complex and ambiguous geopolitical context" was presented during the Second Congress Online Global on International Relations and International Law of the European University of Valencia and having as its central theme "The Sustainable Development Goals (SDGs): Geopolitical issues and legal considerations" held on November 24 and 25, 2022.

It highlights: (i) the intrinsic link between SDG 13 and the PA as an object of international negotiation and therefore of international law; (ii) the scientific and technical influences on international climate negotiations; (iii) the influence of major players in climate negotiations, including the negotiating groups; (iv) the levels of complexity, volatility, ambiguity, and uncertainty of the implementation of SDG 13 due to international geopolitics; (v) the impact of geopolitical events on international climate negotiations with the case of the implementation of the NDC of Ukraine; (vi) new considerations necessary and mandatory for effective multilateralism in climate negotiations and the prosperity of international environmental law.

2. PROBLEM, OBJECTIVES, AND METHODOLOGY

In 2015, the international political environment saw the adoption of two major political frameworks aimed at transforming the world towards a better world for all and preserved for future generations. These are the 2030 Agenda for Sustainable Development (Agenda 2030) and the PA. The 2030 Agenda is the one that operationalizes the 17 SDGs, which include 169 targets and 232 monitoring indicators adopted in 2017.

Specifically in the sphere of the fight against climate change, the PA aims to strengthen the global response to the threat of climate change by keeping the increase in global temperature well below 2 degrees Celsius, compared to pre industrial levels and to continue efforts to further limit the temperature increase to 1.5 degrees Celsius. In addition, the PA envisages increasing the capacity of countries to cope with the impacts of climate change and to make financial flows compatible with a low level of GHG emissions and a climate-resilient path.

International political will and commitment have thus been firmly demonstrated, and the international community has appreciated states' awareness and determination to save the planet from the climatic deluge thanks to the prowess of international law expressed by the PA and based on the policy defined by the 2030 Agenda. SDG 13, the essence of the PA, has been challenged and paralyzed by the negotiations for the application of the provisions of the PA. The operationalization of each article of the PA should be negotiated, in practice, during the Conference of Parties (CoPs) and on the basis of contributions from scientific bodies and international geopolitical developments. There is reason to wonder about the relevance of the negotiations that take place during the sessions of the CoPs to agree on the operationalization of each article of the PA, when this agreement has been signed, ratified, and entered into in force. Therefore, it is easy to notice that, if the PA has entered into force, its effectiveness is questionable.

Methodologically, this communication proceeded by deciphering the results of the CoPs and the last Summit of the High-Level Political Forum on Sustainable Development (FPHNDD) and analysed them.

3. INTRINSIC LINK BETWEEN SDG 13 AND THE PARIS AGREEMENT AS AN OBJECT OF INTERNATIONAL NEGOTIATION

Since the adoption of the 2030 Agenda and the PA, the states have taken measures to progress in the effective implementation of the objectives and ambitions depending on whether it is the agenda or the PA. At the international level, several events have been organized to assess national implementation processes. Those events include Hight Political Form on sustainable Development and Conference of Parties.

After a few years of implementation, it is essential to highlight or establish the synergies between climate action and the implementation of sustainable development to increase the effectiveness of public policies. The importance of the interactions and relationships between these issues is recognized in the international texts on which climate governance and sustainable development are based. The PA emphasizes that "there are intrinsic links between action and response to climate change and its effects and equitable access to sustainable development and poverty eradication". Similarly, the declaration of the 2030 Agenda affirms that "climate change represents one of the greatest challenges of our time and its impact risks preventing some countries from achieving sustainable development". SDG 13, on combating climate change, confirms this intrinsic link.

Although the PA, is centred on the achievement of SDG 13, it is transversal to the three dimensions of the 2030 Agenda, namely the social dimension, the economic dimension, and the environmental dimension, by contributing to the achievement of several SDGs. The processes for implementing the 17 SDGs set out in the 2030 Agenda and the NDCs that underpin the PA hold enormous potential for benefits. Typically, these two implementation processes are separate, despite the synergy and complementarity that must exist between the two, and above all the common goal of global sustainable development that binds them together.

The two strategic documents in their adoption process were based on similar and evocative basic principles. The 2030 Agenda and the PA were designed and adopted after participatory, consultative, and inclusive processes. These political frameworks of SDGs and concrete commitments made in favour of the climate respectively for one and for the other, are ambitious, universal, indivisible, and inclusive (UNSSC, 2015). Both processes have further registered and fostered global political consensus, built space for advocacy, improved targeting and prospects for the flow of aid and technical and technological support within the framework of an effective and prosperous global partnership, including south-south and triangular cooperation. Thus, any progress recorded in the implementation of the PA is automatically a remarkable progress of SDG 13.

4. SCIENTIFIC AND TECHNICAL INFLUENCES ON INTERNATIONAL CLIMATE NEGOTIATIONS

Science has many challenges to face and contributions to make in the process of achieving the SDGs. The 2030 Agenda places particular emphasis on science and technology in the implementation of its targets. This is why the United Nations General Assembly, by adopting the 2030 Agenda, at the same time officially launched the Technology Facilitation Mechanism created by the Addis Ababa Action Agenda to support SDGs (United Nations, 2015), based on multi-stakeholder collaboration between member states, civil society, the private sector, the scientific community, United Nations entities, and other actors. This mechanism is composed of:

- A United Nations inter-agency working group on science, technology, and innovation for the achievement of the SDGs.
- A multi-stakeholder forum on science, technology, and innovation for the achievement of the SDGs.
- An online platform.

The main scientific and technological challenges related to the environment relate to areas such as clean energy, the fight against climate change, disaster risk reduction, the health and restoration of ecosystems and biodiversity, sustainable cities.

Faced with these challenges, the various United Nations conventions on the environment generally provide for a subsidiary body dedicated to science and technology, whose role is, on the one hand, to establish the link between scientific information and the political level of decision-making, and, on the other hand, to promote research and scientific cooperation.

SDG 13 addresses the important issue of climate change that threatens the lives, security, and socio-economic development of peoples. As a cross-cutting subject to all the SDGs, climate change results in warming of the atmosphere and oceans, modification of the frequency and intensity of precipitation, change in the activity of storms, reduction in the mass ice and snow, sea level rise and ocean acidification.

The Subsidiary Body for Scientific and Technical Advice (SBSTA) of the United Nations Convention on Climate Change, through the Intergovernmental Panel on Climate Change (IPCC), its principal scientific and technical partner institution, periodically assesses the level and impacts of climate change. The main areas of work of the SBSTA include impacts, vulnerability, and adaptation to climate change, promoting the development and transfer of environmentally sound technologies and carrying out technical work to improve the guidelines for the preparation and review GHG emissions inventories.

Therefore, the results of the work of these scientific and technical bodies weigh very heavily in the negotiations, the decision-making for the operationalization of the PA. The results of the work of these scientific and technical bodies are likely to significantly influence the negotiations, and therefore the operationalization, of the PA, since they remain the only references or scientific bases for informed decisions and limited subjectivism. It is therefore obvious, and the practice of several years of negotiations proves it, that, whatever the qualities and relevance of the results of their work, the individual interests of the major emitters of GHGs, the main causes of global warming, are apparently threatened. The desire to stay within their comfort zones leads the major emitters to take the work of scientific and technical bodies very little seriously, whereas the international community represented by the United Nations Organization, strong in its neutrality, impartiality, and guarantor of international law, has no other basis to encourage and promote informed decisions. It is there, at the same time, a complexity and an ambiguity which make trample the negotiations on the climate during the CoPs and which make, by this very fact, ineffective the implementation of the PA and, therefore, all the instruments of international law on climate change.

5. INFLUENCE OF THE MAJOR PLAYERS IN THE CLIMATE NEGOTIATIONS: THE NEGOTIATING GROUPS

In addition to scientific and technical bodies, scientific advisors to international law instruments on climate change (i.e., UNFCCC, PK, and AP), and individual states, organized entities that influence negotiations on climate change include: international institutions, the negotiating groups (as a coalition of states), civil society organizations, professional organizations from the private sector, state entities such as parliaments, economic and social councils, and representatives of indigenous peoples who participate in discussions and negotiations without a decision-making voice. Although the neutrality and impartiality of these entities are questionable, their contributions to the negotiations are not to be neglected. The contributions of those entities support inclusiveness and could facilitate the successful implementation of decisions. It should be noted that the negotiations on climate change are conducted during the sessions of the CoPs which are held under the aegis of the United Nations, but under the leadership (presidency) of a member state designated annually to lead the negotiations. In the last resort, whatever the positions present, only those of the states prevail and are the subject of decision, even if they can be influenced. Consequently, the implementation of a vision and an international development strategy adopted by the international community is put to the test by volatile, uncertain, complex, and ambiguous factors whose vectors are, not only states, but also and above all the organized entities present at the negotiations.

In the case of the negotiating groups, which are coalitions of states, it should be mentioned that during the CoPs, several negotiating groups confront each other and position their ideas. These negotiating groups are major players who, beyond states, international organizations engage in games of geopolitical influence and contribute to the vitality of international law. The known negotiating groups in the context of the implementation of international instruments on climate change are: The Group of 77+ China, the African Group of Negotiators (Africa Group), the Group of Least Developed Countries (LDCs), the European Union (EU), the Coalition of Rainforest Nations, the Emerging Countries Group or BASIC (i.e., BRICS without Russia), the Bolivarian Alliance for the Peoples of Our America (ALBA), the Umbrella Group (excluding developed countries), the Like-Minded Developing Countries (LMDC), the Independent Alliance of Latin America and the Caribbean (AILAC), the Arab Group, and the Alliance of Small Island States (AOSIS). The activities and positions of these negotiating groups during the CoPs lead, in an atmosphere that is both complex, volatile, and uncertain, to convergent or divergent positions to forge international environmental law in its climate change component.

This paragraph highlights the influence of the negotiating groups with a concrete example relating to Loss and Damage covered by Article 8 of the PA.

The concept of "loss and damage" caused by climate change is very important in the context of international climate negotiations, especially for developing countries. Debates and negotiations on the subject have been quite long. They started in 1991, when the AOSIS proposed to the international community to establish an "insurance" to compensate for the damage linked to climate change, and continued until 2022, at CoP 27, when a favourable decision established a loss and damage fund; the path of negotiations on the losses and damages contained in the UNFCCC and the PA has been strewn with pitfalls.

Despite this remarkable success at CoP 27, concerns remain. Many poor countries fear that this theme is associated with international aid against natural disasters, linked to the system of "disaster risk reduction" (which is the subject of negotiations separate from those relating to climate change). If necessary, this would only reorient development aid without seeking new solutions specific to the consequences of climate change, thus recalling the permanent question of the financing of adaptation.

For a long time, the issue of loss and damage was blocked because the largest GHG emitters feared that by making it flourish, a second stage of reparation or compensation would start.

6. LEVELS OF COMPLEXITY, VOLATILITY, AMBIGUITY, AND UNCERTAINTY OF SDG 13 IMPLEMENTATION DUE TO INTERNATIONAL GEOPOLITICS

Multipolarity and the influences of economic powers make it clear to humanity that the world is increasingly complex, uncertain, volatile, and ambiguous, drawing on the managerial acronym VUCA (i.e., volatility, uncertainty, complexity, and ambiguity).

Although the concept of VUCA is composed of distinct elements, it is articulated around one main axis, namely complexity. Indeed, the context of climate change negotiations includes the diversity of climate systems, vulnerability, degrees of impacts, and response capacities of each country. This complexity is characterized by:

- The fuzzy and imprecise nature, since it is impossible to precisely determine the dimensions and boundaries of the impacts of climate change and their ripple effects to find a global and consensual response (volatility). In the PA, an entirely bottom-up process is retained to allow states to communicate their "contributions". However, nothing is planned if these contributions prove insufficient to place humanity on the trajectory of 2°C. In climate negotiations, it is not always easy to predict the ambitions and claims of GHG-emitting powers. There are also problems of consistency between the long-term objective (2°C) and those set by the states in the short term (in 2020) and afterwards. There is no framework vis-à-vis the states, either in terms of timetable or substance (e.g., absolute or relative objectives and choice of means). The secretariat is called upon, before the CoPs, to produce a report analysing the potential effects of GHGs once aggregated. The themes, object of negotiations, the multiplicity of actors, even if the states remain the main negotiators, the conclusions of the studies and scientific and technical work, and the realities of development in the countries are the sources of complexities and sometimes of ambiguity for the operationalization of international climate law. Moreover, during the negotiations, there are always methodological questions that paralyze the hopes of progress and effectiveness of the dialogue.

- The imprint of hazards and instability. The messiness of the global climate system means it is random. We cannot determine at any time what will happen. "Order ensures permanence, the reproduction of functioning structures and disorder opens the door to difference, to questioning" (Donnadieu and Karsky, 2002). This is why the nature of the climate system is very unstable (uncertainty). The fact that a system is self-organizing means that, "under" the influence of events or sometimes minute coincidences, it can take on new and completely unforeseen configurations. Thus, "evolution rarely occurs in a regular way, but through bifurcations that cause sudden changes of state" (Donnadieu and Karsky, 2002). All negotiations are conducted on a stochastic background, even if the scientific and technical bodies produce inputs. Unforeseeable events remove all determinism from negotiations.
- The ambiguous nature of the system and the negotiations. We find in complex situations elements that behave differently depending on the circumstances, without it being possible to explain why. Besides, we cannot reduce these behavioral logics without destroying the system itself because the whole is not equal to the sum of the parts (ambiguity). Here, it is the bal-

ance of power that prevails, and no one can claim to know with the highest precision the striking force of each element of the system. In terms of negotiation, it is already very ambiguous that each article of the legal instruments such as the UNFCCC, the KP, and the PA is subject to new negotiations for its implementation while these legal instruments have been signed, ratified, and promulgated. Everything happens as if, after the entry into force of an agreement or convention, an international consensus must be negotiated and obtained before the implementation of each article, and this new negotiation can take several years, as was the case with the Article 8 of the PA relating to loss and damage.

Most countries in the world belong to one or more of these negotiating groups. One of the complexities that often emerge relates to the centers of interest of countries belonging to several negotiating groups vis-à-vis the synergy and overall coherence sought to successfully apply the provisions of the UNFCCC and the PA. Nevertheless, geopolitical contexts often take precedence. As a result, the strength of multilateralism remains the only way out and hope for the success of international law. Added to this is the fragmentation of instruments due to their proliferation as well as the proliferation of instruments that govern them.

7. IMPACTS OF GEOPOLITICAL EVENTS ON INTERNATIONAL CLIMATE NEGOTIATIONS: THE CASE OF THE NDC OF UKRAINE

Climate negotiations have generally focused directly or indirectly on fossil fuels, the main sources of GHG emissions. Carbon dioxide, the primary cause of global warming, comes from the combustion of fossil fuels such as coal, gasoline, diesel, fuel oil, oil, and natural gas.

It would be useful to recall that SDG 7 aims at access to clean and affordable energy.

In the PA, the NDCs are presented mainly through Articles 4 and 6. According to Article 4, the NDC must correspond, for each party, to its highest possible level of ambition, considering its common but differentiated responsibilities and respective capabilities, considering different national circumstances. Because of the emission of almost all GHGs into the atmosphere, developed countries should have a greater responsibility. In this perspective, they should not only continue to increase their mitigation efforts to gradually move towards economy-wide emission reduction or limitation objectives in view of the different national situations, but also, above all, to provide developing country Parties with enhanced support to enable them to take more ambitious measures. This is the whole meaning of the equity and solidarity sought in the negotiations on climate change, but which unfortunately desert the forums.

The NDC (Article 6.2) is therefore a mechanism to contribute to the mitigation of GHG emissions and promote sustainable development, placed under the authority of the CoPs serving as the meeting of the Parties to the PA. The mechanism is supervised by a body designated by the CoPs and aims to: (i) Promote the mitigation of GHG emissions while promoting sustainable development; (ii) promote and facilitate the participation in GHG mitigation of public and private entities authorized by a Party; (iii) contribute to the reduction of emission levels in the host Party, which will benefit from mitigation activities resulting in emission reductions that can also be used by another Party to fulfil its NDC; (iv) enable global mitigation of global emissions.

Any failure in the implementation of the NDC in a country for whatever reason may reflect the impotence of international climate law. This is what will be highlighted in the case of Ukraine under the conflicting regime imposed on it by regional geopolitics with Russia.

Ukraine's membership to the Energy Community implied commitments, which these international agreements made explicit, and which were considered in the Energy Strategy of Ukraine until 2035[2]. This strategy provides for greater regulatory convergence with the EU, including measures that could encourage decarbonisation. However, this strategy remains vague on the major issues: How to achieve decarbonization targets, the speed at which coal production and use

2 Energetichna Strategiya Ukrainy na period do 2035 roku "Bezpeka, energoefektivnyst', konkurentospromozhnist'" (Kiev: Cabinet of Ministers, 2017), approved by the resolution 605-r of 18 September 2017.

should be phased out, and the role of gas in the energy transition. Several subsequent policy documents have addressed these issues, which Ukraine and several other countries face. The most important of these for the Ukraine are: (i) The green energy transition concept, published by the Minister of Energy in January 2020; (ii) The national energy and climate plan; (iii) The Ukraine 2050 Low emission development strategy.

Ukraine's NDC, submitted in 2016, aims to limit GHG emissions in 2030 to a maximum of 60% of 1990 levels. Ukraine, like other post-Soviet states, the opportunity to set a target to "reduce" GHG emissions, but which allows for a considerable increase: emissions in Ukraine were of 945.8 million tonnes of CO2 equivalent (Mt CO2 eq.) in 1990, but, due to the economic slump in the 1990s, they collapsed to 430 Mt CO2 eq. CO2 in 2000. They reached their lowest level in 2015 at 322.3 Mt eq. CO2, then increased to 341.5 Mt eq. CO2 in 2018. The 2030 target, in accordance with the first NDC, is 567.5 Mt eq. CO2, just under 140% of the 2018 level. Importantly, these figures relate to total GHG emissions (excluding land use, land use change and forestry). Ukraine's development priority today is not the respect of its international climate commitments, but rather its survival as an independent state, its security, and its reconstruction as well as possible. This makes its CDN just an ordinary paper in the archives. The level of industrialization in Ukraine before the outbreak of the armed conflict requires an exceptional need for conventional energy to quickly return to normal and transcend the negative impacts of the conflict, at least from an economic and industrial point of view.

8. NEW NECESSARY AND MANDATORY CONSIDERATIONS FOR EFFECTIVE MULTILATERALISM IN CLIMATE NEGOTIATIONS AND THE PROSPERITY OF INTERNATIONAL CLIMATE LAW

The UNFCCC, the KP, and the PA as the main instruments of international climate laws are victims of multipolarity. This multipolarity is a geopolitical fact. It manifests itself in the existence of several poles of political, economic, and even military power which balance each other out. The strongest impose around them their own visions of the world. They prosper thanks to the balance of power in international relations.

However, as stated by Joseph Borrel, High Representative of the European Commission for Foreign Affairs; "There should not be any contradiction between pursuing a policy of balance of power and promoting values. On the contrary, showing that there is no renunciation of principles and values is a sign of strength".

At each CoP on the climate, a new concept is born, a new mechanism can be issued according to international geopolitics challenges and prospects. There are discrepancies that hamper the implementation of international law, and outstanding issues are deferred to another CoP session. Each CoP gives rise to new findings of operationalization of international law.

Thus, by consecrating the vitality of international law which is perpetually enriched at each session of the CoP, international climate law, rather than being the locomotive of geopolitics, finds itself in tow with the consequence, that is, the paralysis of international law because of the stakes, forces, and invisible hands of powers with individually contradictory interests and priorities.

International climate law is a soft law consisting of a set of rules whose normative force is discussed. These are non-binding rules of law, but their legal effects are real. This is one of the biggest weaknesses in international law that negatively affects international climate commitments.

To give more strength to the effectiveness of international climate law, it is necessary to breathe new life into multilateral diplomacy, which is more substantive, more exemplary, and more innovative, with a new vision including concrete aspects of solidarity.

The revival of multilateralism within the framework of the prosperity of international climate law will have to be articulated around three pillars, namely: (i) Courageously confront the powers that violate with impunity international legal instruments on the climate, including the PA; (ii) contain the powers when they want to weaken the system of values and the principles that these instruments convey; (iii) dialogue effectively when powers demonstrate a demonstrated willingness to cooperate.

In this perspective, diplomatic innovation will consist in finding the appropriate means and mechanisms to reconcile the two dimensions (i.e., multipolarity and multilateralism), to adapt to the new sharing of power, while striving to attenuate the political fragmentation of the world in competing poles.

Finally, as stated by Sandrine Maljean-Dubois[3], it should be argued that, to meet the challenge of the effectiveness of international climate law, it would be wise for the PA to be supplemented, or even boosted, by other initiatives emanating from other international cooperation forums which will enable "contributions" to be made in addition to the "contributions" of the Parties, in support of the PA. Several legal tools can be used to "de-fragment" the international climate regime within a much larger complex of regimes: (i) The promotion of mutual supportiveness with rules from other branches of international law (e.g., trade, investment, sea, and human rights); (iii) the use of meta-norms (e.g., the "2°" objective); (iv) the promotion of enhanced cooperation initiatives; (v) the promotion of public-private partnerships, technical standardization, harmonization of the measurement, reporting, and verification system, technologies or financing; (vi) institutional cooperation at the level of secretariats or political bodies. These different defragmentation levers are not mutually exclusive, but complementary.

9. CONCLUSIONS

Since the adoption of the 2030 Agenda and the PA, the states have taken measures to progress in the effective implementation of the objectives and ambitions, depending on whether it is the 2030 agenda or the PA. At the international level, several events have been organized to assess national implementation processes.

However, geopolitical events have dealt an unexpected slowdown to the effective implementation of SDG 13. These are first the advent of President Trump in the United States in 2016, the coronavirus

---

3 MALJEAN-DUBOIS, S., " Quel droit international face au changement climatique? ", *Revue Juridique de l'Environnement,* 2017, *Après l'Accord de París, quels droits face au changement climatique? spécial,* Halshs-01675510

pandemic at the end of 2019, and the Russian-Ukrainian conflict which took place at the beginning of 2022 and to which the world continues to explore exit solutions. These three international geopolitical events are disrupting and reducing the effectiveness of the implementation of SDG 13. New international geopolitical events could still occur in the future with an unexpected consequence and the international leadership should anticipated on the best and effective way to address them.

The pre-eminence of geopolitics over international law in an atmosphere of multipolarity to the detriment of multilateralism seems to precipitate international law into an impasse. Should we invent another body of climate governance than the CoPs to deal with the climate emergency and save the planet from the climate deluge? A revival or reinvention of multilateralism should henceforth become an ambition, a priority, and a strategic objective of the international development agenda at the same time.

Bibliographic references

ACPC, *Pertes et dommages en Afrique. Un rapport CEA-CAPC préparé par Climate Analytics,* UNECA, Addis Abeba, Ethiopie, 2014.

CAUSSE, C., MOKHNACHEVA, D., and CAMUS, G., *Océan, changements climatiques et migration humaine,* Ocean-Climate, OIM, Genève 2017.

CCNUCC, *Accord de París sur le climat. FCCC/CP/2015/L.9,* UNFCCC, París, France, 2015.

CCNUCC, *Rapport de la Conférence des Parties sur sa vingt-troisième session, tenue à Bonn du 6 au 18 novembre 2017. Deuxième partie: Mesures prises par la Conférence des Parties à sa vingt-troisième session,* UNFCCC, Bonn, 2017.

CCNUCC, *Rapport du Conseil du Fonds pour l'adaptation. Conférence des Parties agissant comme réunion des Parties au Protocole de Kyoto Treizième session Bonn, 6-17 novembre 2017,* UNFCCC, Bonn, 2017.

CCNUCC, *Rapport de l'Organe subsidiaire de mise en œuvre sur les travaux de sa quarante-sixième session, tenue à Bonn du 8 au 18 mai 2017,* UNFCCC, Bonn, 2017.

COORDINATION SUD, *La mise en œuvre des objectifs de développement durable, une politique indispensable pour renforcer l'action climatique,* Association 4D, France, 2017.

DE GALBERT, M., SCHMITT, F., DIETERLE, G. and LARSON G., *Des forêts tropicales atténuant le changement climatique: Leur rôle dans la substitution aux énergies fossiles et les futures économies vertes,* 2013.

VILLEROCHE, H., POT, C., " L'atteinte des Objectifs de développement durable: les solutions proposées par la Banque mondiale ", *Annales des Mines - Responsabilité et environnement,* 2017/4 (N°88), pp. 7-9.

OCDE/PNUD, *Vers une coopération pour le développement plus efficace: Rapport d'étape,* Éditions OCDE, París, 2019.

ELD INITIATIVE & UNEP, *L'économie de la dégradation des terres en Afrique: Les bénéfices de l'action l'emportent sur ses frais,* ELD, Bonn, 2015.

GUESNERIE, R., *La recherche au service du développement durable. Rapport Intermédiaire,* Ministère de la Recherche et des Nouvelles Technologies & Secrétariat d'Etat au Développement durable, París, France, 2003.

HAKIM, H., *Quelle place pour l'environnement dans l'agenda post-2015?,* Université de Sherbrooke, Canada, 2013.

IISD, "Summary of the global symposium on soil pollution: 2-4 may 2018, GSOP Bulletin "*International Institute for Sustainable Development,* Vol. 206, N° 6, 2018b.

LOCATELLI, C., "Pétrole russe et investisseurs étrangers. Des intérêts divergents", *Le Courrier des Pays de l'Est,* N°1045, pp. 64-76, 2004.

NAKHOODA, S., WATSON, C. and SCHALATEK, L., "Architecture du financement climatique mondial. Climate Funds Update", *Fondamentaux du financement climatique,* N° 2, Overseas Development Institute et Heinrich Böll Stiftung North America, London, 2014.

THOMSON, P., *Reform of the Russian gas sector,* The World Bank, Mimeo, Washington, 2004.

UNITED NATIONS, *Transforming our world: The 2030 agenda for sustainable development,* United Nations, New-York, USA, 2015.

LOS TRATADOS INTERNACIONALES Y LA COSTUMBRE COMO FUENTES DEL DERECHO PENAL ESPAÑOL: LA CONTROVERTIDA APLICACIÓN DEL PRINCIPIO DE LEGALIDAD INTERNACIONAL A LOS DELITOS DE LESA HUMANIDAD

INTERNATIONAL TREATIES AND CUSTOM AS SOURCES OF SPANISH CRIMINAL LAW: THE CONTROVERSIAL APPLICATION OF THE PRINCIPLE OF INTERNATIONAL LEGALITY TO CRIMES AGAINST HUMANITY

ALBERTO BAIXAULI FERNÁNDEZ[1]

Resumen

El peculiar sistema de fuentes vigente en el Derecho Penal Internacional ha supuesto la asunción por parte del ordenamiento jurídico internacional del principio de legalidad penal en una acepción flexible o relativa. La aplicación de dicho principio en su lectura internacional en relación con los delitos contra la humanidad tipificados a nivel internacional ha sido objeto de controversia en los ordenamientos jurídicos de aquellos países con sistema continental como España, en los que rige el principio de legalidad como reserva absoluta de Ley formal y existe prohibición de retroactividad de las normas sancionadoras no favorables.

Palabras clave: principio de legalidad - delitos contra la humanidad - tratados internacionales - costumbre internacional - irretroactividad penal

Abstract

The peculiar system of sources in force in International Criminal Law has meant the assumption by the international legal system of the principle of criminal legality in a flexible or relative sense. The application of this principle in its international reading in relation to crimes against humanity defined at the international level has been the subject of controversy in

1 Profesor Doctor de Derecho Penal y Criminología en la Universidad Europea de Valencia (alberto.baixauli@universidadeuropea.es).

the legal systems of those countries with a continental system such as Spain, in which the principle of legality governs as an absolute reserve. of formal Law and there is a prohibition of retroactivity of unfavorable sanctioning regulations.

Keywords: principle of legality - crimes against humanity - international treaties - international custom - penal non-retroactivity

1. EL DERECHO PENAL INTERNACIONAL Y SUS FUENTES

Partiendo de un concepto amplio del Derecho Penal Internacional —es decir, integrando, por un lado, la materia relativa a la aplicación espacial de la Ley penal, y, por otro, el aspecto referente a los intentos de lograr una legislación penal internacional—, podemos definirlo como aquel conjunto de disposiciones que regulan tanto la aplicación en el espacio de la Ley penal interna, como las dirigidas a proteger intereses fundamentales de la comunidad internacional[2].

Se caracteriza, por tanto, por una "doble alma", pues participa del Derecho Penal y del Derecho Internacional, combinando rasgos y elementos de cada uno de estos sectores del ordenamiento. Por una parte, es Derecho Internacional en razón de las normas de referencia (que incluyen los tratados y la costumbre internacional), pero también su carácter internacional se concreta en su objeto (los crí-

---

2 ANDRÉS DOMÍNGUEZ, A. C., *Derecho Penal Internacional*, Tirant lo Blanch, Valencia, 2006, p. 17.

menes internacionales), y en la posibilidad de que la responsabilidad penal individual se declare por un tribunal internacional[3].

En cuanto a la formalización de la definición de los delitos y las penas, y al contrario que en el derecho interno en que se reserva a la ley excluyendo a las otras fuentes del derecho, en el Derecho Internacional y por inclusión en el Derecho Penal Internacional, en cambio, como no hay un órgano universal productor de leyes el derecho sólo puede nacer del consentimiento de los Estados, consentimiento que se expresa bien sea en las convenciones internacionales o en la costumbre o los principios generales de derecho[4].

Por ello en el Derecho Internacional se reconoce como fuente, la costumbre, los principios generales del derecho (el *ius cogens*) así como los tratados a través de los cuales, y por escrito, los Estados manifiestan su voluntad de obligarse. El Estatuto de la Corte Internacional de Justicia de la Organización de Naciones Unidas así lo confirma en su art. 38 en el que se reconocen como tales, los tratados internacionales, la costumbre internacional y los principios generales reconocidos en el ámbito internacional. Asimismo, se incluyen la jurisprudencia y la doctrina científica como medios auxiliares para la interpretación del Derecho Internacional.

Por su parte, el Estatuto de Roma de la Corte Penal Internacional (en adelante ECPI), adoptado el 17 de julio de 1998 y en vigor desde el 1 de julio de 2002, considerado hoy como la fuente principal —pero, ni única ni exclusiva— del Derecho Penal Internacional, también señala en su art. 21, el derecho que habrá de aplicar en la investigación y el enjuiciamiento de los delitos que sean de su competencia, aludiendo a las fuentes clásicas del Derecho Internacional, pero se las jerarquiza no en cuanto a su función de fuentes creadoras del

---

3 GIL GIL, A. y MACULAN, E., "Qué es el Derecho Penal Internacional" en GIL GIL A. (dir.), MACULAN, E. (dir.) *Derecho Penal Internacional*, 2ª edición, Dykinson, Madrid, 2019, p. 39.

4 MARTÍN MARTÍNEZ M., "La configuración del principio de legalidad penal en el Derecho Internacional Contemporáneo", en CUERDA RIEZU, A. (dir.) y JIMÉNEZ GARCÍA, F. (dir.) *Nuevos desafíos del Derecho Penal Internacional*, Tecnos, Madrid, pp. 371-390.

derecho, sino en cuanto a su importancia para la interpretación de las normas del propio ECPI[5].

En el ámbito del Derecho Internacional el instrumento de tipificación internacional penal por excelencia es el tratado internacional, máxime cuando, al tener un carácter eminentemente formalista, en el mismo se pueden cumplir las garantías —criminal y penal— dispuestas por el principio de legalidad penal en el momento de elaboración de las disposiciones penales. En este sentido, los tratados pueden revestir —al igual que las leyes internas— un elevado grado de objetividad e imparcialidad, garantizando con su redacción abstracta, desvinculada del caso concreto, la unidad y la igualdad en la aplicación del Derecho[6]. En el marco actual de la globalización, el inevitable proceso de armonización y homogeneización de los ordenamientos jurídicos nacionales encuentra en los tratados y convenios internacionales un poderoso instrumento técnico al servicio del mismo[7].

Los vacíos o lagunas del derecho convencional —cuando los Estados, o algunos, ni firman ni ratifican los tratados, o cuándo éstos no incluyen en su articulado determinadas normas pacíficamente aceptadas como derecho consuetudinario— son satisfechos por el propio derecho consuetudinario. Normas consuetudinarias que incluso suelen ser más completas que las convencionales[8]. En la sociedad internacional que carece del instrumento de la ley, si la norma consuetudinaria fuese sustituida por la codificada se producirían regresiones por la inoponibilidad de un tratado a un Estado no parte *(principio res inter alias acta; pacta tertiis nec nocent neque prosunt)*, porque los

5 HORMAZÁBAL MALAREE, H., "Crímenes internacionales, jurisdicción y principio de legalidad penal", en PÉREZ CEPEDA, A. I. (dir.), *El principio de justicia universal: fundamentos y límites*, Tirant lo Blanch, Valencia, 2012, p. 255.

6 ACOSTA ESTEVEZ, J. B., "La tipificación del delito internacional en el Estatuto de la Corte Penal Internacional", *A.E.D.I.*, vol. XXV (2009), p. 180Í

7 GARCÍA-PABLOS DE MOLINA, A., *Introducción al Derecho Penal*, 4ª edición, Editorial Universitaria Ramón Areces, Madrid, 2006, p. 813.

8 OLLE SESE, M., "El principio de legalidad en el Derecho penal internacional: Su aplicación por los tribunales domésticos", en VARIOS (coord.) *Estudios penales en homenaje a Enrique Gimbernat*, Tomo I, Edisofer, Madrid, 2008, p. 562.

convenios sólo obligan a los Estados partes, mientras que las normas consuetudinarias tienen alcance *erga omnes*[9].

Antes de la existencia del ECPI y con posterioridad a la Segunda Guerra Mundial existieron tribunales de justicia penal internacional, de carácter transitorio (entre los que se destacan especialmente el Tribunal Militar Internacional, también conocido como el Tribunal de Nuremberg —en adelante TMI—, el Tribunal de Tokio y más recientemente, el Tribunal penal internacional para la antigua Yugoslavia (TPIY[10], en adelante) y el Tribunal penal internacional para Ruanda (TPIR[11], en adelante), cuyas cartas constitutivas significaron una gran aportación al Derecho penal internacional, en la medida en que tipificaron o definieron los que se consideran crímenes internacionales, haciendo una clara clasificación de ellos, y dentro de sus definiciones se establecieron los elementos constitutivos de cada uno de estos delitos[12]. Asimismo, sus decisiones desempeñaron una doble función. Por un lado, contribuyen tanto a probar la existencia de una norma consuetudinaria como al progreso del derecho consuetudinario; y, por otro lado, cumplen su función de fuente secundaria como instrumento dependiente o interno de interpretación en un mismo tribunal, o interdependiente o externo entre diferentes tribunales[13].

---

9 FERNÁNDEZ LIESA, C. R., "La aplicabilidad de la costumbre internacional en el Derecho Penal Español", en TAMARIT SUMALLA, J. (coord.) *Justicia de transición, justicia penal internacional y justicia universal*, Atelier, Barcelona, 2010, p. 76.

10 El Estatuto del Tribunal Internacional para juzgar a los presuntos responsables de graves violaciones del derecho internacional humanitario cometidas en el territorio de la ex-Yugoslavia a partir de 1991 fue adoptado por el Consejo de Seguridad de la ONU, mediante Resolución 827, de 25 de mayo de 1993, S/RES/827 (1993).

11 El Estatuto del Tribunal Internacional para Ruanda fue adoptado por el Consejo de Seguridad de la ONU, Resolución 955, de 8 de noviembre de 1994, S/RES/955 (1994).

12 BERDUGO GÓMEZ DE LA TORRE, I.; PÉREZ CEPEDA, A. I., "El Derecho Penal en el ámbito internacional" en BERDUGO GÓMEZ DE LA TORRE, I. (coord.) *Lecciones y materiales para el estudio del Derecho Penal*, Tomo I, 2ª edición, Iustel, Madrid, p. 187.

13 OLLE SESE, M., op. cit, p. 568.

Por su parte, la costumbre internacional como fuente de significada importancia y relevancia en el ámbito del Derecho Internacional, es evidente ante la ausencia de un órgano universal formal de creación de normas jurídicas internacionales. Por ello el *nullum crimen* en el Derecho Penal Internacional exige una interpretación material[14], flexible, pues la garantía formal que aquel principio implica no puede hacer abstracción de la historia y organización de un determinado modelo de Estado, que ni es general en la Comunidad internacional, ni encuentra reflejo en la propia estructura de ésta[15].

La costumbre, como fuente del Derecho Internacional, despliega idéntico efecto vinculante al del derecho convencional internacional —provoca su aplicación por los tribunales internacionales y nacionales— de tal forma que la norma consuetudinaria obligará, prohibirá o permitirá una determinada conducta según la cualidad de la norma consuetudinaria en cuestión. Desde esta perspectiva, los principios generales cuando contribuyen a la formación de la costumbre se confunden con ésta, y, lo que en un su origen era un principio, ulteriormente se convierte en norma consuetudinaria. No obstante, sea costumbre o sea principio general, las dos son fuentes principales del Derecho Penal Internacional[16].

2. EL PRINCIPIO DE LEGALIDAD PENAL Y SU DIMENSIÓN EN EL DERECHO PENAL INTERNACIONAL

2.1. El principio de legalidad penal: significado y evolución

El principio de legalidad es el principal límite impuesto por las exigencias del Estado de Derecho al ejercicio de la potestad punitiva e incluye una serie de garantías para los ciudadanos que genéricamente pueden reconducirse a la imposibilidad de que el Estado intervenga penalmente más allá de lo que le permite la ley[17].

---

14 GIL GIL, A., *Derecho Penal Internacional*, Tecnos, Madrid, 1999, pp. 86 y ss.

15 GARCÍA-PABLOS DE MOLINA, A., *Introducción al Derecho Penal*, 4ª edición, Editorial Universitaria Ramón Areces, Madrid, 2006, p. 817.

16 OLLE SESE, M., op. cit., pp. 564 y 567.

17 MUÑOZ CONDE, F.; GARCÍA ARÁN, M., *Derecho Penal. Parte General*, 11.ª Edición, Tirant Lo Blanch, Valencia, 2022, p. 91.

El principio de legalidad suele formularse bajo el aforismo, atribuido a Feuerbach (1847), *nullum crimen, nulla poena sine lege*, es decir, no hay delito ni pena sin una ley que lo tipifique, una ley que debe ser previa a la comisión del hecho delictivo y una ley que debe serlo también en sentido formal, esto es, una norma emanada del Parlamento como órgano de la representación política[18]. Desde entonces, se ha consagrado como uno de los principales pilares del Derecho Penal moderno[19].

En su sentido actual, el principio de legalidad se derivó en un principio de la teoría ilustrada del contrato social y presuponía una organización política basada en la división de poderes, en la que la ley fuese competencia exclusiva de los representantes del pueblo. El ciudadano sólo admite el paso del estado de naturaleza al estado civil en virtud de un pacto —contrato social— en el que asegura su participación y control de la vida política de la comunidad. Tal participación tiene lugar por medio del Poder Legislativo, que representa al pueblo. Sólo de él puede emanar la Ley, que constituye, pues, la expresión de la voluntad popular[20].

Por ello desde la perspectiva política, el principio de legalidad representa la materialización de los valores fundamentales del Estado de Derecho y en última instancia, dicho principio es expresión de los dos valores básicos de todo ordenamiento jurídico: la libertad y la igualdad[21].

Posteriormente, el principio de legalidad se configuró como la esencia del Derecho Penal al imponer la exigencia de una ley escrita, estricta, previa y cierta que determine el delito y la pena. De allí se derivan los cuatro corolarios del principio que rigen igualmente en el Derecho Penal: la prohibición de fundar la represión penal de una conducta en normas distintas a las contenidas en una ley formal es-

---

18 LAMARCA PÉREZ, C., "Principio de legalidad", *Eunomía. Revista en Cultura de la Legalidad*, nº 1, septiembre 2011-febrero 2012, p. 157.

19 QUINTERO OLIVARES, G., *Manual de Derecho Penal - Parte General*, 3ª edición, Aranzadi, Cizur Menor, 2002, p. 68.

20 MIR PUIG, S., *Derecho Penal parte general*, 10ª edición, Reppertor, Barcelona, 2015, p. 115.

21 COBO DEL ROSAL M.; VIVES ANTÓN, T. S., *Derecho Penal Parte general*, 5ª edición, Tirant Lo Blanch, Valencia, 1999, pp. 73 y 74.

crita (*lex scripta*); la prohibición de aplicar la ley penal a supuestos no previstos por ella, esto es, la prohibición de la analogía (*lex stricta*); la prohibición de aplicación retroactiva y la creación de normas penales retroactivas que fundamenten o agraven la responsabilidad penal (*lex previa*); y, la prohibición de crear leyes penales con contenido indeterminado (*lex certa*).

Sin embargo, en la actualidad el principio de legalidad no sólo es un principio elemental de la justicia penal, sino que también se ha transformado en un derecho humano, siendo recogido por las principales convenciones internacionales y regionales de derechos humanos, así como por prácticamente todas las legislaciones del mundo[22].

2.2. El principio de legalidad en el ámbito del Derecho Penal Internacional

La asunción del principio de legalidad penal por el ordenamiento jurídico internacional ha sido controvertida, particularmente con respecto a la exigencia de una *lex praevia*, a la que se han vinculado, de forma más o menos explícita, las restantes garantías comprendidas bajo el principio. En particular respecto a la necesidad de que la tipificación fuera escrita su transposición al derecho penal internacional se ha concentrado en la prohibición de la norma penal retroactiva (*lex praevia*) y a su tipificación específica (*lex certa*), sin consolidarse en el ámbito internacional ni la necesidad de que la criminalización sea escrita (*lex scripta*) ni la prohibición de la analogía en detrimento del reo (*lex stricta*)[23]. Por el contrario, en muchos sistemas nacionales existe una versión más sólida del principio de legalidad, pero que no

---

22 LLEDO R., "El principio de legalidad en el Derecho Penal Internacional", *Eunomía. Revista en Cultura de la Legalidad*, nº 11, octubre 2016 - marzo 2017, p. 247; GALLANT, K. S., "La legalidad como norma del derecho consuetudinario internacional: la irretroactividad de los delitos y las penas" en MONTIEL, J. P. (ed.) *La crisis del principio de legalidad en el nuevo Derecho Penal: ¿decadencia o evolución?*, Marcial Pons, Madrid, 202012, p. 315.

23 PACHECO DE FREITAS, J. A., "La relación entre el principio de legalidad en derecho penal internacional y la tipificación internacional de los crímenes de lesa humanidad: una perspectiva histórica", *Agenda Internacional, Año XXVI*, N° 37, 2019, p. 193.

se ha convertido en una norma de Derecho consuetudinario internacional obligatoria para Estados y/u organizaciones internacionales[24].

El principio de legalidad estuvo presente desde el establecimiento del TMI, el cual concluyó, respecto de los crímenes contra la paz y los crímenes de guerra, que los imputados debían saber que violaban el derecho internacional vigente y que, por lo tanto, eran susceptibles de ser juzgados y eventualmente condenados, pues a los acusados se les imputaba una conducta que ya era criminal antes del establecimiento del propio tribunal, sin explicar cuál era el fundamento jurídico para ello. Por ello, entre las principales críticas vertidas al TMI, estaba que el contenido de los crímenes fue tipificado *ex post facto,* sin aplicar el principio de legalidad y que los tribunales fueron establecidos para que los vencedores en la guerra juzgaran a los vencidos[25].

Sin embargo ello podría no resultar violatorio del principio de legalidad desde una postura internacionalista o relativa, toda vez que se reconocían ya estas conductas como ilícitas contrarias al Derecho Internacional en la costumbre internacional, en el "Derecho" no escrito, como conductas repudiadas por la comunidad en su conjunto, a pesar de que aún no existía el tribunal que las juzgaría ni las conductas prohibidas estaban tipificadas como delitos, ni las penas especialmente previstas, aunque la expectativa general de pena por ciertas conductas atroces y aberrantes debía ya existir[26]. Por ello los "nuevos" tipos se han limitado, en realidad, a declarar un Derecho internacional preexistente, con lo que no se podría considerar que fuesen retroactivos[27].

De este modo y pese a que históricamente su existencia en el plano internacional ha sido relativizada, puede afirmarse que también forma parte del Derecho Internacional, como expresión —al igual que en los derechos internos— de la seguridad jurídica, la igualdad y

---

24 GALLANT, K. S., op. cit., p. 317.

25 PACHECO DE FREITAS, J. A., op. cit., pp. 188 y 189; FERNÁNDEZ PONS, X., "El principio de legalidad penal y la incriminación internacional del individuo", *Revista Electrónica de Estudios Internacionales,* nº 5, diciembre 2022, p. 3.

26 BARBERO, N., "La ¿relativa? aplicación del principio de legalidad en Derecho Penal Internacional", *Revista Nuevo Foro Penal* Vol. 13, No. 89, juliodiciembre 2017, Universidad EAFIT, p. 159.

27 FERNÁNDEZ PONS, X., op. cit., p. 8.

la interdicción del abuso y la arbitrariedad de los poderes públicos[28]. Y así aparece recogido en el texto de diversos instrumentos internacionales, como son: el art. 11. 2 de la Declaración Universal de Derechos Humanos (DUDH) de 10 de diciembre de 1948; el artículo 15. 2 del Pacto Internacional de Derechos Civiles y Políticos (PIDCP) de 16 de diciembre de 1966; el art. 7 del Convenio Europeo para la Protección de los Derechos Humanos y de las libertades fundamentales de 4 de noviembre de 1950 (CEDH, en adelante); el art. 9 de la Convención Americana de Derechos Humanos de 22 de noviembre de 1969 (CADH); en el art. 7. 2 de la Carta Africana sobre los Derechos Humanos y de los Pueblos de 1981 (ACHPR) y el artículo 49 de la Carta de Derechos Fundamentales de la Unión Europea de 7 de diciembre de 2000 (CDFUE). Posteriormente se incorporó expresamente el principio de legalidad en los artículos 22 y 23 del ECPI. Por ello, la entrada en vigor de los principales tratados de derechos humanos sugiere que el principio de legalidad ya era una norma consuetudinaria por lo menos desde la década de 1970.

Así pues, el principio de legalidad en el ámbito internacional debe ser entendido como una exigencia de "tipificación" o "juridicidad" previa, reinterpretado sus atributos en función de la peculiar formación del Derecho internacional, dado el carácter informal de algunas de sus fuentes —no existiendo una suerte de "reserva de tratado"— y la consiguiente falta de precisión del momento en que se ha positivizado un tipo y de su exacto contenido[29].

Finalmente, a nivel jurisprudencial es de particular importancia la doctrina del Tribunal Europeo de Derechos Humanos (en adelante, TEDH) sobre la aplicación del principio de legalidad, bajo la premisa de que todo delito debe estar claramente definido en la legislación, conforme al art. 7 CEDH. A inicios de la década de 1990, el TEDH consolidó un criterio interpretativo, el cual ha venido manteniendo regular y sostenidamente, que parte de la constatación de que no siempre es posible que la letra de la ley contemple comprehensivamente la conducta ilícita, por lo que para satisfacer el principio de legalidad será suficiente que se cumpla con dos requisitos cualitati-

---

[28] MARTÍN MARTÍNEZ, M. M., op. cit., p. 377.

[29] FERNÁNDEZ PONS, X., op. cit., p. 8.

vos: que el individuo tenga acceso al texto de la tipificación y a su interpretación por los tribunales (accesibilidad) y que las normas estén formuladas con la precisión necesaria para que pueda prever razonablemente qué conductas son ilícitas (previsibilidad). Estos dos requisitos —accesibilidad y previsibilidad— han sido considerados en una abundante y coherente jurisprudencia por el TEDH[30] y constituyen un estándar ampliamente considerado a nivel internacional como representativo del examen que se debe realizar para determinar si la persecución estatal ha cumplido con el principio de legalidad[31].

Más recientemente, el TEDH ha considerado que la expresión "Derecho", contenida en el art. 7.1 CEDH menciona tanto el Derecho escrito como el no escrito (en referencia tácitamente a la costumbre y a "los principios generales del Derecho reconocidos por las naciones civilizadas"). De esta manera se pone de manifiesto una clara contradicción entre el principio de legalidad europeo y el de los Estados europeos, como Alemania, Italia, España o Portugal que, en principio, excluyen, consecuencia del requisito de *lex scripta*, el Derecho consuetudinario de las fuentes del Derecho penal[32].

2.3. El principio de legalidad en el Derecho Penal Español

La Constitución española (en adelante CE) en su art. 9.3 establece en general que "la Constitución garantiza el principio de legalidad", mientras que el art. 25. 1 CE, dice que *nadie puede ser condenado o sancionado por acciones u omisiones que en el momento producirse no constituyan delito, falta o infracción administrativa, según la legislación vigente en aquel momento.* Por ello puede afirmarse que en este texto se recoge

---

30 Entre varias otras sentencias del TEDH, Margareta y Roger Andersson c. Suecia, sentencia del 25 de febrero de 1992, pár. 75; Kokkinakis c. Grecia, sentencia del 25 de mayo de 1993, pár. 52; S.W. c. Reino Unido, sentencia del 22 de noviembre de 1995, pár. 35-36; C.R. c. Reino Unido, sentencia del 22 de noviembre de 1995, pár 34; Cantoni c. Francia, sentencia del 11 de noviembre de 1996, pár. 29-30; y E.K. c. Turquía, sentencia del 7 de febrero de 2002, pár. 51.

31 PACHECO DE FREITAS, J. A., op. cit., pp. 191 y 192.

32 BACIGALUPO, E., "La legalidad como norma del derecho consuetudinario internacional: la irretroactividad de los delitos y las penas" en MONTIEL, J. P. (ed.) *La crisis del principio de legalidad en el nuevo Derecho Penal: ¿decadencia o evolución?*, Marcial Pons, Madrid, 202012, pp. 63 y 64.

la irretroactividad de la ley penal y a lo más la garantía criminal, pero no quedan explícitas las otras tres garantías que integran el principio de legalidad[33].

La reserva absoluta de ley (orgánica) o garantía formal o lo que es lo mismo, que solamente por ley emanada del poder legislativo es posible establecer delitos y sus correspondientes penas; y que, por tanto, ni por la costumbre, ni por el poder ejecutivo ni por el poder judicial pueden crearse normas penales, se establece en el art. 81. 1 CE. Pues dado que las leyes penales implican la privación o la restricción de un derecho fundamental, y en el artículo citado se dice que son leyes orgánicas las relativas al desarrollo de los derechos fundamentales resulta evidente la necesidad de que aquéllas adopten la forma de éstas[34].

Por lo tanto, la CE no recoge el principio de legalidad, al menos de modo claro y explícito[35], quizá porque nuestro constituyente lo consideró implícito en la consideración del Estado de Derecho[36].

Aunque el principio de taxatividad o de determinación en la descripción legal del tipo no se encuentra recogido expresamente en la CE, sin embargo, no es arriesgado derivar dicho principio del propio artículo 25. 1 CE, como hace la doctrina mayoritaria, toda vez que éste señala la necesidad de que las acciones u omisiones sean constitutivas de delito para que puedan ser condenadas penalmente; de ahí es deducible la necesidad de concreción del tipo para poder ser subsumidas en él las conductas, y asimismo garantizar la seguridad jurídica[37].

Pero en la legislación penal sí se encuentran recogidas las cuatro garantías que constituyen el principio de legalidad. Así, la garantía

---

33 LANDECHO VELASCO, C. M.; MOLINA BLÁZQUEZ, C., "Derecho Penal español Parte general", 10ª edición, Tecnos, Madrid, 2017, p. 136. En sentido similar, QUINTERO OLIVARES, G., op. cit., p. 75.

34 ORTS BERENGUER, E.; GONZÁLEZ CUSSAC, J. L., "Compendio de Derecho Penal Parte general", 9ª edición, Tirant Lo Blanch, Valencia, 2022, p. 98; QUINTERO OLIVARES, G., op. cit. p. 76.

35 COBO DEL ROSAL M.; VIVES ANTÓN, T. S., op. cit., p. 75.

36 LANDECHO VELASCO, C. M.; MOLINA BLÁZQUEZ, C., op. cit. p. 136.

37 QUINTERO OLIVARES, G., op. cit., p. 77; COBO DEL ROSAL M.; VIVES ANTÓN, T. S., op. cit., p. 77.

criminal, según la cual para que un hecho sea delictivo es necesario que una ley previa (en sentido formal, es decir, escrita y debidamente promulgada) lo haya precisamente descrito como tal y de la cual se deriva la prohibición de extender el carácter de delito a comportamientos "análogos" o "parecidos" pero que no estén taxativamente formulados como típicos, así como la prohibición de la retroactividad de leyes penales perjudiciales para el reo (pues entonces el fundamento de su castigo no se encontraría en una ley previa), se recoge en los arts. 1 y 4. 2° del CP. Además de la redacción del art. 10 CP se puede colegir la exigencia de taxatividad y del contenido del art. 2. 1° del mismo texto legal el principio de irretroactividad de las normas penales.

La garantía penal, que implica la prohibición de imponer penas que no hayan sido previstas con anterioridad para aquella clase de delito, y eso tanto en lo que concierne a la naturaleza o clase de pena como en lo referente a su duración, resulta de la integración del apartado 1° del art. 1 con el art. 10 y de la proclamación explícita del art. 2. 1°, todos ellos del CP.

La garantía de ejecución, que exige que el cumplimiento de la pena se verifique en el modo exactamente previsto por la ley, se deriva de lo dispuesto en el art. 3. 2 CP y el art. 2 de la Ley General Penitenciaria.

Finalmente, la garantía jurisdiccional, que significa que las sentencias condenatorias (y obviamente las absolutorias) no pueden ser dictadas más que por tribunal competente y tras cumplir los requisitos y garantías del proceso, se encuentra recogida en el art. 3. 1° CP y en el art. 1 de la Ley de Enjuiciamiento Criminal.

En definitiva y dado que en el Derecho Internacional —al contrario que en el Derecho Penal propio de los países con sistema continental como España, donde rige el principio de legalidad, como reserva absoluta de Ley formal— se reconoce como fuente la costumbre, los principios generales del derecho (el *ius cogens*) así como los tratados a través de los cuales, y por escrito, los Estados manifiestan su voluntad de obligarse; el contenido esencial de dicho principio no coincide con el derecho a la legalidad penal consagrado en nuestro país tanto en la CE como en el CP.

3. LA EVOLUCIÓN DE LOS DELITOS CONTRA LA HUMANIDAD: EL ESTATUTO DE ROMA DE LA CORTE PENAL INTERNACIONAL

El desarrollo de la tipificación de los crímenes de lesa humanidad a nivel internacional ha pasado por una evolución que se inicia en 1945, con los tribunales para juzgar los crímenes de los Estados derrotados en la Segunda Guerra Mundial (Alemania y Japón)[38], continua en la década de 1990 con la adopción de los Estatutos del TPIY y del TPIR que aplicaron ampliamente en sus estatutos la noción de crímenes contra la humanidad o de lesa humanidad, y culmina finalmente con la aprobación del ECPI.

La consolidación de la tipificación de los crímenes de lesa humanidad en el derecho penal internacional no había culminado antes de la existencia del TPIY y del TPIR, ni tampoco después de su adopción, pues ambos tribunales tienen importantes diferencias en su elemento contextual, que son sintomáticas de la falta de consenso que existía entonces sobre el contenido del tipo penal de los crímenes de lesa humanidad, no habiéndose logrado cumplir con el criterio jurisprudencial adoptado por el TEDH para el principio de legalidad, que requiere la "accesibilidad" y "previsibilidad" del tipo penal.

Pero, sin embargo, este criterio sí estaría cumplido con la adopción del texto del ECPI, en cuyo art. 7° se hallan recogidos los crímenes de lesa humanidad y en su art. 29 se establece su imprescriptibilidad, y cuya referencia expresa al principio de legalidad penal ha culminado en la elaboración de los "Elementos de los Crímenes" que desarrollan las definiciones de los tipos penales contenidos en el ECPI[39]. Es, por tanto, a partir de la aprobación del ECPI cuando hay certeza sobre el tipo penal de los crímenes de lesa humanidad queda en todo caso declarado como norma consuetudinaria[40].

---

38 La definición típica de los delitos contra la humanidad proviene de los Estatutos del TMI [art. 6. C)] y Tribunal Militar de Tokio [art. 5. C)], que subrayaron la irrelevancia de que el hecho infringiera el Derecho nacional o no.

39 OLASOLO ALONSO, H., "Del estatuto de los Tribunales *ad hoc* al Estatuto de Roma de la Corte Penal Internacional: Reflexiones sobre la evolución del principio *nullum crime sine lege* en el Derecho Penal Internacional", Revista General del Derecho Internacional, n° 5, 2006, p. 11.

40 PACHECO DE FREITAS, J. A., op. cit., pp. 200 a 202.

Las notas que definen los crímenes de lesa humanidad se refieren a la necesidad de que los actos delictivos (conductas subyacentes al elemento contextual y que constituyen en la práctica los crímenes de lesa humanidad —e.g. asesinato, exterminio, esclavitud, entre varias otras— que usualmente son también considerados tipos delictivos comunes en la gran mayoría de sistemas penales nacionales, como en España) se inscriban en el marco de un ataque generalizado y sistemático contra la población civil, sin necesidad de que este ataque sea traduzca necesariamente en un recurso a la fuerza armada —comprende igualmente todo maltrato infligido a la población civil—, esté vinculado a la existencia de un conflicto armado ni que el mismo esté originado, en principio, por una intención discriminatoria.

En este sentido, el propio art. 7 establece que por "ataque contra una población civil" se entenderá una línea de conducta que implique la comisión múltiple de actos mencionados en el párrafo 1 contra la población civil de conformidad con la política de un Estado o de una organización de cometer esos actos o para promover esa política, sin que sea necesario, conforme a lo dispuesto por los "Elementos del Crimen", que los actos constituyan un ataque militar, precisándose que se entiende que la política de cometer ese ataque requiere que el Estado o la organización promueva o aliente activamente un ataque de esa índole contra la población civil[41].

4. LOS TRATADOS INTERNACIONALES Y LA COSTUMBRE COMO FUENTES EN EL DERECHO PENAL ESPAÑOL: EL CASO DE LA RECEPCIÓN DE LOS CRÍMENES DE LESA HUMANIDAD

Se discute si los tratados o convenios internacionales pueden crear directamente normas penales si las Cortes generales lo autorizan (art. 94. 1 CE) o si ello queda vedado por el principio de legalidad. En otros términos: si el tratado puede asimilarse a la Ley en cuanto

41 Elementos de los Crímenes, Artículo 7, Introducción (3).

es respetuoso de los valores de seguridad y de autoría parlamentaria que garantiza la misma[42].

Pero que en el Derecho Penal Internacional deba entenderse el *nullum crimen* en una acepción lata, como principio de juridicidad, no quiere decir que pueda prescindirse por completo del mismo ya que ni el fundamento político-representativo en su único sustento, ni la garantía formal es la única que este principio implica. Así el Derecho Penal Internacional ha de someterse, desde luego, al principio de legalidad es su vertiente material, y a todos los subprincipios inherentes a éste (taxatividad, prohibición de retroactividad, etc.). Por ello, la mayoría de la doctrina rechaza la mera costumbre como fuente del Derecho Penal Internacional, pues aun cuando sea posible constatar la preexistencia de una norma (consuetudinaria), difícilmente ésta podrá satisfacer la exigencia de taxatividad o concreta delimitación de la conducta prohibida que reclama la garantía de la ley estricta y escrita, inherente al *nullum crimen*[43].

Esta es la doctrina seguida por el Tribunal Supremo (en adelante, TS), para el cual el principio de legalidad, en cuanto impone la adecuada previsión previa de la punibilidad, solo permite la sanción por conductas que en el momento de su comisión estuvieran descritas como delictivas en una ley escrita (*lex scripta*), anterior a los hechos (*lex previa*), que las describa con la necesaria claridad y precisión (*lex certa*) y de modo que quede excluida la aplicación analógica (*lex stricta*). De esta forma, el ejercicio del ius puniendi del Estado queda limitado a aquellos casos en los que haya mediado una advertencia previa a través de una ley, de modo que el agente pueda ajustar su conducta de manera adecuada a las previsiones de aquella. Previsibilidad que depende, en realidad, de las condiciones objetivas de la norma, y no tanto de la capacidad individual de previsión del sujeto[44].

Las normas de los tratados internacionales son fuentes genéricas del Derecho en el ordenamiento jurídico español, pero según dispo-

---

42 LASCURAIN SÁNCHEZ, J. A., "Principios del Derecho Penal (I). El principio de legalidad y las fuentes del Derecho Penal" en LASCURAIN SÁNCHEZ J. A. (coord.) *Manual de introducción al Derecho Penal*, Agencia Estatal Boletín Oficial del Estado, Madrid, 2019, p. 66.

43 GIL GIL, A. "Derecho Penal Internacional", cit., pp. 87 y ss.

44 STS 798/2007, de 01/10/2007 ("caso Scilingo").

nen el art. 1. 5 CC y el art. 96. 1 CE no serán de aplicación directa en España en tanto no hayan pasado a formar parte del ordenamiento interno mediante su publicación íntegra en el Boletín Oficial del Estado (BOE, en adelante), pero, en cualquier caso, por las exigencias del principio de legalidad penal, los tratados internacionales no pueden ser fuente directa de Derecho Penal para la creación o agravación de responsabilidad criminal, de modo que si los mismos obligan en ese sentido al Estado español, deberán ser objeto de desarrollo por una ley penal, generalmente con rango de ley orgánica, relativa a la tipificación o agravación de delitos o a la previsión de penas, medidas o consecuencias accesorias[45].

En consecuencia, el *nullum crimen* prohíbe a los tribunales aplicar directamente costumbres internacionales, ya que éstas no pueden responder a las exigencias formales y materiales que nuestro ordenamiento asigna a aquel principio. Ni tampoco cabe apelar a la preexistencia de una costumbre internacional para aplicar retroactivamente un precepto de origen consuetudinario antes de su codificación. Pues a tenor de la CE, no cabe argumentar que supuestas normas de Derecho (Internacional) Penal Internacional prevalezcan sobre los derechos y garantías que proclama aquella[46].

Sin embargo, en el caso de que un tratado internacional crease delitos y penal (caso por lo demás harto infrecuente), según otra parte de la doctrina[47] apoyada en la postura del Tribunal Constitucional —en adelante TC—, bastaría su publicación íntegra, porque un tratado suscrito por España y publicado en el BOE tiene rango superior al de la Ley[48].

En este sentido, Enrique Bacigalupo considera qué según la costumbre internacional, que constituye fuente de Derecho Penal In-

---

45 LUZÓN PEÑA, D. M., "Lecciones de Derecho Penal parte general", 3ª edición, Tirant Lo Blanch, Valencia, 2016, p. 66; ORTS BERENGUER, E.; GONZÁLEZ CUSSAC, J. L., op. cit., p. 60.

46 GARCÍA-PABLOS DE MOLINA, A., op. cit., p. 817.

47 Por ejemplo, REMIRO BROTONS, A., RIQUELME CORTADO, R. DÍEZ HOCHLEITNER, J., ORIHUELA CALATAYUD, E., PÉREZ-PRAT DURBÁN, L., "Derecho internacional", Tirant lo Blanch, Valencia, 2007, p. 631; o también FERNÁNDEZ LIESA, C. R., op. cit., p. 87.

48 LANDECHO VELASCO, C. M.; MOLINA BLÁZQUEZ, C., op. cit., p. 144.

ternacional, en los delitos contra la humanidad la responsabilidad penal no depende del Derecho nacional por lo que la cuestión de la prohibición de irretroactividad en tales delitos no se debería considerar en relación con las leyes nacionales sino al Derecho internacional. Ello significa que la responsabilidad internacional por crímenes contra la humanidad, al menos por hechos posteriores a 1950, no podría ser condicionada a la existencia de una ley nacional anterior al hecho[49].

En el caso del ECPI, la ratificación y la adaptación del ordenamiento español a lo dispuesto en el mismo se ha instrumentalizado mediante tres normas diferentes: La LO 6/2000, de 4 de octubre, que autoriza la ratificación del Estatuto[50]; la Ley Orgánica 15/2003, de 25 de noviembre de reforma del Código Penal[51] (en el seno de la cual el art. 607 bis tipificó por primera vez los delitos de lesa humanidad en el derecho penal español) que entró en vigor el 1 de octubre del año 2004; y finalmente la LO 18/2003 de cooperación con la Corte Penal Internacional[52].

A nivel jurisdiccional, el TS ha afirmado también, que la vigencia en nuestro ordenamiento del principio de legalidad exige que el Derecho Internacional sea incorporado a nuestro ordenamiento interno en la forma dispuesta en la CE y con los efectos dispuestos en la misma. No siendo posible que las exigencias del principio de tipicidad se rellenen con la previsión contenida en el Derecho Penal Internacional consuetudinario, si el derecho interno no contempla esa tipicidad. Si lo hiciera con posterioridad, esa tipificación puede ser aplicada pero siempre a partir de su publicación. Pues la garantía derivada del principio de legalidad y la interdicción de la retroactividad de las normas sancionadoras no favorables (art. 9. 3 CE) prohíbe sin excepciones la aplicación retroactiva de la norma penal a hechos anteriores a su vigencia (en el mismo sentido el art. 1 y 21 CP). Esta exigencia del principio de legalidad es aplicable al Derecho Penal Internacional, convencional y consuetudinario, sin perjuicio de que

---

49 BACIGALUPO, E., "Teoría y práctica del Derecho Penal", Tomo I, Instituto Universitario de Investigación Ortega y Gasset, Marcial Pons, Madrid, 2009, p. 139.

50 Publicada en el BOE núm. 239, de 5/10/2000.

51 Publicada en el BOE núm. 283, de 26/11/2003.

52 Publicada en el BOE núm. 296, de 11/12/2003.

su constatación sea tenida en cuenta como criterio hermeneuta de una cultura de defensa de derechos humanos cuyo contenido ha de informar la actuación jurisdiccional[53].

En consecuencia, conforme a la aplicación estricta del principio de legalidad y a la interpretación jurisdiccional del mismo efectuada por el TS, es a partir de la fecha de entrada en vigor del art. 607 bis CP, y no antes, cuando sería posible aplicar en España el tipo delictivo de crímenes de lesa humanidad siempre que los actos cumplan con los requisitos recogidos en el referido artículo. Sin que ello signifique que los hechos cometidos con anterioridad a dicha fecha tengan que ser atípicos, sino que al haber sido cometidos antes de la entrada en vigor del ECPI y de su incorporación al Derecho nacional, serán aplicables a éstos los tipos delictivos comunes que ya existían previamente en el Derecho Penal español.

5. CONCLUSIONES

1º La interpretación estricta del principio de legalidad penal conforme está recogida en la legislación española y se interpreta por el TS no permite la aplicación del principio de legalidad penal conforme se establece en el ámbito internacional.

Es decir, invocando la pura recepción de la norma internacional en el Derecho interno, puesto que para que los tribunales españoles puedan perseguir y castigar a los individuos responsables será necesario, en primer lugar, la incorporación de los tipos penales internacionales en el derecho penal interno español.

2ª Que es indudable que es la jurisdicción constitucional la sede natural para abordar los problemas que plantea dicha aplicación, en la medida en que se pone en cuestión el principio de irretroactividad (art. 9.3 CE), el principio de legalidad penal (art. 25 CE) y la propia estructura del sistema de fuentes en relación con la fuerza vinculante de los tratados internacionales que conforman el que conocemos como Derecho Internacional Penal (art. 96 CE) y de las fuentes consuetudinarias del Derecho Internacional de los derechos humanos,

53 STS 101/2012 de 27 de febrero de 2012.

conforme se interpreta en la doctrina del TEDH y que debe, a su vez, ser aplicada por los tribunales españoles según el artículo 10. 2 CE y la jurisprudencia del TC (STC 245/1991 de 16 de diciembre de 1991, FD 3).

Traducido en una formulación más concreta, la posible aplicación de la figura de los delitos de lesa humanidad a actos cometidos con anterioridad a octubre del año 2004, plantea de qué modo la adopción de compromisos internacionales por España, en materia de protección de los derechos humanos y de persecución de crímenes particularmente atentatorios de esos derechos, puede afectar a la investigación y enjuiciamiento de hechos calificables como delitos de lesa humanidad acaecidos antes de la introducción de dicho tipo penal en el CP y, yendo más lejos aún, se plantea también si ante la inexistencia de convenios vinculantes en el sentido clásico, existe Derecho Internacional consuetudinario que pueda tenerse por obligatorio y que proyecte sus mandatos a esos mismo hechos aplicando el principio de legalidad penal internacional, obviando por tanto una aplicación estricta del principio de legalidad penal conforme se contiene en nuestra legislación.

Y por todo ello, se trata de cuestiones ciertamente complejas sobre las que no existe jurisprudencia de fondo dictada por el TC, siendo quizás dicho órgano el llamado a resolverlas de modo definitivo desde el punto de vista constitucional, al ser el único que según la CE tiene atribuida la última palabra en su interpretación.

3ª Finalmente, la posible aplicación del derecho de legalidad de acuerdo con el Derecho internacional parece estar en línea con una postura favorable a la específica interpretación del principio de legalidad con la existencia de normas no escritas y la idea del valor de la costumbre internacional como fuente del derecho, respecto a lo dispuesto en el art. 7 CEDH y de acuerdo a la jurisprudencia emanada del TEDH, lo que supondría la necesidad de un cambio en la interpretación efectuada por el TS sobre dicha cuestión o, en la intención de impulsar una modificación del CP por la cual el principio de legalidad pueda ser aplicado teniendo en cuenta lo establecido en múltiples tratados y convenios internacionales suscritos y ratificados por España, opción ésta que ya ha sido objeto de diversas iniciativas legislativas que hasta el momento no han prosperado.

Referencias bibliográficas

ACOSTA ESTEVEZ, J. B., "la tipificación del delito internacional en el Estatuto de la Corte Penal Internacional", *A.E.D.I.*, vol. XXV (2009).

ANDRÉS DOMÍNGUEZ, A. C., "Derecho Penal Internacional", Tirant lo Blanch, Valencia, 2006.

BACIGALUPO, E., "Teoría y práctica del Derecho Penal", Tomo I, Instituto Universitario de Investigación Ortega y Gasset, Marcial Pons, Madrid, 2009.

BACIGALUPO, E., "La legalidad como norma del derecho consuetudinario internacional: la irretroactividad de los delitos y las penas" en MONTIEL, J. P. (ed.) *La crisis del principio de legalidad en el nuevo Derecho Penal: ¿decadencia o evolución?*, Marcial Pons, Madrid, 2012.

BARBERO, N., "La ¿relativa? aplicación del principio de legalidad en Derecho Penal Internacional", *Revista Nuevo Foro Penal* Vol. 13, No. 89, julio-diciembre 2017,

BERDUGO GÓMEZ DE LA TORRE, I.; PÉREZ CEPEDA, A. I., "El Derecho Penal en el ámbito internacional" en BERDUGO GÓMEZ DE LA TORRE, I. (coord.) Lecciones y materiales para el estudio del Derecho Penal, Tomo I, 2ª edición, Iustel, Madrid.

COBO DEL ROSAL M.; VIVES ANTÓN, T. S., "Derecho Penal Parte general", 5ª edición, Tirant Lo Blanch, Valencia, 1999.

FERNÁNDEZ LIESA, C. R., "La aplicabilidad de la costumbre internacional en el Derecho Penal Español", en TAMARIT SUMALLA, J. (coord.) *Justicia de transición, justicia penal internacional y justicia universal*, Atelier, Barcelona, 2010.

FERNÁNDEZ PONS, X., "El principio de legalidad penal y la incriminación internacional del individuo", Revista Electrónica de Estudios Internacionales, nº 5, diciembre 2022.

GALLANT, K. S., "La legalidad como norma del derecho consuetudinario internacional: la irretroactividad de los delitos y las penas" en MONTIEL, J. P. (ed.) *La crisis del principio de legalidad en el nuevo Derecho Penal: ¿decadencia o evolución?*, Marcial Pons, Madrid, 2012.

GARCÍA-PABLOS DE MOLINA, A., "Introducción al Derecho Penal", 4ª edición, Editorial Universitaria Ramón Areces, Madrid, 2006.

GIL GIL, A. "Derecho Penal Internacional", Tecnos, Madrid, 1999.

GIL GIL, A. y MACULAN, E., "Qué es el Derecho Penal Internacional" en Gil Gil A., Maculan, E. (dir.) *Derecho penal internacional*, 2ª edición, Dykinson, Madrid, 2019.

HORMAZÁBAL MALAREE, H., "Crímenes internacionales, jurisdicción y principio de legalidad penal", en PÉREZ CEPEDA, A. I. (dir.), *El principio de justicia universal: fundamentos y límites*, Tirant lo Blanch, Valencia, 2012.

LAMARCA PÉREZ, C., "Principio de legalidad", Eunomía. Revista en Cultura de la Legalidad, nº 1, septiembre 2011— febrero 2012.

LANDECHO VELASCO, C. M.; MOLINA BLÁZQUEZ, C., "Derecho Penal español Parte general", 10ª edición, Tecnos, Madrid, 2017.

LASCURAIN SÁNCHEZ, J. A., "Principios del Derecho Penal (I). El principio de legalidad y las fuentes del Derecho Penal" en LASCURAIN SÁNCHEZ J. A. (coord.) *Manual de introducción al Derecho Penal*, Agencia Estatal Boletín Oficial del Estado, Madrid, 2019.

LLEDO R., "El principio de legalidad en el Derecho Penal Internacional", *Eunomia. Revista en Cultura de la Legalidad*, nº 11, octubre 2016 - marzo 2017.

LUZÓN PEÑA, D. M., "*Lecciones de Derecho Penal parte general*", 3ª edición, Tirant Lo Blanch, Valencia, 2016.

MARTÍN MARTÍNEZ M., "La configuración del principio de legalidad penal en el Derecho Internacional Contemporáneo", en CUERDA RIEZU, A. y JIMÉNEZ, GARCÍA F. (dir.) *Nuevos desafíos del Derecho Penal Internacional*, Madrid, Tecnos.

MIR PUIG, S., "Derecho Penal parte general", 10ª edición, Reppertor, Barcelona, 2015.

MUÑOZ CONDE, F.; GARCÍA ARÁN, M., "*Derecho Penal. Parte General*", 11ª Edición, Tirant Lo Blanch, Valencia, 2022.

OLASOLO ALONSO, H., "Del estatuto de los Tribunales *ad hoc* al Estatuto de Roma de la Corte Penal Internacional: Reflexiones sobre la evolución del principio *nullum crime sine lege* en el Derecho Penal Internacional", *Revista General del Derecho Internacional*, nº 5, 2006.

OLLE SESE, M., "El principio de legalidad en el Derecho penal internacional: Su aplicación por los tribunales domésticos", en VARIOS (coord.) *Estudios penales en homenaje a Enrique Gimbernat*, Tomo I, Edisofer, Madrid, 2008.

ORTS BERENGUER, E.; GONZÁLEZ CUSSAC, J. L., "*Compendio de Derecho Penal Parte general*", 9ª edición, Tirant Lo Blanch, Valencia, 2022.

PACHECO DE FREITAS, J. A., "La relación entre el principio de legalidad en derecho penal internacional y la tipificación internacional de los crímenes de lesa humanidad: una perspectiva histórica", *Agenda Internacional*, Año XXVI N° 37, 2019.

QUINTERO OLIVARES, G., *Manual de Derecho Penal - Parte General*, 3ª edición, Aranzadi, Cizur Menor, 2002.

REMIRO BROTONS, A., RIQUELME CORTADO, R. DÍEZ HOCHLEITNER, J., ORIHUELA CALATAYUD, E., PÉREZ-PRAT DURBÁN, L., *Derecho internacional*, Tirant lo Blanch, Valencia, 2007.

PRINCIPIOS "CONSTITUCIONALES" DEL DERECHO INTERNACIONAL Y LA AGENDA 2030: ESPECIAL REFERENCIA AL PRINCIPIO DE PROTECCIÓN DE LOS DERECHOS HUMANOS

"CONSTITUTIONAL" PRINCIPLES OF INTERNATIONAL LAW AND THE 2030 AGENDA: SPECIAL REFERENCE TO THE PRINCIPLE OF PROTECTION OF HUMAN RIGHTS

ELENA C. DÍAZ GALÁN[1]

Resumen

El presente trabajo aborda la Agenda 2030 y, en particular, el principio de desarrollo sostenible, en los marcos de los principios constitucionales del orden jurídico internacional. Esto implica argumentar la evolución y los efectos jurídicos del principio de desarrollo sostenible en el Derecho internacional. En tal sentido, se analiza la relación del desarrollo sostenible con los principios estructurales o constitucionales consagrados en el derecho internacional como paso previo para valorar su autonomía como principio de esta naturaleza. Se considera en este trabajo la importancia del principio de desarrollo sostenible en la agenda política y normativa de la comunidad internacional, además de cómo la Agenda 2030 puede ser compatible en su realización al amparo de la eficacia jurídica otros principios estructurales. Con respecto a este último aspecto, se enfatiza en la relación del desarrollo sostenible y el principio estructural de la protección de los derechos humanos.

Palabras claves: principios constitucionales del orden jurídico internacional - Agenda 2030 - desarrollo sostenible - principio de la protección de los derechos humanos

---

1 Profesora Contratada Doctor. Acreditada a profesora Titular de Universidad. Derecho Internacional Público. Universidad Rey Juan Carlos, Madrid, España (elenacdiaz1@gmail.com). El presente trabajo se ha realizado en el marco del Grupo de investigación de alto rendimiento en Libertad, Seguridad y Ciudadanía en el Orden Internacional de la Universidad Rey Juan Carlos; y dentro del Proyecto I+D titulado "Vacíos normativos y desarrollo progresivo de la Agenda 2030 y del principio de sostenibilidad: especial relevancia para España", Agencia Estatal de Investigación-Universidad Carlos III de Madrid, 2023-2026.

Abstract

This paper addresses the 2030 Agenda and, in particular, the principle of sustainable development within the framework of the constitutional principles of the international legal order. This implies arguing the evolution and legal effects of the principle of sustainable development in international law. In this sense, the relationship of sustainable development with the structural or constitutional principles enshrined in international law is analyzed as a preliminary step to assess its autonomy as a principle of this nature. This paper considers the importance of the principle of sustainable development in the political and normative agenda of the international community. It also analyzes how the 2030 Agenda can be compatible in its implementation under the legal effectiveness of other structural principles. Regarding this last aspect, emphasis is placed on the relationship of sustainable development and the structural principle of the protection of human rights.

Keywords: constitutional principles of the international legal order - Agenda 2030 - sustainable development - principle of protection of human rights

1. INTRODUCCIÓN

La resolución 70/1, por la que Naciones Unidas aprobó la Agenda de Desarrollo Sostenible, tiene una discusión interesante en dos vertientes: por el propio lugar de esta resolución en el Derecho internacional, en lo que se refiere al carácter de una resolución singular de la Asamblea General de Naciones Unidas; y por la ubicación de su contenido en este ordenamiento jurídico y, fundamentalmente, por su encuadre en los marcos de principios constitucionales o estructurales de este ordenamiento jurídico. En este último sentido, las escasas alusiones al Derecho Internacional en esta resolución pueden considerarse un anuncio de las complicadas relaciones que se pueden deducir entre el contenido de esta Agenda y los principios "constitucionales" del Derecho Internacional.

En lo que se refiere a la primera cuestión, la determinación de la naturaleza jurídica de la resolución 70/1 de la Asamblea General de las Naciones Unidas, es imprescindible para perfilar el vínculo entre la Agenda 2030 y el Derecho Internacional y, en consecuencia, el verdadero significado jurídico de esta Agenda. La aproximación a esta naturaleza jurídica es un dato a tener en cuenta para especificar el contenido del concepto de desarrollo sostenible y, con ello, reforzar los aspectos jurídicos de mayor relevancia. En esencia, el carácter de esta resolución puede ser un indicativo de la tendencia que se apunta en el orden internacional a consagrar un principio estructural sobre el desarrollo sostenible. En esta línea, nada mejor que combinar los componentes políticos de la Agenda 2030 y su significación jurídica para aclarar el lugar que se le debe otorgar al Derecho Internacional.

En este sentido, aun cuando se insiste en que la resolución 70/1 de la Asamblea General de Naciones Unidas no tiene carácter vinculante, en virtud del propio carácter recomendatorio reconocido en la Carta de Naciones Unidas para este tipo de resoluciones, se ha considerado que la Agenda 2030 se expresa en un instrumento de *soft law*, con "funciones normativas en el Derecho internacional actual"[2]. En cualquier caso, no es posible desconocer dos cuestiones fundamentales, como ya se ha recordado: estas resoluciones suelen *expresar* la opinión de los Estados en determinados temas, así como *desarrollan* y *consolidan* el derecho consuetudinario; y la *importancia* y la *relevancia* de determinadas resoluciones, que logran tener un impacto normativo extendido a lo interno de los Estados, y en la práctica normativa y jurisprudencial internacional[3].

Es posible coincidir, en este sentido, en la singularidad de esta resolución 70/1. Por el nivel de impacto en las transformaciones que se van produciendo, y por su enorme trascendencia con su influencia en la práctica de Estados, organizaciones internacionales, actores no estatales y demás entes de la sociedad civil, se puede ponderar en su justa medida, como lo realiza Harold Bertot Triana. Así "(a) nivel in-

---

[2] RODRIGO HERNÁNDEZ, Á. J. "El valor normativo de la Agenda 2030", en *El Derecho Internacional, los ODS y la Comunidad Internacional*, Carlos R. Fernández Liesa Eugenia López-Jacoiste Díaz Daniel Oliva Martínez (Dirs.), Editorial Dykinson, S.L, 2022, pp. 69 y ss.

[3] BERTOT TRIANA, H. "Corte Interamericana de Derechos Humanos: empresas, derechos humanos y desarrollo sostenible", en *Los derechos humanos en la Agenda 2030: estrategias de promoción e implementación en América Latina*, Sagrario Morán Blanco Roberto González Arana Elena C. Díaz Galán (Dirs.), Ediciones Olejnik, Santiago de Chile, 2023, pp. 73-75, quien cita a CRAWFORD, J., *Brownlie's Principles of Public International Law*, 9.a ed., Oxford University Press, 2019, p. 39.

ternacional, tiene la virtud de mostrar un consenso de la comunidad internacional en los pasos y metas a realizar para alcanzar los objetivos propuestos"; en la jurisdiccional internacional, ya es frecuente la asimilación de la noción de desarrollo sostenible, como muestran los casos de la Corte Internacional de Justicia *Gabčíkovo-Nagymaros Project (Hungary/ Slovakia)* de 1997 y *Pulp Mills on the River Uruguay (Argentina v. Uruguay)* de 2010, o la opinión consultiva *Medio Ambiente y Derechos Humanos* de 2017 de la Corte interamericana de Derechos Humanos; en igual sentido, se advierte una progresiva recepción en determinados regímenes internacionales, como el derecho de inversiones; y un amplio "despliegue de normativas jurídicas, estrategias y programas nacionales, etc., dirigidas a avanzar en la implementación de los objetivos en distintos campos", con efectos inmediatos en una "constitucionalización de la noción de desarrollo sostenible"[4].

En cuanto a la segunda cuestión, la lectura sosegada de esta resolución permite reflexionar en varios campos diferentes, aunque complementarios. En primer lugar, si la Agenda 2030 recoge y hace suyos los principios estructurales del orden jurídico internacional, bien arraigados y asentados en la escena internacional, y que se encuentran reconocidos en la Carta de Naciones Unidas y en la resolución 2625 (XXV) de la Asamblea General. En esta línea, se debe aclarar si las referencias a estos principios son meramente retóricas o, por el contrario, tienen significación jurídica y producen resultados tangibles. Desde ahí, cabe analizar el significado del principio sobre la protección internacional de los derechos humanos, al hilo de algunos de los Objetivos y metas que incorpora la Agenda 2030.

Por último, se requiere clarificar si la Agenda 2030 cristaliza un principio constitucional del orden jurídico internacional como sería el desarrollo sostenible. Y, al mismo tiempo, especificar si de esta manera se agrupan en un solo principio estructural dos tendencias normativas que, desde hace tiempo, vienen ocurriendo en la comunidad internacional: por un lado, la consagración del principio relativo al desarrollo; y, por otro lado, la vinculación con el principio concerniente a la protección de los derechos humanos.

---

4 BERTOT TRIANA, H. *Corte Interamericana de Derechos Humanos: empresas cit.*, pp. 73-77.

Este trabajo tiene dos partes perfectamente delimitadas, que guardan una plena coherencia entre sí. La primera, consiste en aclarar el significado del desarrollo sostenible en el marco de los principios estructurales del Derecho Internacional y descubrir los vínculos que existen entre la noción de Desarrollo Sostenible y otros sectores sustanciales de este ordenamiento jurídico. Para ello es imprescindible considerar la noción de desarrollo sostenible en la arquitectura de los principios "constitucionales" que imperan en la comunidad internacional y los componentes que definirían su calificación como principio esencial. La segunda es la relativa a la relación de esta noción con el principio estructural de la protección de derechos humanos.

2. EL VALOR DEL DESARROLLO SOSTENIBLE DESDE UN PUNTO DE VISTA JURÍDICO

El asentado concepto contemporáneo de desarrollo sostenible es resultado de un importante proceso histórico en el que destaca la labor de la Organización de Naciones Unidas con el impulso de algunos hitos del que emanan relevantes instrumentos en esta materia. Esta evolución envuelve distintas nociones que han derivado en lo que actualmente conocemos como desarrollo sostenible y que integra numerosas aristas. Así, la Declaración adoptada en la Conferencia de Naciones Unidas, celebrada en Estocolmo en junio de 1972, advierte que "hemos llegado a un momento de la historia en que debemos orientar nuestros actos en todo el mundo atendiendo con mayor cuidado a las consecuencias que puedan tener para el medio", y recoge una serie de principios, poniéndose el acento en la preservación del medio ambiente, estela que hereda la Cumbre de la Tierra, celebrada en Río de Janeiro en junio de 1992, y su célebre Agenda 21.

Sin embargo, en la Declaración de Río, la comunidad internacional incorpora referencias a una noción sobre la que nada se dice en la Declaración adoptada en 1972 como es: desarrollo sostenible. En este momento, el enfoque medioambiental se complementa con la perspectiva humana del medio ambiente, tal y como queda reflejado en el primer principio que señala la Declaración de Río sobre medio ambiente y desarrollo que determina que "los seres humanos constituyen el centro de las preocupaciones relacionadas con el desarrollo sostenible. Tienen derecho a una vida saludable y productiva en armonía con la naturaleza", afirmación que se perfecciona con el célebre Programa 21 que emana de la Cumbre de la Tierra y que se podría considerar como el antecedente mediato de la Agenda 2030 por varios motivos.

Entre estos motivos podríamos destacar los siguientes: Primero, el logro de este Programa requiere de la acción conjunta de múltiples actores de las relaciones internacionales y, aunque la lista se ampliará significativamente con la adopción de la Agenda 2030, en el Preámbulo de la Agenda 21 se destaca que "ninguna nación puede alcanzar estos objetivos por sí sola, pero todos juntos podemos hacerlo en una *asociación mundial* para un desarrollo sostenible"[5]. Segundo, el Programa resultado de la Cumbre de la Tierra se refiere a temas, vinculados con el desarrollo sostenible, que también incorpora la Agenda 2030, tales como, entre otros, la erradicación de la pobreza, la igualdad de género (con "medidas mundiales en favor de la mujer"), el trabajo decente o la protección de la vida terrestre y el medio ambiente marino. Eso sí, de una forma menos ordenada y sistemática que la Agenda 2030, que lo hace con la incorporación de objetivos y metas. Tercero, el Programa de 1992 incluye varias referencias a las dimensiones económica, social y ambiental, aseverando que "en muchos países la adopción de decisiones tiende a separar los factores económicos, sociales y ambientales. Los países no pueden ya permitirse la adopción de decisiones dejando de lado las cuestiones ambientales y de desarrollo". Por último, ambos instrumentos (Agenda 21 y Agenda 2030) carecen de naturaleza vinculante, configurándose esencialmente como un plan de acción político. Este será el gran desafío que, desde el punto de vista jurídico, enfrenta el desarrollo sostenible.

En cualquier caso, los siguientes años son también fructíferos para la consagración del desarrollo sostenible como un valor esencial de la comunidad internacional, pudiéndose resaltar los resultados alcanzados en la Cumbre de Johannesburgo de 2002 pero, especialmente, los logros de la Cumbre del Milenio de septiembre del año

5 (Cursiva añadida).

2000 o los de la Conferencia sobre el Desarrollo Sostenible de Río de Janeiro de 2012, considerada por el entonces Secretario General de Naciones Unidas como un auténtico éxito[6]. Efectivamente, será en la Cumbre del Milenio donde encontremos los antecedentes inmediatos de la Agenda 2030 con la adopción de los Objetivos de Desarrollo del Milenio. Éstos aportarán estructura y mayor coherencia que lo que se observa con la Agenda 21, aunque el esplendor del desarrollo sostenible, al menos por el momento, se alcance en 2015 con la adopción de la resolución 70/1 de la Asamblea General de Naciones Unidas y la Agenda 2030.

Tanto la doctrina científica como las Organizaciones internacionales han puesto de manifiesto, en no pocas ocasiones, las similitudes y diferencias que existen entre los instrumentos que emanan de la Cumbre del Milenio y de la Cumbre de las Naciones Unidas sobre Desarrollo Sostenible, celebrada en Nueva York en 2015[7], pero quizá lo que más preocupa, desde el punto de vista jurídico, es reflexionar sobre el valor que tiene el desarrollo sostenible. Y, a nuestro juicio, desde la óptica *ius* internacionalista, las preguntas que cabe plantearse son, fundamentalmente, dos: Primera, si el desarrollo sostenible es un principio constitucional autónomo del orden internacional. Y, segunda, si esta noción —y los aspectos que implica— se puede considerar un valor esencial de la comunidad internacional actual. Para ello, es necesario retomar esa "tradicional" comparativa entre los ODM y los ODS.

Por un lado, es difícil cuestionar la consideración del desarrollo sostenible como un *valor esencial* de la sociedad internacional de nuestros días. Las distintas Conferencias e instrumentos mencionados, en cuya aprobación participan un gran número de Estados de la comunidad internacional, son buena prueba de ello. A esto se suma

---

6 Naciones Unidas, Noticias ONU. Mirada global historias humanas. Río+20 fue un éxito, afirma Ban Ki-moon, 28 de junio de 2012. https://news.un.org/es/story/2012/06/1245981

7 Por citar sólo algunos trabajos sobre el tema: FERNÁNDEZ CADAVID, J. L. "De los ODM a los Objetivos de Desarrollo Sostenible: gobernanza mundial, ¿un cambio de paradigma?", *Documento Marco, Instituto Español de Estudios Estratégicos*, No. 31, 2015, pp. 1-21; y *Programa de las Naciones Unidas para el Desarrollo, Desde los ODM hasta el desarrollo sostenible para todos. Lecciones aprendidas tras 15 años de práctica*, Nueva York, noviembre de 2016, pp. 1-92.

la acogida que ha tenido la Agenda 2030 y los rasgos que caracterizan el camino hasta su adopción en el que se reconoce la participación de diversos sectores y grupos de interés. Asimismo, en el marco sobre todo de la Agenda 2030, los Estados han elaborado planes de acción para la implementación de esta Agenda, informes de progreso de los resultados y avances alcanzados, o generación de datos, entre otras medidas de interés. Todo ello es reflejo de la importancia que se otorga al desarrollo sostenible en nuestros días. Hasta el punto de que, con el tiempo, el concepto de desarrollo sostenible se ha ido ampliando considerablemente, diluyéndose "su significado, de modo que desmedidamente podría parecer que aglutina cualquier dimensión social"[8], entrañando riesgos para su afirmación como un principio constitucional del orden internacional.

Por otro lado, el logro del desarrollo sostenible, tal y como queda formulado en la Agenda 2030, se vincula con el respeto de principios estructurales del orden internacional tales como la cooperación internacional o el respeto de los derechos humanos. De tal manera, es posible coincidir que será difícil el pleno cumplimiento de estos principios sin atender al desarrollo sostenible. Y, del mismo modo, para alcanzar el desarrollo sostenible se requiere de una intensa cooperación a nivel internacional, basada en el principio de buena fe. La resolución 70/1 de la Asamblea General de Naciones Unidas incluye referencias al "respeto del derecho internacional", a la "adhesión" a este derecho, y los Estados se muestran decididos "a emprender más acciones y medidas eficaces, de conformidad con el derecho internacional". Se requiere a los Estados "a que se abstengan de promulgar y aplicar unilateralmente medidas económicas, financieras o comerciales que no sean compatibles con el derecho internacional". Estas referencias al derecho internacional y a la Carta de Naciones Unidas aparecen a lo largo de la resolución, formuladas de manera más general pero también de forma más concreta en relación con distintos ámbitos y grupos como las personas vulnerables, los países en desarrollo, las zonas costeras o marinas, y los océanos. Es por esta razón que el derecho internacional no está ausente de la Agenda 2030.

---

8 RODRÍGUEZ BARRIGÓN, J. M. "Marco general de los ODS. Valor y eficacia en la sociedad internacional", *Pliegos de Yuste*, No. 19, 2019, p. 173.

Ahora bien, afirmar que el desarrollo sostenible es un *principio estructural autónomo* del orden internacional plantea mayores interrogantes. A pesar de que la Agenda 2030 constituye un impulso importante en este sentido, la resolución 70/1 no se pronuncia de forma clara y guarda silencio al respecto. A esto se suma el carácter no vinculante de la Agenda 2030, que obstaculiza todavía más ampliar la lista de principios estructurales del orden internacional, mediante la incorporación en la misma del principio de desarrollo sostenible a pesar de que "su configuración se encuentra estrechamente relacionada con otras fuentes tradicionales de derecho internacional público, como son los tratados internacionales y el derecho consuetudinario internacional"[9]. En cualquier caso, gracias a la Agenda 2030, el desarrollo sostenible ha recibido un estímulo vital, avanzando también en el camino hacia su configuración jurídica. Por esto, se podrían destacar como principales los siguientes aspectos.

Primero, como he tenido la oportunidad de afirmar en otras ocasiones, "la sólida voluntad de situar la resolución 70/1 entre aquellos textos que consagran principios, en este caso el principio de desarrollo sostenible, se advierte en los denodados esfuerzos por vincularlo a los valores que sustentan los principios bien asentados del orden internacional" o incluso la relación del desarrollo sostenible con estos principios[10]. Cabe recordar el reconocimiento del *derecho al desarrollo* como un derecho humano. Asimismo, aunque "la resolución 70/1 (…) carece de toda fuerza vinculante (…) su contenido, o parte de él, podría adquirirlo mediante la cristalización en normas de carácter consuetudinario o a través de la incorporación en tratados internacionales", lo que podría llevar a reconocer el desarrollo sostenible como un principio estructural del orden internacional[11].

---

9 GARCÍA MARTÍN, L. "La Agenda 2030 y el desarrollo sostenible: reflexiones en torno a su naturaleza jurídica y aplicación en el derecho internacional por parte de los Estados y las empresas", *Iberoamerican Journal of Development Studies*, Vol. 11, No. 2, 2022, p. 139.

10 DÍAZ GALÁN, E. C. "El valor jurídico de la Agenda 2030 sobre Desarrollo Sostenible: ¿una nueva tendencia normativa?", *Iberoamerican Journal of Development Studies*, Vol. 11, No. 2, 2022, p. 43.

11 *Ibid.*, p. 49.

Segundo, "el desarrollo sostenible, en cuanto concepto jurídico, tiene un creciente valor normativo de diferente naturaleza y función que puede producir efectos"[12]. En este orden, la creación e interpretación de normas jurídicas en el sistema internacional, tiene en la Agenda 2030 un componente fundamental para su impulso y desarrollo. Esto a pesar de que el desarrollo sostenible no se encara por los Estados en diversas instancias con todas las consecuencias jurídicas que debe tener[13]. En cualquier caso, no hay dudas que el gradual reconocimiento del desarrollo sostenible en el orden jurídico internacional, por las propias características y contenidos que apresa en su interior, refuerza elementos comunitarios, orienta las proyecciones y acciones de un conjunto amplio de actores internacionales y nacionales[14], y afirma componentes simbólicos y cosmovisiones de imprescindible calado para alcanzar la plenitud en el goce de los derechos humanos.

Estas razones invitan a pensar que el desarrollo sostenible está asentado como un valor en la comunidad internacional actual, y que encuentra ciertos efectos jurídicos cuando se producen realizaciones a través de otros principios estructurales. Tiene razón el profesor Díaz Barrado cuando sostuvo que el *reconocimiento de la eficacia* de esta Agenda 2030, inevitablemente debe hacerse "precisando, cada vez más, el contenido de la noción de desarrollo sostenible y vinculándola a algunos de los principios esenciales del orden internacional"[15].

---

12 RODRIGO A. J. *El desafío del desarrollo sostenible. Los principios de Derecho internacional relativos al desarrollo sostenible,* Marcial Pons, Madrid, 2015, p. 69.

13 De ahí el criterio de Nico Schrijver: "In the field of sustainable development, international law often functions, at a high political level, as an instrument to record agreed basic principles and prudent courses of action in a legal document more than to codify what is occurring in accordance with a generally accepted *opinio juris* in the practice of States and international organizations". SCHRIJVER, N. "The Evolution of Sustainable Development in International Law: Inception, Meaning and Status", *Recueil des Cours de l'Academie de Droit International de la Haye,* Vol. 329, 2007, p. 383.

14 DÍAZ BARRADO, C. M. "Valores y principios en la Agenda 2030: una primera aproximación", en *El Derecho Internacional, los ODS y la Comunidad Internacional,* Carlos R. Fernández Liesa Eugenia López-Jacoiste Díaz Daniel Oliva Martínez (Dirs.), Editorial Dykinson, S.L, 2022, pp. 79-96; TOMUSCHAT, C. "The 2030 Sustainable Development Goals: The Quest for a Perfect World Order", *International Community Law Review,* Vol. 24, No. 5, pp. 507-552.

15 DÍAZ BARRADO, C. M. "Los objetivos de desarrollo sostenible: un principio de naturaleza incierta y varias dimensiones fragmentadas", en *Anuario español de*

Pero es posible coincidir también en que "el desarrollo sostenible no ha alcanzado todavía el estadio en el que se afirme su condición de principio estructural", pese a que "(l)a proclamación de los ODS así como la formulación, en su momento, de los ODM han contribuido, de manera decisiva, al impulso para la consagración del desarrollo sostenible como un principio —constitucional—".[16] En otras palabras, aun con este reconocimiento en el Derecho internacional del desarrollo sostenible —una aceptación plena, pudiéramos decir—, y su vinculación con otros principios "constitucionales" de este ordenamiento jurídico, no es posible sostener que alcanza el *status* de principio estructural o constitucional. Está en proceso, o en *status nacendi*, de convertirse en un principio estructural autónomo, pero no ha culminado todavía todo el camino para su formación y reconocimiento.

Aunque en la doctrina se insiste en analizar el vínculo entre el Derecho Internacional y la Agenda 2030, las posiciones doctrinales no serán definitivas hasta que se compruebe la evolución de la práctica en materia de desarrollo sostenible y se pueda asegurar, en su caso, que se ha asentado un principio "constitucional" que incorpora las principales reglas que aparecen recogidas en la Agenda 2030. Entre ellas, la obligación de erradicar la pobreza en todas sus dimensiones y el reconocimiento de algunos derechos de contenido social, así como normas en materia de medio ambiente.

No es posible desconocer tampoco que, además de una práctica estatal y una opinión de los Estados de la comunidad internacional tendente a su consagración como principio estructural, su reconocimiento por los tribunales es un impulso que puede ser decisivo. Las posiciones jurisprudenciales suelen ser cruciales para comprobar el grado de aceptación en la comunidad internacional de las reglas que conforman el desarrollo sostenible y, en consecuencia, de la eventual aceptación de un principio estructural del derecho internacional. En este campo, aunque encuentra algún tipo de reconocimiento —como vimos al inicio—, no lo ha sido en calidad de principio de tal envergadura para la comunidad internacional.

derecho internacional, No. 32, 2016, p. 45.

16 *Ibíd.*, p. 31.

El carácter polimórfico de su contenido, atravesado por varios aspectos, son una debilidad en esta etapa de consolidación. El concepto de *sostenibilidad*, que particulariza y dota de funciones y dimensiones mucho más abarcadoras al *desarrollo*, es una amplitud extraordinaria, cuya dificultad no obedece tampoco a su carácter *abstracto*, algo que comparte con otros conceptos en el Derecho internacional, sino precisamente su no reconocimiento como norma en este ordenamiento[17]. No obstante, esta particularidad puede ser su fortaleza en el futuro para ganar una pretendida autonomía como principio estructural: esto es, permitiría diferenciar su ámbito de aplicación de otros principios y, a la vez, ayudaría a singularizar su traducción en normativas jurídicas y prácticas estatales con un enfoque integrador de todas sus dimensiones; no bastaría que los Estados actuaran o estuvieran obligados a actuar en una sola dirección para dar cumplimiento a los objetivos del desarrollo. Solo se podría avanzar en su observación desde una perspectiva holística e integradora. Así se expresa Ángel J. Rodrigo, cuando sostiene que "la Agenda 2030 ha contribuido de forma definitiva a la cristalización y al reconocimiento como norma de Derecho internacional general del principio de integración de los aspectos económicos, sociales y ambientales del desarrollo sostenible"[18].

3. RELACIÓN ENTRE LA AGENDA 2030 Y LOS PRINCIPIOS CONSTITUCIONALES DEL DERECHO INTERNACIONAL: ESPECIAL REFERENCIA A LA PROTECCIÓN DE LOS DERECHOS HUMANOS

El contenido que recoge la Agenda 2030 y, por tanto, el logro del desarrollo sostenible se vincula con principios esenciales del orden internacional tales como la cooperación, la libre determinación de los pueblos, o el respeto y protección de los derechos humanos. De

---

17 Como ha expresado Schrijver: "Sustainability as a norm of international law is in principle no more abstract, nor more general than other important norms of the international community such as peace and security, respect for human rights and international humanitarian law, and democracy", SCHRIJVER, N. *The Evolution of Sustainable Development cit.*, pp. 374-375.

18 RODRIGO HERNÁNDEZ, Á. J. *El valor normativo de la Agenda 2030 cit.*, p. 73.

esta manera, cabe señalar que, más allá de las referencias generales que la resolución 70/1 hace al derecho internacional, se indica la obligación de respetar las normas y tratados internacionales relativos a los derechos humanos y, en particular, se menciona la Declaración Universal de Derechos Humanos. Todo ello a pesar de que la resolución 70/1 no es un tratado específico en materia de derechos humanos.

A lo anterior se añade que la Declaración que incluye esta resolución destaca que "la nueva Agenda reconoce la necesidad de construir sociedades pacíficas, justas e inclusivas que proporcionen igualdad de acceso a la justicia y se basen en el respeto de los derechos humanos (*incluido el derecho al desarrollo*), en un estado de derecho efectivo y una buena gobernanza a todos los niveles"[19] y lo que es más que "la nueva Agenda (...) se basa asimismo en otros instrumentos, como la Declaración sobre el Derecho al Desarrollo". Esta alusión está ubicada junto a la referencia que hace la resolución 70/1 a la Declaración Universal de los Derechos Humanos y dentro del punto titulado "Nuestros principios y compromisos comunes", lo que demuestra el importante papel que ocupan los derechos humanos en el cumplimiento de la nueva Agenda internacional y el estrecho vínculo entre desarrollo sostenible y derechos humanos.

La declaración sobre el derecho al desarrollo, aprobada por la Asamblea General en su resolución 41/128, de 4 de diciembre de 1986, es, sin duda, un instrumento esencial en materia de desarrollo en la que, además de mencionar la Declaración Universal de los derechos humanos, se alude a otros tratados en esta materia como el Pacto Internacional de Derechos Económicos, Sociales y Culturales y el Pacto Internacional de Derechos Civiles y Políticos, y se reconoce en el artículo primero que "el *derecho al desarrollo* es un *derecho humano inalienable* en virtud del cual todo ser humano y todos los pueblos están facultados para participar en un *desarrollo económico, social, cultural y político*"[20]. Se destacan así dos de los tres pilares que componen la Agenda 2030. Sin embargo, es cierto que en la resolución 41/128 se echa en falta, de manera acusada, alguna referencia, aunque fue-

---

19 (cursiva añadida)
20 (cursiva añadida)

se implícita, al desarrollo sostenible. Los términos medioambiente, sostenibilidad, o medio natural están ausentes de esta Declaración. Esto se explicaría por el momento histórico en que se adopta este instrumento.

Más allá, la Agenda 2030 penetra en sus objetivos en el reconocimiento de derechos humanos, incluidos en los principales instrumentos jurídicos en este campo, o en materias estrechamente vinculadas con estos derechos. Así, sobresalen los derechos de contenido social como el derecho a la salud, el derecho a la educación, el derecho al trabajo, o el derecho a la vivienda; también la inclusión en la Agenda 2030 de los Objetivos 1 y 2 referidos a acabar con la pobreza y el hambre respectivamente[21]; y las alusiones a la igualdad de género o la conservación de los recursos naturales. En consecuencia, existe una estrecha relación entre la Agenda 2030 y los derechos humanos y, como lo destacó el Secretario general de Naciones Unidas, en 2016, esta Agenda "ofrece una oportunidad sin precedentes para la promoción de los derechos económicos, sociales y culturales, los derechos civiles y políticos y el derecho al desarrollo"[22], siendo precisamente esta relación la que permitiría dar cumplimiento a los derechos humanos tal y como se reconocen en la Agenda 2030 e incluso para que se reconozca el desarrollo sostenible como un principio constitucional del orden internacional, precisamente, por el vínculo con otros principios constitucionales como la protección de los derechos humanos.

Ante las enormes dificultades que tiene el principio de desarrollo sostenible para alcanzar la categoría de principio estructural del Derecho internacional, éste sí puede encontrar por el momento traducción en otros principios constitucionales, como lo es el principio de protección de los derechos humanos. Se coincide por los autores

---

[21] DÍAZ GALÁN, E. C. "Derechos de contenido social y Objetivos de Desarrollo Sostenible (ODS): una relación imprescindible", en *Nuevas dimensiones del Desarrollo Sostenible y Derechos económicos, sociales y culturales*, Thomson Reuters, Aranzadi, 2021, pp. 367-370.

[22] Cuestión del ejercicio efectivo, en todos los países, de los derechos económicos, sociales y culturales, Informe del Secretario General Consejo de Derechos Humanos 34° período de sesiones 27 de febrero a 24 de marzo de 2017 Temas 2 y 3 de la agenda, A/HRC/34/25 14 de diciembre de 2016, p. 14.

en que se precisa de mecanismos jurídicos que permitan desarrollar y consolidar obligaciones jurídicas para los Estados en materia de desarrollo sostenible[23], siendo así que el principio de protección de los derechos humanos encuentra los componentes más acabados en el Derecho internacional, con un desarrollo normativo e institucional de enorme calado a nivel universal y regional. En su *dimensión normativa*, esta idea fue enfatizada en su momento por el Secretario General de Naciones, al considerar que

> "(...) la Agenda 2030 debe aplicarse de manera compatible con las obligaciones que incumben a los Estados en virtud del derecho internacional. Por consiguiente, su aplicación debería ajustarse a las normas internacionales de derechos humanos; sus procesos deberían guiarse por los principios de derechos humanos de igualdad y no discriminación, participación y rendición de cuentas; y debería estar orientada al ejercicio efectivo de los derechos humanos, particularmente los derechos económicos, sociales y culturales, teniendo en cuenta la interdependencia, interrelación e indivisibilidad de todos los derechos humanos".[24]

En su *dimensión procedimental*, sin lugar a dudas es este régimen del Derecho internacional el que cuenta con los mecanismos y sistemas más avanzados de protección de derechos humanos. Con elementos de mayor avance en los sistemas regionales, donde descuellan los sistemas europeos, interamericano y africano, y en el plano universal existe toda una madeja de tratados relativos a los derechos humanos con procedimientos —incluso de acceso del ciudadano—, que poco a poco van siendo aceptados por los Estados. Es inevitable entonces que la Agenda 2030, en espera de desarrollos ulteriores, se sirva de este despliegue normativo y procedimental para avanzar en el reconocimiento y protección de los derechos humanos.

---

23 DÍAZ GALÁN, E. "Las tres dimensiones básicas del desarrollo sostenible: una fugaz mirada sobre América Latina", en *Empresas, Derechos Humanos y Cooperación al Desarrollo en el marco de la Agenda 2030 para el Desarrollo Sostenible*, S. Morán Blanco, y A. Hernández Barrón (Dirs.), Instituto de Estudios Internacionales y Europeos "Francisco de Vitoria", Universidad Carlos III, pp. 197-198.

24 Cuestión del ejercicio efectivo, en todos los países, de los derechos económicos, sociales y culturales, Informe del Secretario General Consejo de Derechos Humanos 34° período de sesiones 27 de febrero a 24 de marzo de 2017 Temas 2 y 3 de la agenda, A/HRC/34/25 14 de diciembre de 2016, p. 2.

En síntesis, el vínculo que el desarrollo sostenible tiene con otros principios bien asentados en el Derecho internacional, en particular el relativo a la protección internacional de los derechos humanos, favorece que con el tiempo se pudiera consagrar como un principio autónomo e independiente que estuviese dotado de un contenido singular, de tal manera que dimanaran derechos y obligaciones específicos.

4. CONCLUSIONES

Aunque no son abundantes los estudios en la doctrina científica sobre el lugar de la Agenda 2030 en el Derecho internacional, cualquier esfuerzo en este sentido ayudará a clarificar y a posicionar a la doctrina en una cuestión que de seguro tendrá mucho recorrido en el futuro. La cada vez más estrecha relación entre el desarrollo sostenible y los principios estructurales del orden internacional, es un hecho notorio. La contribución de la Agenda 2030 en los marcos de los principios estructurales, y los cambios que se están produciendo en la comunidad internacional en esta materia, ya muestran resultados palpables. Sin embargo, el camino por andar todavía es muy largo, y no solo en el orden de su reconocimiento, sino en el de su *eficacia plena*. Cómo alcanzar ese estadio de plenitud en su eficacia, es el aspecto más controvertido y de mayor complejidad para la comunidad internacional. Aunque no el único, como se deducirá, pero en una sociedad caracterizada por reglas y normas jurídicas, su consagración como principio estructural o "constitucional" sentaría mejores bases para lograr su pretendida eficacia.

En cualquier caso, como aspecto conclusivo de las líneas precedentes, se pudieran puntualizar los siguientes aspectos: Primero, el desarrollo sostenible es un valor asentado en el orden internacional que tiene un gran peso político y que proyecta cierta eficacia jurídica. El proceso de elaboración de instrumentos jurídicos internacionales, como los mencionados, ha sido útil para determinar, con bastante precisión, cuál es la postura de la comunidad internacional en esta materia. Segundo, el desarrollo sostenible es un principio *en formación* de carácter "constitucional" del Derecho internacional, que ha recibido un relevante impulso a partir de la aprobación de la Agenda

2030. Por último, es un principio en formación que en su progresión se asiste, para dar cumplimiento a su contenido, de otros principios consagrados plenamente en el actual orden jurídico internacional. Estos serían, por ejemplo, el principio de la cooperación internacional y particularmente el principio de la protección internacional de los derechos humanos.

Referencias bibliográficas

BERTOT TRIANA, H. "Corte Interamericana de Derechos Humanos: empresas, derechos humanos y desarrollo sostenible", en *Los derechos humanos en la Agenda 2030: estrategias de promoción e implementación en América Latina,* Sagrario Morán Blanco Roberto González Arana Elena C. Díaz Galán (Dirs.), Ediciones Olejnik, Santiago de Chile, 2023, pp. 73-92.

CRAWFORD, J. *Brownlie's Principles of Public International Law,* 9.a ed., Oxford University Press, 2019.

DÍAZ BARRADO, C. M. "Los objetivos de desarrollo sostenible: un principio de naturaleza incierta y varias dimensiones fragmentadas", en *Anuario español de derecho internacional,* No. 32, 2016, p. 48.

DÍAZ BARRADO, C. M. "Valores y principios en la Agenda 2030: una primera aproximación", en *El Derecho Internacional, los ODS y la Comunidad Internacional,* Carlos R. Fernández Liesa Eugenia López-Jacoiste Díaz Daniel Oliva Martínez (Dirs.), Editorial Dykinson, S.L, 2022, pp. 79-96.

DÍAZ GALÁN, E. "Las tres dimensiones básicas del desarrollo sostenible: una fugaz mirada sobre América Latina", en *Empresas, Derechos Humanos y Cooperación al Desarrollo en el marco de la Agenda 2030 para el Desarrollo Sostenible,* S. Morán Blanco, y A. Hernández Barrón (Dirs.), Instituto de Estudios Internacionales y Europeos "Francisco de Vitoria", Universidad Carlos III, pp. 197-218.

DÍAZ GALÁN, E. C. "Derechos de contenido social y Objetivos de Desarrollo Sostenible (ODS): una relación imprescindible", en *Nuevas dimensiones del Desarrollo Sostenible y Derechos económicos, sociales y culturales,* Thomson Reuters, Aranzadi, 2021, pp. 351-372.

DÍAZ GALÁN, E. C. "El valor jurídico de la Agenda 2030 sobre Desarrollo Sostenible: ¿una nueva tendencia normativa?", *Iberoamerican Journal of Development Studies,* Vol. 11, No. 2, 2022, pp. 30-52.

FERNÁNDEZ CADAVID, J. L. "De los ODM a los Objetivos de Desarrollo Sostenible: gobernanza mundial, ¿un cambio de paradigma?", *Documento Marco, Instituto Español de Estudios Estratégicos,* No. 31, 2015, pp. 1-21.

GARCÍA MARTÍN, L. "La Agenda 2030 y el desarrollo sostenible: reflexiones en torno a su naturaleza jurídica y aplicación en el derecho internacional por parte de los Estados y las empresas", *Iberoamerican Journal of Development Studies,* Vol. 11, No. 2, 2022, pp. 126-142.

Programa de las Naciones Unidas para el Desarrollo, Desde los ODM hasta el desarrollo sostenible para todos. Lecciones aprendidas tras 15 años de práctica, Nueva York, noviembre de 2016.

RODRÍGUEZ BARRIGÓN, J. M., "Marco general de los ODS. Valor y eficacia en la sociedad internacional", *Pliegos de Yuste,* No. 19, 2019, pp. 169-184.

RODRÍGO HERNÁNDEZ A. J. *El desafío del desarrollo sostenible. Los principios de Derecho internacional relativos al desarrollo sostenible,* Marcial Pons, Madrid, 2015.

RODRIGO HERNÁNDEZ, Á. J. "El valor normativo de la Agenda 2030", en *El Derecho Internacional, los ODS y la Comunidad Internacional,* Carlos R. Fernández Liesa Eugenia López-Jacoiste Díaz Daniel Oliva Martínez (Dirs.), Editorial Dykinson, S.L, 2022, pp. 55-78.

SCHRIJVER, N. "The Evolution of Sustainable Development in International Law: Inception, Meaning and Status", *Recueil des Cours de l'Academie de Droit International de la Haye,* Vol. 329, 2007, pp. 217-412.

TOMUSCHAT, C. "The 2030 Sustainable Development Goals: The Quest for a Perfect World Order", *International Community Law Review,* Vol. 24, No. 5, pp. 507-552.

LOS DERECHOS DE LA NATURALEZA: ¿UN DESAFÍO PARA EL DERECHO INTERNACIONAL?

THE RIGHTS OF NATURE: A CHALLENGE FOR INTERNATIONAL LAW?

CARLOS GIL GANDÍA[1]

Resumen

En las últimas décadas, el Derecho Internacional ha profundizado en la regulación de normas y obligaciones referidas a la protección del medioambiente y en su vínculo con los derechos humanos. Sin embargo, la lucha contra el colapso ecológico necesita de otras posibles respuestas jurídicas que articulen una mayor protección de la Naturaleza. En este sentido, se haya su reconocimiento como sujeto de derecho. Aquí se analiza el camino recorrido por el ordenamiento jurídico internacional respecto de la protección del medio ambiente y si es o no posible un cambio de paradigma jurídico a fin de reconocer derechos a la Naturaleza.

Palabras clave: Derecho Internacional - Naturaleza - sujeto de derecho - medioambiente.

Abstract

Over the last few decades, International Law has deepened the regulation of environmental norms and obligations. There are, however, other possible legal responses that can help combat ecological collapse. As such, it is recognized as a legal subject. Our purpose here is to examine the path traveled by the international legal system regarding environmental protection and whether or not a change in legal paradigm is possible to recognize nature's rights.

Keywords: International Law - Nature - subject of law - environmental

Sumario: 1. INTRODUCCIÓN. 2. DERECHO INTERNACIONAL Y MEDIO AMBIENTE. 3. DERECHOS HUMANOS-MEDIO AMBIENTE Y NATURALEZA COMO SUJETO DE DERECHO. 4. CONCLUSIONES.

---

1 Profesor de Derecho Internacional y Relaciones Internacionales de la Universidad de Murcia (acreditado a contratado doctor). Email: Carlos.gil@um.es

1. INTRODUCCIÓN

El ser humano casi siempre, o una parte de nuestra especie, aprende a las malas, tras sufrir daños, pérdidas o vivir alguna catástrofe individual o colectiva. Algo así ocurrió con la covid-19, y algo así ocurre con un problema mayor: el colapso ambiental. Desde hace décadas, la degradación del medio ambiente se está produciendo de forma paulatina y en el último decenio ha alcanzado rápidamente extremos irreversibles, lo que implica una triple amenaza: la pérdida de biodiversidad, la alteración climática y el aumento de la contaminación[2]. Las sociedades industriales están colisionando con extrema violencia contra los límites biofísicos de la Tierra[3]. El Grupo Intergubernamental de Expertos sobre el Cambio Climático (IPCC) estima que es probable el aumento de la temperatura en 1, 5° entre 2030 y 2052.

El colapso ecológico, hijo del Antropoceno, es una crisis sistémica que involucra no solo a la ecología, sino también a la economía, la política, la cultura y al derecho. También se puede considerar una crisis de representación y que la forma en que pensamos y hablamos sobre el medio ambiente tiene un impacto directo en cómo abordamos y entendemos el problema. Ambas perspectivas son complementarias, y ambas exigen un enfoque crítico y reflexivo hacia el medio ambiente y nuestra relación con él.

---

2 Después de la Declaración de Estocolmo (1972), científicos de todo el mundo pusieron de relieve en la primera conferencia mundial por el clima (1979), celebrada en Ginebra, la urgencia de actuar. Este pronunciamiento se volvió a producir en 2020 por medio de un artículo científico en el que se señala que el bienestar humano, también la Naturaleza, se verá comprometido por el cambio climático, la desforestación, la disminución del agua dulce, la extinción —más si cabe— de determinadas especias y un significativo aumento de la población humana. RIPPLE, W., y AAVV., "World Scientists'Warning of a Climate Emergency", *BioScience,* Vol. 70, Issue 1, 2020, pp. 8-12.

3 En este sentido, léase el primer informe de síntesis del Programa de Naciones Unidas para el Medio Ambiente (PNUMA), *hacer las paces con la Naturaleza,* publicado en 2021, en el que ofrece un diagnóstico del planeta en relación con el cambio ambiental inducido por el ser humano a la Naturaleza, con datos e interrelaciones de diferentes materias académicas. Se puede consultar en la siguiente dirección web:
Hacer las paces con la naturaleza | UNEP - UN Environment Programme

La nueva relación ha de emerger sobre la base de *una sola tierra*[4] y *una sola salud*[5]. Son conceptos que integran al ser humano, a los animales y a la naturaleza en un *yo colectivo ecocéntrico;* es decir, una mayor adaptación del *homo ecologicus* a la Naturaleza[6], frente al *homo faber*. Ello pone de relieve, además, que cada sociedad, en cada época concreta, produce un tipo de subjetividad que se adapta de forma más apropiada que otras al régimen jurídico que la define. En otras palabras, la emergencia ecológica se traduce en una emergencia legal, máxime en esta sociedad del riesgo. Como consecuencia de ello, se tiene que subrayar con razón la necesidad de defensa de las realidades que no pueden defenderse a sí mismas, como la Naturaleza e incluso las generaciones futuras.

El problema fundamental hoy es, entre otros, el sistema jurídico dominante (también el económico y el financiero)[7] porque no tiene en cuenta a la Naturaleza de forma adecuada. Ello se debe a la

---

4 Se trata de un eslogan con gran simbolismo ya que fue el empleado en la primera Conferencia de Estocolmo de 1972, un evento que puso el medio ambiente en la agenda global y condujo al establecimiento del Día Mundial del Medio Ambiente.

5 Se trata de un principio establecido por el Parlamento Europeo para luchar contra la covid-19 y sus consecuencias, en la Resolución, de 17 de abril de 2020, 2020/2616 (RSP). Dice así el punto 16: "El principio "Una sola salud", que refleja el hecho de que la salud de las personas, los animales y el medio ambiente están todas ellas interconectadas y que las enfermedades pueden transmitirse de las personas a los animales y viceversa; destaca la necesidad de adoptar un enfoque de "Una sola salud" para las pandemias y las crisis sanitarias, tanto en el sector de la salud humana como en el sector veterinario; resalta, por tanto, que debe hacerse frente a las enfermedades tanto en personas como en animales, teniendo en cuenta también especialmente la cadena alimentaria y el medio ambiente, que pueden ser otra fuente de microorganismos resistentes; subraya el importante papel de la Comisión a la hora de coordinar y apoyar el enfoque de "Una sola salud" por lo que respecta a la salud humana y animal y al medio ambiente en la Unión".

6 La teoría del *homo ecologicus* ha sido configurada principal, aunque no exclusivamente desde la psicología. El fundador de tal noción es el psicólogo Erhard Schulz (años setenta). Se basa en la idea de que, a lo largo de la historia humana, los humanos hemos desarrollado una serie de estrategias y adaptaciones mentales que nos permiten interactuar de manera efectiva con nuestro entorno y aprovechar al máximo los recursos disponibles.

7 Sobre esta cuestión léase ÁVILA SANTAMARÍA, R., *La utopía del oprimido. Los derechos de la naturaleza y el buen vivir en el pensamiento crítico, el derecho y la literatu-*

separación del ser humano del resto de las especies que habitan en la tierra, (pues aquel se sometió a la técnica). y a la falta de reconocimiento de la interdependencia entre los seres vivos de los que el ser humano forma parte[8].

La urgencia legal demanda restablecer los bienes comunes, reubicar la ley para promover la solidaridad ecológica en términos de interdependencia, conferir un estatus a la vida del colectivo humano y no humano en la perspectiva de un régimen legal de viabilidad socio ecológica. De este modo, la concepción de progreso legal integraría, por fin, el respeto y reconocimiento eficaces a la Naturaleza.

El presente trabajo se escribe de conformidad con el *Homo ecologicus* reconocido en instrumentos internacionales[9], y el principio *in dubio pro-natura.* Se trata de un principio ético-ecológico que consiste en actuar en beneficio de la naturaleza, para el caso aquí presente en el ámbito jurídico. Este principio se ha de utilizar para asegurar que las acciones tomadas beneficien a la naturaleza afectada y no cause daño a ella. Sobre la base de este principio, se ha de llevar a cabo el reconocimiento de los derechos de la naturaleza.

Se necesita elaborar una arquitectura jurídica diferente a la imperante, que justifique la subjetivación de la naturaleza en el marco de transformar el mundo[10] –vinculado realmente con la cuestión ¿quién soy?, aunque también se yuxtapone con ¿dónde estoy–, lo que

---

ra, Akal, Madrid, 2019. Y SAITO, K., *El capital en la era del Antropoceno,* Penguin Random House, Barcelona, 2022.

8 Males que fueron puestos de relieve por el Secretario General de las Naciones Unidas en su informe *Armonía con la Naturaleza* (A/65/314), 19 de agosto de 2010.

9 Este Homo puede vislumbrase en la Carta Mundial de la Naturaleza de 1982, adoptada por la resolución 37/7, de 28 de octubre, de la Asamblea General de las Naciones Unidas: "a) La especie humana es parte de la naturaleza y la vida depende del funcionamiento ininterrumpido de los sistemas naturales que son fuente de energía y de materias nutritivas, b) La civilización tiene sus raíces en la naturaleza, que moldeó la cultura humana e influyó en todas las obras artísticas y científicas, y de que la vida en armonía con la naturaleza ofrece al hombre posibilidades óptimas para desarrollar su capacidad creativa, descansar y ocupar su tiempo libre".

10 Este imperativo político de transformar el mundo se acuñó por la Agenda 2030 para el Desarrollo Sostenible, en la que se adoptó un amplio conjunto de Objetivos de Desarrollo Sostenible y metas universales y transformativos, de gran

puede ayudar a garantizar que las actividades humanas se realicen de manera compatible, efectiva, sensitiva y adecuada con el entorno ambiental[11]. Tal arquitectura, que en parte ya está elaborándose en el ordenamiento jurídico internacional (veremos en las próximas páginas), debe germinar sobre la base de unos valores y principios basados en una mirada diferente para con la Naturaleza[12], lo que implica y vincula estructuras de la modernidad, como el mercado o el Estado.

---

alcance y centrados en las personas. Resolución 70/1, de 25 de septiembre de 2015.

11 En el año 2009, la Asamblea General de las Naciones Unidas aprobó la resolución 64/196, 21 de diciembre, titulada Armonía con la Naturaleza. En ella "invitó a los Estados Miembros, las organizaciones pertinentes del sistema de las Naciones Unidas y las organizaciones internacionales, regionales y subregionales a considerar, según correspondiera, el tema de la promoción de la vida en armonía con la naturaleza y a que hicieran llegar al Secretario General sus visiones, experiencias y propuestas al respecto en el sexagésimo quinto período de sesiones de la Asamblea", reza el punto primero. En el año citado, también se aprobó la resolución 63/278, de 22 de abril, en la que se decidía designar el 22 de abril el Día Internacional de la Madre Tierra. Se solicitaba a los Estados, organizaciones internacionales y demás sociedad civil a crear conciencia al respecto. Asimismo, véase la propuesta de una Carta Fundamental de la UE sobre los Derechos de la Naturaleza. Disponible: qe-03-20-586-en-n.pdf (europa.eu)

12 Ejemplo de ellos son los siguientes: Armonía, bien colectivo, garantía de regeneración de la Madre Tierra, respeto y defensa de los derechos de la Madre Tierra, no mercantilización e interculturalidad. Son valores y principios establecidos en el capítulo I de la Ley de Derechos de la Madre Tierra, de 21 de diciembre de 2010, boliviana. También establece una serie de principios rectores la Carta Mundial de la Naturaleza, cuyo punto II los establece: No se amenazará la viabilidad genética de la tierra; la población de todas las especies, silvestres y domesticadas, se mantendrá a un nivel por lo menos suficiente para garantizar su supervivencia; asimismo, se salvaguardarán los hábitats necesarios para este fin. Además, "los valores que promueve ese paradigma, como la equidad, la cooperación, el diálogo, la inclusión, la comprensión, el acuerdo, el respeto y la inspiración mutua, complementan las mismas aspiraciones que postula la economía ecológica para seguir avanzando más allá del Antropoceno. Dichos valores contrastan con fuerza con la lógica predominante del lucro como razón de ser de nuestro actual sistema económico, basado en el crecimiento. Del mismo modo, reconocer a la Naturaleza como sujeto de derecho se contrapone con claridad a las actuales leyes de protección ambiental, que son antropocéntricas", señala el informe del Secretario General de las Naciones Unidas *Armonía con la Naturaleza*, de 28 de julio de 2020, A/75/66, punto 37. Documento que menciona expresamente a las poblaciones indígenas, ya que su perspectiva de la Naturaleza es muy diferente a la occidental: "Comparten ese punto de vista,

Eso sí podría ser realmente una transformación llamativa y profunda para cambiarlo todo; de lo contrario, el no reconocimiento aludiría más bien a una transformación superficial que solo serviría para que permaneciera el sistema establecido sin demasiadas alteraciones profundas: nos encontraríamos ante un caso de gatopardismo.

2. DERECHO INTERNACIONAL Y MEDIO AMBIENTE

Las cartas fundadoras del Derecho Internacional contemporáneo, Carta de las Naciones Unidas y Declaración Universal de los Derechos Humanos, no tratan la cuestión del medio ambiente, ya que entonces (1945-1948) no era una problemática para el mundo. Porque ni había tanta conciencia ecológica como en la actualidad ni los conocimientos científicos estaban tan desarrollados en materia ambiental.

Sin embargo, a partir de la década de los años setenta, merced a un emergente movimiento ecologista, que pronto prendió en una generalizada toma de conciencia mundial, se empezó a hacer eco en el seno de las Naciones Unidas la cuestión ambiental, y posteriormente la climática. Esto supone, además, que la emergencia ecológica será uno de los grandes vectores de cambio del Derecho Internacional, o al menos le ofrece una propensión a transformarse por medio de la ecologización.

Se comenzó a vincular el Derecho Internacional y el medio ambiente en el marco universal, dando lugar a un tupido manto de normas e instituciones que configuran, hoy por hoy, el llamado nuevo Derecho Internacional del Medio Ambiente[13]. Se trata de una rama jurídica en constante evolución, ya que es cambiante para adaptarse

pues comprenden que el sentido de la vida yace en el equilibrio de la coexistencia entre todas las formas de vida y que ese equilibrio se fundamenta en los valores y la ética vinculados a la creencia de que la ley radica en la tierra, no en el ser humano", punto 17.

13 Para profundizar en esta área del Derecho Internacional véase BODANSKY, D., BRUNNÉE, J., y HEY, E., *The Oxford Handbook of International Environmental Law*, Oxford University Press, 2008.

a una realidad también versátil. Encargada de la regulación y gestión de riesgos ambientales.

En 1972 se convocó la Conferencia sobre el Medio Humano, que se celebró en Estocolmo y dio en una Declaración de Naciones Unidas sobre el Medio Ambiente las recomendaciones generales para el establecimiento y el posterior desarrollo de la conservación y protección del medioambiente a través de instrumentos jurídicos internacionales de ámbito global. Asimismo, se asumió una responsabilidad colectiva en materia ambiental[14], climática y de desarrollo sostenible a fin de concienciar a todas las gentes y en los planos local, nacional, regional y mundial.

La Declaración antedicha es considerada el primer instrumento internacional que abordó el problema ambiental desde una perspectiva universal. Reconoció la importancia de proteger el medio ambiental y los recursos naturales; estableció la necesidad de cooperación internacional para abordar la cuestión ambiental; asentó las bases del principio de generación futura (pues el daño ambiental afecta a las generaciones presentes y futuras, es, pues, transgeneracional); y manifestó que el agua, el suelo, la flora y la fauna, así como demás ecosistemas naturales, deben preservarse siempre. Asimismo, de ella derivó la creación del Programa de las Naciones Unidas para el Medio Ambiente (PNUMA).

Los pasos dados a partir de la Declaración de Estocolmo abrieron el camino para la adopción de la *Carta mundial de la naturaleza* (1982), que establece un marco para la conservación y el uso sostenible de los recursos naturales del Planeta. Instaura, además, un conjunto de principios y objetivos que deben guiar la toma de decisiones y la política ambiental en todos los niveles de gobernanza y también la vida cotidiana de las personas. Es un instrumento de *soft law* que implan-

---

14 Las actividades de las Naciones Unidas en el ámbito del medio ambiente se han visto impulsadas por las conferencias principales y los informes. Conferencia de las Naciones Unidas sobre el Medio Humano (1972). Comisión Mundial sobre el Medio Ambiente y el Desarrollo (1987). Conferencia de las Naciones Unidas sobre el Medio Ambiente y el Desarrollo (1992). Período Extraordinario de Sesiones de la Asamblea General sobre el Medio Ambiente (1997). Cumbre Mundial sobre el Desarrollo Sostenible (2002). Conferencia de las Naciones Unidas sobre el Desarrollo Sostenible (2012).

ta, realmente, una ética ambiental a fin de concienciar a gobiernos, empresas, organizaciones internacionales y demás sociedad civil.

Transcurridos veinte años desde la Declaración de Estocolmo, se celebró en Río de Janeiro la Cumbre de la Tierra (1992). La Conferencia que tuvo lugar se convirtió en un hito importante para la elaboración de una política internacional medioambiental. Se vincularon dos nociones claves: medio ambiente y desarrollo sostenible[15]. Los ODS son descendientes de la Conferencia de Río, e hijos directos de Río+10 y Río+20.

La Declaración de Río profundiza en el marco jurídico para la protección del medio ambiente y el desarrollo sostenible a nivel internacional. Estableció una visión clara de un futuro sostenible de conformidad con la toma de decisiones y la acción en la materia de medio ambiente y desarrollo, por ello sentó las bases para la cooperación internacional en esta materia y fomentó la concienciación sobre la importancia de su protección. Al igual que la Carta mundial de la Naturaleza, la Declaración de Río se tuvo en cuenta en la adopción del Protocolo de Kioto (1997) y la Agenda 2030 para el Desarrollo Sostenible.

Interesa destacar que, junto a los instrumentos convencionales adoptadas al amparo de la Declaración de Estocolmo y la Declaración de Río, se ha llevado a cabo un efecto de limitar la concepción del territorio estatal como un ámbito ecológico reservado exclusivamente al soberano, así, se ha ampliado este espacio a normas y principios jurídicos estatales. En otras palabras, lo ecológico ha pasado del ámbito local al ámbito global a fin de proteger de formas más apropiadas y eficaz el medio ambiente. También en este sentido la

[15] En 1987, la Comisión Mundial sobre el Medio Ambiente y el Desarrollo de Naciones Unidas publicó el informe "Nuestro Futuro Común", que popularizó el término "desarrollo sostenible" y lo definió como "el desarrollo que satisface las necesidades del presente sin comprometer la capacidad de las generaciones futuras para satisfacer sus propias necesidades". Esta noción se basa en tres pilares fundamentales: el económico, el social y el ambiental. Una perspectiva crítica de esta noción la formula RODRIGO, A., "Las relaciones sistémicas entre el desarrollo sostenible y el derecho internacional del medio ambiente: entre la dilución y la reformulación", en *Revista Catalana de Dret Ambiental,* vol. 13, nº 2, 2022.

noción de desarrollo sostenible se globaliza y es tratado en cumbres posteriores a la Conferencia de Río.

En 2002, se celebró la Cumbre de Desarrollo Sostenible de las Naciones Unidas en Johannesburgo, Sudáfrica. Conocido como Río+10. Tuvo como objetivo evaluar el progreso realizado en la implementación de los objetivos de desarrollo sostenible y tomar decisiones sobre cómo abordar los desafíos futuros planteados ya, en parte, en la Declaración de Río. Varias fueron las conclusiones, pero cabe destacar las siguientes: Se reconoció que el desarrollo sostenible es esencial para el progreso económico, social y ambiental; se subrayó la importancia de reducir la pobreza y mejorar el acceso a los servicios básicos para sobrevivir, como son el agua potable y el saneamiento; se destacó una cuestión que con el paso del tiempo es cada más importante porque afecta a todo el planeta, el cambio climático; y se reconoció la necesidad de mejorar una cuestión que no es baladí, el marco institucional y legal para promover el desarrollo sostenible, por medio del principio de cooperación entre los gobiernos, las empresas y la sociedad civil.

Posteriormente a ella, nació Río+20. Fue la Conferencia de las Naciones Unidas sobre el Desarrollo Sostenible celebrada en Río de Janeiro en 2012. El objetivo consistió en revisar el progreso realizado en materia de desarrollo sostenible desde la Declaración de Río y, también, establecer un marco para el futuro. Al respecto, se adoptó la Declaración de Río sobre el Desarrollo Sostenible, que establece un marco para tal objetivo y establece la implementación de políticas y medidas en materia de desarrollo sostenible que han de llevarse a cabo a nivel nacional, regional y global. En este marco se incluye el seguimiento de la implementación de la Agenda 2030, cuyos 17 objetivos y 169 metas abarcan una amplia gama de temas, incluyendo la pobreza, el hambre, la salud, la educación, el agua, la energía, la igualdad de género, el cambio climático y el medio ambiente.

El régimen jurídico más significante y que a buen seguro copará casi todos los debates, instrumentos jurídicos y demás del Derecho Internacional del Medio Ambiente es el cambio climático. Fenómeno mundial que repercute sobre la organización política y socioeconómica de todos los Estados, obligando a continuos replanteamientos normativos e institucionales[16], que no están homogeneizados.

En esta materia cabe citar el Protocolo de Kioto, que pone en funcionamiento la Convención Marco de las Naciones Unidas sobre el cambio climático (1992). Este instrumento jurídico internacional debe considerarse un hito en la lucha contra el cambio climático a nivel mundial. Estableció un marco para la reducción de las emisiones de gases de efecto invernadero a nivel global; fomentó la cooperación internacional en materia de protección del medio ambiente y la lucha contra el cambio climático; sentó las bases para la creación de mecanismos de derechos de emisión y el uso de tecnologías limpias para reducir las emisiones de gases de efecto invernadero; y, lógicamente, fomentó la concienciación sobre la importancia de luchar contra el cambio climático por los Estados, las organizaciones internacionales, empresas y sociedad civil.

El Acuerdo de París (2015) instaura el enfoque jurídico actual de la lucha contra el cambio climático. Es un enfoque diferente al adoptado en Kioto porque, de un lado, Kioto se centra en las emisiones de los países industrializados, mientras que París incluye a todos los países; de otro lado, el Acuerdo rechaza una regulación más fuerte a nivel internacional en favor de normas más blandas con mayor discrecionalidad en su aplicación a nivel nacional. Esto es, se crea un sistema en el que cada país confecciona su hoja de ruta y sus metas de conformidad con su voluntad y su capacidad para reducir emisiones. Asimismo, este tratado de lucha contra el cambio climático reconoce el importante vínculo entre esta lucha y los derechos de las minorías (pueblos indígenas, entre otros), así como la igualdad de género y la equidad intergeneracional.

La COP26 es un evento en el marco de las Naciones Unidas en el cual los Estados miembros de la Convención Marco de las Naciones Unidas sobre el Cambio Climático se reúnen para discutir acuerdos

---

16 Una visión multidisciplinar y puesta al día al respecto puede verse en FERNÁNDEZ EGEA, R. M., y MACÍA MORILLO, A., *El Derecho en la encrucijada: los retos y oportunidades que plantea el cambio climático,* Universidad Autónoma de Madrid y BOE, Madrid, 2022.

y medidas para abordar el cambio climático[17]. Durante la COP26, los países participantes presentaron sus planes nacionales para reducir sus emisiones de gases de efecto invernadero, conocidos como *contribuciones previstas en el contexto del cambio climático*, con el objetivo de alcanzar los objetivos de reducción de emisiones acordados en el Acuerdo de París de 2015. La conclusión a las que llegaron los líderes mundiales fueron las siguientes: mantener el aumento de la temperatura global "bien por debajo" de 2° y buscar limitarlo a 1, 5° y para seguir fortaleciendo sus planes y contribuciones en ese sentido.

Aunque aquí se han mencionado unos pocos, si aglutinamos todos los instrumentos internacionales en materia ambiental, podemos considerar que, desde la Declaración de Estocolmo hasta los ODS, se ha constatado de un lado una mentalidad humanista-antropocéntrica preocupada por la Naturaleza en todo aquello relacionado con las condiciones de vida del ser humano, salvo en la Carta de la Naturaleza que responde a planteamientos de carácter biocéntrico, y no humanista; de otro lado, la urgente necesidad de definir y elaborar un marco de actuación orientado a un modelo de desarrollo sostenible y de protección del medioambiente.

No obstante, este marco jurídico no es suficiente para proteger eficazmente el medio ambiente: hay problemas con su implementación a niveles nacionales y locales y está falto de homogeneidad. Además, su enfoque jurídico es antropocéntrico. Se centra en el ser humano, y a través de él se protege el medioambiente[18], a fin de evitar o reducir el negativo impacto del desarrollo industrial y tec-

---

[17] Desde que se adoptó la Convención Marco de las Naciones Unidas sobre el Cambio Climático en 1992, se han celebrado varias Conferencias de las Partes (COP) para discutir y negociar acuerdos y medidas para abordar el cambio climático. Hasta la fecha (diciembre de 2021), se han celebrado 26 COP, la primera se celebró en 1995 y la última fue la COP26 que se realizó en 2021. En cada edición se discuten temas variados relacionados con el cambio climático, desde la adopción de acuerdos internacionales, planes nacionales, mecanismos financieros y científicos, entre otros. La COP es el principal mecanismo de la UNFCCC para llevar a cabo negociaciones sobre cambio climático. La próxima COP será la COP27.

[18] Léase el principio 5 de la Declaración de Estocolmo o el principio 1 de la Declaración de Río como ejemplos de antropocentrismo. En este sentido se pronuncia HANDL, G., "Declaración de la Conferencia de las Naciones Unidas sobre el Medio Humano (Declaración de Estocolmo), de 1972, y Declaración del Río

nológico sobre él, amén de focalizare en el paradigma del desarrollo sostenible.

El Derecho Internacional del Medio Ambiente deberá hacer compatible su enfoque jurídico hegemónico con otro más novedoso y minoritario, el ecocéntrico: centrado en la Naturaleza. Esta perspectiva ha de formar parte del cometido de la gestión de riesgos, el colapso ambiental. Para ello, se necesitan nuevas fórmulas[19].

3. DERECHOS HUMANOS-MEDIO AMBIENTE Y NATURALEZA COMO SUJETO DE DERECHO

El siglo XX fue la centuria de la internacionalización de los derechos humanos a través de la Declaración Universal de los Derechos Humanos. Posteriormente, merced a la Declaración de Estocolmo[20], aquellos derechos se vincularon con el medio ambiente para, de este modo, asumir una perspectiva integral de la armonía entre la naturaleza y el ser humano, y también proteger de forma más eficaz los derechos humanos, porque los daños ambientales pueden afectar el pleno disfrute de estos[21]. En otras palabras, una visión amplia del principio de progresividad de los derechos humanos conlleva la in-

---

sobre el Medio Humano, de 1992", véase en *Historic Archives - Rio Declaration on Environment and Development - Introductory Note - Spanish (un.org)*

19 *Mutatis mutandi,* el informe realizado por Darpö reconoce los límites del derecho medio ambiental actual. *¿PUEDE LA NATURALEZA HACERLO BIEN? Un estudio sobre los derechos de la naturaleza en el contexto europeo | Think Tank | Parlamento Europeo (europa.eu)*

20 Principio 1.

21 La Asamblea General de las Naciones Unidas señaló en el preámbulo de la Resolución 2398 (XXIII), *problemas del medio humano,* de 3 de diciembre de 1968, lo siguiente: "Advirtiendo, en especial, la deterioración constante y acelerada de la calidad del medio humano causada por factores tales como la contaminación del aire y de las aguas, la erosión y otras formas de deterioración del suelo, los desechos, el ruido y los efectos secundarios de los biocidas [...]". Vínculo entre daños ambientales y derechos humanos que se plasmó también en el párr. 1 de la Declaración de Estocolmo: "[l]os dos aspectos del medio humano, el natural y el A/HRC/22/43 8 GE. 12-18975 artificial, son esenciales para el bienestar del hombre y para el goce de los derechos humanos fundamentales, incluso el derecho a la vida misma". Incluso un tratado, como es la Convención sobre los Derechos del Niño, afirma que la contaminación del medio ambiente supone

corporación de la dimensión ambiental, pues de este modo permite una protección más efectiva, una garantía de mayor prevención y reparación de futuros daños que estén vinculados con cuestiones ambientales[22].

En esta misma línea se pronuncian la Carta Africana de Derechos Humanos y de los Pueblos (1981)[23], el Protocolo Adicional a la Convención Americana de Derechos Humanos –Protocolo de San Salvador– (1988)[24], y el Convenio Europeo de Derechos Humanos y Libertades Fundamentales (1950) no establece explícitamente un vínculo entre los derechos humanos y el medio ambiente, aunque el Tribunal Europeo de Derechos Humanos sí lo ha hecho.

El alto tribunal del Convenio de Roma ha señalado que el derecho a un medio ambiente saludable está relacionado con el derecho a la vida (art. 2 del tratado)[25] y el derecho a la salud (art.

---

riesgos y peligros para el agua y los alimentos de los niños, afectando a su salud, art. 24. Párr. 2, c).

22 Este necesario y eficaz vínculo entre derechos humanos y medio ambiente permite dar respuestas a problemas nuevos, como es el caso de aquellas personas que deben migrar de su país como consecuencia de cuestiones climáticas o ambientales. Sobre esta cuestión léase GIL GANDÍA, C., "Procesos migratorios por la crisis climática: ¿Un nuevo reto para el Derecho Internacional?", en VI Congresso International de Direitos Humanos de Coimbra, Coimbra, Editora Brasílica, 2021, pp. 217-230.

23 Al respecto, dice el art. 24: "Todos los pueblos tendrán derecho a un entorno general satisfactorio favorable a su desarrollo".

24 El art. 11 señala lo siguiente: "Derecho a un medio ambiente sano", proclama "(1.) Toda persona tendrá derecho a vivir en un medio ambiente sano y a tener acceso a los servicios públicos básicos y (2.) Los Estados partes promoverán la protección, preservación y mejoramiento del medio ambiente". Este instrumento internacional es, probablemente, el primero en reconocer el derecho a un medio ambiente sano.

25 De entre la abundante jurisprudencia, cabe citar algunos ejemplos que vinculan el derecho a la vida (art. 2 del Convenio) y el medio ambiente: asunto *Öneryıldız c. Turquía* [GS], 2004, párr. 71, en el que una explosión de metano ocurrida en abril de 1993 en un vertedero municipal de residuos domésticos a las afueras de Estambul, provocó un deslizamiento de tierra que enterró viviendas situadas en un barrio de chabolas, donde treinta y nueve personas perdieron la vida, incluidos nueve familiares del demandante. En este mismo sentido, véase *Boudaïeva y otros c. Rusia,* 2008, párr. 130; *Kolyadenko y otros c. Rusia,* 2012, párr. 158; *Brincat y otros c. Malta,* 2014, párr. 101; *M. Özel y otros c. Turquía,* 2015, párr. 170.

8)[26]. Asimismo, también ha señalado que el derecho a un medio ambiente adecuado está relacionado con el derecho a una vivienda (art. 8) y el derecho al desarrollo (art. 1 del Protocolo 1 del Convenio de Roma)[27]. Estos y otros ejemplos ponen de manifiesto la ecologización de la jurisprudencia del TEDH, así como también la jurisprudencia del tribunal que veremos en el siguiente párrafo.

En este mismo sentido se ha pronunciado la Corte Interamericana de Derechos Humanos, cuya máxima en la materia es que a través del goce efectivo de los derechos humanos se protege de forma más eficaz, adecuada y necesaria la protección del medio ambiente[28]. Asi-

---

26 En el *caso Guerra y otros c. Italia*, 1998, se encontró una violación del derecho a un medio ambiente saludable debido a la contaminación del aire en una ciudad italiana, el derecho a vida de los afectados fue violado. En el *caso López Ostra c. España*, 1994, se encontró que la situación de contaminación en una ciudad española violó el derecho al buen estado de salud del recurrente, este caso se consideró una violación del artículo 8 de la CEDH.

27 En el caso *Barbu c. Rumania* (2018), el Tribunal consideró que una violación del derecho a un medio ambiente adecuado debido a la contaminación de un río, también implica una violación del derecho a una vivienda adecuada debido a la imposibilidad de acceder a un suministro de agua potable.

28 En un caso conocido como el *Caso de la Comunidad Indígena Sawhoyamaxa vs. Paraguay*, sentencia de 29 de marzo de 2006 (fondo, reparaciones y costas). El Tribunal estableció que el Estado tiene el deber de proteger el derecho al medio ambiente adecuado de los pueblos indígenas y de garantizar que sus actividades económicas y de desarrollo no les causen perjuicios. En esta sentencia, la corte también señaló que el derecho al medio ambiente incluye la protección de los recursos naturales, el derecho a una vida libre de contaminación y el derecho a participar en la toma de decisiones que afecten a los recursos naturales y al medio ambiente. Además, la Corte Interamericana de Derechos Humanos ha destacado la importancia de la consulta previa a los pueblos indígenas antes de llevar a cabo cualquier actividad económica o de desarrollo que afecte a sus territorios y recursos naturales. La Corte también ha señalado que el Estado tiene el deber de investigar y sancionar cualquier violación de los derechos humanos relacionados con el medio ambiente. Otro caso que merece nuestra atención es el de *Caso Lagos del Campo vs. Perú,* sentencia de 31 de agosto de 2017 (excepciones preliminares, fondo, reparaciones y costas), la Corte "reiteró la interdependencia entre los derechos civiles y políticos y los derechos económicos, sociales, culturales y ambientales", párr. 100. De este modo, se pone de relieve la integración del medio ambiente en los derechos humanos. Finalmente, señala el tribunal latino lo siguiente: "Debido a esta estrecha conexión, constató que actualmente (i) múltiples sistemas de protección de derechos humanos reconocen el derecho al medio ambiente sano como un derecho en sí mismo, a la vez

mismo, la Corte ha reconocido la existencia y ha configurado el derecho humano a un medio ambiente sano y sostenible, en particular en casos de poblaciones indígenas[29], en consonancia con la Declaración sobre los derechos de los Pueblos Indígenas (2007)[30].

El derecho a un medio ambiente sano ha sido reconocido por el Consejo de Derechos Humanos de las Naciones Unidas en 2021[31] y la Asamblea General de las Naciones Unidas en 2022[32]. De conformidad con ello, vivir en un medioambiente sin riesgos, limpio, saludable y sostenible es un derecho humano sin el cual difícilmente se pueden disfrutar de otros derechos[33], pues están interrelacionados

---

que no hay duda que (ii) otros múltiples derechos humanos son vulnerables a la degradación del medio ambiente, todo lo cual conlleva una serie de obligaciones ambientales de los Estados a efectos del cumplimiento de sus obligaciones de respeto y garantía de estos derechos", en su *opinión consultiva OC-23/17*, de 15 de noviembre de 2017, solicitada por la República de Colombia en materia de medio ambiente y derechos humanos.

29 En el *Caso de la Comunidad Mayagna (Sumo) Awas Tingni vs. Nicaragua*, sentencia de 31 de agosto de 2001 (fondo, reparaciones y costas), la Corte establece que el derecho a la propiedad de los pueblos indígenas incluye el derecho a un medio ambiente sano y sostenible. En este mismo sentido, se pronuncia en el *Caso del Pueblo Saramaka vs. Surinam*, sentencia de 28 de noviembre de 2007 (excepciones preliminares, fondo, reparaciones y costas), la Corte establece que el derecho a la propiedad colectiva de los pueblos indígenas incluye el derecho a un medio ambiente sano y sostenible. De este modo, se reconoce el derecho a un medio ambiente sano tanto desde la perspectiva individual como colectiva, por esa visión comunitaria, diferente a la occidental, que tienen las poblaciones indígenas.

30 Aprobada por la Asamblea General de las Naciones Unidas el 23 de septiembre de 2007.

31 Resolución 48/13 del Consejo de Derechos Humanos, de 8 de octubre de 2021, titulada *el derecho humano a un medio ambiente limpio, saludable y sostenible*.

32 Resolución *el derecho humano a un medio limpio, saludable y sostenible* (A/76/L.75), de 26 de julio de 2022. Esta resolución se adopta en consonancia con la Declaración de Estocolmo, la Declaración de Río y, en particular, la Agenda 2030.

33 Derechos que se ven afectados por "los efectos del cambio climático, la ordenación y el uso no sostenibles de los recursos naturales, la contaminación del aire, las tierras y el agua, la gestión irracional de las sustancias químicas y los desechos, la pérdida resultante de diversidad biológica y la disminución de los servicios prestados por los ecosistemas interfieren en el disfrute de un medio ambiente limpio, saludable y sostenible, y que los daños ambientales tienen repercusiones negativas, tanto directas como indirectas, en el disfrute efectivo de todos los derechos humanos", señala la Resolución *el derecho humano a un medio limpio, saludable y sostenible*.

y, además, su reconocimiento es de conformidad con el Derecho Internacional vigente.

De acuerdo con lo anterior, podemos afirmar que hay dos enfoques en la relación de los derechos humanos con el medio ambiente: de un lado, destacar la ecologización de los derechos humanos existentes; de otro, reconocer un derecho humano único y concreto en el ámbito universal por su dimensión verde.

La perspectiva utilizada en materia de derechos humanos tanto por los instrumentos internacionales como por la jurisprudencia de los tribunales citados es antropocéntrica, o a lo sumo biocéntrica[34], pero no ecocéntrica[35]. La naturaleza sigue cosificada jurídicamente por el ser humano. Aunque es también loable señalar que posiblemente la mirada jurídica y cultural de las gentes, en especial las occidentales, para con la naturaleza está cambiando por mor del vínculo entre derechos humanos y medio ambiente. Pero no es suficiente, se necesita una estrategia jurídica emancipadora o de transformación del medio ambiente. Siempre existe, evidentemente, el principio de incertidumbre que no se puede evitar; pero ¿quién puede determinar el sentido de la revolución ecológica, que, iniciada en los años setenta en nombre de principios tan fundamentales como *precaución o protección*, ha logrado que lleguemos a plantearnos la naturaleza como sujeto jurídico?

Esa estrategia y perspectiva ecocéntrica se está planteando jurisprudencial[36] y legislativamente[37] en sistemas jurídicos nacionales, co-

---

34 Pone de relieve que la naturaleza ha de ser protegida por el ser humano, pero esta se ve como un objeto.

35 Esta perspectiva asume que el ser humano pertenece a la tierra, no la tierra al ser humano.

36 En Colombia, en 2018, un juez en el departamento de Tocancipá reconoció al río Atrato como un "sujeto de derechos", lo que significa que el río tiene derecho a ser protegido contra la contaminación y la degradación. Véase la sentencia T-622 de 2016, de 10 de noviembre, párr. 4, p. 158. En 2011, un juez de Ecuador emitió una sentencia en la que se reconoció al río Vilcabamba como un "sujeto de derecho" con derechos propios, incluyendo el derecho a ser protegido contra la contaminación. Véase sentencia núm. 11121-2011-0010, de 30 de marzo de 2011. Estos tribunales constitucionales han declarado, en suma, que si se daña un elemento de la naturaleza se vulnera sus derechos.

37 En algunos países se han aprobado leyes específicas para reconocer a la naturaleza como sujeto de derecho, cabe destacar las que lo reconocen de forma

mo es el caso de España mediante un movimiento social-ecologista que reivindicaba la protección del Mar Menor de modo diferente de las leyes antropocéntricas[38] e incluso a la (no) actuación de los gobernantes para cuidar debidamente el Mar Menor, cuyo uso se guiaba por el *ius abutendi* y no por el concepto tomista de *potestas procurando et dispensandi*. El resultado de tal movilización, consecuencia de la degradación del Mar Menor, ha sido la Ley 19/2022, de 30 de septiembre, para el reconocimiento de personalidad jurídica a la laguna del Mar Menor y su cuenca. Se trata de una línea de pensamiento crítico directamente relacionada con los derechos de la naturaleza y el buen vivir, que recoge aportes del pensamiento indígena y América Latina en general[39]. Países como Ecuador, Colombia o Bolivia han contribuido a esta discusión con nuevas categorías jurídicas de sujetos de derecho y de derechos[40].

Los derechos de la Naturaleza no son simples preferencias, sino que tienen que ver con las necesidades o intereses humanos y también del medio ambiente. Son intereses jurídicamente válidos o protegidos. Las diferentes generaciones de derechos ponen de manifiesto el carácter histórico y abierto de los derechos.

Nos hallamos, pues, en un marco jurídico-cultural que transita del Antropoceno al Ecoceno, para un cuidado de la vida de la especia humana y también de la naturaleza. Marco que debe tener en cuenta

---

explícita. La constitución ecuatoriana de 2008 reconoce a la naturaleza como sujeto de derecho (arts. 71 y 72); en Bolivia se promulgó la Ley de Derechos de la Madre Tierra, núm. 71, de 21 de diciembre (art. 1); y Ley 19/2022, de 30 de septiembre, para el reconocimiento de personalidad jurídica a la laguna del Mar Menor y su cuenca (art. 1).

38 En este sentido, véase VICENTE GIMÉNEZ, T., y SALAZAR ORTUÑO, E., "Los derechos de la naturaleza y la ciudadanía", en *Revista Murciana de Antropología*, núm. 29, 2022, pp. 15-26.

39 Véase, VALERIA BERROS, M., y CARMAN, M., "Los dos caminos del reconocimiento de los derechos de la naturaleza en América Latina", en *Revista Catalana de Dret Ambiental*, vol. 13, núm. 1, 2022, pp. 1-44.

40 La sentencia de la Corte Constitucional colombiana, T-080 de 2015, indicó que, en esta línea, "la jurisprudencia constitucional ha atendido los saberes ancestrales y las corrientes alternas de pensamiento, llegando a sostener que 'la naturaleza no se concibe únicamente como el ambiente y entorno de los seres humanos, sino también como un sujeto con derechos propios, que, como tal, deben ser protegidos y garantizados", punto 5.2.3.

que este nuevo modo jurídico de pensar la Naturaleza está basado en la diferencia, en la necesidad y en la complementariedad y no en la oposición y la disyuntiva con la cultura jurídica humanista.

4. CONCLUSIONES

En el presente trabajo hemos intentado enmarcar de forma sucinta el desarrollo del Derecho Internacional del Medio Ambiente, su relación con los derechos humanos y, además, poner de relieve su enfoque jurídico predominante: antropocéntrico, que perjudica al medio ambiente por considerarlo un objeto. Ello constata que el problema ecológico no ha de ser visto exclusivamente como un problema técnico, sino también es un problema jurídico. Por ello, se ha de complementar o modificar el sistema jurídico actual con una dimensión ecocéntrica. Dicho de otro modo: el derecho hegemónico de carácter occidental debe complementarse con otra perspectiva cultural-jurídica como es la andina. Así se sitúa en una perspectiva intercultural que es simultáneamente legítima a los ojos del individuo y también de la colectividad. De este modo, la ficcionalización de la Naturaleza ha de funcionar como *traslatio* de la mediación sujeto-objeto al respecto.

Desde luego que este cambio de orientación es un desafío para el Derecho Internacional, que necesita ir más allá, con la manifestación de transformar el propio modelo jurídico, con el objetivo de luchar de forma más pertinente y eficaz contra el colapso ambiental, contra el riesgo. Ejemplos hay en el derecho nacional, cuestión diferente es la existencia de voluntad. La transformación de la cultura jurídica preponderante también exige un cambio profundo en la forma de pensar y de vivir la sociedad moderna respecto del medio ambiente.

Hace ciento cincuenta años era impensable que el ser humano tuviera reconocido derechos en el ordenamiento jurídico internacional. Luego se demostró que sí, y además se logró después de un colapso humano, la Segunda Guerra Mundial. *Mutatis mutandi*, y por mor del colapso ambiental, la Naturaleza ha de ser reconocida como sujeto de derecho. Se trata de una cuestión jurídica tanto para la generación del presente como también con los sujetos de derecho que constituyen los miembros de las generaciones futuras. Recordemos que la idea determina la acción. Creemos que este debe ser nuestro *Zeitgeist,* es decir, el espíritu que ha de marcar el presente y el devenir de los tiempos, para el avance de la conciencia jurídico-ecológica planetaria.

Referencias bibliográficas

ÁVILA SANTAMARÍA, R., *La utopía del oprimido. Los derechos de la naturaleza y el buen vivir en el pensamiento crítico, el derecho y la literatura,* Akal, Madrid, 2019.

BODANSKY, D., BRUNNÉE, J., y HEY, E., *The Oxford Handbook of International Environmental Law,* Oxford University Press, 2008.

FERNÁNDEZ EGEA, R. M., y MACÍA MORILLO, A., *El Derecho en la encrucijada: los retos y oportunidades que plantea el cambio climático,* Universidad Autónoma de Madrid y BOE, Madrid, 2022.

GIL GANDÍA, C., "Procesos migratorios por la crisis climática: ¿Un nuevo reto para el Derecho Internacional?", en *VI Congresso International de Direitos Humanos de Coimbra,* Coimbra, Editora Brasílica, 2021

RIPPLE, W., y AAVV., "World Scientists'Warning of a Climate Emergency", *BioScience,* Vol. 70, Issue 1, 2020.

RODRIGO, A., "Las relaciones sistémicas entre el desarrollo sostenible y el derecho internacional del medio ambiente: entre la dilución y la reformulación", en *Revista Catalana de Dret Ambiental,* vol. 13, nº 2, 2022.

SAITO, K., *El capital en la era del Antropoceno,* Penguin Random House, Barcelona, 2022.

VALERIA BERROS, M., y CARMAN, M., "Los dos caminos del reconocimiento de los derechos de la naturaleza en América Latina", en *Revista Catalana de Dret Ambiental,* vol. 13, núm. 1, 2022.

VICENTE GIMÉNEZ, T., y SALAZAR ORTUÑO, E., "Los derechos de la naturaleza y la ciudadanía", en *Revista Murciana de Antropología,* núm. 29, 2022.

EL TRABAJO DECENTE: REFLEXIONES EN TORNO AL TIEMPO DEDICADO AL TRABAJO

DECENT WORK: REFLECTIONS ON TIME SPENT AT WORK

JOSÉ MARÍA QUÍLEZ MORENO[1]

Resumen

En una realidad empresarial cada vez más cercana al uso de herramientas tecnológicas y de la inteligencia artificial, parece un contrasentido que sea el ser humano quien termine siendo esclavo del tiempo que está obligado a dedicar al trabajo. Lo que debería ser su herramienta de vida, trabajar para vivir, termina convirtiéndose en su forma de vida: vivir para trabajar. A pesar de las múltiples iniciativas para intentar conseguir una adecuada conciliación entre la vida laboral y familiar, en muchas ocasiones resulta difícil encontrar un hueco para que esta conciliación sea realmente efectiva, y el tiempo de trabajo se convierte en la deuda que el trabajador tiene con el empresario por brindarle un puesto de trabajo, con independencia de si dicho tiempo empleado en el puesto resulta o no eficiente. El trabajo decente, debe pasar por la posibilidad de poder vivir en un entorno personal y familiar sin que exista una dependencia nuestra hacia el trabajo que termine por esclavizarnos al mismo y robar el bien más preciado que tenemos en nuestra vida: el tiempo.

Palabras clave: Conciliación laboral y familiar - Jornada laboral - Trabajo decente.

Abstract

In a business reality that is increasingly closer to the use of technological tools and artificial intelligence, it seems a contradiction that it is the human being who ends up being a slave to the time that he is obliged to dedicate to work. What should be his life tool, working to live, ends up becoming his way of life: living to work. Despite the multiple initiatives to try to achieve an adequate reconciliation between work and family life, on many occasions it is difficult to find a space for this reconciliation to be truly effective, and working time becomes the debt that the worker has with the employer for offering him a job, regardless of whether said time spent in the position is efficient or not. Decent work must go through the possibility of being able to live in a personal and family environment without our dependence on work that ends up enslaving us to it and stealing the most precious asset we have in our lives: time.

Keywords: Work-life balance - Working day - Decent job

---

1 Profesor Titular de Derecho Laboral, en la Universidad Europea de Valencia (josemaria.quilez@universidadeuropea.es).

Sumario: 1. PRIMERA REFLEXIÓN Y SU CONCLUSIÓN: DESDE EL TRATADO DE VERSALLES DE 1919. 2. SEGUNDA REFLEXIÓN Y SU CONCLUSIÓN: ACERCA DEL SIGNIFICADO DEL "TIEMPO DE TRABAJO". 3. TERCERA REFLEXIÓN Y SU CONCLUSIÓN: LA IMPORTANCIA DE DIFERENCIAR ENTRE JORNADA LABORAL Y HORARIO DE TRABAJO. 4. CUARTA REFLEXIÓN Y SU CONCLUSIÓN: EL TRABAJO EFECTIVO EXCLUYE MOMENTOS Y PUEDE RESTAR TIEMPO FAMILIAR O PERSONAL. 5. QUINTA REFLEXIÓN Y SU CONCLUSIÓN: EL TRABAJO EFECTIVO NO SIEMPRE ES EFICAZ NI EFICIENTE. 6. SEXTA REFLEXIÓN Y SU CONCLUSIÓN: SIN DESCONEXIÓN, NO HAY CONCILIACIÓN LABORAL Y FAMILIAR. 7. SÉPTIMA REFLEXIÓN Y SU CONCLUSIÓN: TIEMPO DE TRABAJO Y EL ODS NÚMERO 8. ¿VOLVEMOS A VERSALLES?

1. PRIMERA REFLEXIÓN Y SU CONCLUSIÓN: DESDE EL TRATADO DE VERSALLES DE 1919

Llamó mi atención en su momento una Sentencia de la Audiencia Nacional, Sala de lo Social, de 10 de mayo de 2021, la cual, en su Fundamento de Derecho 4º, señalaba que un principio general del derecho del trabajo, es que "*el trabajo no debe ser considerado simplemente como una mercancía o un artículo de comercio*", y la razón de este principio es básica: la prestación laboral se realiza por seres humanos que no merecen ser tratados como simples máquinas sino como sujetos de derechos fundamentales"[2].

Lo curioso, es que tomaba como referente de este principio, fundacional incluso de la OIT, el artículo 427 del que fuera el Tratado de Versalles de 1919. Aquel tratado, firmado el 28 de junio de 1919 entre los países aliados y Alemania en el Salón de los Espejos del Palacio de Versalles para poner fin a la Primera Guerra Mundial, reconocía en su artículo 427 la importancia esencial desde el punto de vista internacional del bienestar físico, moral e intelectual de los trabajadores asalariados[3].

---

2 Sentencia de la Audiencia Nacional (Sala de lo Social), núm. 104/2021, de 10 de mayo, Procedimiento núm. 288/2019, ponente Excmo. Sr. D. Ramón Gallo Llanos, ECLI:ES:AN:2021:1855.

3 Puede consultarse un documento en PDF del Tratado de Versalles desde http://www.cervantesvirtual.com/nd/ark:/59851/bmcb28g7 "Tratado de Versalles", Alicante, Biblioteca Virtual Miguel de Cervantes, 2012. (Última fecha de consulta, el 18 de enero de 2023)

Sorprende que, más de cien años después de lo plasmado en el Tratado de Versalles, podamos estar planteándonos cuestiones acerca del trato que reciben las personas en el desempeño de su prestación laboral. Pero lo cierto es que aún hoy nos encontramos con noticias como la de la reciente actuación coordinada de la ITSS frente a las cuatro grandes consultoras, Deloitte, PwC, KPMG e EY, también conocidas como *Big Four*, para comprobar el cumplimiento de las jornadas laborales y las horas extraordinarias[4].

Cuando hablamos del tiempo de trabajo que dedica o emplea una persona en el desarrollo de su actividad laboral, deberemos referirnos al mismo como "tiempo de trabajo efectivo", que hasta cierto punto coincide con la idea de jornada laboral, aunque no plenamente. ¿Es necesario a estas alturas del siglo XXI plantearnos cuestiones acerca del trato que reciben las personas en el desempeño de su prestación laboral por un incumplimiento de sus jornadas laborales?

En conclusión, algo hemos avanzado desde entonces, no cabe duda, pero no deja de ser cierto que la cuestión del tiempo que se dedica al trabajo es algo que preocupa y que merece ser analizada, al menos para hacernos reflexionar y valorar si de verdad ese *tiempo* de trabajo nos permite realmente conciliar nuestra vida familiar, se ha adaptado correctamente a las nuevas tecnologías y al teletrabajo, y, en definitiva, si cumple con ese Objetivo de Desarrollo Sostenible como es el trabajo decente[5], so pena de descubrir que realmente empleamos horas y más horas de esfuerzo laboral efectivo, pero no eficaz, y mucho menos eficiente, lo que nos convierte nuevamente en meras herramientas productivas.

Asimismo, una consulta directa a través de página web, desde el siguiente enlace: https://www.dipublico.org/1729/tratado-de-paz-de-versalles-1919-en-espanol/ (última fecha de consulta, el 18 de enero de 2023)

4 DÍAZ GUIJARRO, R. "La Inspección de Trabajo recopiló durante meses información antes de personarse en las 'big four'"https://cincodias.elpais.com/cincodias/2023/01/16/companias/1673895478_310469.html (Última fecha de consulta, el 18 de enero de 2023).

5 Más información sobre este Objetivo de Desarrollo Sostenible, desde https://www.un.org/sustainabledevelopment/es/economic-growth/ (última fecha de consulta 18 de enero 2023)

2. SEGUNDA REFLEXIÓN Y SU CONCLUSIÓN: ACERCA DEL SIGNIFICADO DEL "TIEMPO DE TRABAJO"

Como se matiza desde la doctrina: "No existe en el ordenamiento jurídico una definición de tiempo de trabajo efectivo. Según un sector doctrinal el concepto de tiempo de trabajo alude al encuadramiento temporal de la deuda de actividad a cargo del trabajador, es decir, al tiempo que cada día invierte el trabajador en cumplir sus obligaciones para con el empresario, derivadas del contrato de trabajo"[6].

Podemos además recurrir a la definición expresa, que no por ello la mejor definición, contenida en el artículo 2 de la Directiva 2003/88/CE, de 4 de noviembre, relativa a determinados aspectos de ordenación del tiempo de trabajo[7]. Dicho artículo de la norma comunitaria, dedicado a las "definiciones", entiende por "tiempo de trabajo", a efectos de la propia Directiva: "*todo período durante el cual el trabajador permanezca en el trabajo, a disposición del empresario y en ejercicio de su actividad o de sus funciones, de conformidad con las legislaciones y/o prácticas nacionales*".

Esta definición establece tres elementos básicos recogidos por la doctrina, a saber: a) el elemento locativo (la permanencia en el trabajo); b) el elemento de subordinación (la disponibilidad); y c) el elemento de desempeño o rendimiento (el ejercicio de funciones).

Hasta el momento, lo que parece claro es que esa deuda de actividad que tiene el trabajador con el empresario derivada del contrato de trabajo, ese tiempo debido por el trabajador, puede incluir tanto el tiempo de desarrollo de la actividad laboral como tiempos de mera presencia o disponibilidad, obteniendo finalmente un cómputo cuantitativo que servirá para verificar si la jornada de trabajo, el tiem-

---

6 POQUET CATALÁ, R., "El desplazamiento como tiempo de trabajo, ¿debate no resuelto?", *Lex Social, Revista De Derechos Sociales*, 11 (2), 2021, pp. 145-162, citando la autora en este punto a PÉREZ DE LOS COBOS ORIHUEL, F., MONREAL BRINGSVAERD, E. J., "La regulación de la jornada de trabajo en el Estatuto de los Trabajadores", *RMTI*, 2005, nº 3, p. 57, y a IGLESIAS CABERO, M., "Cómputo de la jornada efectiva de Trabajo", VV.AA., *Estudios sobre la jornada de Trabajo*, Madrid, ACARL, 1991, p. 291.

7 Publicada en el *DOUE*, núm. 299, de 18 de noviembre de 2003, pp. 9 a 19. Consultada desde https://www.boe.es/buscar/doc.php?id=DOUE-L-2003-81852.

po de trabajo o de servicios establecido contractualmente, el pago de su deuda de actividad, se ha cumplido o no.

Ello es importante no sólo a los efectos de la contraprestación que debe recibir el trabajador en forma de salario, sino también sobre los aspectos relativos al descanso, la incidencia en la salud, y la conciliación de la vida personal, familiar y social del trabajador[8]. Así, el "tiempo de trabajo" tiene indudablemente unas repercusiones sobre la salud y la seguridad del trabajador, por lo que es necesario equilibrar y flexibilizar el tiempo o la jornada para no precarizar el trabajo y convertir el empleo no ya en un medio de vida, sino en la vida misma, donde no cabe abrir horizontes sociales, personales o familiares.

Es cierto que el desarrollo de nuevas formas de ejecución del trabajo, como es el trabajo a distancia o el teletrabajo, ayudan a difuminar aún más otro de los elementos que nos servían para definir el "tiempo de trabajo", como es el elemento locativo; ya no es tan necesaria la presencia física en el lugar de trabajo dispuesto por el empresario.

En conclusión, el significado de "tiempo de trabajo", esa deuda de actividad que el empleado tiene, es difícil de explicar y confusa, porque como consecuencia de los desarrollos sociales, laborales y tecnológicos, parece que la "disponibilidad" es el elemento principal en las relaciones entre empleador y trabajador (subordinación), mientras que los otros elementos, como la localización (lugar donde se desarrolla el trabajo) o el desarrollo efectivo del trabajo, están perdiendo su lugar esencial a la hora de establecer el significado del concepto de "tiempo de trabajo".

---

8 En este sentido, v.gr., ARAGÓN GÓMEZ, C., "La compleja delimitación del concepto tiempo de trabajo y la aportación que, al respecto, ha realizado el Tribunal de Justicia de la Unión Europea. Reflexiones al hilo de la STJUE 21-2-2018, asunto Matzak, relativa a las guardias de localización", *Revista de Información Laboral*, núm. 9, Ed. Aranzadi, Cizur Menor, 2018.

3. TERCERA REFLEXIÓN Y SU CONCLUSIÓN: LA IMPORTANCIA DE DIFERENCIAR ENTRE JORNADA LABORAL Y HORARIO DE TRABAJO

Resulta necesario conocer cuál es el espacio o marco temporal dentro del cual el trabajador asume la disponibilidad debida al empresario, ejerciendo su actividad laboral. Algo muy útil, evidentemente, tanto para saber cuándo es o no exigible la disponibilidad a la que antes me referí, como para, mejor aún, conocer con mayor exactitud si un exceso de "jornada" implica la ejecución de horas extras o un quebranto de la parcialidad de jornada establecida en un contrato.

La obligación por parte del empresario del control de la jornada laboral ha ido evolucionando recientemente con diversos vaivenes. Desde las Sentencias número 207/2015, de 4 de diciembre 2015, o la 25/2016, de 19 de febrero 2016, ambas de la Audiencia Nacional (Sala de lo Social - Secc. 1ª), que dio paso a la Instrucción 3/2016 de la ITSS sobre intensificación del control en materia de tiempo de trabajo y de horas extraordinarias, la cual recogía la exigencia a las empresas del registro de la jornada diaria de trabajo con independencia la existencia de horas extraordinaria, y no solo de los trabajadores a tiempo parcial[9], sino de todos los trabajadores, hasta llegar a la Sentencia del Tribunal Supremo, número 246/2017, de 23 de marzo de 2017, que casaba y anulaba la de la Audiencia Nacional de 4 de diciembre de 2015 antes mencionada. Esta sentencia de 2017 del Tribunal Supremo concluía que, si bien la empresa debe llevar un registro de las horas extraordinarias realizadas, no es necesario un sistema de registro de la jornada diaria de toda la plantilla para comprobar el cumplimiento de la jornada laboral y los horarios pactados.

Sin embargo, con el Real Decreto-Ley 8/2019, de 8 de marzo, de medidas urgentes de protección social y de lucha contra la precariedad laboral en la jornada de trabajo, se añade un nuevo apartado 9 al artículo 34 del Estatuto de los Trabajadores. Este nuevo apartado recogerá, grosso modo, el deber de la empresa en garantizar el *registro diario de jornada*, el cual debe incluir el *horario concreto de inicio y fin*

---

9 Recuérdese que es el artículo 12.4.c) del Estatuto de los Trabajadores, el que especificaba concretamente que "[…] la jornada de los trabajadores a tiempo parcial se registrará día a día y se totalizará mensualmente […]".

de la jornada de trabajo de cada persona trabajadora, sin perjuicio de la posible flexibilidad horaria, organizando y documentando tal registro, el cual se conservará durante 4 años a disposición de las personas trabajadoras, sus representantes o la Inspección de Trabajo.

Fíjese el lector que, al comentarse el registro de jornada, dice el artículo 34.9 del Estatuto de los Trabajadores que se debe garantizar el registro "diario de jornada", pero con inclusión del horario de inicio y fin de la jornada. De este modo, en una jornada de 8 horas diarias, 40 semanales, es perfectamente posible que el horario sea de 9 horas, descontando del mismo el tiempo de trabajo "no efectivo", al que me referiré más adelante[10].

En conclusión, es importante saber cuántas horas debe trabajar el empleado, porque hay una diferencia entre los conceptos de jornada laboral y horario de trabajo. Son muy similares, pero la jornada es más relevante, ya que el horario de trabajo es una consecuencia de la jornada. Existe, en consecuencia, una subordinación del horario de trabajo respecto de la jornada laboral. Muy clara en este sentido es la, no reciente, pero sí reveladora, Sentencia del Tribunal Superior de Justicia de Andalucía (Sede Granada), de fecha 25 de junio de 1999, cuando señala en su Fundamento de Derecho Segundo que: "[...] Se ha de tener en cuenta que los conceptos de jornada, sea diaria, mensual o anual, y de horario son conceptos muy próximos, y vinculados entre sí, pero entre ambos es la jornada la que presenta una mayor relevancia y trascendencia, por cuanto que ella es la que determina nítidamente el número de horas que se han de trabajar, dentro del lapso temporal de que se trate; [...]"[11].

---

10 Supone, por ejemplo, el clásico horario de 9 horas que transcurre de 9 a.m. a 18 p.m., donde el trabajador realiza una "jornada" real de 8 horas, ya que le será descontada 1 hora de esa franja horaria que no será considerada como de trabajo efectivo, pues goza durante ese tiempo, ahora sí, de la autonomía necesaria para hacer uso pleno de la disponibilidad horaria y del desplazamiento que son propias en un contexto ajeno al vínculo contractual laboral, es decir, de hacer con ese tiempo lo que desee, como puede ser aprovechar para comer.

11 Sentencia del Tribunal Superior de Justicia de Andalucía, Granada, (Sala de lo Social), núm. 1609/1999, de 25 de junio, ponente Ilmo. Sr. D. Antonio López Delgado.

4. CUARTA REFLEXIÓN Y SU CONCLUSIÓN: EL TRABAJO EFECTIVO EXCLUYE MOMENTOS Y PUEDE RESTAR TIEMPO FAMILIAR O PERSONAL

La duración de la jornada de trabajo se hará siempre relacionándola con el "trabajo efectivo", es decir, que, durante ese momento u horario de trabajo, se debe estar "trabajando", y no dispone el trabajador de la autonomía necesaria para disponer de dicho tiempo con el fin de emplearlo en otras ocupaciones.

Partiendo de ese artículo 2.1 de la Directiva 2003/88 al inicio de este artículo comentado, y su definición del tiempo de trabajo como "todo período durante el cual el trabajador permanezca en el trabajo, a disposición del empresario y en ejercicio de su actividad o de sus funciones, de conformidad con las legislaciones y/o prácticas nacionales"[12], no cabe duda que se pretende de alguna forma evitar limitaciones de la jornada laboral que redunden en perjuicio del empresario, en tanto reducen la productividad, por lo que resulta importante reducir y no considerar como tiempos estrictos de "trabajo" (trabajo efectivo), aquello períodos en los que no existe una auténtica prestación de servicios.

De este modo, o se está trabajando o no se está trabajando, lo cual no deja de ser difícil de determinar en ocasiones, pues ¿qué sucede con determinados períodos de descanso, de disponibilidad, de localización, pausas para el bocadillo, el tiempo para un reconocimiento médico, o ese simple cigarrillo? La casuística es amplia y variada.

El legislador sí ha establecido determinados momentos como de "tiempo de trabajo efectivo", y por lo tanto computables a efectos de la jornada laboral, con independencia del grado o alcance del efecto productivo en beneficio del empresario que se produzca. Así, por ejemplo: a) El tiempo dedicado a la formación teórica y práctica en materia de prevención de riesgos; b) el tiempo dedicado a formar a los Delegados de Prevención para el desempeño de sus funciones; c) los cursos de formación necesaria para la adaptación del trabajador

---

12 Analiza profusamente la cuestión la Sentencia del Tribunal de Justicia de la Unión Europea (Sala Tercera), de 10 de septiembre de 2015, en el asunto C-266/14, ponente A. Ó Caoimh.

a las modificaciones operadas en su puesto de trabajo; d) el acto de votación en las elecciones de delegados y comités de empresa; e) o el período de descanso mínimo de 15 minutos, contemplado en el artículo 34.4 del Estatuto de los Trabajadores.

En otras ocasiones, será la jurisprudencia la que clarifique si debe o no ser considerado como "trabajo efectivo" el desarrollo de determinados servicios o actuaciones del trabajador. Así, se establecen como tales, por ejemplo: a) el tiempo empleado en la realización de reconocimientos médicos[13]; b) o el tiempo de desplazamiento diario entre el domicilio del trabajador y los centros del primer y del último cliente cuando dichos trabajadores carecen de un centro de trabajo fijo o habitual[14].

Pero estas cuestiones no son del todo pacíficas, pues las dudas y situaciones son muchas y variadas, lo que nos conduce a otras resoluciones jurisprudenciales que niegan la consideración de "tiempo de trabajo efectivo" a momentos que, por qué no, pudiera uno pensar que sí lo son. Así, por ejemplo: a) los tiempos de acceso y salida del trabajo; b) los tiempos de aseo y cambio de ropa; c) los tiempos empleados en el transporte al centro de trabajo; o d) el tiempo necesario para fichar[15].

---

13 En este sentido, v.gr., la Sentencia de la Audiencia Nacional (Sala de lo Social, Secc. 1ª), de 2 de marzo de 2020, núm 26/2020, ponente, Ilma. Sra: Dª Emilia Ruis-Jarabo Quemada, ECLI:ES:AN:2020:147.

14 En este sentido, v.gr., la Sentencia de la Audiencia Nacional (Sala de lo Social, Secc. 1ª), de 31 de octubre de 2019, núm 127/2019, ponente, Excmo. Sr. Ricardo Bodas Martín, ECLI:ES:AN:2019:4025; la del Tribunal Supremo, (Sala de lo Social, Secc. 1ª), de 7 de julio de 2020, núm 605/2020, ponente, Excmo. Sr. Ricardo Bodas Martin, ECLI:ES:TS:2020:2330; o la Sentencia del Tribunal Supremo, (Sala de lo Social, Secc. 1ª), de 9 de junio 2021, núm. 617/2021, ponente Excma. Sra. D.ª María Luisa Segoviano Astaburuaga, ECLI:ES:TS:2021:2419.

15 Ejemplos de estas situaciones en sentencias como la del TSJ Cataluña (Sala de lo Social, Secc. 1ª), de 26 de abril de 2019, núm. 2128/2019, ponente, Ilma. Sra. D Nuria Bono Romera, ECLI:ES:TSJCAT:2019:3614; la del TSJ de Islas Canarias (Las Palmas, Sala de lo Social, Secc. 1ª), de 26 de junio de 2020, núm. 810/2020, ponente, Ilma. Sra. Mª Jesús García Hernández, ECLI:ES:TSJICAN:2020:2019; la sentencia del TSJ de Islas Canarias (Las Palmas, Sala de lo Social, Secc. 1ª)), de 24 de enero de 2020, núm. 117/2020, ponente, Ilma. Sra. Dña Yolanda Álvarez del Vayo Alonso, ECLI:ES:TSJICAN:2020:356; o la del Tribunal Supremo (Sala de lo Social, Secc. 1ª), de fecha 26 de enero 2021, núm. 88/2021, ponente Excmo. Sr. D. Ángel Blasco Pellicer, ECLI:ES:TS:2021:316.

En conclusión, considero que en ocasiones debemos dedicar un excesivo tiempo a la jornada laboral (y al horario de trabajo) si tenemos que excluir de la misma determinados espacios de tiempo en los que el trabajador disfruta de una relativa "libertad", quizá de localización (su hogar), quizá de tiempo, quizá de ambas. Ello nos conduce a tener que añadir más tiempo a nuestro horario para cumplir con la jornada laboral, sin tan siquiera pensar si dicho alargamiento del día de trabajo es realmente eficiente y, como vemos, nos perjudica o resta tiempo para conciliar con nuestra vida familiar o personal.

5. QUINTA REFLEXIÓN Y SU CONCLUSIÓN: EL TRABAJO EFECTIVO NO SIEMPRE ES EFICAZ NI EFICIENTE

Todo lo expuesto con anterioridad, me lleva a reflexionar y darme cuenta de posible realidad, y es que se suele emplear mucho tiempo en conseguir perfilar esa jornada de trabajo efectivo, que a lo peor ni es eficaz ni eficiente, ni consigue en muchos casos la conciliación de la vida laboral y familiar.

Creo que muchos de nosotros hemos tenido la sensación, en alguna ocasión, de que los horarios y jornadas de nuestros empleos eran excesivos y poco productivos; de que en ocasiones se estaba "calentando silla", o de que el rendimiento en dichas jornadas decaía en la medida que el tiempo de trabajo se prolongaba, ya fuese por cansancio físico o mental. El problema fundamental radicaba en considerar necesario identificar el "trabajo efectivo" con la presencialidad de la persona en su puesto de trabajo, eliminando del cómputo de la jornada las "pausas" o "descansos" porque no se está produciendo o rindiendo. Pero… ¿es realmente conveniente esto? Dicho de otro modo: ¿rinde igual un trabajador en jornada prolongada y encor-

Bien es cierto que, en algunos supuestos, sí tiene la consideración de tiempo efectivo de trabajo el tiempo dedicado al aseo personal de los trabajadores, si está relacionado con la exposición a agentes biológicos o cancerígenos, como por ejemplo señala el artículo 7.2 del RD 664/1997, de 12 de mayo, de protección de los trabajadores contra los riesgos relacionados con la exposición a agentes biológicos durante el trabajo.

setada, en comparación con otro que pueda tener más descansos o flexibilidad temporal para la ejecución de su cometido laboral?

No cabe duda de que al empresario le interesa tener personas trabajadoras que sean lo más productivas posibles. Lo importante será poder determinar si, en el "tiempo de trabajo efectivo" en el cual se desarrolla la jornada laboral de dichas personas trabajadoras, la productividad entra dentro de los parámetros esperados o no los alcanza. En definitiva, si ese trabajo realizado es eficaz.

La eficacia no es lo mismo que la eficiencia. De entrada, intentaremos equiparar el objetivo de productividad o rendimiento esperado por la empresa con el término de "eficacia", de modo que un trabajador eficaz sería aquel que obtuviese los resultados esperados de forma satisfactoria, con las herramientas y el tiempo establecido para ello.

Sin embargo, la "eficiencia" supone la obtención del resultado esperado con un ahorro o economización bien de recursos materiales o bien de tiempo empleado en el desarrollo de la labor, lo que convierte a la persona trabajadora no ya en eficaz, sino en eficiente.

En consecuencia, cuando hablamos de eficacia y eficiencia no cabe duda de que estamos ante conceptos que son complementarios, cuya "principal diferencia es que la eficacia se centra en el alcance y logro de resultados, mientras la eficiencia en la utilización de recursos"[16]

El planteamiento es más simple de lo que parece: un trabajador contento en y con su trabajo, será productivo de manera eficaz, y posiblemente eficiente. Ello debería conducir a las empresas a plantearse reflexiones acerca de si el tiempo de trabajo, en términos generales (concepto de jornada, horarios, tiempo de trabajo efectivo), debe de alguna forma flexibilizarse para obtener mejores rendimientos y una mayor satisfacción del empleado, y no operar siempre al dictado estricto de la definición legal, siempre que ésta nos permita el acuerdo de voluntades para procurar la mejora[17].

---

16 ROJAS, M, JAIMES, L. VALENCIA, M., "Efectividad, eficacia y eficiencia en equipos de trabajo", *Rev. Espacios,* Vol. 39 (nº 06), 2018.

17 GALINSKY; E, MATOS, K; SAKAI-O'NEILL, K., "Workplace flexibility: a model of change", *Community, Work & Family,* Vol. 16, N° 3, 2013, pp. 285-306.

En conclusión, resulta muy importante establecer los horarios de trabajo lo mejor posible atendiendo tanto las circunstancias de la empresa como de la persona, porque ello indudablemente les ayudará a conciliar su vida laboral con la personal y familiar. Las empresas deberían fortalecer los estudios de riesgos psicosociales, y llevar a cabo estudios de ritmos de trabajo y flujos de tiempo de producción con sus esfuerzos físicos y mentales, a fin de determinar si el trabajo desarrollado por la persona es no solo efectivo sino realmente eficiente, pues lo contrario es calentar la silla.

6. SEXTA REFLEXIÓN Y SU CONCLUSIÓN: SIN DESCONEXIÓN, NO HAY CONCILIACIÓN LABORAL Y FAMILIAR

Hoy en día vivimos una realidad que pudiera hacernos pensar en un mejor equilibrio entre la vida laboral y familiar; una realidad marcada por el constante influjo de las nuevas tecnologías de la información y la comunicación (TIC), que transforma a las empresas en entes hiperconectados, en consonancia con el mundo y la sociedad actual, que vive y se mueve en constante conexión, hiperinformación, hipercomunicación, e hipervisualización[18]. Si el propio sujeto individual no para de conectarse, de informarse, de comunicarse y de visualizarse en redes sociales, ¿por qué no hacer lo mismo en la empresa? Es más, ¿por qué no facilitar y adaptar los medios y procesos de trabajo a esta nueva realidad que crece día a día, y de esta forma acomodarla a los "deseos" del trabajador que vive en su propia y eterna conexión a través de smartphones, tablets, o portátiles?

---

18 DEL REY GUANTER, S., "*La empresa hiperconectada y el futuro del trabajo: Conclusiones y recomendaciones del informe "El impacto de la empresa hiperconectada y de las redes sociales en la organización del trabajo, en la gestión de los Recursos Humanos y en las relaciones laborales"*", Ed. CUATRECASAS Instituto de Estrategia Legal en RRHH, Mar. 2017, artículo disponible en formato PDF desde la página de la Oficina de la OIT para España en el siguiente enlace url: http://www.ilo.org/madrid/fow/trabajo-y-la-produccion/WCMS_548601/lang–es/index.htm

Es lógico deducir, pues, que "[...] la revolución tecnológica tiene una destacada doble trayectoria de influencia en la relación laboral: la del lugar y la del tiempo de trabajo. Ciertamente, el uso del instrumento de trabajo tecnológico permite, al mismo tiempo, la deslocalización geográfica y temporal de la actividad laboral. El trabajador es más libre [...] para organizarse como quiera, [...]"[19].

Sin embargo, el trabajador también asume riesgos, pues ya sea en el ámbito privado o en el profesional, el uso de estas nuevas tecnologías puede suponer una molestia, una mayor injerencia, cuando no una auténtica vulneración de sus derechos humanos y libertades fundamentales, especialmente de su vida privada e intimidad (v.gr. control de correo electrónico en la empresa; videovigilancia dentro de la misma; constante flujo y reflujo de datos personales, etc.)[20]

Soslayando en este momento los riesgos de una posible vulneración de sus derechos fundamentales antes mencionados, lo cierto es que lo que podría parecer una mayor libertad de actuación para el trabajador, se está convirtiendo justo en lo contrario. Los avances en el mundo de las TIC parece que nos facilita el desarrollo del trabajo y, por ende, de nuestra vida familiar, pero ¿es esto realmente así?

La capacidad cerebral humana, aunque amplia, es finita, y de la misma manera que el procesador y la memoria RAM de un ordenador precisan de una cierta rapidez de procesamiento de datos, el procesamiento cognitivo del ser humano está también limitado, y en ocasiones se satura de información que no es capaz de depurar. Todo esto conduce a lo que algún "autor ha bautizado [...] con una excelente metáfora: *sociedad del cansancio*"[21] Una situación a la que

---

19 MELLA MÉNDEZ, L., "*Nuevas Tecnologías y nuevos retos para la conciliación y la salud de los trabajadores*", *Rev. Trabajo y Derecho*, nº 16, abril 2016.

20 MOLINA GARCÍA, M. J., "*Comprensión jurídica del ejercicio de los Derechos Humanos en Internet: afectación a la libertad, privacidad y seguridad de las personas*", *Rev. Actualidad Civil*, nº 6, junio 2015.

21 ALEMÁN PÁEZ, F., "*El derecho de desconexión digital*", *Rev. Trabajo y Derecho*, nº 30, junio 2017. Recoge el autor esta expresión, y la referencia en su nota al pie número 15, de la obra de Byung-Chul, Han, *La sociedad del cansancio*, Ed. Herder, Madrid, 2012.

asistimos en el siglo XXI como enfermedad neuronal, no infecciosa, caracterizada por el síndrome de desgaste ocupacional.

Resulta, por tanto, inevitable plantearse la siguiente cuestión: ¿qué riesgos psicosociales se derivan de esa hiperconectividad laboral y la influencia de las TIC? No hace falta ser un experto para percatarse de alguna de las consecuencias que produce esa falta de desconexión del trabajo, como el cansancio, el agotamiento mental y cognitivo, la compulsión adictiva para comprobar si se ha pasado algún mensaje por alto, la imposibilidad de seguir el ritmo de la información recibida y canalizarla (bandeja de correo entrante saturada y sin leer), etcétera. Una sobrecarga de tareas, en definitiva, que cuando no genere un caso de "burnout", raro será que no termine provocando daños psíquicos o enfermedades mentales y depresivas. Además, la dimensión familiar del trabajador también se ve afectada, ya que éste traslada su estado anímico y su propio trabajo al hogar, lo que termina originando en algún momento conflictos con la familia de mayor o menor entidad[22].

Como señala algún autor, "las herramientas de trabajo digitales y las mayores expectativas en lo que respecta a la disponibilidad continua del trabajador y a la flexibilidad laboral han conducido a que se ejerza una mayor presión sobre los trabajadores. [...] Ahora es más probable que nunca trabajar en cualquier momento y en cualquier lugar, pero las grandes expectativas (de flexibilidad, celeridad y orientación al cliente), especialmente en combinación con la digitalización, pueden hacer muy difícil que las personas coordinen y gestionen su vida familiar y laboral"[23].

En consecuencia, "tenemos que mejorar el uso de las tecnologías de la información y las comunicaciones que están tras la globalización con el fin de crear conciencia de los temas de seguridad y sa-

---

22 Para conocer más profundamente aspectos relativos a los factores y riesgos psicosociales, vid., entre otros, MORENO JIMÉNEZ, B y BÁEZ LEÓN, C., "*Factores y riesgos psicosociales, formas, consecuencias, medidas y buenas prácticas*", Ed. Instituto Nacional de Seguridad e Higiene en el Trabajo, Madrid, nov. 2010.

23 AHLERS, E., *"El trabajo flexible y a distancia en el contexto de la digitalización y de la salud en el trabajo"*, en *Boletín Internacional de Investigación Sindical: Riesgos psicosociales, estrés y violencia en el mundo del trabajo,* Vol. 8, núm. 1-2, Ed. Organización Internacional del Trabajo (OIT), Ginebra, 2016, p. 98.

lud y de promover una cultura de seguridad", y no permitir que "las nuevas tecnologías [ejerzan] presiones cada vez más fuertes sobre los trabajadores para que trabajen en todas partes y en cualquier parte [...] pegados a la pantalla del computador, sobrecargados de información y de exigencias"[24].

En conclusión, el reconocimiento de un efectivo y eficaz derecho a la desconexión digital debería pasar, en mi opinión, por distintas fases:

a) Debe ser considerado siempre como una medida preventiva ante un posible *riesgo psicosocial* para el trabajador, lo que obligará a tener en cuenta los aspectos de control de la jornada efectiva de trabajo y la prolongación de la misma en el momento de evaluar los riesgos de los diferentes puestos de trabajo de la empresa. Así, dando cumplimiento a los aspectos de la Ley de Prevención de Riesgos Laborales, al momento de proceder a la evaluación de riesgos debe observarse y evaluarse en qué medida los diferentes puestos de trabajo están o no sometidos a un exceso de jornada derivado del uso de las nuevas tecnologías.

b) Para acometer correctamente el punto anterior, la empresa debe tener realizada una correcta descripción de puestos de trabajo. Si la empresa no la tiene hecha, o simplemente suele remitirse a la clasificación profesional del convenio aplicable, sería conveniente realizarla concienzudamente para la *propia empresa*, atendiendo a las características y necesidades propias de la misma. Si la empresa ya la tiene realizada previamente hay una gran parte de trabajo hecho, pero sería conveniente repasarla y adecuarla, en su caso, para saber con exactitud qué puestos precisan de atención extra de jornada haciendo uso de las nuevas tecnologías (atención de correos, presencialidad virtual, etc.), y hasta qué punto de importancia o necesidad.

c) Todos los pasos anteriores exigen también una previa y adecuada definición de determinados elementos, como el lector

24 SOMAVÍA, J., *El trabajo decente: Una lucha por la dignidad humana*, Ed. Organización Internacional del Trabajo (OIT), Santiago, 2014, pp. 66, 267 y 515.

puede suponer. Así, si estamos hablando del uso de herramientas TICs, tendremos que clarificar a qué herramientas nos estamos refiriendo: por ejemplo, dejaremos suficientemente explícito si nos referimos al uso del correo electrónico de la empresa, a la atención de llamadas, al uso de Whatsapp o aplicaciones similares, o la conexión como usuario de la intranet de la empresa para realizar determinadas gestiones en las diferentes aplicaciones habilitadas.

Una correcta determinación y descripción de puestos de trabajo nos permitirá saber si es conveniente limitar el uso de todas o sólo de alguna de las herramientas TIC que previamente habremos definido. Por ejemplo: inhabilitaciones a los empleados para que puedan conectarse a la intranet o el correo electrónico de la empresa desde terminales externos a los ubicados en el puesto de trabajo o facilitados (portátiles) por el empleador; dispensas de acceso fuera la jornada de trabajo; autorizaciones y/o dispensas para contestar mensajes en función de rangos jerárquicos y/o responsabilidades dentro de la empresa y quién es el remitente del mensaje, etc.

d) Finalmente, una vez acometidos los pasos anteriores, teniendo en cuenta la descripción de puestos y la posible presencia, en mayor o menor medida, de riesgos psicosociales, tras la adopción de medidas preventivas se hace igualmente necesario tomar en consideración la valoración efectuada del puesto de trabajo a los efectos de comprobar el impacto que el uso de las TICs representa y, en tal sentido, compensar económicamente de manera adecuada este sacrificio o mayor asunción del riesgo mediante primas de disponibilidad, incrementos salariales en el bruto anual en atención a la exigencia de mayor o menor conectividad indefinida, o sistemas de registro informático creados ex profeso para computar el tiempo de trabajo/conectividad realizado por el empleado fuera de una jornada laboral predefinida por el sistema, de modo que la conexión al trabajo (intranet, correo interno, etc.) pueda ser computada como tiempo de trabajo que deberá ser económicamente compensado.

7. SÉPTIMA REFLEXIÓN Y SU CONCLUSIÓN: TIEMPO DE TRABAJO Y EL ODS NÚMERO 8. ¿VOLVEMOS A VERSALLES?

El Objetivo de Desarrollo Sostenible número 8, de la Agenda 2030 sobre el Desarrollo Sostenible[25] aprobada por la ONU en 2015, está enfocado a promover el crecimiento económico inclusivo y sostenible, el empleo y el trabajo decente para todos[26].

Debemos partir de la idea de que el trabajo no es una mercancía. Cierto es que supone un costo; el costo de producción de un producto incluye un cierto costo laboral. Sin embargo, "lo que constituye un costo en el proceso de producción es a la vez una persona: estamos pagando entonces no solo por los componentes materiales sino también por eso que llamamos ser humano"[27].

El concepto de trabajo decente va a depender en gran medida de cómo lo definan las personas, pero lo cierto es que se van a incluir en dicha definición, casi sin duda, respuestas que incidan en aspectos como la importancia que tiene el trabajo para poder educar a los hijos o tener una vida familiar estable. De ahí que, por ejemplo, "la alta prioridad que las personas asignan al trabajo decente se manifiesta con más claridad a través de las aspiraciones de los individuos y sus familias. Esas aspiraciones tienen que ver con su trabajo y sus expectativas, con las condiciones en que trabajarán, con su capacidad de conciliar la vida de trabajo con la vida de familia, [...]"[28].

Así, el "trabajo decente se dirige a personas y familias. Es relevante en todas las sociedades, cualquiera sea la etapa de su desarrollo económico. Se trata de su puesto de trabajo y de sus perspectivas futuras; de sus condiciones de trabajo; de su capacidad para equilibrar la vida laboral y la vida familiar, [...]. En todas partes, y

---

25 Más información en https://www.un.org/sustainabledevelopment/es/ (última fecha de consulta, 18 de enero de 2023)

26 Más detalles, en https://www.un.org/sustainabledevelopment/es/economic-growth/ (última fecha de consulta, 18 de enero de 2023)

27 SOMAVÍA, J., "El trabajo decente: Una lucha por la dignidad humana", Ed. Organización Internacional del Trabajo (OIT), Santiago, 2014, pp. 29-30.

28 Ibid., pp 30 y 119.

para todas las personas, el trabajo decente se trata de asegurar la dignidad humana"[29].

No hay duda de que el tiempo de trabajo, o el tiempo que se dedica en conjunto a la prestación laboral (trabajo efectivo, régimen de turnos, jornada partida, desplazamientos, disponibilidad, hiperconectividad, etc.), es un factor muy importante a tener en cuenta en la vida personal y familiar de una persona, y determinará en muchos casos si el trabajo de la misma alcanza o no el estatus de "decente".

No estamos hablando caprichosamente cuando insistimos en la necesidad de conciliar la vida familiar y personal con la laboral. No es descabellado considerar que al desatenderse estas cuestiones incumplimos con el trabajo decente, pues volveríamos a tomar al trabajador como una mera mercancía, un simple elemento o instrumento más de la maquinaria productiva. ¿Acaso hemos vuelto al momento anterior al Tratado de Versalles?

No podemos negar que hemos conseguido muchos avances, y numerosas han sido las iniciativas, pero sigue latente el problema. Las iniciativas legislativas que recientemente se han llevado a cabo desde el legislador español y el europeo, ciertamente procuran avanzar hacia un favorecimiento de la conciliación de la vida familiar y laboral, y un reforzamiento de la idea del derecho al descanso y mejor distribución del tiempo de trabajo.

Así, la importancia que tiene el "trabajo decente", ha permitido dirigir políticas en el entorno de la Unión Europea, ya que "la calidad del empleo ha constituido uno de los principales objetivos en las directrices que ha elaborado la UE a partir del Consejo Europeo de Lisboa. En realidad, la UE ha constatado que un trabajo de calidad garantiza la integración social y permite un desarrollo profesional y personal que favorece un incremento de la productividad[30]".

En conclusión, opino que una idea que subyace bajo el ODS número 8, en la cuestión relativa al trabajo decente, y también respecto al crecimiento económico, es que el trabajo debe permitir al ser humano, cada vez más, ser capaz de progresar y construir su entorno

29 Ibid., pp. 690-691

30 MORÁN BLANCO, S., "El "trabajo decente" en la UE: políticas y normas", *Rev. Española de Derecho del Trabajo*, núm. 206, 2018, p. 25.

personal y familiar sin necesidad de asumir una excesiva carga por el hecho de tener que trabajar: se trata de trabajar para vivir, y no de vivir para trabajar. Cualquier otra consideración debería hacernos reflexionar y asumir que quizá estemos haciendo algo mal; que quizá estemos perdiendo algo de dignidad, y que el trabajo ha perdido su decencia, especialmente, aunque sin perder de vista otras consideraciones, si es el tiempo que me veo obligado a dedicar al trabajo el que me ha sustraído la capacidad de crecimiento personal y familiar.

Referencias bibliográficas

AHLERS, E., "El trabajo flexible y a distancia en el contexto de la digitalización y de la salud en el trabajo", en *Boletín Internacional de Investigación Sindical: Riesgos psicosociales, estrés y violencia en el mundo del trabajo,* Vol. 8, núm. 1-2, Ed. Organización Internacional del Trabajo (OIT), 2016, p. 98.

ALEMÁN PÁEZ, F., "El derecho de desconexión digital", *Rev. Trabajo y Derecho,* nº 30, junio 2017.

ARAGÓN GÓMEZ, C., "La compleja delimitación del concepto tiempo de trabajo y la aportación que, al respecto, ha realizado el Tribunal de Justicia de la Unión Europea. Reflexiones al hilo de la STJUE 21-2-2018, asunto Matzak, relativa a las guardias de localización", *Revista de Información Laboral,* núm. 9, 2018.

DEL REY GUANTER, S., *La empresa hiperconectada y el futuro del trabajo: Conclusiones y recomendaciones del informe "El impacto de la empresa hiperconectada y de las redes sociales en la organización del trabajo, en la gestión de los Recursos Humanos y en las relaciones laborales",* Ed. CUATRECASAS Instituto de Estrategia Legal en RRHH, Madrid, 2017.

DÍAZ GUIJARRO, R., "*La Inspección de Trabajo recopiló durante meses información antes de personarse en las 'big four'*", 2023. Consultado: https://cincodias.elpais.com/cincodias/2023/01/16/companias/1673895478_310469.html

GALINSKY; E, MATOS, K; SAKAI-O'NEILL, K., "Workplace flexibility: a model of change", *Community, Work & Family,* Vol. 16, No. 3, 2013, pp. 285-306.

MELLA MÉNDEZ, L., "Nuevas Tecnologías y nuevos retos para la conciliación y la salud de los trabajadores", *Rev. Trabajo y Derecho,* nº 16, abril 2016.

MOLINA GARCÍA, M. J., "Comprensión jurídica del ejercicio de los Derechos Humanos en Internet: afectación a la libertad, privacidad y seguridad de las personas", *Rev. Actualidad Civil,* nº 6, junio 2015.

MORÁN BLANCO, S., (2018), "El "trabajo decente" en la UE: políticas y normas", *Rev. Española de Derecho del Trabajo,* núm. 206, p. 25

MORENO JIMÉNEZ, B y BÁEZ LEÓN, C., (2010), *Factores y riesgos psicosociales, formas, consecuencias, medidas y buenas prácticas*, Ed. Instituto Nacional de Seguridad e Higiene en el Trabajo, Madrid, nov. 2010.

POQUET CATALÁ, R.,"El desplazamiento como tiempo de trabajo, ¿debate no resuelto?", *Lex Social, Revista De Derechos Sociales*, 11 (2), 2021, pp. 145-162.

ROJAS, M, JAIMES, L. VALENCIA, M. (2018), "Efectividad, eficacia y eficiencia en equipos de trabajo", *Rev. Espacios*, Vol. 39 (nº 06), 2018.

SOMAVÍA, J., *El trabajo decente: Una lucha por la dignidad humana*, Ed. Organización Internacional del Trabajo (OIT), Santiago, 2014, pp. 66, 267 y 515.

CUARTA PARTE
LA GEOECONOMÍA DE LOS ODS

SOLUCIÓN DE CONTROVERSIAS INVERSOR-ESTADO Y AGENDA 2030: UN DIÁLOGO TENSO

INVESTOR-STATE DISPUTE SETTLEMENT AND THE 2030 AGENDA: A TENSE DIALOGUE

MAGDALENA BAS VILIZZIO[1]

Resumen

¿Cómo dialoga el régimen de solución de controversias inversor-Estado con la Agenda 2030? Esta pieza argumenta la existencia de tensión en el diálogo entre ambos, producto de las características particulares del régimen de solución de controversias inversor-Estado, que se manifiesta en casos concretos de disputas y en las posiciones de los Estados. El análisis se estructura en torno a dos bloques: en primer lugar, se realiza un contraste con el ODS 16 (paz, justicia e instituciones sólidas), y en segundo lugar se identifican y examinan disputas y posiciones estatales vinculadas a los ODS 6 (agua limpia y saneamiento), 7 (energía asequible y no contaminante) y 13 (acción por el clima).

Palabras clave: Solución de controversias inversor-Estado - Agenda 2030 - ODS 6 - OSD 7 - ODS 13 - ODS 16

Abstract

How does the investor-State dispute settlement regime dialogue with the 2030 Agenda? This piece argues that there is tension in the dialogue between both, thanks to the particular characteristics of the investor-State dispute settlement regime, which is manifested in specific disputes and in the positions of the States. The analysis is structured in two blocs: firstly, the paper seeks to compare it with SDG 16 (peace, justice, and strong institutions), and secondly, it identifies and examines specific disputes and States' positions linked to SDGs 6 (clean water and sanitation), 7 (affordable and clean energy) and 13 (climate action).

Keywords: Investor-State dispute settlement - 2030 Agenda - SDG 6 - SDG 7 - SDG 13 - ODS 16

---

[1] Profesora-Investigadora de la Universidad de Monterrey. Investigadora Nacional Nivel 1 del Sistema Nacional de Investigadores CONACYT, México (maria.bas@udem.edu). Todas las páginas web mencionadas en este trabajo han sido consultadas el 15 de febrero de 2023.

Sumario: 1. PUNTO DE PARTIDA. 2. LA SOLUCIÓN DE CONTROVERSIAS INVERSOR-ESTADO: ¿UNA EXCLUSIÓN DEL ODS 16? 3. LA SOLUCIÓN DE CONTROVERSIAS INVERSOR-ESTADO: ¿LAS NUEVAS BANDERAS ROJAS PARA EL CAMBIO CLIMÁTICO Y LA TRANSICIÓN ENERGÉTICA? 3.1. "Eco Oro" contra Colombia: derecho humano al agua y acción por el clima. 3.2. Solución de controversias inversor-Estado: ¿un freno a la transición energética? 4. CONCLUSIONES SOBRE UN DIÁLOGO TENSO.

1. PUNTO DE PARTIDA

El régimen de solución de controversias inversor-Estado ha sido objeto de fuertes críticas, en particular en su condicionamiento del espacio de política pública y el derecho de regular, corazón de la soberanía regulatoria[2]. En el camino tendiente a recalibrarlo, además de atender al fenómeno indicado[3], emerge la necesidad de crear un entorno habilitante para la construcción y consolidación de sociedades e instituciones pacíficas y justas, así como proteger los derechos humanos, de conformidad con el punto 3 de la resolución A/RES/70/1 de la Asamblea General[4] del 25 de septiembre de 2015.

Por consiguiente, resulta pertinente preguntarse: ¿cómo dialoga el régimen de solución de controversias inversor-Estado con la Agenda 2030? Esta pieza argumenta la existencia de tensión en el diálogo entre ambos, producto de las características particulares del régimen de solución de controversias inversor-Estado (distintivas aun dentro

---

2 BAS VILIZZIO, M., "Back to sovereignty? Policy space in investor-State dispute settlement", *Revista Brasileira de Politica Internacional*, Vol. 65, N° 2, 2022. BAS VILIZZIO, M. "El trilema del régimen de solución de controversias inversor-Estado", *Revista del Observatorio Latinoamericano y Caribeño*, Vol. 6, N° 1, 2022, pp. 109-124.

3 UNCTAD, *World Investment Report 2003. FDI Policies for Development: National and International Perspectives*, 2003, p. 145.

4 Puntualmente expresa "Estamos resueltos a poner fin a la pobreza y el hambre en todo el mundo de aquí a 2030, a combatir las desigualdades dentro de los países y entre ellos, a construir sociedades pacíficas, justas e inclusivas, a proteger los derechos humanos y promover la igualdad entre los géneros y el empoderamiento de las mujeres y las niñas, y a garantizar una protección duradera del planeta y sus recursos naturales. Estamos resueltos también a crear las condiciones necesarias para un crecimiento económico sostenible, inclusivo y sostenido, una prosperidad compartida y el trabajo decente para todos, teniendo en cuenta los diferentes niveles nacionales de desarrollo y capacidad".

del Derecho Internacional Público) y manifestado en casos concretos de controversias. El análisis se estructurará en torno a dos bloques: en primer lugar, se buscará realizar un contraste con el ODS 16 (paz, justicia e instituciones sólidas), y en segundo lugar se identificarán y examinarán casos concretos de disputas y posiciones estatales vinculadas a los ODS 6 (agua limpia y saneamiento), 7 (energía asequible y no contaminante) y 13 (acción por el clima)[5].

Siguiendo las ideas del jurista finés Martti Koskenniemi[6], se percibe al Derecho Internacional como una rama que no es meramente Derecho o meramente política, sino que ambos se encuentran presentes al mismo tiempo. Por consiguiente, este trabajo procura no arraigarse en un sustrato estrictamente jurídico, sino que procura aproximarse al objeto de estudio desde los márgenes del Derecho Internacional y la Política Internacional.

2. LA SOLUCIÓN DE CONTROVERSIAS INVERSOR-ESTADO: ¿UNA EXCLUSIÓN DEL ODS 16?

El ODS 16 se encarga de la promoción de sociedades justas, pacíficas e inclusivas, y dentro de sus diez metas, la número tres insta a los Estados a "promover el estado de derecho en los planos nacional e internacional y garantizar la igualdad de acceso a la justicia para todos". Sin embargo, esta meta no dialoga fácilmente con las características tradicionales del régimen de solución de controversias inversor-Estado, puesto que suelen ser los inversores extranjeros los únicos que poseen *jus standi*, no así los Estados. Si bien algunos tratados prevén la posibilidad de que los Estados presenten demandas reconvencionales, por ejemplo, el Tratado Bilateral de Inversiones

---

5 Si bien este trabajo selecciona como punto de anclaje los mencionados ODS a los efectos de ilustrar puntualmente cada objetivo, la Agenda 2030 es indivisible. Por tanto, los ejemplos permean dentro de un objetivo permean y enraízan en otros.

6 KOSKENNIEMI, M., "The Politics of International Law", *European Journal of International Law*, Vol. 1, N° 1, 1990, pp. 4-32.

entre Argentina y España invocado en el caso Urbaser contra Argentina[7], el régimen sigue siendo mayoritariamente de una sola vía.

Aunque en la actualidad no existe un tribunal internacional al que puedan presentarse los Estados, la UNCTAD[8] plantea que el balance puede lograrse mediante los Principios de la ONU sobre Empresas y Derechos Humanos (texto no vinculante) o el Instrumento jurídicamente vinculante para regular, en el marco del Derecho Internacional de los derechos humanos, las actividades de las empresas transnacionales y otras empresas (en negociación). No obstante, ninguno de los instrumentos prevé una reforma específica del régimen, y las que se están desarrollando a nivel de la UNCTAD o del Grupo III de la UNCITRAL han avanzado hacia espacios más procesales que de fondo.

A lo anterior debe sumarse que, desde una visión estrictamente jurídica, el Derecho Internacional vigente no ha dado solución al problema de las empresas transnacionales como titulares de obligaciones[9]. Así, el rechazo de la personalidad jurídica de las empresas transnacionales, en palabras de Sornarajah[10], lleva a que algunos abusos corporativos —incluso en materia de derechos humanos o medioambiente— queden fuera del ámbito de acción judicial, abonando la asimetría normativa entre ambos regímenes. Adicionalmente, la igualdad de acceso a la justicia podría permanecer menguada dado que quienes reciben el impacto directo de las inversiones (las comunidades locales) no tienen acceso al arbitraje internacional, salvo mediante *amicus curiae*, pero su peso durante el arbitraje no es asimilable al de una demanda o contrademanda. En consecuencia, las comunidades locales han optado por articular un lenguaje más polí-

---

7 Centro Internacional de Arreglo de Diferencias relativas a Inversiones, caso número ARB/07/26. Urbaser S.A. and Consorcio de Aguas Bilbao Bizkaia, Bilbao Biskaia Ur Partzuergoa contra la República Argentina.

8 UNCTAD. "Reforming investment dispute settlement: a stocktaking", *IIA Issue Note 1*, 2019.

9 THEILBÖRGER, P. y ACKERMANN, T., "A Treaty on Enforcing Human Rights Against Business: Closing the Loophole or Getting Stuck in a Loop?", *Indiana Journal of Global Legal Studies*. Vol. 24, N ° 1, 2017, pp. 43-79.

10 SORNARAJAH, M., *Resistance and Change in the International Law on Foreign Investment*. Cambridge University Press, Cambridge, 2015, p. 40.

tico que jurídico, como menciona Perrone[11]. Esto se expresa en las protestas populares que atraviesan casos emblemáticos como Aguas del Tunari contra Bolivia[12] o Bear Creek contra Perú[13].

3. LA SOLUCIÓN DE CONTROVERSIAS INVERSOR-ESTADO: ¿LAS NUEVAS BANDERAS ROJAS PARA EL CAMBIO CLIMÁTICO Y LA TRANSICIÓN ENERGÉTICA?

Además de los aspectos jurídico-procesales del régimen de solución de controversias inversor-Estado, que ponen en cuestionamiento los principios que sustentan el ODS 16, aspectos de fondo no contemplados por los acuerdos internacionales de inversiones o los reglamentos arbitrales permean en la concreción de los objetivos de la Agenda 2030. Particularmente puede señalarse el cuestionamiento de medidas adoptadas en ejercicio válido de la soberanía estatal en materia de la protección del medioambiente, la lucha contra el cambio climático o la protección del derecho humano al agua. Por consiguiente, como segundo bloque de análisis, resulta de particular interés para esta pieza el estudio del impacto del régimen en los ODS 6, 7 y 13, manifestados en el caso Eco Oro contra Colombia y el retiro en cadena de algunos miembros de la Unión Europea del Tratado de la Carta de la Energía.

---

11 PERRONE, N., *Investment treaties and the legal imagination. How foreign investors play by their own rules.* Oxford University Press, Oxford, 2021, p. 198. PERRONE, N., "The "Invisible" Local Communities: Foreign Investor Obligations, Inclusiveness, and the International Investment Regime". *AJIL Unbound*, N°. 113, 2019, pp. 16-21.

12 Centro Internacional de Arreglo de Diferencias relativas a Inversiones, caso número ARB/02/3. Aguas del Tunari, S.A. contra la República de Bolivia.

13 Centro Internacional de Arreglo de Diferencias relativas a Inversiones, caso número ARB/14/21. Bear Creek Mining Corporation contra la República del Perú.

3.1. "Eco Oro" contra Colombia: derecho humano al agua y acción por el clima

El laudo sobre el fondo en el caso entre la minera Eco Oro y Colombia (11 de septiembre de 2021)[14] es ejemplificante en lo que respecto a la protección de las fuentes de agua limpia y la acción por el clima (ODS 6 y 13 respectivamente). Los páramos son fundamentales para frenar el avance del cambio climático y Colombia alberga cerca de la mitad de estos ecosistemas a nivel mundial. A raíz de la Ley 1450 (2011), en los páramos queda prohibida la realización de actividades agropecuarias, exploración y explotación de recursos no renovables, así como la construcción de refinerías de hidrocarburos. Ergo, la delimitación de las zonas protegidas es fundamental a los efectos de la no realización de actividades prohibidas. En otros términos, una delimitación inadecuada "podría causar un riesgo para la disponibilidad y la continuidad de servicios ambientales de los cuales depende el derecho fundamental al agua", como expresa la sentencia C-035/16 de la Corte Constitucional de Colombia[15].

En 2014, con la delimitación administrativa del Páramo de Santurbán, el proyecto de explotación minera de Eco Oro, "Angostura", queda ubicado dentro de este y la empresa se ve obligada a discontinuar sus actividades. Con base en el tratado de libre comercio entre Colombia y Canadá[16] (artículos 805, estándar mínimo de tratamiento, y 811, expropiación indirecta sin debida compensación), Eco Oro registra un arbitraje contra el Estado ante la Secretaría General del CIADI el 8 de diciembre de 2016. El reclamo alcanza los 764 millones de dólares, cuando la la inversión original de la empresa fue de 250 millones de dólares.

---

14 Centro Internacional de Arreglo de Diferencias relativas a Inversiones, caso número ARB/16/41. Eco Oro Minerals Corp. contra República de Colombia.

15 Corte Constitucional de Colombia: Sentencia C-035/16, 18 de febrero de 2016, párr. 140.

16 Es interesante el planteo que realiza Sierra sobre las características del acuerdo, que suele ser visto como un tratado moderno y balanceado. Sin embargo, son los árbitros quienes terminan interpretando con antiguas lógicas, acuerdos modernos, en términos de Alschner. SIERRA, J., "Is the Arbitral Award in the Eco Oro v Colombia Dispute "Bad Law"?", *Afronomics Law*, 11 de noviembre de 2021. ALSCHNER, W. *Investment Arbitration and State-Driven Reform: New Treaties, Old Outcomes*. Oxford University Press, 2022.

El laudo del 16 de septiembre de 2021 (decisión de la mayoría) reconoce que Colombia actuó en ejercicio válido de su derecho de regular en materia ambiental, por tanto, las medidas cuestionadas no vulneran las legítimas expectativas de la empresa. No se configura la expropiación indirecta y el Estado no incurre en responsabilidad internacional. Sin perjuicio de lo anterior, en los siguientes apartados, el laudo considera que la delimitación del Páramo de Santurbán fue inconsistente y generó confusión, extremos que determinan una vulneración de las legítimas expectativas de la empresa y por tanto una violación del estándar de tratamiento mínimo. En conclusión, aun en ejercicio del derecho de regular, que opera como un freno a los compromisos internacionales del Estado, este es responsable internacionalmente.

La interpretación es contradictoria al desagregar el cumplimiento de dos normas de un mismo texto jurídico (artículos 805 y 811) en relación con las legítimas expectativas del inversor extranjero. Aspecto que lleva al Estado a ser responsable aun cuando se considera que no lo es[17]. Adicionalmente, dado que se trata de un área económica de gran impacto ambiental, la tendencia global es hacia una extensión y profundización regulatoria, no al retroceso o desactualización normativa.

Además de los aspectos jurídicos involucrados, este laudo es un ejemplo ilustrativo del diálogo tenso entre la Agenda 2030 y el régimen de solución de controversias inversor-Estado. Difícilmente un Estado pueda proteger determinadas áreas geográficas esenciales para la lucha contra el cambio climático y el derecho humano al agua, si su conducta pueda ser contemplada como violatoria del Derecho Internacional. Laudos como el analizado pueden conducir al fenómeno del congelamiento o parálisis normativa, en el entendido que un Estado decide no regular o modificar su regulación frente a una demanda o amenaza de demanda de un inversor extranjero. Este fenómeno constituye una de las críticas clave al régimen de solución controversias inversor-Estado y se expresa, también, como un riesgo hacia el logro efectivo de los objetivos de desarrollo sostenible.

---

17 La opinión disidente del árbitro Philippe Sands se concentra en este punto.

3.2. Solución de controversias inversor-Estado: ¿un freno a la transición energética?

El diálogo tenso con la Agenda 2030 también se visualiza en el ODS 7 (energía asequible y no contaminante). La *Staff Climate Note* 2022/007 del Fondo Monetario Internacional señala que el régimen de solución de controversias inversor-Estado puede ser un freno a la transición energética en términos de parálisis o congelamiento normativo[18]. En otras palabras, por temor a una demanda o frente a una amenaza de demanda los Estados se abstienen de regular —se detiene o retira de tratamiento parlamentario de un proyecto normativo, no se aprueba internamente un tratado, se modifican requisitos hacia los inversores extranjeros, etc.

Similares argumentos se escucharon entre los meses de octubre y noviembre de 2022, cuando siete Estados anunciaron su retiro del Tratado de la Carta de la Energía: España, Polonia, Holanda, Francia, Alemania, Eslovenia y Luxemburgo[19]. El Parlamento Europeo también apoya el retiro de la Unión Europea y de sus miembros e insta a la Comisión Europea[20] y a los miembros a comenzar a preparar un retiro coordinado[21].

---

18 PRASAD, A. y otros, "Mobilizing Private Climate Financing in Emerging Market and Developing Economies", *IMF Staff Climate Note 2022/007*, Fondo Monetario Internacional. 2022, p. 5.

19 Polonia lo anunció el 25 de agosto de 2022, España el 12 de octubre de 2022, Países Bajos el 19 de octubre de 2022, Francia el 21 de octubre de 2022, Eslovenia el 10 de noviembre de 2022, Alemania el 11 de noviembre de 2022, y Luxemburgo el 18 noviembre de 2022.

20 A la fecha de cierre de este trabajo, el 7 de febrero de 2023, la publicación *Politico* afirma que la Comisión Europea recomendó a los miembros de la Unión que programen un retiro coordinado. Días previos había publicado datos de un reporte filtrado en el cual la Comisión argumentaba que el Tratado de la Carta de la Energía no estaba alineado con los objetivos climáticos, especialmente la neutralidad climática en 2050 conforme al Pacto Verde Europeo. GIJS C., DI SARIO, F. Y MATHIESEN, K. "Brussels backtracks: EU prepares to quit dirty energy club". *Politico*, 7 de febrero de 2023.

21 Punto 18 de la Resolución del Parlamento Europeo, de 24 de noviembre de 2022, sobre los resultados de la modernización del Tratado sobre la Carta de la Energía (2022/2934(RSP)): "Reitera que el Parlamento ha solicitado a la Comisión y a los Estados miembros que empiecen a preparar una salida coordinada del Tratado sobre la Carta de la Energía y un acuerdo que excluya la aplicación

El Tratado de la Carta de la Energía es un acuerdo con 52 partes, entre ellas la Unión Europea por sí misma, firmado en 1994, que tiene como objetivo la cooperación internacional en el sector energético. En este sentido, el instrumento jurídico busca promover y proteger las inversiones en cualquier sector de la energía, incluso las no renovables. Asimismo, el tratado incluye en su articulado mecanismos de arbitraje inversor-Estado para la resolución de disputas entre inversores extranjeros nacionales de un Estado parte y Estados parte, receptores de la inversión. Al 31 de julio de 2022, conforme a datos del *Policy Investment Hub* de la UNCTAD[22], se han registrado 150 disputas invocando este instrumento jurídico[23]. Se ha convertido en el tratado más invocado en arbitrajes inversor-Estado[24].

Entre 2020 y 2022 el tratado pasó por sucesivas rondas de negociación para su modernización. En 2021, Dietrich Brauch[25] indicaba que entre el mejor camino para los Estados parte era terminar con el tratado y comenzar de cero. Pero ese nuevo inicio debía tener como piedra fundamental las siguientes preguntas: "¿Cómo puede el derecho internacional ayudar a nuestros países a eliminar gradualmente las inversiones en combustibles fósiles, aumentar la inversión en energía baja en carbono y promover una transición justa, en línea con el Acuerdo de París y la meta del ODS7 de "garantizar el acceso universal a servicios energéticos asequibles, fiables y modernos" para 2030?".

---

de la cláusula de extinción entre las partes contratantes que lo deseen; recuerda que la Unión solo puede ratificar el Tratado sobre la Carta de la Energía modernizado con la aprobación final del Parlamento, y que el Parlamento tendrá en cuenta sus posiciones anteriores y las deficiencias de la modernización si se le solicita su aprobación; expresa su posición en el sentido de que el Parlamento apoyará la retirada de la Unión del Tratado sobre la Carta de la Energía cuando se le solicite su aprobación".

22 Disponible en *https://investmentpolicy.unctad.org/investment-dispute-settlement*

23 El total de disputas conocidas que se han registrado a la fecha indicada son 1229.

24 BAS VILIZZIO, M. Y STANLEY, L,"Protección de inversiones y transición energética: nuevo dilema político", *La Diaria*, 27 de febrero de 2021.

25 DIETRICH BRAUCH, M. "¿Debe la Unión Europea arreglar, abandonar o eliminar el Tratado sobre la Carta de la Energía?", *Columbia Center on Sustainable Investment*, febrero de 2021, p. 8.

Con el Acuerdo en principio de 2022 a la vista, es posible señalar que este no está en consonancia con el ODS 7, en particular la meta 7.2 ("De aquí a 2030, aumentar considerablemente la proporción de energía renovable en el conjunto de fuentes energéticas"), como tampoco los objetivos y compromisos del Acuerdo de París. En términos de Dietrich Brauch[26], se trata de "un intento fallido de reforma que socava la acción climática", dado que establece una limitación de los subsidios a los combustibles fósiles, sin un compromiso concreto o directrices para su implementación. El autor también destaca que no se prevén pautas para una transición justa, que tenga en cuenta mecanismos de cooperación internacional para quienes resulten más afectados.

Los efectos del Tratado de la Carta de la Energía pueden ilustrarse con claridad en el "apagón de carbón" holandés. En 2019, el Parlamento de Países Bajos aprueba una ley prohíbe el uso de energía de carbón para el año 2030. La medida tiene como objetivo reducir las emisiones de gases de efecto invernadero un 49% en relación con los valores de 1990, por tanto, las plantas de carbón son incentivadas a cambiar de sector para continuar operando. En este contexto y amparadas en los derechos previstos en el Tratado de la Carta de la Energía, en 2021 dos inversores extranjeros (RWE[27] y Uniper[28], empresas de nacionalidad de miembros de la Unión Europea[29]) ini-

---

26 DIETRICH BRAUCH, M., "The Agreement in Principle on ECT "Modernization": A Botched Reform Attempt that Undermines Climate Action", *Kluber Arbitration Blog*, 17 de octubre de 2022.

27 Centro Internacional de Arreglo de Diferencias relativas a Inversiones, caso número ARB/21/04, RWE AG and RWE Eemshaven Holding II BV contra el Reino de Países Bajos.

28 Centro Internacional de Arreglo de Diferencias relativas a Inversiones, caso número ARB/21/22, Uniper SE, Uniper Benelux Holding B.V. and Uniper Benelux N.V. contra el Reino de Países Bajos.

29 Este no es un punto menor si se tiene en cuenta la posición de la Comisión Europea y el Tribunal de Justicia de la Unión Europea respecto a los arbitrajes entre inversores nacionales de un miembro y otro miembro, a posteriori de los casos Achmea y Micula. Tribunal de Justicia de la Unión Europea, asunto C-284/16. Centro Internacional de Arreglo de Diferencias relativas a Inversiones, caso número ARB/05/20, Ioan Micula, Viorel Micula, S.C. European Food S.A, S.C. Starmill S.R.L. and S.C. Multipack S.R.L. contra Rumania. Este punto puede analizarse en BAS VILIZZIO, M. "Arbitrajes inversor-Estado intra Unión

ciaron procesos arbitrales contra Países Bajos. En ambos casos argumentan que consideran vulnerados sus derechos al no brindarles tiempo suficiente para adecuarse a la transición energética.

A la fecha de cierre de este trabajo, las dos disputas se encuentran pendientes de resolución en tribunales *ad hoc* administrados por el Centro Internacional de Arreglo de Diferencias relativas a Inversiones. Asimismo, los efectos de la invasión rusa a Ucrania, en particular la situación en torno al suministro de gas ruso a la Unión Europea ha ralentizado las medidas implementadas por Países Bajos, aunque se mantiene firme el objetivo de prohibir el uso de la energía de carbón para el año 2030[30].

Cabe señalar que, conforme al artículo 47 (Denuncia) del Tratado de la Carta de la Energía, la denuncia unilateral surte efecto un año después de haberse depositado la notificación escrita. Sin perjuicio de lo anterior, el tratado cuenta con una cláusula de supervivencia o ultraactividad (artículo 47.3) que determina que las disposiciones continúan siendo aplicables a las inversiones realizadas durante 20 años a partir de la fecha anteriormente indicada. Este tipo de cláusulas modifican los efectos naturales de la terminación de un tratado por denuncia unilateral, regulados por el artículo 70 de la Convención de Viena sobre Derecho de los Tratados entre Estados, ya que mantienen los derechos y obligaciones previstos en el tratado aun cuando este ha terminado[31].

En vista de la anterior, demandas como las de Uniper y RWE podrían reiterarse aun cuando el Estado demandado ya haya denunciado unilateralmente el tratado. Para evitarlo, las partes en el tratado pueden acordar terminar también con la cláusula de ultractividad, o bien establecer un plazo más reducido. Como señala Voon[32], "igno-

---

Europea: Problemática actual y escenarios futuros", *Revista Diplomática. Segunda Época.*, Vol. 1, N° 2, 2019, pp. 61-70.

30 MEIJER, B. H. Y DEUTSCH, A, "Update 2. Netherlands activates energy crisis plan, removes cap on coal plants", *Reuters*, 20 de junio de 2022.

31 REINISCH, A. Y MANSOUR FALLAH, S., "Post-Termination Responsibility of States? —The Impact of Amendment/Modification, Suspension and Termination of Investment Treaties on (Vested) Rights of Investors", *ICSID Review— Foreign Investment Law Journal*, Vol. 37, N° 1-2, 2022, p. 104.

32 VOON, T., "Modernización del Tratado sobre la Carta de la Energía: ¿Por Qué no Terminarlo?", *Investment Treaty News*, Vol 10, N° 4. octubre de 2019.

rar esta cláusula no es una opción" cuando algunos Estados tienen en la mira la denuncia unilateral o un retiro coordinado, que, como indican Eckes, Main-Klingst y Schaugg, parece ser inevitable[33].

Teniendo en mente el ODS 7 así como los objetivos y compromisos del Acuerdo de París, el diálogo con el régimen de solución de controversias inversor-Estado es limitado. La mayoría de los acuerdos internacionales de inversiones se celebraron hace 20 a 60 años, en un momento en el que el medioambiente, el cambio climático o la transición energética no constituía temas gravitantes en la agenda internacional, como lo son en la actualidad[34]. En general no prevén excepciones fundadas en dichos temas, aunque sean medidas adoptadas en un marco comunitario y en ejercicio válido del derecho de regular. Incluso los acuerdos más modernos y balanceados continúan siendo interpretados por los árbitros a la luz de antiguas lógicas jurídicas, el caso *Eco Oro* contra Colombia analizado previamente es un ejemplo claro.

4. CONCLUSIONES SOBRE UN DIÁLOGO TENSO

Este trabajo buscó poner bajo la lupa de la Agenda 2030 al régimen de solución de controversias inversor-Estado. El análisis se realizó en dos bloques, de modo de cubrir tanto ejemplos procesales —vinculados al ODS 16 (paz, justicia e instituciones sólidas)—, como de fondo —ODS 6 (agua limpia y saneamiento), 7 (energía asequible y no contaminante) y 13 (acción por el clima)—. Frente a la pregunta sobre cómo dialogan ambos sistemas, las propias características del arbitraje de inversión, las disputas y posiciones estatales examinadas demuestran que el diálogo es tenso y limitado. Si los Estados pretenden cumplir con los compromisos internacionales en materia de inversión extranjera, no puedan cumplir con los objetivos de desarrollo sustentable en tiempo y forma. O bien deben enfrentarse

[33] ECKES, C., MAIN-KLINGST, L. Y SCHAUGG, L., "Why a coordinated withdrawal from the Energy Charter Treaty is inevitable", *Euroactiv*, 25 de enero de 2023.

[34] UNCTAD. "Investment Policy Responses to the COVID-19 Pandemic". *Investment Policy Monitor*, 2020, p. 12.

a demandas de inversores extranjeros que cuestionan su soberanía regulatoria.

La ineludible concreción de la Agenda 2030 refuerza la necesidad de una profunda reforma del régimen analizado, ya sea mediante nuevos acuerdos balanceados, notas interpretativas de los acuerdos más antiguos —desbalanceados—, o limitación al acceso al arbitraje internacional para medidas vinculadas a derechos humanos, medioambiente y lucha contra el cambio climático. Sin embargo, ningún camino de reforma puede estar exento de la participación de todos los involucrados (inversores, Estados, comunidades locales), tanto en la discusión pública como en los mecanismos resultantes. De lo contrario el diálogo con la Agenda 2030 seguirá en tensión, desaprovechando su visión universal, integral y transformadora.

Referencias bibliográficas

ALSCHNER, W. *Investment Arbitration and State-Driven Reform: New Treaties, Old Outcomes.* Oxford University Press, 2022.

BAS VILIZZIO, M. "Back to sovereignty? Policy space in investor-State dispute settlement". *Revista Brasileira de Politica Internacional,* Vol. 65, N° 2, 2022.

BAS VILIZZIO, M. "El trilema del régimen de solución de controversias inversor-Estado". *Revista del Observatorio Latinoamericano y Caribeño,* Vol. 6, N° 1, 2022, pp. 109-124.

BAS VILIZZIO, M. "Arbitrajes inversor-Estado intra Unión Europea: Problemática actual y escenarios futuros". Revista Diplomática. Segunda Época. Vol. 1, N° 2, 2019, pp. 61-70.

BAS VILIZZIO, M. Y STANLEY, L. "Protección de inversiones y transición energética: nuevo dilema político". *La Diaria,* 27 de febrero de 2021.

DIETRICH BRAUCH, M. "The Agreement in Principle on ECT "Modernization": A Botched Reform Attempt that Undermines Climate Action". *Kluber Arbitration Blog,* 17 de octubre de 2022.

DIETRICH BRAUCH, M. "¿Debe la Unión Europea arreglar, abandonar o eliminar el Tratado sobre la Carta de la Energía?". *Columbia Center on Sustainable Investment,* febrero de 2021.

ECKES, C., MAIN-KLINGST, L. Y SCHAUGG, L. "Why a coordinated withdrawal from the Energy Charter Treaty is inevitable". *Euroactiv,* 25 de enero de 2023.

GIJS C., DI SARIO, F. Y MATHIESEN, K. "Brussels backtracks: EU prepares to quitdirty energy club". *Politico,* 7 de febrero de 2023.

KOSKENNIEMI, M. "The Politics of International Law". *European Journal of International Law*, Vol. 1, Nº 1, 1990, pp. 4-32.

MEIJER, B. H. Y DEUTSCH, A. "Update 2. Netherlands activates energy crisis plan, removes cap on coal plants". *Reuters*, 20 de junio de 2022.

PERRONE, N., *Investment treaties and the legal imagination. How foreign investors play by their own rules.* Oxford University Press, Oxford, 2021.

PERRONE, N., "The "Invisible" Local Communities: Foreign Investor Obligations, Inclusiveness, and the International Investment Regime". *AJIL Unbound*, Nº 113, 2019, pp. 16-21.

PRASAD, A. y otros. "Mobilizing Private Climate Financing in Emerging Market and Developing Economies". *IMF Staff Climate Note 2022/007*, Fondo Monetario Internacional. 2022.

REINISCH, A. Y MANSOUR FALLAH, S. "Post-Termination Responsibility of States? —The Impact of Amendment/Modification, Suspension and Termination of Investment Treaties on (Vested) Rights of Investors", *ICSID Review— Foreign Investment Law Journal*, Vol. 37, Nº 1-2, 2022, pp. 101-120.

SIERRA, J., "Is the Arbitral Award in the Eco Oro v Colombia Dispute "Bad Law"?" *Afronomics Law*, 11 de noviembre de 2021.

SORNARAJAH, M. *Resistance and Change in the International Law on Foreign Investment.* Cambridge University Press, Cambridge, 2015.

THEILBÖRGER, P. Y ACKERMANN, T. "A Treaty on Enforcing Human Rights Against Business: Closing the Loophole or Getting Stuck in a Loop?". *Indiana Journal of Global Legal Studies*. Vol. 24, N º 1, 2017, pp. 43-79.

UNCTAD. "Investment Policy Responses to the COVID-19 Pandemic". *Investment Policy Monitor*, 2020.

UNCTAD. "Reforming investment dispute settlement: a stocktaking", *IIA Issue Note 1*, 2019.

UNCTAD. *World Investment Report 2003. FDI Policies for Development: National and International Perspectives*, 2003.

VOON, T. "Modernización del Tratado sobre la Carta de la Energía: ¿Por Qué no Terminarlo?", *Investment Treaty News*, Vol 10, Nº 4, octubre de 2019.

LOS BALCANES: RELOCALIZACIÓN SOSTENIBLE DE LA INDUSTRIA 4.0

THE BALKANS: INDUSTRY 4.0 SUSTAINABLE RELOCATION

DANIEL DÍAZ SALINAS[1]
JAVIER MUÑOZ DE PRAT[2]

Resumen

La dependencia comercial de China, la pandemia de la COVID-19 y, recientemente, la Guerra de Ucrania han propiciado por un lado la ruptura y encarecimiento de la cadena de suministro y cuestionado el sistema de producción desarrollado en el seno de la Globalización. La irrupción de la Industria 4.0 ha provocado que se acorten las cadenas de suministro, favoreciendo la búsqueda por parte de las empresas nuevos destinos en los que instalar sus cadenas de producción y ensamblaje. El presente artículo plantea los Balcanes y en concreto Bulgaria como una opción arriesgada pero viable como relocalización.

Palabras Clave: Deslocalización - Relocalización - ODS - Balcanes - Bulgaria

Abstract

The Chinese trade dependency, the COVID-19 pandemic and, recently, the Ukrainian War have led, on the one hand, to the rupture and increase the supply chain's costs and it has questioned the production system developed within the Globalization. The irruption of the Industry 4.0 has caused supply chains to shorten, favouring the search by companies for new destinations in which to install their production and assembly chains. This article considers the Balkans and specifically Bulgaria as a risky but viable option of relocation.

Keywords: Outsourcing - Relocation - ODS - Balkans - Bulgaria.

---

1 Becario ICEX 2023_2024 (danieldiazsalinas@hotmail.com)
2 Profesor de Marketing y Comercio Internacional, en la Universidad Europea de Valencia (javier.munoz@universidadeuropea.es)

1. INTRODUCCIÓN

En el presente artículo se analizan los procesos de relocalización de las empresas como alternativa a los procesos de deslocalización surgidos desde los años 70 del siglo XX. El objetivo último de este estudio es plantear los Balcanes, en especial Bulgaria, como opción viable de inversión a las empresas que pretenden salir de la República Popular China o se plantean una primera deslocalización internacional.

Frente a modelos de crecimiento empresarial cuyo objetivo es desarrollar una producción masiva, el presente trabajo aboga por acercar la producción a los mercados europeos además de ajustar la oferta a la demanda. Estas dos decisiones conllevan primero una reducción de la contaminación debida al transporte, segundo una racionalización de la producción además de, tercero, un desarrollo de las comunidades locales.

Los motivos que aceleran este nuevo modelo de producción son exógenos a la empresa, pero todos inciden en la ruptura y encarecimiento de la cadena de suministro. Sin ánimo de ser excluyente la pandemia del COVID-19, que se inició en 2020 y el consiguiente cierre de fronteras, la guerra comercial con China, el aumento del precio de la energía y los combustibles y la Guerra de Ucrania de 2022 han dejado entrever una crisis en la Globalización y una dependencia de países terceros en materia de producción.

Apareciendo alternativas viables a la deslocalización y subsecuente producción en Asia, ciertos países MENA y de América Latina, y segundo, las propias economías occidentales. Esta oportunidad solo será posible si hay un cambio en el concepto de competitividad de la empresa-país[3], convirtiendo a los primeros en países "Efficiency Driven", esto es, poseedores de un mercado cohesionado y abierto a las cadenas de suministros globales y a los segundos en modelos de digitalización mediante el desarrollo de la industria 4.0.

El presente trabajo es una aproximación cualitativa basada en cuatro apartados que aportan un análisis sistemático de la Literatura

---

3 SCHWAB K. & ZAHIDI S, *How Countries are Performing on the Road to Recovery*, World Bank, 2020.

de los últimos cuarenta años en materia de deslocalización empresarial. Estructurándose de la siguiente manera: en el segundo apartado se desarrollarán dos movimientos contrapuestos en materia de crecimiento empresarial, la Deslocalización y la Relocalización o Contra-Deslocalización. Optando por esta última, como acercamiento al consumidor final en el marco de una Globalización e Internacionalización cambiante[4].

Para pasar posteriormente, en el apartado tercero al análisis de los Balcanes, concretamente Bulgaria, como una alternativa viable y sostenible donde ubicar, si no toda, una parte de las industrias de capital occidental, especialmente europeo. Por último, en la conclusión, se resalta cómo esta propuesta puede ser atractiva para los Gobiernos y Empresas de cara al cumplimiento de los Objetivos de Desarrollo Sostenible.

2. GLOBALIZACIÓN E INTERNACIONALIZACIÓN

La Globalización entendida como un "fenómeno"[5], o como un "proceso"[6] presenta características comunes como fruto del avance de la política, la tecnología y la sociedad, que da como resultado un proceso medible y cuantificable. No obstante, la literatura actual especialmente Friedman y Sachs la consideran como un proceso histórico dividido en etapas. De hecho, Sachs la entiende como "las interrelaciones de sociedades diversas a través de grandes áreas geográficas. Estas interrelaciones son tecnológicas, económicas, institucionales, culturales y geopolíticas, y se producen entre sociedades de todo el mundo a través del comercio, las finanzas, las empresas, la inmigración, la cultura, los imperios y la guerra".

---

4 Tomando como referencia los siguientes rankings internacionales: *World Bank Doing Business 2020, Global Innovation Index 2021, 2022 Index of Economic Freedom* y por último, *IMD World Competitiveness Ranking 2022.*

5 HINOJOSA MARTÍNEZ, L. M., "Globalización y soberanía de los Estados", *Revista electrónica de estudios internacionales,* 1(10), 2005, pp. 1-14.

6 TOMASSINI, L., "El proceso de globalización y sus impactos sociopolíticos", *Estudios Internacionales. Revista del Instituto de Estudios Internacionales de la Universidad de Chile,* N° 115, 1996, pp. 315-353.

Sin embargo, ambos sitúan en la actualidad al individuo como principal autor de esta, pues gracias a la digitalización de todas las industrias, el lugar desde el que se trabaja cede ante los conocimientos brutos que la persona aporte a la empresa y rompiendo, una vez más, todo lo que la mente humana creía posible al desarrollar una tecnología que permite comunicarse, analizar datos o comerciar, al instante. Así, la Globalización abarcaría las áreas del "comercio, la financiación, la ayuda, la migración y las ideas".[7] Si bien, no hay que olvidar el rol de los Estados en la Globalización como creadores de mecanismos para la integración gradual de las economías.

No se puede entender la Globalización si no se encuadra en el fenómeno previo de la Internacionalización. Así, esta última se puede entender simplemente como la expansión empresarial más allá de sus fronteras de origen con el objetivo de producir y vender bienes y servicios. Mientras, Villarreal[8], por su parte, la concibe como una estrategia enfocada al crecimiento a través de la diversificación geográfica de la cadena de valor y la estructura empresarial.

Este proceso de adaptación empresarial[9] tiene como fin la internacionalización y la consolidación del mercado nacional y del resto de mercados donde ya se ha introducido la empresa. Así según estas características y variables tendrá que elegir como entra y con quien en el país de destino —intermediarios, cooperación o realizarlo directamente ella— en función del riesgo país. y de sus capacidades y estrategias empresariales.

Ambos conceptos, la Globalización y la Internacionalización, están íntimamente relacionados, pero no por eso son iguales. La Globalización abarca un ámbito integrador y de interdependencia que no se cumple con la Internacionalización, correspondiente, por su lado a una estrategia empresarial de crecimiento al traspasar las fron-

---

7 GOLDIN, I. AND REINERT, K., *Globalización para el desarrollo Colombia*, Editorial Planeta Colombiana S. A. y Banco Internacional de Reconstrucción y Fomento/ Banco Mundial, 2007.

8 VILLARREAL LARRINAGA, O. (2005). La internacionalización de la empresa y la empresa multinacional: una revisión conceptual contemporánea. Cuadernos de Gestión, 5(2), pp. 55-73

9 El concepto de experiencia previa o secuencial como parte del conocimiento interno o "know how" de la empresa generó la teoría del "step-by-step".

teras del Estado original. En resumen, puede haber internacionalización sin globalización, pero no a la inversa.

3. DESLOCALIZACIÓN Y RELOCALIZACIÓN

3.1. Deslocalización vs. Relocalización

La deslocalización supone un traspaso de fronteras nacionales de la empresa con el objeto de instalar parte de su cadena de valor[10] en un tercer estado. No se trata pues de un proceso uniforme en cuanto que se busca una optimización de esta. En el presente trabajo se busca una alternativa a esta estrategia, a través de la Relocalización que trata de poner en valor otros elementos en la producción y la aplicación de la Industria 4.0[11].

La deslocalización puede presentar dos vertientes según implique la reestructuración de la totalidad o parte de la cadena de valor a un tercer estado. Siendo más específica la clasificación de Fontagné y Lorenzi al distinguir entre ofensivas —concentrando las fuerzas en torno a su ventaja competitiva—, defensivas —necesaria para propia supervivencia de la empresa— y de acompañamiento —empresa "sigue" a su cliente en su búsqueda de reducción de costes—[12].

Sin embargo, Rocafort Nicolau hace una última distinción entre interna o cautiva y externa. La primera se ejecuta dentro de la estructura de la empresa mientras que la segunda versa sobre la subcontratación de un tercero. Esta última, la subdivide según se externalice en el propio país, outsourcing, o en uno extranjero, offshore outsourcing.

En los años sesenta, setenta y ochenta del siglo XX las potencias occidentales reproducen el modelo a nivel en países en desarrollo

10 Término que comprende las distintas actividades en un proceso productivo para desarrollar un producto final y que ha sido desarrollado por la consultora McKinsey y por el profesor Michael Porter. Con la Internacionalización y Globalización surge el término de Cadenas de Valor globales que abarcan la totalidad de los mercados mundiales.

11 FRIEDMAN, T. L. *La Tierra es plana,* Ediciones Martínez Roca, Madrid, 2005.

12 FONTAGNÉ L., LORENZI J. H., *Désindustrialisation, délocalisations,* La Documentation Française, París, 2005.

consolidándose en los noventa especialmente en China que se convierte en la "fábrica del mundo". Lo que comenzó con productos de bajo valor añadido —juguetes o la confección de ropa—, dio paso a productos tecnológicos —microchips, coches o teléfonos móviles— con el consecuente aumento de los salarios en China[13] y otros países del sudeste asiático. Esta alza salarial, aumentó los costes de producción, llevando a las empresas a replantearse la estrategia y contemplar, quizá no por primera vez, la opción de relocalizar su industria.

3.2. Relocalización o contra-deslocalización

Frente a este proceso, la relocalización o contra-deslocalización se puede entender como la reubicación de una cadena productiva que ya había sido previamente deslocalizada, poniendo en valor otros elementos que no sean propiamente una reducción de costes laborales, como son: la cercanía al consumidor final, el uso de energías responsables, la búsqueda de mano de obra especializada o, incluso, reducir costes en materia de transporte. Aunque siempre intentando no perder ventaja competitiva respecto de los competidores.

Por tanto, no se considerará relocalización, propiamente dicha, aquella que se dirige a otros países[14] que compiten "a la baja" con la mano de obra ofertada por China, buscando menores costes laborales, menor exigencia en seguridad o una legislación más laxa respecto a emisiones contaminantes. Sin embargo, sí que se está ante este proceso cuando la empresa opta por una mayor cercanía al consumidor final colocándolo en regiones periféricas a los grandes mercados o Triada[15], a saber, el Norte de África, Europa del Este, Turquía, los Balcanes o América Latina, o, incluso, en zonas deprimidas de

---

13 La política de hijo único implantada por China en 1979 lo que redujo el crecimiento de la población a un 1,45%, combinado por una preferencia del varón sobre la mujer que descompensó la pirámide poblacional y ha creado una población envejecida que alcanzará un cuarto de la población total china. Todo esto ha dinamitado el modelo productivo chino, basado en una abundante mano de obra barata y joven.

14 India, Pakistán, Bangladesh, Vietnam o Camboya

15 Kenichi Ohmae en su obra, "Triad Power", considera la Triada como Estados Unidos, Europa y Japón, el cual se podría subsumir en un cuarteto asiático-oceánico al compartir región con Australia, Nueva Zelanda y Corea del Sur.

los propios Estados de origen. Estos países se presentan como una competencia "alta" frente a China pues, con unos salarios mayores o, al menos, equiparables a los chinos, poseen un elemento de calidad, cercanía o seguridad difícilmente alcanzable por China.

3.3. Inversión directa extranjera

Para poder entender estos fenómenos globales, es conveniente clarificar el concepto de la Inversión Directa Extranjera (de ahora en adelante IDE), partiendo de la definición de la OCDE: "La inversión extranjera directa refleja el objetivo de establecer un interés duradero por parte de una empresa residente en una economía, en una empresa domiciliada en una economía diferente de la del inversor directo"[16]. La OCDE indica como característica la voluntad de establecer una relación duradera, sin embargo, no acota el lapso temporal. Es el Banco Mundial quien matiza el concepto de inversión duradera (largo plazo), mediante la exigencia de un "interés duradero" y "el mantenimiento del activo durante algunos años" tal como comenta Singh y Jun, lo cual no soluciona la indefinición, pero sí que deja claro la prolongación de la inversión en el tiempo en función de sus objetivos.

Vidales Picazo define la "IDE" como la transferencia de capitales a una persona física o jurídica con domicilio en un territorio o Estado distinto al propio[17]. Mientras Bradely añade que se debe tener en cuenta toda transmisión de conocimiento, tecnología o iniciativas en un determinado sector. La definición de la OCDE no entra en valorar el potencial éxito de la IDE, pero sí lo hace Hymer en su clásico artículo "The international Operations of National Firms: A study of Direct Foreign Investment", en el que se plantea que solo las empresas con una ventaja transferible interna ("internally transferable advantage") son capaces de expandirse más allá de sus mercados y de generar FDI satisfactoriamente.

---

16 OCDE, *OCDE: Definición Marco de Inversión Extranjera Directa,* Cuarta edición, Éditions OCDE, París 2011.

17 VIDALES PICAZO, M., *Crisis de deuda y fuentes de financiación alternativas al endeudamiento en países en desarrollo y emergentes. El relevante papel de la IDE,* Disertación doctoral, Universidad Autónoma de Madrid, Madrid, 2017.

La IDE se constituye así en un vehículo vital para el desarrollo de territorios menos desarrollados. No solo por la entrada de capital extraordinario, sino por el ecosistema que se crea mediante el traspaso tecnológico y del know-how en los diferentes ámbitos de la empresa, el surgimiento de servicios accesorios demandados por las propias empresas o sus trabajadores y familias, además de una fuente de ingresos a las arcas públicas.

3.4. Industria 4.0

La industria 4.0, nace como término en Alemania en 2011 con el objetivo de dar nombre a *"una política económica gubernamental basada en estrategias de alta tecnología; caracterizada por la automatización, la digitalización de los procesos y el uso de las tecnologías de la electrónica y de la información en la manufactura"*[18]. Conceptualmente la define del Val Romás como un nuevo modelo de organización y de control de la cadena de valor a través del ciclo de vida del producto y a lo largo de los sistemas de fabricación.

Ello es posible gracias a las nuevas tecnologías de la información, lo que incluye el denominado "Internet de las cosas", por lo que también ha recibido nombres como "Fábricas inteligentes" o "Internet industrial". En definitiva, se presenta como lo que ya se conoce como la Cuarta Revolución Industrial. Supone la combinación de la tecnología actual y de la que se está desarrollando en el presente que conlleva procesos productivos completamente integrados y autónomos aumentando exponencialmente la capacidad de producción adaptada a las necesidades reales del mercado conllevando una automatización masiva de la producción.

Tanto Europa, como Estados Unidos, han visto desde hace décadas como sus empresas han tomado la vía de la deslocalización industrial, primero, buscando una ventaja competitiva en forma de reducción de costes al mínimo y, posteriormente, para sobrevivir. Esa fuga de músculo industrial tradicional puede verse invertido de cara al futuro por la eliminación —reducción— del factor humano en los procesos

[18] YNZUNZA CORTÉS, et al., "El entorno de la industria 4.0: implicaciones y perspectivas futuras. Conciencia tecnológica", (54), 2017, pp. 33-45.

productivos mecánicos, las líneas de trabajo repetitivo o, incluso, todo aquel momento en la cadena susceptible de hallar un patrón.

En definitiva, aumentar un proceso de Terciarización de la Economía que ha alcanzado a la propia producción industrial. Roura manifiesta: *"De hecho, en muchos bienes —ya sea un automóvil, un ordenador, un buen número de aparatos electrodomésticos, etc.— el peso de los materiales utilizados ha disminuido claramente, al tiempo que cada vez se han incorporado, directa e indirectamente, un mayor número de servicios para fabricar el producto final"*.[19] Este aumento de demanda de personal especializado, y, generalmente, con estudios superiores, puede resultar en un traslado masivo de industrias a los lugares donde se encuentre la mano de obra necesaria.

4. LOS BALCANES

4.1. Cuestiones preliminares

La denominada Península de los Balcanes es el área del sureste europeo al sur de los ríos Sava y Danubio y se caracteriza por la inestabilidad durante los últimos dos siglos, llegando a la actualidad[20]. A ello se debe añadir la influencia rusa, que en una situación como la actual, con la guerra de Ucrania presente, supone un riesgo político que afecta directamente a la capacidad de atracción de las IDE a la región y a la economía del continente.

No obstante, en los últimos diez años se ha ido mejorando la atracción de inversiones tal como indica Doing Business[21] en relación con la facilidad de realizar negocios, tal como se observa en la siguiente Tabla 1.

---

19 ROURA, J. R. C., & MORALES, J. M. L., "El turismo: un sector clave en la economía española", *Papeles de economía española*, 128, 2011, pp. 2-20.

20 MILIC, P., "Montenegro acusa a Rusia de intento de golpe de Estado", Yahoo Noticias, 21 de febrero de 2017: https://yhoo.it/3JveEMO; SERBETO, E., "El populista prorruso Vucic, reelegido presidente de Serbia", *ABC*, 4 de abril de 2022: https://bit.ly/3LcCvlH

21 DOING BUSINESS, *Ease of doing business score and ease of doing business ranking*, The World Bank Group, Washington, 2019; THE HERITAGE FOUNDATION, *2022 Index of Economic Freedom*, 2022: https://www.heritage.org/index/

Tabla 1 Ranking Doing Business, 2019

País	Posición	Apertura de un negocio	Manejo de permisos de construcción	Obtención de Electricidad	Registro de Propiedades	Obtención de crédito	Protección de los inversionistas minoritarios	Pago de impuestos	Comercio transfronterizo	Cumplimiento de contratos	Resolución de la insolvencia
Noruega	9	25	22	44	15	94	21	34	22	3	5
Suecia	10	39	31	10	9	80	28	31	18	39	17
Australia	14	7	11	62	42	4	57	28	106	6	20
Taiwán	15	21	6	9	20	104	21	39	61	11	23
Macedonia del Norte	17	78	15	68	48	25	12	37	32	47	30
Alemania	22	125	30	5	76	48	61	46	42	13	4
Canadá	23	3	64	124	36	15	7	19	51	100	13
Irlanda	24	23	36	47	60	48	13	4	52	91	19
Eslovenia	37	41	119	23	54	119	18	45	1	112	8
Serbia	44	73	9	94	58	67	37	85	23	65	41
Montenegro	50	101	40	134	83	15	61	75	41	44	43
Croacia	51	114	150	37	38	104	37	49	1	27	63
Kosovo	57	12	160	90	37	15	128	48	31	53	48
Bulgaria	61	113	43	151	66	67	25	97	21	42	61
Grecia	79	11	86	40	156	119	37	72	34	146	72
Albania	82	53	166	107	98	48	111	123	25	120	39
Bosnia y Herzegovina	90	184	173	74	96	67	88	141	27	93	37

Fuente: Doing Business, 2019

Principalmente destaca Macedonia del Norte que se ubica en el puesto 17 del ranking a la altura de países como Irlanda. Seguidos dentro de la zona por Eslovenia (37), Serbia (44), Montenegro (50), Kosovo (57), Bulgaria (61), Albania (82) y Bosnia (90). Lo cual viene a constatar una situación positiva, a priori, en la realización de negocios.

En este mismo sentido, el World Competitiveness Ranking 2022 sitúa a Grecia, Eslovenia, Bulgaria y Croacia, colocándolos, respectivamente, en el 47°, 38°, 53° y 46° puesto de los 63 países estudiados. Lo cual posiciona a Bulgaria en la parte baja en de la competitividad, especialmente en materia económica, mercado laboral, finanzas y educación, lo cual dificulta la inversión extranjera IDE.

Tabla 2 Ranking World Economic Competitiveness 2022

País	Bulgaria	Croacia	Eslovenia	Grecia
Posición	53	46	38	47
Economía doméstica	60	34	35	47
Comercio internacional	19	5	11	17
Inversión internacional	60	66	51	43
Empleo	46	43	36	59
Precio	7	15	10	27
Finanzas públicas	38	40	41	60
Política fiscal	20	48	50	51
Marco institucional	50	45	34	46
Legislación mercantil	56	49	44	40
Marco social	54	30	25	42
Productividad y eficiencia	54	37	31	38
Mercado laboral	63	56	54	52
Finanzas	51	47	42	53
Prácticas de gestión	59	58	37	51
Actitudes y valores	49	56	50	41
Infraestructuras básicas	49	57	42	39
Infraestructuras tecnológicas	47	44	36	50
Infraestructura científica	49	48	33	39
Salud y medio ambiente	46	37	30	34
Educación	52	42	20	36

Fuente: World Economic Forum, 2022

El tercer ranking estudiado: Global Innovation Index analiza un gran número de elementos enmarcados en siete categorías: Instituciones, Capital Humano e Investigación, Infraestructuras, Sofisticación del mercado, Sofisticación de los negocios, Conocimiento y tecnología y Creatividad. Confirmando desde un punto de vista institucional y de competitividad de mercado las posiciones de la región; destacando Eslovenia (32) y Bulgaria (35). Lo cual a diferencia del anterior ranking sitúa en una mejor posición a Bulgaria[22].

Tabla 3: Global Innovation Index

País	Posición
España	30
Eslovenia	32
Bulgaria	35
Lituania	39
Croacia	42
India	46
Grecia	47
Montenegro	50
Serbia	54
México	55
Macedonia del Norte	59
Argentina	73
Bosnia y Herzegovina	75
Panama	83
Albania	84

Fuente: Global Innovation Index, 2021

Tabla 4: The Heritage Foundation Ranking

País	Posición
Reino Unido	24
Estados Unidos	25
Bulgaria	29
Portugal	31
Eslovenia	32
España	41
Croacia	45
Albania	50
Francia	52
Macedonia del Norte	53
Italia	57
Serbia	59
Colombia	60
Bosnia-Herzegovina	68
Grecia	77
Kosovo	86
Montenegro	103

Fuente: The Heritage Foundation, 2022

Por último, el cuarto y último ranking es el proporcionado por The Heritage Foundation relativo a la libertad económica. La nota común son la lentitud en los procedimientos administrativos, la imprevisibilidad política y la ineficiencia de los órganos judiciales, sin embargo, Bulgaria aparece en un puesto relativamente alto, seguido en mayor o menor cercanía por el resto de los países de la región.

22 GLOBAL INNOVATION INDEX Key Findings, 2019: https://www. bti-project. org/en/key-findings.

Esto permite pensar en la posible implantación de IDE en el territorio lo que supondría casi automáticamente la contratación de personas conforme a la regulación laboral. Ello debido i) a la especial atención con el que las Administraciones nacionales vigilan la Inversión Directa Extranjera, generando acuerdos entre la Administración y los inversores. ii), por la imagen que proyecta a clientes y proveedores tanto locales como extranjeros lo que convierte la inversión en un efecto llamada. iii) La mejora de las condiciones socio laborales de la población local.

4.2. Efectos del desarrollo de la industria 4.0 en los Balcanes en relación con las ODS

El trabajo parte de la premisa que una relocación en la región de los Balcanes tendría consecuencias en el desarrollo de la región reduciendo los niveles de pobreza, así como la desigualdad entre los países del continente. Esto supondría un acercamiento de las cadenas de suministro a la Unión Europea, con una reducción clara de la contaminación, mediante la generación de una nueva industria en la parte sureste del continente europeo. Para ello vamos a analizar los siguientes indicadores: i. Empleo y Educación superior, ii. Pobreza, iii. Infraestructuras y Logística necesarias para la distribución internacional.

De hecho, la región presenta unos índices de desempleo equiparables a los de Europa occidental. En el caso de Bulgaria, con un 4,7% se encuentra en una situación de pleno empleo. Albania por su lado, parte de una situación más complicada, pero por delante de España

Gráfico 1. Índice de desempleo 2022(%).

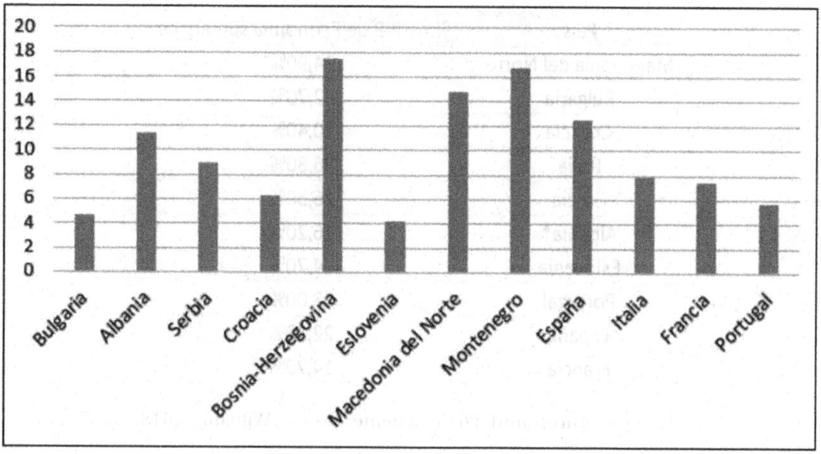

Fuente: Propia, 2022 (Basado en datos de los respectivos organismos nacionales de estadística).

En Bulgaria, el porcentaje de población con nivel educativo terciario, o universitario, es de un 33'6%, superior, por ejemplo, a Italia con un 28'3% y parecido al 35'7% de Alemania (Eurostat, 2022). En el año 2021, se graduaron en universidades búlgaras unos 47.000 estudiantes de Educación Superior[23]. De ellos, casi 8.000 de ellos vinculados a ingenierías o ciencias, siendo estos, objetivo principal de la industria 4.0. El gran inconveniente que presentan estos países es el elevado porcentaje de economía sumergida pues supone un gran obstáculo contra el objetivo de que el empleo creado sea de calidad. Aunque es un campo de difícil estudio, las estimaciones indican un porcentaje elevado:

23 NATIONAL STATISTICAL INSTITUTE (consultado el 10 de junio de 2022). https://nsi.bg/en

Tabla 5: Porcentaje del PIB de la Economía Sumergida

País	% de PIB de Economía sumergida
Macedonia del Norte	34,90%
Bulgaria	32,70%
Croacia	30,40%
Italia	26,80%
Grecia	26,50%
Albania*	26,20%
Eslovenia	24,70%
Portugal	23,00%
España	22,20%
Francia	14,70%

Fuente: Eurofound, 2013. *Fuente: Costa y Williams, 2018.

Este dato impacta directamente con los niveles de pobreza y precariedad de los países estudiados. Sin embargo, la implantación de la industria europea en estos países ayudaría mediante la creación de un trabajo de calidad a la mejora de la calidad de vida de la Región. Reduciendo significativamente la diferencia del coste por hora de un trabajador en los distintos países de la Unión Europea. Mientras que, en Bulgaria, de media, cuesta unos 7 euros y en Albania los 3,5 euros, en Bélgica, Luxemburgo o Dinamarca, superan los 40 euros. El primer paso para reducir esa desigualdad debe ser atacar el nivel de población que vive en la pobreza. Con ello, aunque no se produzca una igualdad en términos absolutos si se produzca en términos relativos o lo que es lo mismo: aunque no todos los países tengan la misma renta media o similar, que en el día a día nadie pase estrecheces en sus necesidades básicas.

Por lo que, se requerirá del crecimiento económico que viene acompañando a la industria y la constitución de núcleos de producción que aumenten la productividad manufacturera para que, en último término, el capital percibido se revierta en una mejora de la calidad del sector primario y servicios. Por tanto, el objetivo de crear un sector secundario fuerte es aumentar la calidad de vida de los ciudadanos del lugar gracias al empuje que el sector fabril produce y, con ello, reducir la brecha entre los países desarrollados y los no desarrollados.

Tabla 6. Grado de Pobreza Extrema

País	Pobreza extrema	< Umbral de pobreza nacional
Serbia	6,00%	25,70%
Montenegro	2,00%	24,00%
Bulgaria	1,00%	23,40%
Macedonia del Norte	4,00%	22,20%
España	1,00%	21,70% *
Italia	1,00%	20,10%
Croacia	1,00%	19,50%
Grecia	1,00%	19,60% *
Portugal	0,00%	16,20% *
Polonia	0,00%	14,80% *
Albania	2,00%	14,30%
Eslovenia	0,00%	14,30%
Hungría	1,00%	12,70% *

Fuente: SDG Country Profile, 2022; *World Bank, 2022.

Gráfico 2: Coste Laboral/hora, 2021

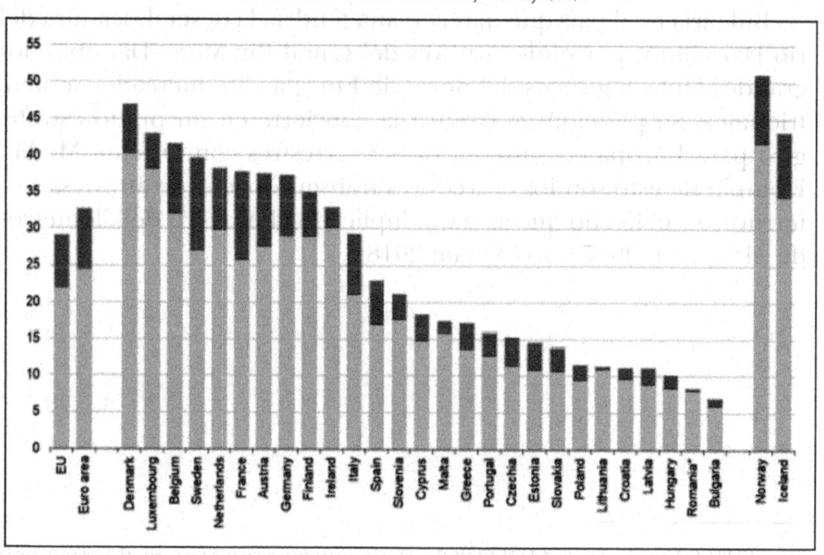

Fuente: Eurostat, 2021

Ahora bien, al igual que sucedió en el caso chino, conforme se vayan relocalizando industrias occidentales en el territorio, la mano de obra irá escaseando y supondrá un alza progresiva de los salarios. Para ello, es fundamental el papel de la Unión Europea y sus corredores transeuropeos que, aunque se limitan a los estados miembros, ayudan a vertebrar en buena medida el territorio balcánico. De hecho, la Unión Europea ha realizado entre 2014 y 2017, en los Balcanes Occidentales, inversiones en infraestructuras por valor de 333 millones de euros, generando más de 900 millones en inversiones privadas. El importe público europeo fue destinado a fomentar los corredores de la región e integrarlos en los Transeuropeos.

Estas redes transeuropeas abarcan varias vertientes y tratan de unificar y dar un sentido único a la red de puertos interiores y marítimos, vías ferroviarias, carreteras y aeropuertos como se recoge en el Reglamento (UE) Nº 1315/2013 del Parlamento europeo y del Consejo de 11 de diciembre de 2013 sobre las orientaciones de la Unión para el desarrollo de la Red Transeuropea de Transporte, y por el que se deroga la Decisión nº 661/2010/UE

Bulgaria es el país que más cercana tendría la desembocadura del río Danubio y, por ende, a través del Canal Rin-Meno-Danubio, los grandes Hubs logísticos del norte de Europa y los mercados septentrionales. Su posición geográfica la convierte en un punto estratégico para Europa en sus conexiones terrestres con Oriente Medio. Ejemplo de esto son los corredores transeuropeos que atraviesan su territorio y el hecho que se haya duplicado el número de kilómetros de 418 km en 2007 a 757 km en 2018[24].

---

24 SIMEONOVA, D. & SIMEONOV, D., "Contemporary State of the Transport System in Bulgaria", *International Journal of Scientific and Management Research* 5(3), 2022, pp. 214-224; TRIBUNAL DE CUENTAS EUROPEO, *Informe Especial 09/2020: Red básica de carreteras de la UE*, 2022: se han reducido los tiempos de desplazamiento, pero todavía no es plenamente funcional.

Mapa 1: Corredores de Transportes Pan Europeo

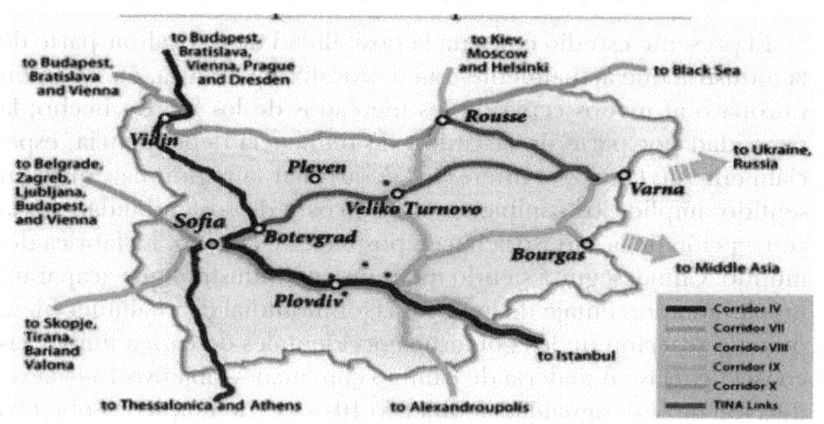

Fuente: Novinite, 2011.

Sin embargo, en relación con las infraestructuras, existe la incertidumbre respecto a la respuesta China con el puerto del Pireo, base de la que dependería una parte importante de la logística de la nueva industria. Pero, por la búsqueda china de la primacía total y su estrategia de "One Belt One Road", no sería de extrañar que, en una especie de calma tensa, se permitiera a las empresas inversoras usar ese puerto para sus fines.

Por último, es evidente que el acercar los centros de producción a la península balcánica —en concreto Bulgaria— reduciría la distancia a recorrer y en consecuencia los costes en las cadenas de suministro, así como las emisiones de CO2, también se reducirían. Pero sobre todo garantiza, la estabilidad y solvencia de la Región Balcánica, así como las ventajas económicas y procedimentales de la Unión Europea. Viéndose reforzado, en el caso búlgaro, por el tipo de cambio competitivo Leva/Eur, una tributación moderada (10% sobre las ganancias tanto para empresas como para personas, así como un 20% de IVA) y por los incentivos determinados en la Corporate Income Tax Act[25].

[25] INVEST BULGARIA AGENCY (consultado el 28 de junio de 2022). https://investbulgaria-virtualoffice.com/home

5. CONCLUSIONES

El presente estudio constata la posibilidad de relocalizar parte de la industria que actualmente está deslocalizada en Asia, en la Unión Europa o al menos cerca de los mercados de los 27. De hecho, la necesidad por parte de la Unión de reducir la dependencia, especialmente de China, el interés en desarrollar la región balcánica en sentido amplio, los cambios tecnológicos y de sostenibilidad en la concepción de la Industria hacen posible este cambio. La fábrica del mundo, China, seguirá siendo un monstruo industrial que acaparará un elevado porcentaje de la producción mundial de cualquier bien, pero, la reacción de los gobiernos occidentales de cara a limitar las consecuencias en materia de cambio climático —objetivo 13— la reducción de la desigualdad —objetivo 10— y el desempleo —objetivo 8—, y sobre todo la paulatina reducción en el continente europeo de la pobreza —objetivo 1—, hacen vital el desarrollo por un lado de las infraestructuras y de la industria —objetivo 9— en la zona como herederas de Polonia, Hungría y Checoslovaquia, las primeras naciones en las que deslocalizaron su industria tras la caída del muro en 1989.

Sin embargo, la inseguridad jurídica y política consecuencia de la tensión dentro de los propios estados o con los vecinos y el intento de influencia rusa en la región, es el gran inconveniente a tener en cuenta. No obstante, los gobiernos y administraciones públicas deben posicionar a sus respectivos territorios como alternativas viables que permitan a las empresas conocer las ventajas que albergan para su respectivo sector, tal como hemos especificado anteriormente en el análisis de los diferentes rankings económicos disponibles.

Estamos en un punto de inflexión en el que Bulgaria y otros países de la región pueden dirigirse hacia el progreso que supone un cambio en el modelo productivo y en las cadenas de suministros, así como en la vuelta al escenario internacional de la Unión Europea o la recaída hacia la permanente "balcanización" de la región.

Referencias bibliográficas

COMISIÓN EUROPEA (consultado el 7 de mayo de 2022). *Trans-European Transport Network. https://bit.ly/3ywJjCV*

COMISIÓN EUROPEA (consultado el 9 de mayo de 2022). *Trans-European Transport Network maps. https://bit.ly/3mFaeKd*

COMISIÓN EUROPEA (s.f) *Investing in Europe's future. Investment in Bulgaria.* (Archivo PDF) Recuperado de web: https://bit.ly/428bXrR

COSTA, B. Y WILLIAMS, C., *Diagnostic Report on undeclared work in Albania.* Albania, Regional Cooperation Council, 2018

EUROFOUND (2013), *Tackling undeclared work in Croatia and four EU candidate countries.*

EUROSTAT (2022) Tertiary educational attainment by sex. (consultado el 17 de mayo de 2022). https://bit.ly/3JzpP7g

EUROSTAT (2022). Unemployment rate by age. (consultado el 17 de mayo de 2022) https://bit.ly/3mMw12R

DOING BUSINESS, *Ease of doing business score and ease of doing business ranking,* The World Bank Group, Washington, 2019.

FONTAGNÉ L. & LORENZI J. H., *Désindustrialisation, délocalisations*, La Documentation Française, París, 2005.

GOLDIN, I. & REINERT, K., *Globalización para el desarrollo* Colombia Editorial Planeta Colombiana S. A. y Banco Internacional de Reconstrucción y Fomento/Banco Mundial, 2007.

GLOBAL INNOVATION INDEX, *Key Findings,* 2019: https://www. bti-project. org/en/key-findings.

HINOJOSA MARTÍNEZ, L. M., "Globalización y soberanía de los Estados", *Revista electrónica de estudios internacionales,* 1(10), 2005, pp. 1-14.

INSTITUTE OF STATISTICS, *Employment and unemployment from LFS,* 2022: https://bit.ly/3Ja1i7l

INTERNATIONAL INSTITUTE FOR MANAGEMENT DEVELOPMENT, *World Competitiveness 2021,* 2021*: https://bit.ly/3ywT04A*

INTERNATIONAL TRADE ADMINISTRATION (consultado el 5 de junio de 2022, editado el 21 de agosto de 2021). *Albania Country Comercial Guide.* https://bit.ly/3JyFd3A

INVEST BULGARIA AGENCY (consultado el 28 de junio de 2022). https://investbulgaria-virtualoffice.com/home

MILIC, P., "Montenegro acusa a Rusia de intento de golpe de Estado", *Yahoo Noticias,* 21 de febrero de 2017, https://yhoo.it/3JveEMO

NATIONAL STATISTICAL INSTITUTE (consultado el 10 de junio de 2022). https://nsi.bg/en

OCDE, *OCDE: Definición Marco de Inversión Extranjera Directa. Cuarta edición,* Éditions OCDE, París, 2011.

ROURA, J. R. C., & MORALES, J. M. L., "El turismo: un sector clave en la economía española", *Papeles de economía Española,* 128, 2011, pp. 2-20.

SCHWAB K. & ZAHIDI S., *How Countries are Performing on the Road to Recovery,* 2020.

SERBETO, E., "El populista prorruso Vucic, reelegido presidente de Serbi", *ABC,* 4 de abril de 2022, https://bit.ly/3LcCvlH

SIMEONOVA, D. & SIMEONOV, D., "Contemporary State of the Transport System in Bulgaria", *International Journal of Scientific and Management Research* 5(3), 2022, pp. 214-224.

THE HERITAGE FOUNDATION, *2022 Index of Economic Freedom.* 2022. https://www.heritage.org/index/

TOMASSINI, L., "El proceso de globalización y sus impactos sociopolíticos", *Estudios Internacionales. Revista del Instituto de Estudios Internacionales de la Universidad de Chile,* Nº 115, 1996, pp. 315-353.

TRIBUNAL DE CUENTAS EUROPEO, *Informe Especial 09/2020: Red básica de carreteras de la UE: se han reducido los tiempos de desplazamiento, pero todavía no es plenamente funcional,* 2020.

VIDALES PICAZO, M., *Crisis de deuda y fuentes de financiación alternativas al endeudamiento en países en desarrollo y emergentes. El relevante papel de la IDE.* Disertación doctoral, Universidad Autónoma de Madrid, 2017.

VILLARREAL LARRINAGA, O., "La internacionalización de la empresa y la empresa multinacional: una revisión conceptual contemporánea", *Cuadernos de Gestión,* 5(2), 2005, pp. 55-73.

YNZUNZA CORTÉS, C. B., IZAR LANDETA, J. M., BOCARANDO CHACÓN, J. G.; AGUILAR PEREYRA, F., LARIOS OSORIO, M., "El entorno de la industria 4.0: implicaciones y perspectivas futuras", *Conciencia tecnológica,* (54), 2017, pp. 33-45.

LA MONEDA, LA SOBERANÍA Y LA REINVENCIÓN DEL MUNDO

CURRENCY, SOVEREIGNTY AND WORLD REINVENTION

MANUEL NÚÑEZ-GARCÍA[1]

Resumen

Entender el potencial de desarrollo sostenible requiere analizar cuáles son las fuerzas subyacentes y las direcciones probables de los cambios en curso en la tercera década del s XXI. El estudio de la relación entre la moneda y la soberanía ofrece una perspectiva única para evidenciar las claves del orden internacional, las luchas por la hegemonía que lo informan y los imbalances que se generan. Igualmente permite determinar las alternativas de mantenimiento y transformación del orden mundial y, desde una perspectiva de realismo democrático, especificar las oportunidades de desarrollo sostenible.

Palabras clave: Libertad - moneda - soberanía - hegemonía - desarrollo sostenible.

Abstract

Understanding the potential for sustainable development requires analyzing the underlying forces and likely directions of the changes underway in the third decade of the 21st century. The study of the relationship between currency and sovereignty offers a unique perspective to demonstrate the keys of the international order, the struggles for hegemony that inform it and the imbalances that are generated. It also makes it possible to determine the alternatives for maintaining and transforming the world order and, from a perspective of democratic realism, specifying the opportunities for sustainable development.

Keywords: Freedom - currency - sovereignty - hegemony - sustainable development

---

1 Alumno del Programa de Doctorado "Análisis de Problemas Sociales" de la Escuela de Doctorado de la UNED (mnunez266@alumno.uned.es).

1. INTRODUCCIÓN

¿Qué es el desarrollo sostenible? Es frecuente encontrar una larga lista de elementos para tratar de dar cuenta de que entendemos por desarrollo sostenible, pero no una definición precisa y sintética. Y sin embargo es posible definir, sintéticamente, el desarrollo sostenible como la producción de libertad. El problema es que el término libertad ha sido notoriamente abusado y conviene recuperar sus sentidos. Un esquema habitualmente citado es el que distingue entre libertad negativa —ausencia de obstáculos a la acción— y libertad positiva —posibilidad de actuar para construir una biografía, liberarse de la condena a vivir un destino—. Pero esas libertades solo son efectivas en la medida que exista un mínimo de justicia distributiva que cree las condiciones materiales necesarias para que la efectiva realización material de las otras dos libertades sea posible, es decir, se requiere el concurso de lo que Samuel Fleischaker ha llamado la tercera libertad[2].

Por su parte, ya Frank D. Roosevelt en un famoso discurso en 1941, definió cuatro libertades[3], de las cuales dos son frecuentemente citadas, libertad de expresión y culto, pero otras dos lo son menos, "freedom from want" y "freedom from fear". La libertad de expresión es, con no poca frecuencia, asimilada a una sola de sus dimensiones —la parresia— obviando la otra dimensión constitutiva —la isegoria. La libertad de culto se mueve en un continuo perseguida → tolerada → reconocida, según los territorios y resulta especialmente problemática en tanto que elemento constitutivo de lo que se ha llamado "forms of life" y es, con frecuencia, una herramienta de reclutamiento y, por tanto, de agresión[4].

La "freedom from fear" está directamente vinculada a la protección frente al ejercicio de la violencia en las dos dimensiones en la cuales, en la definición sintética de Max Weber, el estado reclama

2 FLEISCHACKER, S., *A third concept of liberty,* Princeton University Press, 1999.

3 ROOSEVELT, F. D., "Franklin D. Roosevelt Annual Message to Congress (Four Freedoms)", 1941.

4 El análisis del llamado proceso de secularización, definido como uno de los componentes de la modernización, no ha abordado convenientemente este problema. Remitimos al lector interesado a nuestro libro en elaboración "Como construir un imperio".

para sí el monopolio: "waffenmonopol", monopolio de las armas, monopolio de la guerra exterior y el "straffmonopol", monopolio de la punición, monopolio del castigo interior. Una de las características del mundo moderno, es justamente que esa distinción se ha vuelto borrosa. Se usan herramientas del "straffmonopol" en las relaciones internacionales, en las relaciones entre estados, i.e. sanciones extraterritoriales, jurisdicción universal e, incluso, ejecuciones extrajudiciales en territorios de otros estados sin declaración de guerra, pero usando medios militares. Y, en la otra dirección, se usan herramientas del "waffenmonopol" en el interior de los estados, militarizando las policías. La "freedom from want", "means economic understandings which will secure to every nation a healthy peacetime life for its inhabitants-everywhere in the world". Esta definición tiene la ventaja de que es válida para cualesquiera estados y permite incorporar a la misma toda clase de bienes esenciales para la vida, incluidos lo que suelen enumerarse como más propios del término desarrollo sostenible, a saber, los relacionados con el ecosistema terrestre, agua y temperatura. En la relación entre estados, igual que dentro de estos, se producen y disputan bienes que podemos clasificar en función de dos criterios: excluibilidad, —en qué medida un potencial beneficiario puede ser excluido del disfrute del bien— y rivalidad, —en qué medida el uso de un bien por unos no disminuye la cantidad, ni con frecuencia el valor, de su uso o consumo por otros—. De acuerdo con estos criterios es posible encontrar en las relaciones entre estados al menos cuatro tipos de bienes: (i) bienes públicos, que no son ni rivales ni excluibles; (ii) bienes privados, que son excluibles y rivales; (iii) bienes comunes, no excluibles pero rivales; (iv) bienes de club, que son excluibles, pero no rivales.

En este texto vamos a argumentar que, en la tensión entre el ideal clásico de democracia, probablemente el régimen que más libertad ha producido, y la moderna lucha por la hegemonía, emerge un orden imperial. Y vamos a argumentar que ello tiene lugar, sobre todo, a través del manejo de la moneda, uno de los tres componentes de la soberanía y una mercancía que no es como las demás. Y vamos a argumentar también que este orden afecta negativamente, en no pocos territorios, a la producción de los cuatro tipos de bienes que hemos enumerado y, por consiguiente, a la producción de libertad —desarrollo sostenible— a escala planetaria. Argumentaremos también que debido a los imbalances que genera, ese orden está siendo cuestionado desde diferentes flancos y con diferentes propuestas alternativas. Finalmente enumeraremos algunos requerimientos para recuperar el potencial del desarrollo sostenible en el marco ideal clásico de la democracia.

2. LA TEORÍA CLÁSICA DE LA DEMOCRACIA

Para algunos, todo el problema de la democracia se reduce a que el arte de gobernar es, en democracia, supuestamente, el arte de ser gobernado y, por tanto, todo el problema de la democracia es como reconciliar la libertad del pueblo y la eficacia del poder. Y al parecer la democracia sufre de crisis de representación, impotencia publica y déficit de sentido, es decir, habría perdido al mismo tiempo el pueblo en que se funda, el gobierno que la mantiene y el horizonte que la guía. Esta es una de las muchas maneras en las que se escribe sobre la crisis de la democracia que, como la crisis del capitalismo, es un tema que sigue generando ríos de tinta. Pero sucede que cuando unos y otros hablan sobre democracia, hablan, con frecuencia, sobre democracias diferentes. Dado que la democracia tiene una larga biografía, para poder proceder, por contraste, es necesario establecer un mínimo necesario que nos permita acotar de que estamos hablando cuando hablamos de democracia.

Una muy aclamada celebración de la democracia se la debemos a Alexis de Tocqueville, quién encontró una de sus claves justamente en la apuesta por la igualdad, cuyo origen no puede ser otro que la divina providencia, de modo que oponerse a su camino inexorable, es luchar contra Dios. Esta visión del siglo XIX, de la democracia en América, que pone todo el énfasis en la igualdad, entronca directamente con las dos definiciones más precisas de la democracia en la Grecia clásica, tanto para celebrarla como para lamentar su existencia.

La primera de esas definiciones es la atribuida a Pericles, pero salida de la pluma de Tucídides en la Historia de la Guerra del Peloponeso. Y nos permite retener los puntos esenciales que definen una democracia: (i) se define como democracia porque sirve a los intereses de la mayoría, no de unos pocos; (ii) igualdad ante la ley en los delitos civiles; (iii) la preferencia para intervenir en los asuntos públicos solo responde al mérito, sin que lo obscuro de la reputación, ni la pobreza, ni el pertenecer a un grupo, sea obstáculo o ventaja; (iv) se obedece a los que en cada momento desempeñan los cargos y a lo previsto en las leyes, especialmente las que socorren a los agraviados; (v) la riqueza vale en tanto que sirve para actuar y la pobreza obliga a intentar salir de ella, pero no es motivo de castigo; (vi) el interés simultáneo por los asuntos públicos y privados es definición de ciudadano útil; (vii) las palabras no perjudican la acción, sino la ausencia de debate público; (viii) no es la ignorancia sino el conocimiento de los riesgos, lo que hace más fuertes.

La segunda es de Aristóteles, en la Política y es significativa en tanto que evidencia algunos elementos distintivos de la democracia así como los que serán los puntos de ataque, elaborados y reelaborados a lo largo de la historia, unas veces con el ánimo de "mejorar" y otros de "destruir" la democracia; (i) el principio de mayoría; (ii) lo justo como resultado de la mayoría y no el mérito; (iii) equiprobabilidad de gobernar y ser gobernado, por turno; (iv) selección de magistrados por sorteo; (v) impedir las puertas giratorias a la misma magistratura; (vi) magistraturas de corta duración y ninguna vitalicia; (vii) justicia administrada por los ciudadanos, al menos sobre las cuestiones más importantes: la rendición de cuentas, la constitución y los contratos privados; (viii) la asamblea y no los magistrados son los soberanos; (ix) todos los que intervienen en los asuntos públicos reciben una paga; (x) no se requieran títulos de nobleza, riqueza o trabajo intelectual, para participar en la vida pública: todos, ricos y pobres son iguales[5]. Cada uno de estos puntos ha tenido y tiene su contrapunto en la teoría antidemocrática, presente, aunque frecuentemente ignorada, en la creación misma de la democracia norteamericana. Y por supuesto, en las prácticas orientadas a la destrucción de la democracia misma, que no por repetidas en su esencia, dejan de

---

5 Para asegurar la estabilidad y el control popular de la democracia, los griegos crearon, además, una serie de instrumentos complementarios: dokimasia —revisión de los ciudadanos seleccionados para un cargo antes de que oficialmente lo ocupen—, euthynai —revisión de cuál ha sido su desempeño del cargo—, eisangelia —destitución—, atimia —censura—, exostrakismós —ostracismo—.

mudar en su forma, tal y como analizamos en otro lugar[6]. Es contra ese telón de fondo de la democracia clásica, que cabe vislumbrar una teoría del mundo moderno, donde la lógica democrática se opone a la lógica imperial, una lógica imperial diferente de la propia de otros imperios precedentes porque el instrumento primordial de su expansión es la moneda.

Y si por algo se puede caracterizar el mundo moderno es por estar articulado por un sistema capitalista, cuyo rasgo más notorio es, precisamente, su capacidad ilimitada de producir crédito y deudas, manejando la moneda.

3. RELACIÓN ENTRE LA MONEDA Y LA SOBERANÍA: TRANSFORMACIONES

Las luchas por la hegemonía son indisociables de este hecho. Hecho que, por lo demás, informa, aunque se oculta, la formulación de la política exterior del país —USA— que dispone del privilegio exorbitante de que su moneda nacional, US$, sea al mismo tiempo la divisa internacional. La forma preferente de enmascaramiento de la defensa de la moneda, es hacerla coincidir con la defensa de la democracia liberal. En ningún otro ámbito aparece con mayor claridad el contraste entre las "espoused theories" —la defensa de la democracia— y las "in use theories" —la defensa de la moneda—. Solo con este enfoque metodológico es posible un aprendizaje "double loop" o superior sobre el mundo moderno, que da cuenta de las transformaciones de la democracia tanto en el llamado "primer mundo" como en los demás, y permite entender los límites del desarrollo sostenible.

3.1. ¿Qué es la soberanía?

Para entender la relación entre moneda y soberanía, es necesario, analizar someramente el concepto de soberanía. Su origen formal, se suele situar en el tratado de Westfalia, pero la historia real es al-

6 NUÑEZ, M., "Corrupción: ampliando el alcance. Corruption: Expanding the reach"., *Tendencias Sociales. Revista de Sociología*, 8, 2022, pp. 5-36.

go más complicada. En lo que aquí nos interesa, caracterizaremos la soberanía como el ejercicio del control y la organización incondicionada e irrestricta, en una totalidad política, de las tres mercancías que no son como las demás —tierra, personas y moneda— por otra mercancía que tampoco es como las demás —el poder político—. Su origen y expansión está directamente vinculada a la idea de totalidad de pueblo como nación, con todas las contradicciones asociadas, si bien su elaboración en el contexto del nacionalismo está en el origen de la propia idea de la libertad liberal. En esta tercera década del siglo XXI podemos vislumbrar como la soberanía nacional se ha transformado, de modo más bien inadvertido, en soberanía imperial. En estas transmutaciones el concepto de soberanía ha devenido un concepto menos claro y preciso de lo que se asume habitualmente. Y con ese desdibujado, también el significado de la guerra por otros medios distintos a los conflictos cinéticos, i.e. guerra económica, ha cobrado nueva relevancia. Ese proceso de transmutación de soberanía nacional en imperial muestra, pese a todo, varios rasgos reconocibles, de los que vamos a tratar de dar cuenta, más allá del recurso al término globalización, que es más bien impreciso y/o parcial.

3.2. El capital como derecho

El primero de esos rasgos reconocibles es la creación de un orden legal, que, bajo apariencia de orden internacional, extiende lo que Katharina Pistor ha llamado el "code of capital". Nos dice Pistor[7] que el capital tiene varios atributos: la prioridad, la durabilidad, la convertibilidad y la universalidad. La prioridad implica que algunos derechos sobre el mismo activo son más fuertes que otros —i.e los derecho de explotación de minas sobre la conservación de los gatos salvajes—; la durabilidad significa que los activos están legalmente protegidos contra las reclamaciones de responsabilidad o los desafíos a los derechos existentes sobre esos activos —i.e. si la explotación de esquisto contamina el agua, peor para quien beba el agua—; la convertibilidad garantiza la durabilidad de los activos de capital, pues actúa como una opción de venta en la moneda emitida por el Estado a los agentes privados o, de preferencia, al emisor de esa moneda

---

7 PISTOR, K., *Code of Capital*, Princeton Univers. Press, 2019.

(como muestran los bailouts que llevamos en el siglo XXI); la universalidad significa que los derechos legalmente reconocidos gozan de la plena protección de la ley, incluido el acceso a los medios de coerción centralizados a través del litigio y, en caso necesario, la ejecución de la decisión obtenida, opere bajo el régimen de soberanía aparente que opere, en cualquier país sometido a la lógica del "code of capital". Reinterpretando el pasado, el capitalismo mismo aparece como un producto del derecho, una creación estatal.

La expansión del code of capital, es una expansión silenciosa, pero fácilmente evidenciable si se sigue la huella de los "mercaderes del derecho", huella visible desde el mismo inicio del proceso de transmutación de la soberanía y en constante expansión, desde entonces. La ficción del "homo juridicus" alcanza escala planetaria. La interacción entre este orden imperial y las jurisdicciones locales es más o menos problemática. Adopta tres formas, la blanca, la gris y la negra.

3.3. La forma blanca: el rule of law

La forma blanca que adopta la lucha por la hegemonía es el "rule of law", que algunos no solo hacen inseparable de la democracia, sino que afirman que solamente las democracias lo pueden garantizar. Ninguna de las dos afirmaciones es cierta. Por "rule of law" se entiende que las funciones administrativa y judicial deben ser determinadas tanto como sea posible por leyes generales, de modo que se deje el mínimo poder discrecional a los órganos administrativos y judiciales. La libertad se garantiza toda vez que se impide el gobierno arbitrario. Este principio no restringe el poder legislativo, el poder de dictar normas generales y no limita hasta donde el comportamiento humano puede ser regulado y restringida su libertad de acción por esas normas generales. Por tanto, en absoluto garantiza la libertad del individuo sino solamente la posibilidad para el agente de predecir, hasta cierto punto, la actividad de aplicación de la ley, la actividad de los órganos administrativos y judiciales.

El rule of law no refiere a la relación entre gobernantes y gobernados, sino las relaciones dentro del Estado, entre la creación de la ley y la aplicación de la ley: su objetivo es conformar la aplicación a la creación. El bien que trata de proteger no es la libertad sino la seguridad jurídica, "Rechtssicherheit". Y, por tanto, en absoluto protege el bien de una sociedad materialmente bien ordenada y si protege, en cambio, el bien de una sociedad formalmente bien ordenada en la relación entre los poderes del estado, siendo por tanto compatible con cualesquiera leyes, incluidas aquéllas absolutamente injustas desde el punto de vista material. El "rule of law", según en qué aplicación, puede ser enormemente detrimental para la democracia. La clave del rule of law en el contexto de la lucha por la hegemonía imperial es que el rule of law asegure que, sea cual sea el régimen de soberanía aparente, se garantice el code of capital en ese territorio. Eventualmente, la solución ultima y preferida para implantar el "code of capital" es transferir todas las disputas a una jurisdicción internacional. Si bien la saliencia de la Organización Mundial del Comercio (WTO) hace que esta sea la primera institución en la que se puede pensar, en los últimos años han proliferado otras varias organizaciones, con áreas de actuación específicas y tribunales propios, incluso secretos.

3.4. La forma gris: la desregulación global

La forma gris se manifiesta como promoción de desregulaciones, eliminación de cualquier restricción que impida el libre flujo de capitales, incluidas la apropiación de tierras, y que se puede describir bajo la fórmula "global deregulation hypothesis". Esta hipótesis es incluso capaz de dar cuenta, o al menos complementar, la explicación, del crecimiento del mercado financiero en USA. Este crece en respuesta a la desregulación en otros lugares —Europa y el resto del mundo— incluso más que como consecuencia de la desregulación en USA. En efecto, parece que, en un contexto comparativo, las finanzas en USA estarían menos desreguladas que en otras muchas jurisdicciones. Los autores de esta hipótesis testan estadísticamente un modelo que les permite probar "First, global deregulation is positively associated with the growth of US financial services, while US deregulation is not. Second, global deregulation is not systematically related to the growth of financial services in other industrial democracies"[8]. Por lo demás, la desregulación global es, junto con

---

[8] OATLEY, T., y BILYANA P, "The global deregulation hypothesis"., *Socio-Economic Review, Oxford University Press, OUP*, 20, 2022, pp. 611-633.

los baillouts ilimitados, la causa fundamental del crecimiento de la "asset economy"[9].

3.5. *La forma negra: corrupción y law fare*

Donde se aplica la agenda tanto de la forma gris con la forma blanca, los servicios públicos se resienten y la calidad de vida de las gentes del común también, lo que provoca que emerjan no ya movimientos de protesta, que forman parte de la vida ordinaria de la democracia liberal, sino coaliciones capaces de alterar sustancialmente las reglas del juego. Entonces entra en acción la forma negra. La negra adopta la forma de lawfare, normalmente sustentada por acusaciones de corrupción (reales o fabricadas es irrelevante), y acusaciones de ataques injustificados a los derechos humanos (reales o fabricadas es igualmente irrelevante), a las cuales, la "rule of law" habrá de imponerse. La combinación de estos elementos se usa contra todo aquél poder que no se atenga a lo previsto en el "code of capital". Solamente si se crean coaliciones suficientemente poderosas que aciertan a cambiar la ley, de modo que el "rule of law" imponga restricciones substanciales a la libertad de movimiento de la moneda, en la lucha por la hegemonía se consideran otras opciones, entre las cuales está el uso de la fuerza. Pero antes de llegar a este punto, entran en juego otras varias alternativas, las llamadas instituciones internacionales, unas formalmente establecidas, IMF, WB y WTO, y otras repartidas en múltiples acuerdos y contratos, los llamados "tribunales" de arbitraje, supuestamente, internacional.

3.6. *Rating de la deuda soberana*

Las agencias de rating, cuyo origen se remonta a compañías de información de solvencia en el interior de los USA, han devenido una importante pieza. ¿Como funcionan en la práctica las 3 agencias, en la defensa de los intereses de los propietarios de US$ y en la lucha por la hegemonía mundial de corte crecientemente imperial? La investigación ha documentado que (i) hacen juicios políticos sobre los gobiernos, completamente sesgados por ideología, que anticipan

---

9 ADKINS, L., COOPER, M. y KONINGS, M., *Asset Economy*, Polity Press, 2020.

y justifican sus ratings[10]; (ii) penalizan estados con gobiernos presuntamente comprometidos con la defensa de la participación de los salarios en la renta nacional, incluso en las economías desarrolladas[11]; (iii) penalizan estados con fuerte compromiso con el estado de bienestar[12]; (iv) interfieren en los ciclos electorales, primando a candidatos más próximos a los intereses de los "créditors"[13].

Podría pensarse a la vista de estos "sesgos", que las agencias funcionan de modo fraudulento, negligente e incompetente en su "due diligence". Y, por una parte, efectivamente es así. Pero eso es irrelevante, porque su lugar en el sistema no procede de que realicen ninguna clase de análisis arcano que no esté al alcance de cualesquiera inversores institucionales. Su rol, se dice, es servir como referencia, burda, pero referencia, que condicione donde ponen su dinero los inversores institucionales que, en otro caso, debido a que no invierten su propio dinero, tendrían un excesivo incentivo a situarlo en activos de alto riesgo y rentabilidad. Supuestamente, por tanto, es una protección contra el "moral hazard". Y se supone que sus calificaciones, por más burdas que sean, están basadas en conocimiento sobre el riesgo de la deuda. Pero decir eso es lo mismo que asumir que riesgo e incertidumbre son idénticos y no los son ni remotamente, como dejó muy claramente explicado Frank Knight[14]. Las relaciones de crédito, de deuda de caso único, como son las soberanas, vienen definidas por incertidumbre no por riesgo. Se opera como si se pudiera clasificar la deuda soberana en eventos mutuamente exclusivos —i.e. alto riesgo, bajo riesgo— cuando en realidad se carece de la información necesaria para asignar probabilidades a todos los eventos

---

10 BARTA, Z., y KRISTIN M., "The politics of creditworthiness: political and policy commentary in sovereign credit rating reports"., *Journal of Public Policy, Cambridge University Press (CUP)*, 41, 2021, pp. 307-330.

11 BARTA, Z., y JOHNSTON, A., "Rating Politics? Partisan Discrimination in Credit Ratings in Developed Economies". *Comparative Political Studies, SAGE Publications*, 51, 2017, pp. 587-620.

12 BARTA, Z., y JOHNSTON, A. "Entitlements in the crosshairs: how sovereign credit ratings judge the welfare state in advanced market economies". *Review of International Political Economy, Informa UK Limited*, 28, 2020, pp. 1169-1195.

13 VAALER, P., BURKHARD, N., y BLOCK, S., "Elections, Opportunism, Partisanship and Sovereign Ratings in Developing Countries". *Review of Development Economics*, 10, 2006, pp. 154-170.

14 KNIGHT, F., *Risk, uncertainty and profit*, Houghton Mifflin Company, 1921.

(y sus potenciales interacciones), para calcular esa probabilidad. Si su relación con la verdad, entendiendo por verdad, la capacidad de describir un estado futuro del mundo es cero o muy próxima a cero, sus predicciones son falsas.

Y entonces podemos preguntarnos ¿las agencias de rating sostienen lo que no es, de modo que lo falso podría llegar a ser? Y la respuesta, como ya razonó Platón en El sofista, es sí. Lo falso, la afirmación sobre lo que no es y no puede ser, la predicción como riesgo de la incertidumbre, pese a que es falso es real, porque lo real es lo puramente relacional, es lo que tiene la capacidad de influir. Y lo más paradójico, y perverso, de ese poder de influir de las calificaciones de riesgo es que no han contribuido a eliminar las crisis de deuda, sino al contrario, aumentan las espirales en caso de crisis de pánico especulativo. Las agencias de rating son uno de los componentes de la reflexibilidad del mercado[15] que actúan a favor del ciclo[16]: cuando se especula contra un país —por razones económicas o políticas o por ambas, basadas en fundamentales de la economía real o en alguno de los sesgos aludidos—, las agencia bajan el rating de la deuda soberana del estado, aumentando la prima de riesgo y en consecuencia la probabilidad de default. Y, además, dado que los bancos locales suelen estar expuestos a la deuda soberana de los países en los que operan, bajan también el rating de esos bancos, lo que dificulta su capacidad de refinanciarse y aumenta su probabilidad de quiebra al tener que pagar una prima de riesgo mayor para seguir funcionando. Y esto a su vez, dispara la deuda pública de los países que intenten sostenerlos con baillouts, no solo ni exclusivamente para proteger los depósitos, sino para sostener los intereses de los accionistas con el argumento de mantener el sistema funcionando, en lugar de dejarlos caer y provocar una cancelación de deudas. Por las dos vías aumentan la detracción de recursos de los países y el endeudamiento. El sistema de rating lejos de proteger contra las crisis las impulsa, por diseño.

---

15 SOROS, G., *The crash of 2008 and what it means*, Public Affairs, 2009.

16 STELLINGA, B., y MÜGGE, D., "The regulator's conundrum. How market reflexivity limits fundamental financial reform"., *Review of International Political Economy*, Informa UK Limited, 24, 2017, pp. 393-423.

¿Qué explica entonces un sistema tan disfuncional? Las reformas, como la incluida en la Dodd-Frank Act y cualesquiera otras propuestas de reforma, que enfocan el problema como si fuera uno de conocimiento, de "due diligence", de mejorar el saber hacer de las agencias, por ejemplo, aumentando la competencia, no han conducido a ninguna solución. El procedimiento se mantiene porque no es tan disfuncional como pudiera parecer. Es funcional en tanto que herramienta de disciplinamiento en lógica imperial. Si los ratings son susceptibles a los sesgos que hemos enumerado, cualquier alternativa de salir de la hegemonía imperial desde abajo o desde dentro son fácilmente controlables activando este mecanismo "espontaneo" y "automático" propio del mercado de capitales. Este es el contexto en que hay que situar las diferentes alternativas de salidas de la hegemonía.

Pero antes de presentar las posibles alternativas de salida al sistema hegemonía imperial, es necesario analizar los dos últimos elementos que atacan la soberanía nacional: control tecnológico tridimensional y sanciones extraterritoriales.

3.7. Soberanía tecnológica tridimensional

En los últimos años ha aparecido un elemento completamente nuevo: internet de las cosas. Bajo el discurso de innovación e inteligencia artificial, se generaliza un nuevo tipo de soberanía tridimensional, sobre el espacio físico de los objetos de tres dimensiones, cuyas manifestaciones venían siendo más que notorias en el espacio bidimensional de las comunicaciones. No hay nada casual en este asunto. Trae causa de la expansión del software como servicio, consecuencia a su vez de la inclusión de la protección de la propiedad intelectual en los acuerdos de la OMC. Hay una dimensión relevante de naturaleza civil con relación al contrato de propiedad: el comprador ya no es propietario total del objeto —pongamos por caso la cosechadora con la que recolecta los granos de los campos de Castilla—, sino solamente lo alquila, toda vez que su funcionamiento depende de un software del que no es propietario. La justificación de este movimiento, como no podía ser de otro modo, es la seguridad. Y así aparece recogida, por ejemplo, en la "Infraestructure Investment and Jobs Act", Public Law 117-58 Nov. 15, 2021, que establece la obligatoriedad de su implementación en un plazo de 5 años. Su impulso por agentes privados no responde ni única ni principalmente a que hace posible crear valor para el consumidor, que también, como a que permite apropiarse de más valor al controlar el ciclo completo de cadenas de valor —el cliente, el equipo, el operario—, donde hasta ahora era imposible.

Efectivamente en la medida en que gran parte de la cadena de producción se desplegaba fuera de espacios panopticables por su naturaleza de móviles, transportes de viajeros y mercancías, esa apropiación era imposible, y de ahí que proliferara el modelo de auto empresario. El impacto de esta tecnología será similar, en la movilidad por tierra, al que en su momento supuso el contenedor como "enabler" del crecimiento del comercio mundial por mar; el contenedor fue, por otra parte, el primer elemento móvil civil cuyo geoposicionamiento fue controlado por satélite y también el primero en incorporarse al internet de las cosas. Pero la dimensión más relevante en relación a la soberanía es otra: los dispositivos, con la excusa del mantenimiento y la actualización, vienen dotados de agujeros "backdoor" y "kill switch", encriptados por razones también de seguridad, y accionables a distancia (la distancia que interesa aquí es la extraterritorial), accionables por satélites.

Creado el marco jurídico, todo lo demás es un problema técnico. Esto permite manejar en remoto una nueva herramienta de soberanía imperial, capaz de paralizar a distancia infraestructuras básicas, incluso móviles, como el transporte. No es necesario recurrir a ingeniería social y virus informáticos para paralizar centrifugadoras necesarias para producir bombas atómicas. Es suficiente con vender cosechadoras y camiones que formen parte del esquema. Y la única manera de substraerse a ella, es justamente salirse del esquema. La soberanía no implica ni solo ni únicamente controlar las fronteras físicas del territorio, ni controlar el espacio en dos dimensiones de los sistemas operativos, implica también controlar la interacción entre ellos, y no solo en el equipamiento militar. Sería todo muy civilizador si no implicara una concentración de poder en unas pequeñas élites, incontrolable no ya por las gentes del común, sino por estados supuestamente soberanos.

3.8. Sanciones extraterritoriales

Esta desaparición de la soberanía tecnológica es munición para la última arma que vamos a considerar: las sanciones económicas, cuyo origen, justificación, eficacia, dinámica, indican que, aparentemente, están netamente diseñadas y justificadas bajo la lógica del derecho penal. Por eso es imposible encontrar ningún análisis económico solvente "data driven" sobre su eficacia ni parcial, ni por supuesto sobre el cambio de régimen, supuesto objetivo último, nunca alcanzado. Si bien hay evidencia sobre el impacto retributivo, sobre los daños infringidos, exactamente igual que sucede con el derecho penal, no hay ninguna evidencia de cambios de conducta positivos la llamada reinserción en el ámbito penal.

Con independencia de las justificaciones formales, las sanciones, que son un acto de guerra en tanto que son extraterritoriales, no encuadrables en limitaciones al comercio en las fronteras propias, obtienen gran parte de su eficacia, apalancando sobre el network de transacciones, de modo que cuanto más integrado este un país en el comercio mundial más impactable es por las sanciones extraterritoriales. Ha sido una herramienta profusamente usada por USA, en la lucha por la hegemonía. Pero recientemente Europa, a su propia costa, se ha sumado con la fe del neófito. La última llegada, pero no la menor, es China, que parece dispuesta a dotar a la herramienta de una orientación diferente, apalancando sobre su potencia disruptiva de las cadenas de producción de valor por medios no financieros.

4. ALTERNATIVAS: LUCHAS POR LA HEGEMONÍA

Los imbalances y costes que acabamos de ver han generado oposición al orden hegemónico vinculado al US$. Esa oposición viene impulsada: (i) desde arriba, por Rusia y China; (ii) desde abajo, por muchos estados que se aproximan los poderes que disputan la hegemonía del US$, es decir, Rusia y China; (iii) desde dentro: populismos de derecha, especialmente en la UE, y contrasistema (irrelevante en 2022); (iv) desde USA, destruyendo el sistema desde dentro, con medidas proteccionistas. Esa oposición ha cristalizado en varias agendas:

(i) *Tecnocrática:* todo se puede conservar con reformas menores. Así si las economías China y USA tienen el mismo valor nominal, no puede sostenerse que Usa tenga el 16% de los derechos de voto y China el 6%; tampoco puede sostenerse que el G7 que reúne el 30% de la producción mundial, (mucho menos si se elimina de las contabilidades nacionales precisamente el sector financiero), tengan más del 40% del derecho de voto en el IMF. Tampoco es sostenible el reparto de la dirección del IMF para un europeo occidental y el WB para un norteamericano, o al revés. Se propone introducir el principio de doble mayoría, como en la UE, Estados por un lado y población que los habita por otra Con esta solución el predominio del US$ (con el concurso de la UE) seguirá intacto.

(ii) *Confluencia de la guerra cultural y económica:* Las instituciones IMF y WB, tienen que introducir en sus prioridades, la igualdad de género, color, el desarrollo sostenible, la lucha contra el cambio climático, (no el calentamiento global, es decir, contra sus consecuencias, no sus causas). Estas propuestas van acompañadas, en la parte estrictamente económica, con la actuación preventiva; en efecto se requieren (ii.a) mecanismos de consulta, implementación, supervisión y monitorización de las políticas económicas, para reducir la autonomía política de los estados y así evitar desastres; (ii.b) intervenir cuando hay señales que todo irá mal, antes de que empiece a ir mal; (ii.c) creación de sistemas de reaseguros para los estados, similares a las usadas para la compañías privadas; (ii.d) creación de estándares de prudencia financiera para los países igual que para los bancos. En el marco de la hegemonía los estados no son soberanos: es tiempo de formalizarlo. Se trata de pasar de Washington Consensus al Wall Street Consensus. Con esta solución el predominio del US$ incluso se reforzaría.

(iii) *Keynesiana:* se trata de volver al keynesianismo, pero a escala global —recuperando en mayor o menor medida la propuesta de Myrdal y el Bancor de Keynes—. Las propuestas concretas son (iii.a) transformar el IMF en un Banco Central del Mundo que proporciona una divisa mundial y tipos de cambio estables frente a las divisas nacionales; (iii.b) redistribución de los resultados del intercambio desigual, con USA, Japón, Alemania, y las rentas de situación de las satrapías árabes de las arenas del desierto, haciendo que el WB distribuya esos excesos de una suerte de un nuevo gran plan Marshall, en favor del gran sur; (iii.c) creación de una International Trade Organization, ITO, que reemplace la actual WTO, de modo que no se protejan solamente los intereses del gran norte —propiedad intelectual, fármacos, software,…—, sino que se garantice la apertura de mercados del norte a productos del sur, especialmente agrícolas, para facilitar en ellos la acumulación originaria, similar a la que tuvo lugar muchos años atrás en Europa y USA. No parece que cuente con suficientes apoyos ni en USA ni en el conjunto de los países de los 1.000 millones del gran norte.

(iv) *Paralela:* Con pasos lentos, pero notorios, se está ejecutando una agenda conducente a crear un sistema paralelo, que opera con otras monedas. Se desarrolla en el entorno de los BRICS y poco a poco va atrayendo a más países. Varias instituciones han sido ya creadas: Pool of Conditional Foreign Exchange Reserves, similar al IMF, New Development Bank, the Asian Infrastructure Investment Bank, similares al WB. En paralelo los préstamos en el marco de China's One Belt, One Road initiative, se han multiplicado, incluso dentro de Europa Occidental. Esta agenda parece ser la que tiene más posibilidades de salir adelante, toda vez que el sistema dólar actual es simplemente irreformable. Los ritmos son impredecibles.

En este contexto, la deliberada confusión entre la defensa de una agenda democrática y la defensa del US$, tiene cada vez menos recorrido, desde el punto y hora que los regímenes del gran sur, cuentan con otros aliados a los que recurrir. Esto hace imposible que otorgar o negar la credencial de "régimen democrático" a cambio de concesiones económicas, y justificar desestabilizaciones en base a violaciones de "derechos humanos", necesite algo más de imaginación que la que hasta ahora han mostrado la mayoría de los gobiernos que soportan el US$ y no pocas "organizaciones de la sociedad civil" (ONGs) y Think Thanks.

5. CONCLUSIÓN: OPORTUNIDADES DE DESARROLLO SOSTENIBLE

La superioridad de la democracia, que implica como condición de su misma supervivencia, la existencia de demócratas requiere ser evaluada con una perspectiva realista, prestando especial atención a su relación material con la tercera libertad de modo que sea posible entender, por una parte, cuáles son las fuentes de impotencia por diseño que impiden su despliegue, y por otra, separarla claramente de cualquier asociación que dé cobertura a despliegues hegemónicos con pretensiones imperiales. Solamente en este contexto, será posible entender que es necesario hacer para continuar en la senda del desarrollo sostenible, formulado en sus términos económicos por Gunnar Myral[17], mucho antes de que este nombre adquiriera tracción, e incorporara el significante medioambiental. Si se quiere hacer del desarrollo sostenible algo más que un simple reclamo comunicativo, más o menos adornado por otros enunciados, todo ello escrito en lenguaje burocrático, con afirmaciones yuxtapuestas carentes de integración sistémica alguna y por tanto ajenas, solo en apariencia, al principio de no contradicción, se requiere recuperar a escala planetaria la idea simple que hizo de la democracia el mejor régimen político posible. Una democracia liberada de las pretensiones de orden imperial y que, inspirada en la idea clásica de democracia que describimos al principio del texto:

i. No haya sufrido *captura regulatoria*, tanto en su dimensión cognitiva como material. La dimensión cognitiva de la captura es propiamente la base de la corrupción intelectual: la insensibilidad ante el sufrimiento ajeno —o su descarte como daños colaterales— hace imposible que la mayoría de los políticos de la mayoría de las democracias puedan imaginar un mundo diferente del mundo en el que hacen sus carreras; si dudan, son disuadidos por los "capitanes/as de las finanzas y la industria" con incentivos perversos —puertas giratorias que les permiten pasar de reguladores a regulados multiplicando por un factor nada despreciable sus emolumentos, participaciones en negocios futuros que resultan justamente de su intervención desregulando o cambiando la regulación, ...— o duramente castigados, casi siempre con acusaciones de corrupción, reales, o lo más común, imaginarias, convenientemente empaquetas en lotes (prensa + policías + fiscales y jueces) de "lawfare". Y es que, en la captura cognitiva, los llamados "poderes independientes", jueces y periodistas, juegan el papel fundamental. En este contexto el supuesto interés público

---

17 MYRDAL, G., *Beyond the welfare state. Economic Planning and Its International Implications*, Yale University Press, 1960.

al que deberían servir los cargos electos, no solo ni principalmente está condicionado por el interés particular de quienes les han votado —el argumento manido contra la democracia como incapaz de configurar una voluntad de todos— sino por el interés de otros que no solo no les han votado, sino que no tienen la más mínima disposición a que sus intereses sean objeto de escrutinio y decisión pública en ningún sitio, incluidas unas elecciones transparentes y competitivas.

ii. Los *legisladores no hagan dejación de su obligación* de seguir la evolución de la economía e intervenir a tiempo, de modo que no se dañen los servicios públicos, para lo que requieren un entorno de recursos del que, sorprendentemente, se privan en todos los parlamentos del mundo, supuestamente democrático. De modo que acaban delegando la tarea de control en los reguladores, supuestamente independientes, pero cuyos poderes están deliberadamente limitados, para asegurar que no ejerzan poder legislativo, y la supervisión sobre ellas —para asegurar que no caen en captura regulatoria— son o inexistentes o sorprendentemente débiles. Este tipo de "agencias independientes" ha estado creciendo en número y diversidad en los últimos 30 años, especialmente en la UE. Y también en la UE se aprecia cómo, con frecuencia, para bien o para mal, operan por su cuenta, incluso contra las supuestas líneas de las autoridades políticas, como ha sido el caso del BCE. Y lo que es peor, al estar exentos del escrutinio democrático, resultan incentivadas para elegir políticas que les independicen aun más de ese control, racionales desde su punto de vista político subjetivo, pero subóptimas en sus consecuencias, económicamente irracionales en términos objetivos, y persisten en ellas —aun cuando sea evidente su irracionalidad—. Para ello se esconden detrás de las "rules" patrocinadas por organizaciones internacionales, las cuales están también fuera de todo escrutinio democrático, e incluso informadas por científicos intelectualmente corruptos, o al menos promotores de ignorancia estratégica.

iii. Los *procesos de consulta,* que suelen preceder a la adopción de legislación reguladora, no estén capturados por quienes —los pocos— precisamente no tienen interés alguno en ser regulados, frente a los demás, las gentes del común —los muchos— en la protección de los cuales se suele justificar la regulación. La asimetría se ve constantemente. Evidentemente, si la sociedad civil no está organizada autónomamente, y no suele estarlo cuando los intereses son difusos y no se manifiestan a las gentes del común de modo evidente, la única manera es proporcionar fondos públicos a instituciones que no hayan sido capturadas por los pocos y no hayan sufrido procesos de corrupción institucional. Si hay que regular, es porque no funciona solo, es porque los intereses no son idénticos.

iv. Las leyes y reglamentos no estén rellenos de *conceptos administrables*, al arbitrio de tribunales, normalmente incompetentes y susceptibles de captura, intelectual y de la otra, de modo que con los asesores jurídicos adecuados de su lado, los actores privados, suficientemente poderosos, puedan a menudo escapar a la regulación, rediseñando el modo como operan, o trasladando sus actividades contables a otro lugar al tiempo que mantienen sus operaciones reales en los territorios donde realmente capturan los recursos. Con frecuencia, desde el mismo proceso de consultas para adoptar una regulación, son bufetes de abogados al servicio de los menos, que les siguen en cada movimiento por el mundo, los que codifican las claves de los borradores, con los correspondientes agujeros, que posteriormente explotaran adecuadamente.

v. Los *derechos económicos y ambientales* pasen de ser meros reclamos, sin valor jurídico alguno, a ser no solo incorporados en las declaraciones universales de los derechos humanos y las constituciones económicas, sino en las leyes positivas que hagan posible la reclamación efectiva de su prestación y cumplimiento, no solo como libertades negativas, sino como libertades materiales positivas, de modo que el "douceur du commerce" alcance a todos. Entonces sí, estaremos en la senda del "desarrollo sostenible".

Referencias bibliográficas

ADKINS, L., COOPER, M. y KONINGS, M., *Asset Economy*, Polity Press, 2020.

BARTA, Z., y JOHNSTON, A., "Entitlements in the crosshairs: how sovereign credit ratings judge the welfare state in advanced market economies", *Review of International Political Economy*, 28, 2020, pp. 1169-1195.

BARTA, Z., y JOHNSTON, A., "Rating Politics? Partisan Discrimination in Credit Ratings in Developed Economies", *Comparative Political Studies*, 51, 2017, pp. 587-620.

BARTA, Z., y MAKSZIN, K., "The politics of creditworthiness: political and policy commentary in sovereign credit rating reports", *Journal of Public Policy*, 41, 2021, pp. 307-330.

FLEISCHACKER, S., *A third concept of liberty*, Princeton University Press, 1999.

GASPAROTTI, A., y KULLAS, M., "20 Years of the Euro: Winners and Losers. An empirical study", *Tech. rep., cep Centrum für Europäische Politik*, 2019.

KLEIN, M. C., y PETTIS, M., *Trade Wars Are Class Wars*, Yale University Press, 2020.

KNIGHT, F., *Risk, uncertainty and profit*, Houghton Mifflin Company, 1921.

MYRDAL, G., *Beyond the welfare state. Economic Planning and Its International Implications*, Yale University Press, 1960.

NUÑEZ, M., "Corrupción: ampliando el alcance. Corruption: Expanding the reach", *Tendencias Sociales*, Revista de Sociología, 8, 2022, pp. 5-36.

NUÑEZ, M., "Denuncia de la corrupción: entre lo público y lo privado", *Center for Open Science*, May, 2022.

OATLEY, T., y BILYANA, P., "The global deregulation hypothesis", *Socio-Economic Review*, 20, 2022, pp. 611-633.

PISTOR, K., *Code of Capital*, Princeton Univers. Press, 2019.

SCHUMPETER, J. A., *Historia del Análisis Económico*, Editorial Ariel, 1982.

SOROS, G., "The crash of 2008 and what it means", *Public Affairs*, 2009.

STELLINGA, B., y MÜGGE, D., "The regulator 'conundrum'. How market reflexivity limits fundamental financial reform", *Review of International Political Economy*, 24, 2017, pp. 393-423.

VAALER, P. M., BURKHARD N., y BLOCK, S., "Elections, Opportunism, Partisanship and Sovereign Ratings in Developing Countries", *Review of Development Economics*, 10, 2006, pp. 154-170.

EL DIFÍCIL CAMINO DE LA AGENDA DE LOS ODS 2030 EN EL CONTEXTO DE LA "GUERRA DEL GAS": EL SECTOR GASÍSTICO EUROPEO, DESDE EL EMPRENDIMIENTO Y LA INNOVACIÓN HASTA LA TIRANÍA DE LA GEOPOLÍTICA

THE DIFFICULT PATH OF THE 2030 ODS AGENDA IN THE CONTEXT OF THE "GAS WAR": THE EUROPEAN GAS SECTOR, FROM ENTREPRENEURSHIP AND INNOVATION TO THE TYRANNY OF GEOPOLITICS

ANTONIO JESÚS PINTO TORTOSA[1]

Resumen

El 24 de febrero de 2022 el gobierno ruso ordenó la invasión de Ucrania, dando así comienzo a una cruenta guerra que sigue su curso. Sin menoscabar el coste del conflicto en vidas humanas, tanto en el frente como en la retaguardia, un nuevo factor ligado a él ha saltado a la palestra, condicionando la vida de toda Europa: la energía. En esta investigación se analiza la evolución del gas como fuente de energía en el continente, vinculando su explotación y el modelo occidental de desarrollo con el incumplimiento de la Agenda de los ODS 2030.

Palabras clave: gas - energía - sostenibilidad - geopolítica - ODS 2030

Abstract

On 24 February 2022, the Russian government ordered the invasion of Ukraine, starting a cruel war that goes on. Without ignoring the war's cost in human lives, in the front and in the rearguard, a new element has conditioned Europe's daily life: energy. In this research, I analyze the evolution of gas as energy source in the continent, linking its exploitation to the western development model, and to the non-compliance of the 2030 Sustainable Development Goals.

Keywords: gas - energy - sustainability - geopolitics - 2030 Sustainable Development Goals

---

[1] Profesor titular en el Departamento de Historia Moderna y Contemporánea de la Universidad de Málaga (antoniojesus.pinto@uma.es). Todas las páginas web mencionadas en este trabajo se han consultado el 30 de enero de 2023.

Sumario: 1. INTRODUCCIÓN: Y DE PRONTO… UNA GUERRA. 2. MARCO TEÓRICO Y CONTEXTO HISTÓRICO. 3. GUERRA FRÍA Y DESHIELO: DEPENDENCIA ENERGÉTICA VS. DEMOCRACIA Y SOSTENIBILIDAD. 4. CONCLUSIÓN.

1. INTRODUCCIÓN: Y DE PRONTO… UNA GUERRA[2]

El 24 de febrero de 2022, tras semanas de escalada de tensión entre el gobierno ruso y el ucraniano, ocurrió un suceso en apariencia inusitado, que cogió desprevenidos incluso a los expertos en la región: la invasión rusa de Ucrania. Esta agresión, injustificada y contraria a todo principio de Derecho Internacional, dio comienzo a un conflicto que, en el momento en que se escriben estas líneas (enero de 2023), se mantiene en vigor. Ahora bien, como se apuntaba, lo sorprendente de la invasión rusa ha de matizarse, pues en realidad no fue sino la culminación de un conflicto silencioso librado entre ambos países desde los primeros años del siglo XXI. Uno de los nombres propios que resulta esencial para entender el desenlace bélico es el de Víktor Yanukóvich, primer ministro ucraniano en 2004 y 2006, de claras simpatías prorrusas, que en 2010 obtuvo la presidencia de la República. Su actitud frente a la vecina Moscú le mereció una oleada permanente de contestación de las masas y de la oposición política, que aupó al poder a sus opositores Víktor Yúshchenko y Yulia Timoshenko, en 2005, primero, y en 2007, después. Sin embargo, fue su rechazo de adhesión de Ucrania al Tratado de Asociación con la Unión Europea en el año 2013, con el fin de mantener una postura más cercana a Rusia, la que provocó el estallido de la Revolución del Maidán en las primeras semanas de 2014.

La dura represión desatada por Yanukóvich, que se saldó con casi un centenar de muertos, más de 15.000 heridos y aproximadamente otro centenar de desaparecidos en las aciagas jornadas de febrero de

---

2 Esta investigación forma parte de los resultados de la Red Temática "INGEURSUR: Ingenieros y Modernización de la Europa del Sur (Siglos XVIII-XX)", financiada por el Vicerrectorado de Investigación y Transferencia de la Universidad de Málaga. De igual forma, se incluye entre los resultados del Proyecto de Investigación I+D+i "El gas en la Europa Latina: una perspectiva comparada y global (1818-1945)", PID2020-112844GB-100, financiado por el Ministerio de Ciencia e Innovación y Fondos FEDER.

2014, derivó en la declaración del Parlamento sobre la incapacidad del presidente para seguir rigiendo el destino del país, por lo que se convocó a elecciones para el mes de mayo. Acto seguido, algunos territorios del este de Ucrania, en la región del Donbas, donde el propio Yanukóvich había sido gobernante antes de asumir responsabilidades de gobierno, iniciaron una maniobra secesionista. Esta consistió en la convocatoria de referéndums para iniciar la desconexión respecto a Ucrania y proclamar la anexión a Rusia, lo cual dio principio a una encarnizada guerra que, con altibajos, se ha prolongado desde el mismo año 2014 hasta la actualidad[3]. Así pues, siguiendo el hilo argumental expuesto en las primeras líneas de esta investigación, la invasión del territorio ucraniano por las tropas rusas no es sino el último episodio de una historia de confrontación cuyas raíces más superficiales han de rastrearse en el propio año citado, si bien sus orígenes profundos entroncan con la controvertida relación entre rusos y ucranianos desde la constitución misma de la URSS. En definitiva, los sucesos de febrero de 2022 y el conflicto subsiguiente, pese a sus dramáticas implicaciones, no deben sorprender al observador actual.

---

[3] Para un estudio detallado de los sucesos de 2014 y su evolución inmediatamente posterior, conviene consultar la obra colectiva RUIZ RAMAS, R. (Coord.), *Ucrania. De la Revolución del Maidán a la Guerra del Donbass,* Comunicación Social. Ediciones y Publicaciones, Salamanca, 2016. Asimismo, reviste gran valor el prolijo estudio de las relaciones entre Rusia y Ucrania en TAIBO, C., *Rusia frente a Ucrania: imperios, pueblos, energía,* Catarata, Madrid, 5ª ed., 2022. En lo tocante a la citada relación entre rusos y ucranianos durante el periodo de vigencia de la URSS, interesa subrayar la apreciación de Tony Judt en su monografía de referencia sobre la Guerra Fría, *Postwar*: él incide en la paradoja sobre la relevancia de Ucrania para los intereses económicos de la Unión Soviética, de una parte, y el trato recibido por esta última, de otra. Piénsese que, en la década de 1980, por ejemplo, Ucrania aportaba el 80% de los recursos carboníferos de toda la URSS, y el 40% de su producción agrícola. Pese a ello, la actitud de Moscú hacia los ucranianos era meramente colonial, limitándose a explotar los recursos y la población del territorio sin ofrecer nada a cambio. Así se explica el impulso al desmembramiento de la Unión Soviética desde Ucrania en la coyuntura 1990-1991, y la tensión constante entre ambos territorios, desde la perspectiva de que para Rusia, la región ucraniana representa una parte usurpada de su territorio que ha de esforzarse en controlar para disponer de su llamada "zona de seguridad". JUDT, T., *Postwar. A History of Europe since 1945,* Vintage Books, New York, 2010., pp. 648-649.

La condena internacional subsiguiente a la violación de la soberanía ucraniana por las tropas rusas no se hizo esperar, traduciéndose en una amplia, a la par que compleja, sucesión de sanciones diplomáticas y económicas[4]. No obstante, buena parte de los países de Europa oriental, central y occidental ha debido enfrentarse a una curiosa dicotomía en medio del conflicto: la disyuntiva entre su convicción de que el acto perpetrado por Moscú es inadmisible y, en consecuencia, merece ser castigado, y la absoluta conciencia sobre su dependencia del suministro del gas natural ruso. En efecto, en tanto que poseedora de una amplia reserva de gas natural en su territorio, Rusia se ha convertido con el paso de los años en proveedora del 43% del gas en el mercado mundial, generando 6,6 millones de metros cúbicos diarios, de los cuales un 72% se destina exclusivamente a territorios europeos. Entre estos últimos, las Repúblicas Bálticas (Estonia, Letonia y Lituania) y Eslovaquia liderarían, según Reuters, la lista de países dependientes del suministro ruso, con un 100% de importación de gas desde este país. Le siguen Hungría (95%), Eslovaquia (85%), Alemania (65%), Polonia (55%) e Italia (48%); España, por su parte, apenas importa un 10%, dependiendo mucho más del gas argelino, así como del gas licuado transportado desde Estados Unidos[5].

La reacción rusa a las sanciones occidentales no ha sido otra que interrumpir el suministro de gas natural a través de los principales gasoductos operativos, significativamente Nord Stream y Nord Stream 2, este último saboteado en septiembre de 2022, sin que se haya conseguido dilucidar la autoría de dicho sabotaje. El efecto inmediato de la respuesta de Vladimir Putin, para un mundo europeo y occidental altamente dependiente del gas como fuente de energía en todos sus procesos productivos, ha sido un encarecimiento de la vida: primeramente, de los precios de la energía en sí mismos, puesto que su regulación europea diaria se hace sobre la base del precio del gas, que resulta siempre la fuente de energía más cara.

---

4 CONSEJO EUROPEO, "Cómo funcionan las sanciones de la UE contra Rusia", 2022, online: *https://www.consilium.europa.eu/es/policies/sanctions/restrictive-measures-against-russia-over-ukraine/sanctions-against-russia-explained/*

5 Citado en RTVE, "La dependencia del gas ruso de Europa y España: ¿cuáles son las alternativas?", *RTVE Noticias*, 27/04/2022, online: *https://www.rtve.es/noticias/20220427/dependencia-gas-ruso-europa-espana/2297085.shtml*

En segundo lugar, de los bienes para cuya producción es preciso el empleo de energía, lo cual abarca un amplio abanico de productos, que va desde los bienes y alimentos de primera necesidad, hasta otro tipo de productos de naturaleza más superflua. El fenómeno, como se puede prever, ha derivado en una nueva crisis económica, caracterizada por la hiperinflación, que ha movido a los gobiernos europeos a adoptar una actitud de condena diplomática a Rusia, en lugar de optar por una clara ruptura de relaciones que derivase en una ampliación del escenario bélico. Todo ello agravado por el miedo a la capacidad de destrucción del arsenal armamentístico de los dos países en liza, y de los involucrados potenciales a favor de uno y otro bando, si la guerra llegara a trascender de hecho las fronteras ruso-ucranianas.

Dejando de lado, de momento, la guerra de Ucrania propiamente dicha, el contexto interesa porque parece haber despertado la conciencia colectiva sobre un hecho relevante: la extrema dependencia energética mundial respecto al gas natural, en tanto que fuente de energía básica para mantener el nivel productivo requerido por el mercado global. El mejor reflejo de esta súbita toma de conciencia es la aparición, en el foro público de debate, de cuestiones ausentes hasta hace un año, pese a su tremenda relevancia y sus graves implicaciones sobre la vida cotidiana de la ciudadanía occidental. Entre ellas, destaca la propia dependencia energética, el fenómeno de la inflación, el modelo productivo imperante, las cadenas de suministro, la elevación del coste de la vida y las herramientas para contrarrestarla, etc. Llegado este punto, parece conveniente volver la vista al pasado, concretamente a los albores de la Revolución industrial, para rastrear el origen del gas como fuente de energía esencial para la Europa fabril. Sobre todo, interesa analizar su transformación con el paso del tiempo, de una fuente de energía cuya explotación estaba ligada a la curiosidad científica, los avances técnicos, las exigencias productivas y el espíritu emprendedor, a un recurso anhelado en términos geoestratégico para garantizar la independencia de suministro de cada país, que a su vez constituye un factor esencial para definir la posición de fuerza de cada estado en el mercado internacional.

Así pues, una vez hecha esta introducción, en el segundo epígrafe se presenta el marco teórico y metodológico de la investigación que nos atañe, para, seguidamente describir el contexto político, social y económico en que se produjo el despegue de la industria gasística europea. Una vez sentadas las bases de partida, en el tercer epígrafe se estudiará el cambio en la mentalidad latente tras la explotación industrial del gas durante el siglo XX, concretamente tras la II Guerra Mundial. Un cambio motivado, fundamentalmente, por las primeras experiencias de descubrimiento y explotación de reservas de gas natural, que convirtieron a determinados países, en apariencia secundarios en el concierto internacional, en socios preferentes, pues de su suministro dependía una industria que, poco a poco, abandonaba el petróleo como fuente de energía básica. En las conclusiones, se incide en la urgencia de un necesario cambio de mentalidad, que lleve a convencer a la ciudadanía de que los problemas de suministro experimentados en los últimos tiempos hablan no solo de la extrema dependencia energética de nuestra sociedad, sino también de la imposibilidad de mantener un ritmo de explotación global que está esquilmando los recursos del Planeta.

2. MARCO TEÓRICO Y CONTEXTO HISTÓRICO

El capítulo que me ocupa constituye, en primera instancia, un trabajo de geopolítica crítica. En realidad, el punto de partida del análisis debe ser, y de hecho es, la geopolítica clásica, concretamente los planteamientos de Halford Mackinder y Nicholas Spykman. En lo tocante al primero, la preponderancia rusa como potencia clave en el aprovisionamiento energético del mundo parece confirmar su perspectiva sobre el equilibrio de poderes europeo en el tránsito del siglo XIX al siglo XX. Mackinder, en lo que constituía una suerte de advertencia al Reino Unido sobre el inminente fin del dominio de las potencias marítimas, subrayó las ventajas del entonces Imperio Ruso, controlador absoluto del *Heartland*, tanto por la disponibilidad de los recursos del Planeta como por su inaccesibilidad por otras potencias[6]. Por su parte Spykman, en el contexto de la II Guerra

6 MACKINDER, H. J., "The geographical pivot of history", *The Geographical Journal*, vol. 23, 1904, pp. 421-437.

Mundial y la Posguerra, desarrolló la teoría del *Rimland*, identificado como el área territorial comprendida entre el *Heartland* y las "Islas Exteriores", esto es, el territorio correspondiente con Europa occidental, Asia y la Península Arábiga. A su juicio, el *Rimland* serviría para contener la expansión soviética, que no era inevitable desde su perspectiva, pero era previsible[7]. Es precisamente esta zona de control la que ha suscitado la tensión entre Rusia y sus vecinos de Europa central y occidental, pero a la inversa, pues en esta ocasión es Moscú quien la ha concebido como su "zona de seguridad", para prever una posible expansión de las ambiciones territoriales occidentales hacia su territorio[8].

Incluso podría verse alguna reminiscencia de la Doctrina Truman, y la teoría de la contención, en la maniobra emprendida por las potencias occidentales para hacer frente a lo que consideran el afán expansionista ruso, que, desde la óptica de Putin, se justifica como un mero instinto de conservación ante la amenaza permanente de Occidente[9]. Sin embargo, se insiste en la perspectiva crítica de esta investigación, porque prestando atención a los intereses geoestratégicos de las principales potencias globales se pierde de vista un hecho esencial: en el fondo, las visiones y escuelas geopolíticas enumeradas no hacen sino priorizar los intereses de cada país para adquirir una posición preeminente en el concierto mundial. En cambio, la urgencia es otra y el punto de vista, desde la óptica que se asume en estas líneas, es diametralmente opuesto: la urgencia climática. La

---

7 SPYKMAN, N. J., *America's Strategy in World Politics: The United States and the Balance of Power*, Harcourt, Breach & Company, San Diego, 1942.

8 Robert D. Kaplan ha reflexionado sobre la actitud rusa en su política exterior, explicándola por el miedo atávico de los gobernantes de aquel territorio a una invasión exterior, considerando dos elementos condicionantes de la geografía rusa: la falta de salida al mar y la configuración relativamente plana de su zona de influencia, más allá de los Urales. De hecho, Kaplan subraya cómo Rusia ha sido atravesada a lo largo de su historia por diversos pueblos que la han intentado conquistar (mongoles, tártaros, turcos...), lo cual no ha hecho sino calar profundamente en la mentalidad de los dirigentes del país, condicionando en el futuro sus relaciones con los países vecinos. KAPLAN, R.D., *The Revenge of Geography. What the map tells about coming conflicts and the battle against fate*, Random House Trade Paperbacks, New York, 2012, pp. 103-113.

9 X [KENNAN, G. F.], Mr., "The Sources of Soviet Conduct", *Foreign Affairs*, vol. 24, n. 4, 1947, pp. 566-582.

perpetuación del modelo de desarrollo y del paradigma imperante en Relaciones Internacionales en los últimos años es absolutamente incompatible con las posibilidades y los recursos de un Planeta que, en la última década, está dando claras señales de agotamiento. Así pues, se requiere cambiar la perspectiva de análisis, para que el poder deje de estar en el centro y ocupe ese lugar la preservación del medio que nos rodea, como primer paso para garantizar la supervivencia humana en la Tierra[10].

En el terreno de las Relaciones Internacionales, recién mencionadas, el escenario que nos atañe parece dominado por una dialéctica entre realismo y neoliberalismo. Podrá argumentarse que, en realidad, el realismo clásico, enunciado entre otros por Hans Morgenthau[11], y visible en el conflicto actual tanto en la actitud rusa, como en los sectores de opinión política que claman por una acción contundente contra Moscú, halla su confrontación en el idealismo wilsoniano[12], esto es, la llamada a la diplomacia y al refuerzo de los vínculos y la cooperación entre estados. Lejos de ser así, la apelación a la diplomacia no obedece en absoluto a una creencia en el valor de la resolución pacífica de los conflictos, sino al deseo de preservar los estrechos y fuertes vínculos forjados al ritmo de las relaciones económicas globales, consolidadas por el orden neoliberal. En efecto, la postura a favor de la solución diplomática se sustenta sobre la necesidad de preservar unos lazos comerciales que posibilitan el mantenimiento del nivel productivo mundial, el cual, a su vez, ha de atender una creciente demanda por los integrantes de dicho mercado. En consecuencia, la perspectiva que se adopta en esta investigación, en lo concerniente al enfoque teórico de Relaciones Internacionales, es constructivista, desde la convicción de que las prioridades de la agenda de seguridad internacional obedecen no a la emergencia real a la que se enfrenta nuestra sociedad, en términos de supervivencia,

---

10 TAIBO, C., *Colapso. Capitalismo terminal, transición ecosocial y ecofascismo*, Catarata, Madrid, 2ª edición, 2022.

11 MORGENTHAU, H. J., *Politics Among Nations: The Struggle for Power and Peace*, Alfred A. Knopf, New York, 1948.

12 UNITED STATES. PRESIDENT, *Address of the President of the United States: delivered at a joint session of the two houses of Congress*, Govt. print. off, 1918 (08/01/1918).

sino a la hoja de ruta definida por los principales poderes políticos y económicos[13].

En la medida en que este texto contiene también un análisis histórico de la evolución de la explotación del gas en Europa, desde el siglo XVIII hasta el momento presente, es una investigación concebida desde la óptica de la historia económica comparada. El alumbrado por gas, empleado también en la calefacción, es consustancial al despegue mismo de la industria europea en el tránsito del Setecientos al Ochocientos. Es lógico que el país que lideró la explotación de esta fuente de energía, obtenida inicialmente a partir de la combustión del carbón, fuera el Reino Unido. De hecho, correspondió a William Murdoch el papel de pionero en el fomento del gas para la iluminación, en el año 1792; tan solo siete años después tomó el testigo Francia, de la mano de Philippe Lebon. Estas primeras experiencias eran precisamente eso, tentativas y pruebas domésticas emprendidas con medios muy convencionales, cuyos resultados fueron, en consecuencia, discretos. Fue el germano Albrect Winzer, que adaptó su nombre al inglés, transformándolo en Frederick Winsor, quien siguió la estela del francés Lebon para dar un importante paso cualitativo: la construcción de fábricas de gas de grandes dimensiones, cuyo cometido era el de centralizar la producción para abastecer un abanico de clientes potenciales mucho más amplio. Frente a él, Murdoch se mantuvo fiel a su idea de instalar pequeñas fábricas para iluminar establecimientos concretos. La aparente mayor amplitud de miras de Winsor se tradujo también en una mejor visión empresarial, pues se anticipó a Murdoch en la solicitud de una patente para la producción de gas a partir de carbón. El año 1812 vería la culminación de su obra con la fundación de *Gas Light and Coke Company*, primera compañía de toda Europa encargada del suministro de gas en su país[14].

---

13 En este sentido, entre los referentes de este texto figura CAMPBELL, J., *Writing Security. United States' Foreign Policy and the Politics of Identity*, University of Minnesota Press, Minneapolis, 1998.

14 THOMAS, R., *Gasworks Profile A: The History and Operation of Gasworks (Manufactured Gas Plants) in Britain*, Containated Land - Aplications in Ral Environments (CLAIRE), London, 2014, pp. 4-6. Citado en FERNÁNDEZ-PARADAS, M. y PINTO TORTOSA, A. J., "La saga de los ingenieros británicos Manby y su contribución a la industria del gas en Francia y España (1776-1884)", *Asclepio. Revista de Historia de la Medicina y de la Ciencia*, vol. 73, n. 2, 2021, p. 561.

Los siguientes entornos en los que se reprodujo el uso del gas como fuente de energía industrial fueron los que se corresponden con la llamada "Europa Latina", a saber, Francia, Italia, Portugal y España. La rápida generalización del empleo del gas de carbón se debió a su indiscutible contribución a mejorar la vida de la ciudadanía. Asimismo, las redes de tuberías por las que se canalizaba se adaptaban a las condiciones del territorio. A ello hay que añadir su relación directa con el proceso de industrialización, no solo en la medida en que constituyó un símbolo de modernidad, sino también porque transformó el horario laboral en los contextos fabriles, permitiendo que la jornada se extendiera más allá de las horas de prevalencia de la luz solar. De igual forma, repercutió en la ampliación de la vida nocturna de ocio, motivos por los cuales las corporaciones municipales pugnaron por dotar a sus ciudades respectivas de alumbrado por gas. En el ámbito de lo puramente industrial, el empleo del motor de gas posibilitó el incremento de la productividad, prolongando la actividad durante la noche y mecanizando determinadas funciones[15]. El último elemento que ayuda a explicar su éxito fue su papel en la mejora de la comodidad doméstica, pues, como se ha indicado en páginas precedentes, el gas se empleó también para cocinar, en la calefacción del hogar, etc[16].

En el entorno geográfico descrito, identificado a grandes rasgos con la Europa occidental y la Europa del sur, la iniciativa para la exportación de la industria gasística correspondió a Francia. En general, tanto el país galo como Gran Bretaña, en su condición de pioneros de esta actividad, debieron capitalizar el desarrollo del sector

---

15 FERNÁNDEZ-PARADAS, M., MEDINA-RUIZ, I.-D. y PINTO TORTOSA, A. J., "Ingenieros y empresarios del gas en el Ochocientos, vínculos entre España y Francia", en MEDINA-RUIZ, I.-D., PINTO TORTOSA, A. J., RAVINA RIPOLL, R. y RODRÍGUEZ MARTÍN, N., (coords.), *Los Ingenieros en la Europa del Sur (Siglos XVIII-XX)*, Tirant lo Blanch, Valencia, 2022, pp. 125-144.

16 FERNÁNDEZ-PARADAS, M., *La industria del gas en Córdoba (1870-2007)*, Fundación Gas Natural, Barcelona, 2009; FERNÁNDEZ-PARADAS, M. y RODRÍGUEZ MARTÍN, N., "Well-being and happiness: the role of gas and electricity during the birth of the consumer society in Spain in the first third of the 20th century", en RAVINA RIPOLL, R., BAYARDO TOBAR PESÁNTEZ, L., GALIANO CORONIL, A. y MARCHENA DOMÍNGUEZ, J. (eds.), *Happiness Management and Social Marketing: A wave of sustainability and creativity*, Peter Lang, Bruxelles, 2021, pp. 119-131.

en el Viejo Continente exportando capital material y humano[17]. Es decir, además de la inversión en metálico de las empresas británicas y francesas en la promoción de la industria del gas en la mayor parte de Europa, los propios ingenieros y empresarios oriundos de aquellas dos localizaciones marcharon al resto de países para dirigir, in situ, el inicio del negocio gasístico. La inversión foránea era requerida porque se precisaba el aporte de ingentes cantidades de dinero, además de un acervo de conocimientos técnicos y de gestión que, con frecuencia, no estaba disponible en los países donde el sector debía despegar. Por añadidura, a los obstáculos financieros y de formación del personal nacional había de sumarse otro factor más: la prevalencia, en muchos casos, de una infraestructura política, económica y social anclada aún en la Edad Moderna, que requería de un impulso novedoso desde el exterior, para transformarse en un marco más propicio a las relaciones económicas contemporáneas. En general, los individuos que iniciaron el negocio gasístico en buena parte de Europa reunían en su persona la doble condición de empresarios e ingenieros[18]. Se evidencia así un innegable espíritu emprendedor, en el que es posible detectar no solo el deseo de hacer negocio y obtener beneficio, sino también de experimentar con nuevos procedimientos para mejorar la calidad del servicio, factores que definirán el desarrollo del gas hasta el tránsito al siglo XX.

A finales del Ochocientos y comienzos de la vigésima centuria la industria gasística debió reconvertirse para hacer frente a la competencia de la electricidad, que conseguía ofrecer el mismo servicio

---

[17] En Italia también hubo inversión de capital humano y material procedente de Alemania y Suiza, sin despreciar la participación del capital belga en España y Portugal. MARTÍNEZ-LÓPEZ, A. y MIRÁS ARAUJO, J., "La transferencia de tecnología en la Europa Latina: el papel de la *Société Technique de l'industrie du Gaz en France*, 1895-1938", *Asclepio. Revista de Historia de la Medicina y de la Ciencia*, vol. 73, n. 2, p. 563.

[18] FERNÁNDEZ-PARADAS, M. y PINTO TORTOSA, A. J., "¿Emprendedor o "conseguidor"? William Partington Hurts y el despegue de la industria española del gas", en BARTOLOMÉ RODRÍGUEZ, I., FERNÁNDEZ-PARADAS, M. y MIRÁS ARAUJO, J. (eds.), *Cercanas pero distintas. La desigual trayectoria de la industria del gas en las regiones del sur de Europa (siglos XIX-XX)*, Marcial Pons, Madrid, 2020, pp. 249-365; FERNÁNDEZ-PARADAS, M. y PINTO TORTOSA, A. J., "Melitón Martín Arranz (1820-1886): ingeniero y promotor del despegue de la industria gasística española", *Llull*, vol. 44, n. 88, 2021, pp. 175-193.

que ella, a costes más rentables. De hecho, parte de las principales empresas dedicadas al sector gasístico decidió dedicarse a la electricidad, consciente de la imposibilidad de competir con esta última forma de energía en igualdad de condiciones[19]. Las dos continuaron disputándose el mercado energético europeo hasta después de la II Guerra Mundial[20], cuando se descubrieron las primeras reservas de gas natural en algunos países europeos, que a partir de entonces se dedicaron a su explotación para conseguir la independencia energética. No obstante, a partir de 1945 las principales potencias mundiales parecieron aprender una valiosa lección para sus intereses: ante la eventualidad de una nueva conflagración global, la garantía de suministro energético era sinónimo de independencia, y de fortaleza comparativa respecto a los adversarios potenciales. Esta conciencia, en un contexto en el que las relaciones internacionales en el ámbito global se definieron sobre la base de un sistema bipolar blando, incitó a las grandes potencias a buscar una provisión de fuentes de energía en todos los rincones del Planeta, construyendo en adelante sus alianzas con otros países sobre la base del interés económico y energético, por encima de cualquier otra consideración política o social. El espíritu emprendedor y el deseo de innovar habían cedido pues terreno a la geopolítica, motivando así la transición hacia un nuevo escenario mundial, que se estudia en el siguiente epígrafe.

3. GUERRA FRÍA Y DESHIELO: DEPENDENCIA ENERGÉTICA VS. DEMOCRACIA Y SOSTENIBILIDAD

La posguerra no supuso en absoluto el final de las hostilidades. Como ya augurara Winston Churchill en su discurso pronunciando en el Westminster College de Fulton, en Missouri, en marzo de 1946,

---

19 FERNÁNDEZ-PARADAS, M., LARRINAGA RODRÍGUEZ, C. y PINTO TORTOSA, A. J., "Gas companies' involvement in electricity in Spain and France between late 19th century and the 1920s", *European Business History Association (EBHA) 2022 Conference*, CUNEF, Madrid, 22-24 de junio de 2022.

20 FERNÁNDEZ-PARADAS, M., MARTÍNEZ-LÓPEZ, A. y MIRÁS ARAUJO, J., "Gas Companies in Latin Europe meeting the Challenges of World War II", *European Business History Association (EBHA) 2022 Conference*, CUNEF, Madrid, 22-24 de junio de 2022.

el Telón de Acero caía sobre Europa y el Mundo cuando el eco de los tanques apenas se acababa de extinguir en los campos de batalla. En adelante, el Bloque Occidental y el Bloque Oriental mantendrían una tensión que se prolongaría durante casi medio siglo, que para los efectos e intereses de la presente investigación tuvo dos derivaciones esenciales, confluyentes en el mismo punto. Por una parte, el mundo capitalista se embarcó en una ardua labor de reconstrucción en los países devastados por la II Guerra Mundial, que precisaban de una urgente restauración de su infraestructura básica. A ello contribuyó de manera decidida el Plan Marshall[21], que además proporcionó a los estados europeos en particular, y occidentales en general[22], la base material para alcanzar el otro gran objetivo propuesto: la construcción del "estado del bienestar". Este anhelo venía motivado por dos razones básicas: en primer lugar, la convicción absoluta de que era preciso reparar las consecuencias de una segunda conflagración global, que había alcanzado niveles de destrucción y violencia desconocidos hasta entonces; en segundo lugar, el *baby boom* experimentado en la posguerra, que implicó un crecimiento demográfico ingente a escala mundial.

Así pues, desde la perspectiva de las potencias occidentales, era urgente proporcionar a estas nuevas generaciones un estándar de vida estable y consolidado, que garantizase la cobertura de los servicios y necesidades esenciales de la población. Fue ahora cuando se concibió la construcción del "estado social" en la Gran Bretaña laborista de Clement Attlee, por ejemplo, mediante la cobertura educativa y sanitaria por parte del Estado; cuando se "democratizó" el acceso a la Universidad en todo el mundo occidental, con excepciones notables como Portugal y España, aún bajo regímenes dictatoriales; o cuando se generalizó el acceso a los espectáculos de masas y a una amplia gama de productos culturales[23]. Por otra parte, en el Bloque Oriental

---

21 TRUMAN, P. H., "The Truman Doctrine", en Ó TUATHAIL, S. D. y ROUTLEDGE, P. (eds.), *The Geopolitics Reader*, Routledge, London, 2ª edición, 1998, pp. 58-60.

22 El Plan Marshall no fue de disfrute exclusivo para el bloque capitalista. Estados Unidos ofreció también la posibilidad de participación a los países de la órbita soviética, que lo rechazaron de plano con una excepción: la Yugoslavia del general Tito. Nota del autor.

23 JUDT, *op. cit.*, pp. 72-77.

se emprendía el mismo esfuerzo de reconstrucción, al tiempo que la convicción sobre la inevitable confrontación con el adversario liberal capitalista animaba a una escalada productiva en la industria armamentística[24]. De igual forma, uno y otro bloque se embarcaron en una carrera de innovación tecnológica vinculada a sectores clave, con el fin de competir entre sí no solo en el terreno de las ideas, sino también en el ámbito de la economía y el desarrollo. Quizá el ejemplo más ilustrativo de esta rivalidad sin cuartel por encabezar la vanguardia tecnológica sea la llamada "Guerra de las Galaxias" o "Carrera Espacial"[25].

En cualquier caso, lo que interesa subrayar es que, tanto la ansiada consecuención del estado de bienestar, como la confrontación entre dos modelos productivos antagónicos, provocó un incremento de la demanda de materiales, que a su vez repercutió en un aumento de la producción industrial. Necesariamente, el incremento del ritmo fabril hubo de estar ligado a la búsqueda de soluciones para mejorar la productividad, de modo que la dependencia mundial de las fuentes de energía, capaces de poner la industria en funcionamiento, creció. Los procesos para la obtención de gas de carbón para la iluminación, así como la generación industrial de electricidad, se depuraron, al tiempo que dos nuevos combustibles fósiles vinieron a copar el primer lugar del mercado energético: el petróleo y el gas natural[26]. Uno y otro son el resultado de la descomposición de organismos vivos en el subsuelo durante millones de años, de modo que presentan una ventaja esencial respecto al gas de carbón, por ejemplo: no hay que producirlos. Sí resulta necesario, en cambio, localizar su emplazamiento y proceder a instalar la infraestructura precisa para su extracción, depuración y canalización. Las circunstancias quisieron que, en el caso del petróleo, que se acabaría convirtiéndose en primera fuente de energía mundial, sus reservas más nutridas se hallaran en

---

24 Tras este espíritu belicista se hallaba la llamada Doctrina Zhdanov, que surgió como reacción a la Doctrina Truman. ZHDANOV, A., "Soviet Policy and World Politics", en Ó TUATHAIL, S. D. y ROUTLEDGE, P. (eds.), *The Geopolitics Reader*, Routledge, London, 2ª edición, 1998, pp. 66-68.

25 CADBURY, D., *Space Race: The Epic Battle Between America and the Soviet Union for Dominance of the Space*, Harper Collins Publishers, New York, 2006.

26 Dejo de lado la carrera nuclear porque constituye un elemento independiente de análisis que se aleja del tema central de este capítulo. Nota del autor.

el Próximo Oriente y África, es decir, en un territorio habitado por países, con frecuencia jóvenes, cuyo régimen político dejaba mucho que desear desde los estándares democráticos del Bloque Capitalista.

La primera derivada de aquella circunstancia fue la apuesta por el fortalecimiento de los vínculos de amistad entre Occidente y fundamentalmente los países del Golfo Pérsico y el Magreb, entre ellos Arabia Saudí, Iraq, Argelia o Libia[27]. Incidiendo en la idea apuntada previamente, lo de menos era el respeto de los regímenes de estos países a los ideales democráticos, pues el aprovisionamiento de energía precisa para mantener la rueda productiva era prioritario. Máxime cuando, en plena Guerra Fría, la perspectiva de dañar los intereses del adversario era mucho más atractiva que la integridad ética propia sobre los valores encarnados por cada nación en liza[28]. La segunda derivada, vinculada a la escalada productiva y de consumo perpetuada por el orden neoliberal, consistió en la consolidación de la debilidad de Occidente, en particular, con respecto al suministro energético procedente de estos países. Máxime en un momento en el que el Próximo Oriente y el Norte de África se veían sacudidos por conflictos perpetuos, causados en buena medida por el shock experimentado por la Liga Árabe tras la fundación del Estado de Israel, conforme a la Resolución 181 de la Asamblea General de la ONU, de noviembre de 1947[29]. La mayor evidencia de las implicaciones de dicha dependencia para la economía mundial en general, y occidental de manera específica, se percibiría con ocasión de la Crisis del Petróleo de 1973, cuando el suministro de crudo a Occidente por los países del Golfo y Arabia Saudí se vio interrumpido en represalia al apoyo de Estados Unidos a Israel en la Guerra del Yom Kippur. El resultado fue una crisis económica que azotó al mundo liberal capitalista, cuyos efectos se reprodujeron en 1979, con ocasión de la

---

27 Todos ellos integrantes de la Organización de Países Exportadores de Petróleo (OPEP), junto a Kuwait, Barein, Catar, Emiratos Árabes Unidos, Túnez, Egipto y Siria. Nota del autor.

28 Ya Morgenthau había advertido, entre sus principios básicos del realismo político, que los criterios morales individuales no pueden, en absoluto, regir los destinos de los estados.

29 LAPIERRE, D. y COLLINS, L., *Oh, Jerusalén*, Plaza & Janes, Barcelona, 1972, pp. 17-97.

Revolución Iraní y la invasión soviética de Afganistán, prolongándose hasta mediada la década de 1980[30].

Existe una tercera derivada del contexto descrito, que supone un punto y aparte respecto a la dependencia energética del petróleo: en la medida en que su extracción, exportación y combustión se generalizaban en la segunda mitad del siglo XX, para atender la creciente demanda global, que movía a la industria a redoblar su esfuerzo productivo, se emitía a la atmósfera un volumen creciente de gases de efecto invernadero, que incidieron directamente en el progresivo calentamiento global. Desde la década de 1990, coincidiendo con el final de la Guerra Fría, creció la conciencia mundial sobre la necesidad de aminorar el impacto ambiental de la actividad industrial del mundo desarrollado, por lo que se optó por otras energías alternativas y menos contaminantes a priori, al menos relativamente, como el gas natural[31]. Como en el caso anterior, las mayores reservas se encuentran en Oriente Medio (más de un 40% del total de más de 190 billones de metros cúbicos, según las estimaciones de BP de 2021), fundamentalmente en Catar e Irán, además de Asia central, sobre todo en Rusia y Turkmenistán[32]. Esto último significaba una novedad, a la par que una oportunidad en la coyuntura del deshielo, puesto que el orden neoliberal, que deseaba penetrar en el hasta entonces cerrado mercado del ex Bloque Soviético, halló en la explotación de la energía y su redistribución a escala mundial una oportunidad más de negocio. De este modo, el sector gasístico se convirtió en uno de los terrenos horadados por la "vieja nueva" élite rusa, en parte heredera de la antigua *nomenklatura*, y en parte surgida al calor de la irrupción del capitalismo, que hizo de sus negocios una herramienta

---

30 HERZOG, C., *La Guerra del Yom Kippur*, Inédita Editores, Barcelona, 2004.

31 LEGOETT, J., *El calentamiento del Planeta. Informe de Greenpeace.* Fondo de Cultura Económica, México D.F., 1996. No ha de desdeñarse, en absoluto, la atención prestada a las energías renovables, que no se analizan con más detalle porque exceden también el interés de la presente investigación.

32 BP, "Primary Energy", *Statistical Review of World Energy*, 2022, online: *https://www.bp.com/en/global/corporate/energy-economics/statistical-review-of-world-energy/primary-energy.html*

para controlar la toma de decisiones políticas, llegando a imbricarse en el Estado, sobre todo en la Era Yeltsin[33] (1991-1999).

La influencia de dicha élite económica se ha mantenido en la Era Putin (1999-actualidad), si bien es cierto que su control sobre los procesos políticos se ha aminorado, merced a una suerte de pacto tácito por el cual el mandatario ruso y esta *neo-menklatura* han acordado no invadir su terreno respectivo, optando por la tolerancia y no injerencia mutua como base para su supervivencia. En cualquier caso, la dependencia de suministro energético del resto del mundo con respecto a los escenarios citados, exportadores ahora de gas natural, ha vuelto a convertir al Planeta en un sujeto vulnerable a la menor alteración del equilibrio global, que puede provocar un corte de aprovisionamiento de consecuencias catastróficas para el mercado. Máxime cuando las dinámicas de producción y demanda acelerada se han perpetuado e incrementado con el paso del tiempo, convirtiendo a la población global en sujeto cautivo de las cadenas de suministro, para garantizar la disposición y el rápido acceso a los productos más esenciales. La tormenta perfecta se vivió en febrero de 2022, cuando la invasión rusa de Ucrania provocó la reacción occidental en la forma de las ya citadas sanciones económicas, que han movido al gigante ruso a interrumpir el suministro de gas a quienes se han posicionado junto a Ucrania. La escasa o nula disponibilidad de gas natural ha conllevado un incremento de los precios de la energía, elevando asimismo el coste de producción en prácticamente todos los sectores y productos, y sumiendo al mercado global en una profunda crisis económica.

Para cerrar este epígrafe, cabe plantearse una cuestión: ¿hasta qué punto el foco se ha puesto sobre el problema real que afecta a la sociedad global? Dicho de otro modo, ¿no es la Guerra de Ucrania y la crisis energética una cortina de humo para ocultar la verdadera crisis, esto es, la crisis climática? En efecto, en los últimos meses asistimos a la sucesión de noticias que subrayan el negativo impacto económico de la guerra para los países cuya inflación se ha dispara-

---

33 WEDEL, J. R., “Corruption and Organized Crime in Post-Communist States: New Ways of Manifesting Old Patterns”, *Trends in Organized Crime*, vol. 7, 2001, pp. 3-61; POCH-DE-FELIU, R., *Entender la Rusia de Putin. De la humillación al restablecimiento*, Akal, Madrid, 2018; TAIBO, *Rusia...*, pp. 17-57.

do, como consecuencia del incremento del precio de la energía. De igual forma, parece subrayarse lo complejo de la supervivencia de la población ante la escasez de recursos, pero se obvia algo en absoluto menor: en la última década la temperatura global ha aumentado más de un grado centígrado, como consecuencia de la emisión continuada de gases de efecto invernadero a la atmósfera, producidos, entre otras actividades, por la quema de combustibles fósiles[34]. Por consiguiente, el debate no ha de centrarse en si existe la posibilidad de estabilizar la situación en Europa del este, para revertir la crisis económica derivada de la interrupción del suministro energético. Ni siquiera hay que plantearse la necesidad de alternativas renovables para conseguir la independencia de suministro, en clave geoestratégica. Antes bien, la urgencia reside en la necesidad de reconocer que el Planeta, en las condiciones de sobreexplotación de sus recursos presentes a la que le hemos sometido, no puede soportar más presión[35]. No obstante, nuevamente la primacía de los intereses geoestratégicos coloca cualquier otro tipo de consideración en segundo plano, moviéndonos a bailar una danza de sonámbulos que parecen encaminarse hacia el precipicio.

4. CONCLUSIÓN

Recapitulando las últimas ideas presentadas, y el tenor general del estudio que aquí se realiza, se coincide con expertos y observadores internacionales en la necesidad de explorar fuentes de energía alternativas que permitan a los países garantizar su propio suministro, sin depender de agentes externos que puedan emplear su disponibilidad de la energía demandada como herramienta de extorsión. Ahora bien, se difiere en un argumento central: si lo que se desea es encontrar fuentes de energía alternativas para explotarlas de manera intensiva y extensiva, esto es, masiva, con miras a mantener el modelo productivo y el volumen de demanda actual, no se ha entendido

34 EPDATA, "Incremento de la temperature global", *Copernicus*, online: *https://www.epdata.es/incremento-temperatura-global/6d25725c-8aa9-4186-a1e3-7c047c76f32c*

35 TURIEL, A., *Petrocalipsis. Crisis energética global y cómo (no) la vamos a solucionar*, Alfabeto, Madrid, 2022.

la clave del problema: la geopolítica ha dejado de ser compatible con el desarrollo sostenible. Entre otros motivos, porque la Tierra está dando señales más que evidentes de su agotamiento, señalando el necesario camino del decrecimiento económico. No ser capaz de verlo e insistir en la perpetuación de la sobreproducción, desde la convicción de que la bicicleta debe seguir rodando, implica no solo una imperdonable cortedad de miras, sino también la aceptación de un porvenir que difícilmente puede existir.

Referencias bibliográficas

BP, "Primary Energy", *Statistical Review of World Energy*, 2022, online: *https://www.bp.com/en/global/corporate/energy-economics/statistical-review-of-world-energy/primary-energy.html*

CADBURY, D., *Space Race: The Epic Battle Between America and the Soviet Union for Dominance of the Space*, Harper Collins Publishers, New York, 2006.

CAMPBELL, J., *Writing Security. United States' Foreign Policy and the Politics of Identity*, University of Minnesota Press, Minneapolis, 1998.

CONSEJO EUROPEO, "Cómo funcionan las sanciones de la UE contra Rusia", 2022, online: *https://www.consilium.europa.eu/es/policies/sanctions/restrictive-measures-against-russia-over-ukraine/sanctions-against-russia-explained/*

EPDATA, "Incremento de la temperature global", *Copernicus*, online: *https://www.epdata.es/incremento-temperatura-global/6d25725c-8aa9-4186-a1e3-7c047c76f32c*

FERNÁNDEZ-PARADAS, M., *La industria del gas en Córdoba (1870-2007)*, Fundación Gas Natural, Barcelona, 2009.

FERNÁNDEZ-PARADAS, M., LARRINAGA RODRÍGUEZ, C. y PINTO TORTOSA, A. J., "Gas companies' involvement in electricity in Spain and France between late 19th century and the 1920s", *European Business History Association (EBHA) 2022 Conference*, CUNEF, Madrid, 22-24 de junio de 2022.

FERNÁNDEZ-PARADAS, M., MARTÍNEZ-LÓPEZ, A. y MIRÁS ARAUJO, J., "Gas Companies in Latin Europe meeting the Challenges of World War II", *European Business History Association (EBHA) 2022 Conference*, CUNEF, Madrid, 22-24 de junio de 2022.

FERNÁNDEZ-PARADAS, M., MEDINA-RUIZ, I.-D. y PINTO TORTOSA, A. J., "Ingenieros y empresarios del gas en el Ochocientos, vínculos entre España y Francia", en MEDINA-RUIZ, I.-D., PINTO TORTOSA, A. J., RAVINA RIPOLL, R. y RODRÍGUEZ MARTÍN, N., (coords.), *Los Ingenieros en la Europa del Sur (Siglos XVIII-XX)*, Tirant lo Blanch, Valencia, 2022, pp. 125-144.

FERNÁNDEZ-PARADAS, M. y PINTO TORTOSA, A. J., "¿Emprendedor o "conseguidor"? William Partington Hurts y el despegue de la industria española del gas", en BARTOLOMÉ RODRÍGUEZ, I., FERNÁNDEZ-PARADAS, M. y MIRÁS ARAUJO, J. (eds.), *Cercanas pero distintas. La desigual trayectoria de la industria del gas en las regiones del sur de Europa (siglos XIX-XX)*, Marcial Pons, Madrid, 2020, pp. 249-365.

FERNÁNDEZ-PARADAS, M. y PINTO TORTOSA, A. J., "La saga de los ingenieros británicos Manby y su contribución a la industria del gas en Francia y España (1776-1884)", *Asclepio. Revista de Historia de la Medicina y de la Ciencia*, vol. 73, n. 2, 2021, p. 561.

FERNÁNDEZ-PARADAS, M. y PINTO TORTOSA, A. J., "Melitón Martín Arranz (1820-1886): ingeniero y promotor del despegue de la industria gasística española", *Llull*, vol. 44, n. 88, 2021, pp. 175-193.

FERNÁNDEZ-PARADAS, M. y RODRÍGUEZ MARTÍN, N., "Well-being and happiness: the role of gas and electricity during the birth of the consumer society in Spain in the first third of the 20th century", en RAVINA RIPOLL, R., BAYARDO TOBAR PESÁNTEZ, L., GALIANO CORONIL, A. y MARCHENA DOMÍNGUEZ, J. (eds.), *Happiness Management and Social Marketing: A wave of sustainability and creativity*, Peter Lang, Bruxelles, 2021, pp. 119-131.

JUDT, T., *Postwar. A History of Europe since 1945*, Vintage Books, New York, 2010.

KAPLAN, R. D., *The Revenge of Geography. What the map tells about coming conflicts and the battle against fate*, Random House Trade Paperbacks, New York, 2012.

LAPIERRE, D. y COLLINS, L., *Oh, Jerusalén*, Plaza & Janes, Barcelona, 1972, pp. 17-97.

LEGOETT, J., *El calentamiento del Planeta. Informe de Greenpeace.* Fondo de Cultura Económica, México D.F., 1996.

MACKINDER, H. J., "The geographical pivot of history", *The Geographical Journal*, vol. 23, 1904, pp. 421-437.

MARTÍNEZ-LÓPEZ, A. y MIRÁS ARAUJO, J., "La transferencia de tecnología en la Europa Latina: el papel de la *Société Technique de l'industrie du Gaz en France*, 1895-1938", *Asclepio. Revista de Historia de la Medicina y de la Ciencia*, vol. 73, n. 2, p. 563.

MORGENTHAU, H. J., *Politics Among Nations: The Struggle for Power and Peace*, Alfred A. Knopf, New York, 1948.

RTVE, "La dependencia del gas ruso de Europa y España: ¿cuáles son las alternativas?", *RTVE Noticias*, 27/04/2022, online: *https://www.rtve.es/noticias/20220427/dependencia-gas-ruso-europa-espana/2297085.shtml*

RUIZ RAMAS, R. (Coord.), *Ucrania. De la Revolución del Maidán a la Guerra del Donbass*, Comunicación Social. Ediciones y Publicaciones, Salamanca,

2016. TAIBO, C., *Rusia frente a Ucrania: imperios, pueblos, energía*, Catarata, Madrid, 2ª ed., 2022.

SPYKMAN, N. J., *America's Strategy in World Politics: The United States and the Balance of Power*, Harcourt, Breach & Company, San Diego, 1942.

TAIBO, C., *Colapso. Capitalismo terminal, transición ecosocial y ecofascismo*, Catarata, Madrid, 2ª edición, 2022.

TAIBO, C., *Rusia frente a Ucrania: imperios, pueblos, energía*, Catarata, Madrid, 5ª ed., 2022.

THOMAS, R., *Gasworks Profile A: The History and Operation of Gasworks (Manufactured Gas Plants) in Britain*, Containated Land - Aplications in Ral Environments (CLAIRE), London, 2014.

TRUMAN, P. H., "The Truman Doctrine", en Ó TUATHAIL, S. D. y ROUTLEDGE, P. (eds.), *The Geopolitics Reader*, Routledge, London, 2ª edición, 1998, pp. 58-60.

TURIEL, A., *Petrocalipsis. Crisis energética global y cómo (no) la vamos a solucionar*, Alfabeto, Madrid, 2022.

UNITED STATES. PRESIDENT, *Address of the President of the United States: delivered at a joint session of the two houses of Congress*, Govt. print. off, 1918 (08/01/1918).

X [KENNAN, G. F., Mr., "The Sources of Soviet Conduct", *Foreign Affairs*, vol. 24, n. 4, 1947, pp. 566-582.

WEDEL, J. R., "Corruption and Organized Crime in Post-Communist States: New Ways of Manifesting Old Patterns", *Trends in Organized Crime*, vol. 7, 2001, pp. 3-61.

ZHDANOV, A., "Soviet Policy and World Politics", en Ó TUATHAIL, S. D. y ROUTLEDGE, P. (eds.), *The Geopolitics Reader*, Routledge, London, 2ª edición, 1998, pp. 66-68.

PUGNA POR EL CONTROL DE LA TORRE DEL AGUA: HIDROHEGEMONÍA CHINA Y AMENAZA AL ODS 6

STRUGGLE FOR THE WATER TOWER CONTROL: CHINESE HYDROHEGEMONY AND THE THREAT TO SDG 6

ROSA VILLAR ORERO[1]

Resumen

El agua como recurso natural fundamental, es un bien preciado y más bien escaso. Las prospecciones a futuro para el continente asiático pecan de desalentadoras. Con el asfixiante cambio climático y el incremento poblacional presionando, el agua pasa a convertirse en un arma geopolítica, donde ciertas potencias pueden ejercer de "hidrohegemón". China cuenta con supremacía geográfica y económica, lo que le sitúa en una posición amenazante para sus vecinos del sudeste asiático, quienes ven su acceso a los ríos transnacionales supeditado a la voluntad del gigante asiático.

Palabras clave: Estrés hídrico - palanca hidrológica - hidrodominación

Abstract

Water as a fundamental natural resource is a precious and scarce good. The prospects for the Asian continent are discouraging. With the suffocating climate change and the population increasement pressing, water becomes a geopolitical weapon, where certain powers can exert as "hydrohegemon". China has geographical and economic supremacy, which places it in a threatening position for its neighbors of Southeast Asia, who see their access to transnational rivers subject to the will of the Asian giant.

Keywords: Hydric stress - hydrological lever - hydrodominance

---

1 Estudiante de Derecho y Relaciones Internacionales en la Universidad Europea de Valencia.

1. INTRODUCCIÓN

El contexto geopolítico actual pone nuevamente de manifiesto la incesante lucha de las grandes potencias por el control de los recursos mundiales. El innegable poder acumulado por los países poseedores de grandes cantidades de recursos energéticos no renovables como el gas, el petróleo o el carbón; hace que en muchas ocasiones olvidemos la importancia del control sobre recursos naturales tan simples como el agua.

El agua ha sido a lo largo de la historia un recurso natural esencial para el desarrollo de la vida humana. Los múltiples y diversos usos que ofrece, desde el consumo humano y doméstico, hasta sectores como el energético, el industrial o el de transporte; hacen de este un recurso natural determinante para el sostenimiento de un país. Pese a ser un elemento geopolítico estratégico de elevada importancia y riqueza, su acumulación depende de una cuestión geográfica aleatoria a la par que fortuita.

Como resultado de esta distribución desigual, ciertos países se enfrentan a una demanda de agua más alta de la que pueden soportar, ya sea por limitaciones cuantitativas o por su baja calidad. Este desequilibrio es lo que se conoce como estrés hídrico. Es por ello por lo que, en un contexto global que se mueve hacia un mayor estrés hídrico general, el control de las fuentes hídricas pasa a ser motivo de cada vez más conflictos geopolíticos.

2. EL ORO AZUL EN LA REGIÓN ASIÁTICA

2.1. El agua como elemento esencial para la vida humana

El agua es un elemento esencial para el desarrollo de la vida humana. La importancia de este recurso deriva de su carácter insustituible y de su utilización en múltiples ámbitos. Actúa como soporte de la vida en nuestro planeta, siendo necesaria para el desarrollo de todos los seres vivos y actuando como hilo conductor del ciclo del agua. Además de ser indispensable para el consumo humano, para la higiene y la salud; también constituye un importante medio de transporte que permite la comunicación entre regiones, la navegación y la pesca.

A su vez, es esencial en los sistemas de irrigación ligados a la producción de alimentos; y en múltiples usos industriales como en la producción de energía hidroeléctrica o en la refrigeración en las centrales térmicas y nucleares. Su carácter fundamental e irremplazable hacen que esta sea determinante para el sostenimiento de un país y convierten el acceso al agua en un derecho fundamental.

Sin embargo, la disponibilidad del agua es cada vez menor debido a diversos factores. En primer lugar, la creciente contaminación afecta a la calidad de la misma, sacrificando su idoneidad. A su vez, la extracción desmedida y la sobreexplotación de aguas subterráneas impactan directamente en la disponibilidad de ésta. Por su parte, el calentamiento global no hace más que agravar la situación.

Ante tan desolador escenario, la ONU incluyó el acceso al agua como uno de los Objetivos de Desarrollo Sostenible de la Agenda 2030. El ODS 6: Agua Limpia y Saneamiento, tiene como objetivo garantizar la disponibilidad de agua, su gestión sostenible y el saneamiento en todo el mundo. No obstante, tal y como pretende reflejar el presente trabajo, esta meta puede tornarse excesivamente ambiciosa en un futuro no muy lejano.

2.2. Distribución geográfica de los recursos y estrés hídricos

Estimaciones propuestas por la UNESCO, muestran una gran disparidad entre el volumen de agua salada y dulce. La primera de ellas representa el 97,5% del total del agua de la Tierra, frente al restante 2,5% que corresponde al agua dulce. De este porcentaje de agua dulce, el 70% se encuentra almacenado en los glaciares, como nieve en las áreas montañosas y en los dos polos; mientras que se calcula que algo menos del 30% del agua del mundo está almacenada en los acuíferos subterráneos[2]. Lo anterior se agrava cuando en la ecuación entra el factor poblacional, que acentúa la disparidad entre los continentes en el volumen de agua disponible. En el caso concreto del Asia, el continente acoge a más de la mitad de la población mundial (60%), mientras que solo posee el 36% de los recursos hídricos[3].

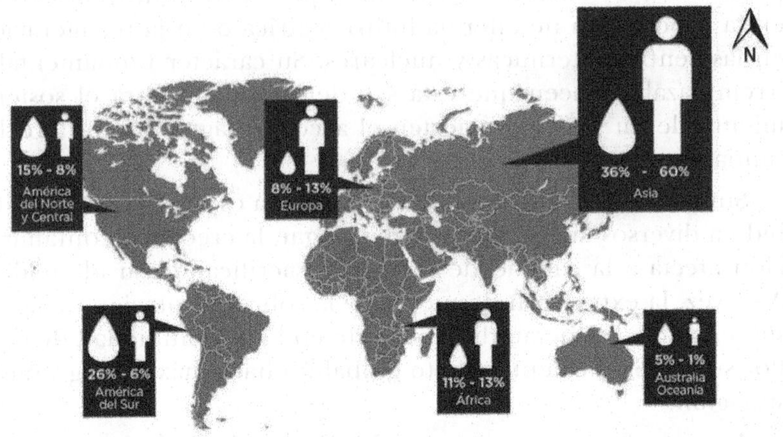

Fuente: Water Assessment and Advisory - Global Network (WASA-GN), 2006.

Según estimaciones de la ONU, los mayores contribuyentes al crecimiento poblacional actual y futuro son África y Asia, lugares que ya sufren escasez de agua[4].

2 Organización de las Naciones Unidas para la Educación, la Ciencia y la Cultura, *Primer Informe de las Naciones Unidas sobre el Desarrollo de los Recursos Hídricos en el Mundo: Agua para todos, Agua para la Vida*, Parte II: Una mirada a los recursos mundiales de agua dulce, París, 2003, p. 67.

3 FERNÁNDEZ JAUGUERI, C., "¿Por qué un derecho humano al agua?", *Water Assessment and Advisory— Global Network (WASA-GN)*, 2006, p. 2-4.

4 Departamento de Asuntos Económicos y Sociales de Naciones Unidas, *World Population Prospects the 2017. Revision*, 2017.

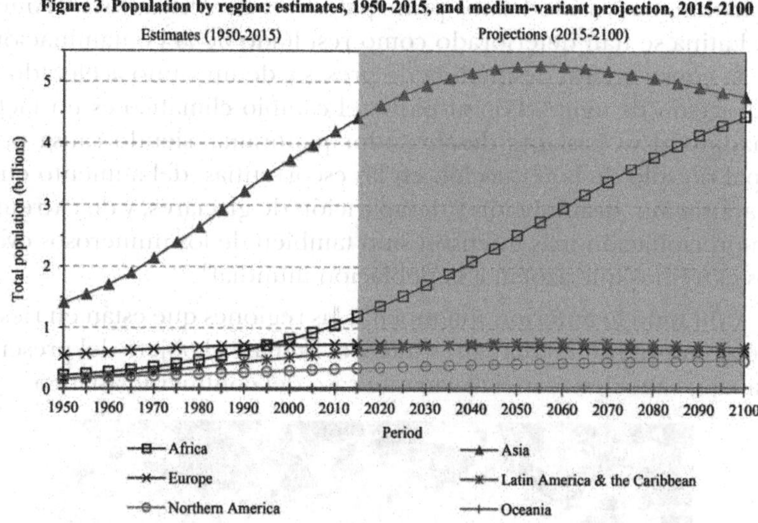

Fuente: ONU, World Population Prospects the 2017 Revision, 2017.

Esto ha afectado al subsiguiente crecimiento de demanda de agua mundial, que no ha hecho más que crecer en los últimos 100 años y que se estima lo seguirá haciendo[5]. Este desequilibrio entre los recursos hídricos disponibles y la demanda da lugar al concepto de "estrés hídrico". "El estrés hídrico ocurre cuando la demanda de agua excede la cantidad disponible durante un período determinado o cuando la mala calidad restringe su uso" (AEMA, 2022). Cabe señalar que cuando se habla del volumen de agua disponible es necesario que esta pueda ser objeto de consumo sin producir efectos adversos para la supervivencia.

En este sentido, la intervención humana afecta a la disponibilidad del agua, tanto cuantitativamente como cualitativamente. El desarrollo industrial ha llevado a que elementos sólidos y en suspensión, físicos, químicos y microbiológicos pasen a formar parte del ciclo del agua, sustituyendo los recursos hídricos por los contaminantes[6].

5 WADA, Y., FLÖRKE, M., HANASAKI, N., et al."Modeling global water use for the 21st century: the Water Futures and Solutions (WFaS) initiative and its approaches", *Geoscientific Model Development*, 9, Berlin, 2016, pp. 175-222.

6 BLANCO, F.,"Los recursos hídricos en el mundo: cuantificación y distribución", *Cuadernos de estrategia*,N°. 186, 2017, pp. 33-39.

Actualmente, casi todos los principales ríos de África, Asia y América Latina se han deteriorado como resultado de la contaminación[7], de la construcción desmedida de presas y de un ritmo acelerado de extracción de agua[8]. Por su parte, el cambio climático es un factor añadido al ya bastante desalentador panorama, siendo causa principal no sólo de la reducción en las escorrentías, del aumento en la evaporación, disminución y desaparición de glaciares, y de extremos de precipitación más intensos; sino también de los numerosos eventos extremos que azotan a la población mundial[9].

Con todo lo anterior, son muchas las regiones que están en riesgo o que sufren hoy en día estrés hídrico. En base al objeto del presente trabajo, cabe destacar el alarmante caso del continente asiático.

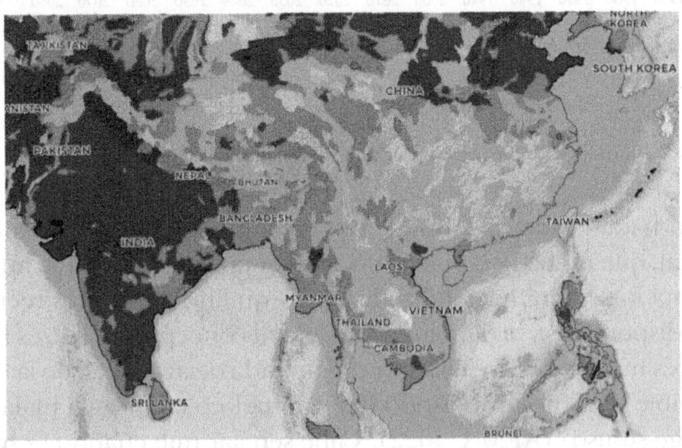

Fuente: Aqueduct water Risk Atlas (2023)[10]

7 Organización de las Naciones Unidas para la Educación, la Ciencia y la Cultura, *Informe Mundial de las Naciones Unidas sobre el desarrollo de los recursos hídricos: el valor del agua,* París, 2021, p. 14-17.

8 HADDELAND, I., HEINKE, J., BIEMANS, H., et al. "Global water resources affected by human interventions and climate change", *PNAS,* vol. 111, no. 9, 2014.

9 Panel Intergubernamental sobre el Cambio Climático, *Climate Change Impacts, Adaptation, and Vulnerability Part A: Global and Sectoral Aspects,* Cambridge, 2014, p. 232-269.

10 El riesgo general del agua mide todos los riesgos relacionados con el agua, agregando todos los indicadores seleccionados de las categorías de cantidad física, calidad y riesgo regulatorio y de reputación. Los valores más altos indican un mayor riesgo de agua (*Aqueduct Water Risk Atlas,* 2023).

Pese a que la situación en la región asiática varíe mucho de un país a otro, el balance general es negativo. Y en vista de las proyecciones a futuro, dicho estrés hídrico cuenta con todos los ingredientes para ser el detonante de importantes conflictos en la zona. Diversos estudios de conflictos derivados de esta "guerra del agua", han probado que históricamente las disputas relacionadas por el agua han derivado en acuerdos de cooperación en su mayoría; ya que el conflicto normalmente no es estratégicamente racional, hidrográficamente posible, ni económicamente viable. Por lo tanto, tal y como alerta Wolf[11], sólo cabría que se diese un conflicto si los anteriores límites se viesen superados por un caso específico dónde el Estado agresor:

1. Ejerza su hegemonía tanto aguas arriba como aguas abajo, y por lo tanto no pueda verse enfrentado.
2. No se trate de un estado democrático, pues ponderaría la cooperación y medios pacíficos.
3. Disponga de la capacidad económica suficiente y de la ventaja topográfica para el desarrollo de infraestructuras.

La escasa probabilidad de que la combinación de tales elementos se dé en un solo estado, se desvanece al descubrir que China, la cada vez más cerca de sustituir a Estados Unidos como potencia líder mundial, controla la tercera reserva de hielo más grande del planeta, que es a su vez cabecera de importantes ríos transnacionales.

3. EL CONTROL DEL TÍBET: TORRE DEL AGUA

3.1. Antecedentes históricos

No fue hasta el s. XIX que el Tíbet se convirtió en una zona geográfica estratégica para los grandes imperios del momento. La rivalidad que definía "El Gran Juego" entre el imperio ruso y el británico por el control de Asia Central, impulso a los británicos a invadir el Tíbet y firmar el Tratado de Lhasa en 1904, con el que aseguraba su influencia.

---

11 WOLF, A.,"A Long Term View of Water and Security: International Waters, National Issues, and Regional Tensions", *Wissenschaftlicher Beirat der Bundesregierung globale Umweltveränderungen*, Berlin, 2007, p. 11

Las disputas coloniales entre el imperio ruso y el británico se apaciguaron con la Convención Anglo-rusa de 1907, bajo la que se delinearon las áreas de influencia de los respectivos imperios en Persia, Afganistán y el Tíbet. Con respecto a este último, ambos imperios se comprometieron a "respetar la integridad territorial del Tíbet y abstenerse de cualquier injerencia"; sin embargo, al mismo tiempo reconocieron la "soberanía" de Beijing sobre éste y acordaron comunicarse con el territorio únicamente a través de China.

Por su parte el Tíbet, cuyo futuro había sido decidido por dos potencias extranjeras, siempre se mostró disconforme con la presencia china en su territorio, alegando que la relación que les había unido a lo largo de los años se basaba únicamente en el mecenazgo religioso y la asistencia mutua[12].

La revolución china de 1911, que puso fin a la dinastía Qing y estableció en su lugar la República de China, también permitió la expulsión de los chinos del Tíbet y la proclamación de independencia por parte del treceavo Dalai Lama en 1913. Tal declaración daría comienzo a la independencia del territorio que se prolongaría hasta el 1951, año en el que el gobierno chino invadió el territorio.

La alteración de fuerzas dentro del continente asiático que trajo el final de la segunda guerra mundial, junto con la independencia de la India del imperio británico en 1947 y con la fundación de la República Popular de China en 1949; supusieron el coctel perfecto para China, quien bajo el mando de Mao Zendog, aprovechó la oportunidad para invadir el territorio tibetano con el beneplácito internacional, que prestaba atención a otros asuntos.

Finalmente, presionado por el gobierno chino, el Dalai Lama de tan solo 15 años, firmó en 1951 el "Acuerdo de los diecisiete puntos para la liberación pacífica del Tíbet". Con este acuerdo, el Tíbet paso a gozar de un régimen especial con cierta autonomía bajo la soberanía china[13]. Pese a que el acuerdo estaba llamado a respetar y mantener las estructuras tibetanas y la administración del Dalai La-

---

12 KUZUMIN, S., *Hidden Tibet: History of Independence and Occupation*, Library of Tibetan Works and Archives, 2010, p. 77

13 PRADO-FONTS, C., *Tíbet 2008: narrativas en conflicto, escenario global.* Anuario AsiaPacífico, No. 1, 2008, pp. 165-173

ma; las aspiraciones expansionistas chinas convirtieron al Tíbet en una región administrativa de igual estatus jurídico que cualquier otra provincia china. Desde ese momento hasta la actualidad las protestas y la represión no han cesado, y el dalái lama exiliado en la India acabó por aceptar en 2011 la presencia militar de China y renunció a la independencia política, reclamando una autonomía cultural y religiosa[14].

3.2. China: el guardián de la llave de paso

El control del Tíbet por parte de China no sólo responde a la política de "una sola China" que define al país; sino que se basa en el indispensable poder que la meseta tibetana le otorga, al alojar la conocida como "Torre del Agua". La Torre del Agua o el tercer polo, es una de las reservas de hielo más grandes del planeta, solo precedida por los polos. El control que ejerce China sobre el Tíbet le permite ejercer de potencia hidro-hegemónica, al controlar las cabeceras de los principales ríos asiáticos. Es por ello, que se dice que el país ostenta la llave de paso de los más de 10 ríos que nacen en el Tíbet.

3.2.1. Rio Brahmaputra: India

A la tensión derivada de los reclamos territoriales que enfrentan a China e India, se suma el confrontamiento de ambas potencias por el control de uno de los ríos más importantes para India, el rio Brahmaputra. Este río transfronterizo discurre por tres países: China, India y Bangladesh. De ahí que cada uno de estos le atribuya un nombre distinto; Yarlung Tsangpo, Brahmaputra y Jamuna, respectivamente. El río Brahmaputra, nombre con el que nos vamos a referir a él de aquí en adelante; nace en el glaciar Angsi, y discurre por territorio chino hasta llegar al nordeste de la India y adentrarse en el estado de Arunachal Pradesh, donde sigue su curso durante 914 km abasteciendo a 6 estados hasta llegar a Bangladesh.

---

14 HIDALGO, M., "El agua del Tíbet: un recurso vital para China (reedición)", *IEEE, n12,* Madrid, 2022, p. 8. https://www.ieee.es/Galerias/fichero/docs_analisis/2022/DIEEEA12_2022_MARHID_Agua.pdf

Sistema fluvial Brahmaputra

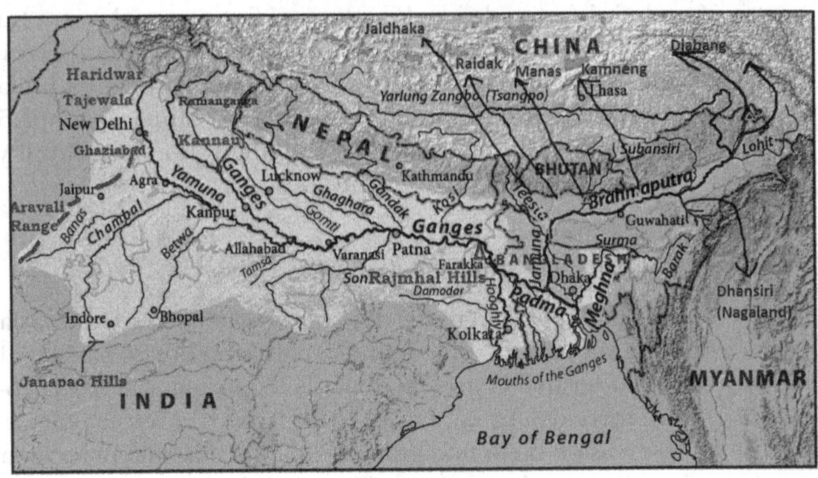

Fuente: PMF IAS, 2018

Las cerca de 80 millones de personas que dependen del Brahmaputra y el potencial de este en la generación de energía hidroeléctrica, lo hacen un río muy atractivo a los ojos de sus estados ribereños[15]. El Tíbet acoge el 50,5% del área total de capacitación del Brahmaputra, seguido de la India, país que representa el 33,6%[16]. Este último, ostenta cerca del 18% de la población mundial[17]. Sin embargo, tan solo cuenta con el 4% de los recursos de agua dulce, lo cual hace que al igual que para su vecino chino, la seguridad del agua sea un punto clave en la política nacional. El Brahmaputra representa el 44% del potencial hidroeléctrico de India y el casi el 29% de todas

15 HAOYANG, L., FUQIANG T., KEER Z.,et al."Water-energy-food nexus in the Yarlung Tsangpo-Brahmaputra River Basin: Impact of mainstream hydropower development", *Journal of Hydrology: Regional Studies, Elsevier, n 45*, Beijing, 2022, p. 1.

16 RANDHAWA, M., *River Brahmaputra (Yarlung Tsangpo): Un potencial punto de conflicto entre India y China,* v. 14, 2020, pp. 25-47.

17 UNITED NATIONS DEPARTMENT OF ECONOMIC AND SOCIAL AFFAIRS, POPULATION DIVISION, *World Population Prospects 2022 and World Population Dashboard,* New York, 2022, pp. 3-9

las aguas superficiales de los ríos de India[18]. En particular, tal y como señala Randhawa, las aguas del río Brahmaputra son necesarias para la conexión Ganges-Brahmaputra, en cuya cuenca reside el 40% de la población india.

Consciente de esta realidad y presionado por las constantes sequias e inundaciones que azotan al país, el gobierno indio incluyó este enclave Brahmaputra-Ganges dentro del proyecto de "Inter Linking of Rivers (ILR)". Este megaproyecto, pretende gestionar de manera óptima los recursos hídricos a través de enlaces de transferencia de agua entre cuencas nacionales. Los enlaces se dividen en dos áreas; la peninsular y la del Himalaya.

IRL

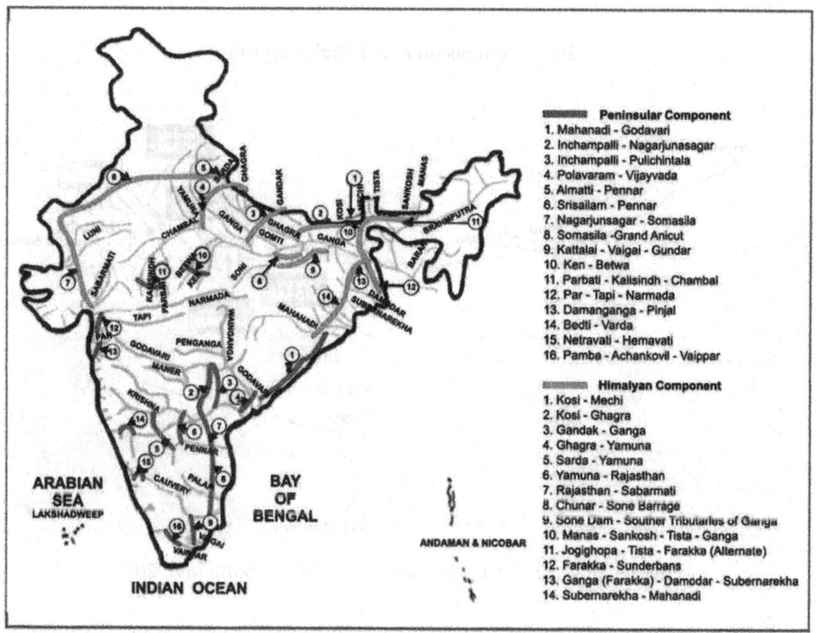

Fuente: *Inter-Linking of Rivers*, 2022

[18] GOSWAMI, D. C. *Managing the Wealth and Woes of the River Brahmaputra.* Ishani, no. 4, v. 2, pp. 8-19, 2008.

Sin embargo, los proyectos hídricos del área del Himalaya dependen en gran parte de un factor externo; del beneplácito chino. Beneplácito que depende de las necesidades e intereses de este último.

China ve en el Brahmaputra un río con un altísimo potencial de generación hidroeléctrica, puesto que justo antes de entrar en territorio indio, el río corre a través de rápidos y cascadas hasta llegar al Gran Cañón del Tsangpo. La profundidad, inclinación y geología de éste, hacen de él un punto clave para la producción masiva de energía hidroeléctrica[19].

La carrera en la construcción de presas hidroeléctricas chinas en el Brahmaputra comenzó en 2010 con la presa de Zangmu de 510 MW. A esta le siguieron otras muchas ubicadas a escasos kilómetros de distancia, aprovechando los puntos de máxima velocidad.

Presas chinas en el río Brahmaputra

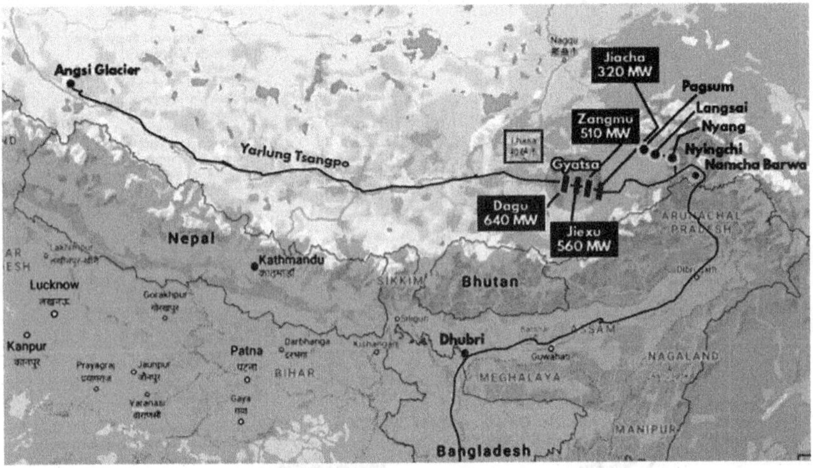

Fuente: *SENGUPTA, A., Chinese Dams on Brahmaputra river, 2021*

Pese a que china defiende que se trata de presas hidroeléctricas de pasada, dónde no se almacena el agua, la falta de transparencia y

[19] CHRISTOPHER, M.,"Water Wars: The Brahmaputra River and Sino-Indian Relations", *U.S.Naval War College Digital Commons,* 2013.

la negativa a intercambiar datos hidrológicos cuando hay algún enfrentamiento entre ambos países, alimentan los temores de India[20]. India, consciente de los desafíos chinos, observa con recelo la proliferación de presas en el Brahmaputra, al considerar que podrían servir como herramienta para el desvío de agua hacia las zonas del norte de China y como arma geopolítica basada la retención y liberación repentina de agua.

3.2.2. Río Mekong

El caso del río Mekong refleja la crispación que surge cuando más de dos actores con intereses distintos, dependen del mismo curso fluvial. El río Mekong, de 4880 km de longitud, transcurre por 6 países. Nace en la región china del Tíbet, desde donde discurre hacia Myanmar, Laos, Tailandia, Camboya y Vietnam.

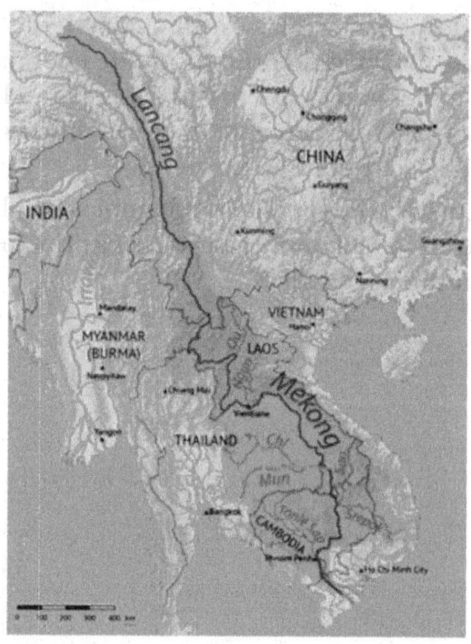

20 KUMAR, P., "New Chinese dam on Brahmaputra: China has already built 11 in Tibet", *India Today,* 2020.https://www.indiatoday.in/news-analysis/story/new-chinese-dam-on-brahmpautra-china-already-has-already-built-11-in-tibet-1745422-2020-11-30

Con lo anterior, se convierte en fuente de vida principal para las 60 millones de personas que dependen de una manera u otra de él[21]. El río cuenta con un valor añadido por su geografía, que lo hace idóneo para la generación de energía hidroeléctrica, y por su riqueza en recursos naturales y biodiversidad[22]; potencialidades que explican el interés con el que los estados ribereños formulan sus pretensiones sobre este.

El río se suele dividir en dos áreas diferenciadas. La cuenca superior del río Mekong comprende la meseta tibetana y Myanmar. Por su parte, la cuenca baja del río se extiende en numerosos ríos tributarios que distribuyen el agua por Laos, Camboya, Tailandia y Vietnam. La parte superior del río cuenta con la desventaja de ser poco propicio para la navegación por su elevada inclinación y por sus numerosas cascadas y rápidos; sin embargo, estas cualidades se vuelven ventajosas para el desarrollo de proyectos hidroeléctricos.

China, Estado aguas arriba, es muy consciente del importante rol que juega la capacidad de producción de energía hidroeléctrica, necesaria para el desarrollo del país en sí, y para el adecuado posicionamiento del país en un contexto geopolítico que pretende la transformación hacia la energía verde.

Bajo tal discurso ha desarrollado un ambicioso planteamiento hidrológico sobre el rio Mekong, en cuyo curso principal ya cuenta con más de 11 presas hidroeléctricas.

---

21 AMBRÓS, I., *El Mekong, el río de todos los conflictos,* Documento de Opinión IEEE, 44/2021

22 Mekong River Comissison, *Natural Resources,* 2023.https://www.mrcmekong.org/about/mekong-basin/natural-resources/

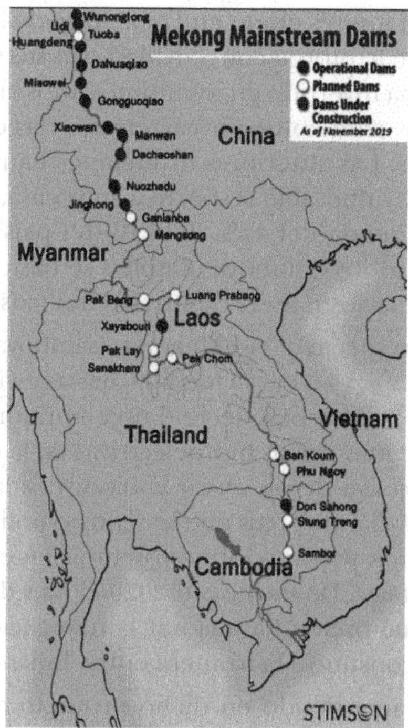

Fuente: Stimson, 2020

Estas presas, almacenan conjuntamente más de 47 000 millones de metros cúbicos de agua y pueden generar 21 310 MW de electricidad. Algunas se utilizan para este último propósito, sin embargo, otras sirven como reservorios locales para irrigación y almacenamiento de agua.

Lejos de acabar en las fronteras chinas, la construcción de presas se ha extendido a sus países vecinos, quienes también han querido jugar sus cartas en la partida. Sin embargo, las pretensiones de estos están lejos de alcanzar las del gigante asiático, por simple desequilibrio de poder.

En el caso de Laos, el país pretende convertirse en la batería del sudeste asiático. Con tal objetivo se ha embarcado en numerosos proyectos hidroeléctricos, entre ellos 78 presas en el río Mekong y sus afluentes; pero a cambio ha sacrificado su economía contrayendo una enorme deuda con China.

Por su parte, el interés chino en Laos surge de la posición geográfica de éste, ya que le otorga conectividad con sus vecinos. Consciente de ello, China ha invertido en los últimos años enormes cantidades de dinero en Laos para construir carreteras, vías de ferrocarril, presas hidroeléctricas. Las anteriores inversiones han situado a Laos en una posición muy vulnerable respecto a su vecina, con la que actualmente tiene una deuda del 45% del PIB del país[23]. Por su parte, la influencia China sobre Camboya también se basa en la financiación de proyectos necesarios para el desarrollo del país.

Sin embargo, respecto al río Mekong, Camboya toma una actitud diferente a la de Laos, y en cierta medida, más concienciada con el medio ambiente. En 2020 el país decretó una moratoria de 10 años para la construcción de más presas hidroeléctricas en la corriente principal del río, con el objetivo de preservar la biodiversidad. En la misma línea se posiciona Tailandia, país que se ha visto obligado a descartar la construcción de más presas e infraestructuras en el río por presiones sociales y ambientales. De hecho, en 2020 el país decidió poner fin al proyecto chino que pretendía mejorar la navegación en el segmento del Mekong que constituye la frontera entre Tailandia y Laos.

China llevaba invirtiendo en dicho proyecto desde 2002, con el objetivo de dar salida a los barcos desde la provincia china de Yunnan, a las rutas comerciales marítimas del mar Meridional de China[24].

Sin embargo, la presión ejercida sobre Bangkok por activistas ambientales y por los propios residentes de la cuenca, además del impacto que tal proyecto tendría sobre la frontera entre Laos y Tailandia, llevó al país a descartar la continuidad del proyecto. En este, China optó por ponderar una buena relación con sus vecinos asiáticos y renunciar a tal proyecto. Sin embargo, la flexible respuesta de China se debe principalmente a las muchas otras alternativas con las que cuenta[25]. En cualquier caso, si hay un país para el que el Me-

---

23 RAJAH, R., DAYANT., A., PRYKE, J., "Ocean of debt? Belt and Road and debt diplomacy in the Pacific", *Low Institute*, Sydney, 2019, p. 5.

24 AMBRÓS, I., *El Mekong, el río de todos los conflictos*, Documento de Opinión IEEE, 44/2021.

25 GANJANAKHUNDEE, S.,"Thailand Uses Participatory Diplomacy to Terminate the Joint Clearing of the Mekong with China", *Iseas-Yusof Ishak Institute Analyse current events,* no. 30, 2020, p. 7.

kong constituya una vía fluvial imprescindible es para Vietnam. El río Mekong desemboca en el delta de los nueve dragones, uno de los más importantes del mundo, que irriga 3,9 millones de hectáreas de superficie.

En esta región, una de las más fértiles del mundo, se produce la mitad del arroz de Vietnam, el 70% de su acuicultura y un tercio de su PIB[26]. Tal dependencia en el Mekong explica que el país observe con preocupación la construcción desmedida de presas a lo largo del curso del río, ya que es evidente el impacto que tales proyectos pueden llegar a tener sobre sus arrozales. A lo anterior, cabe añadir las reclamaciones de Beijing en el Mar Meridional de China por la soberanía territorial de las islas Paracel y Spratly, disputa en la que Vietnam teme que el agua se utilice como herramienta de presión.

Con todo lo expuesto, la asimetría de las expuestas relaciones interestatales y la posición de China como hegemón, abre la puerta a la militarización del agua como arma geopolítica. La Comisión del Río Mekong fue creada en 1995 e integra a Camboya, Laos, Tailandia y Vietnam. Ésta pretende coordinar la gestión del Mekong y su desarrollo sostenible para el beneficio mutuo de los países ribereños[27]. Ahora bien, tal y como defiende Backer, la efectividad de tal institución es cuestionable al no integrar al estado ribereño con mayor poder tanto económico como geográfico[28]. Pese a varias invitaciones a unirse como miembro oficial de la comisión, China ha preferido mantenerse como observador. De manera unilateral, en 2016 decidió crear su propia organización Lancang-Mekong Cooperation, que pretende ser una cumbre para el diálogo político, económico y social de China con la subregión del Mekong. El hecho de que la misma esté liderada y financiada en su mayoría por la propia China, pone

---

26 CHANDRASEKHARAN, D.,"Vietnam and the Mekong Delta: Drafting a plan to ensure greater productivity and climate-resilience", *World Bank Blogs*, 2019.

27 Mekong River Comission, *Mekong River monitoring and forecasting*, 2023. https://www.mrcmekong.org/about/mekong-basin/natural-resources/

28 BRUZELIUS, E.,"Paper Tiger Meets White Elephant? An Analysis of the Effectiveness of the Mekong River Regime", *FNI*, 2006.

en duda la imparcialidad de la organización y la convierte en una herramienta para asentar la primacía china a nivel regional[29].

4. POLÍTICA HIDROHEGEMÓNICA

4.1. Desafío hídrico chino

La política que utiliza China con respecto a sus recursos hídricos responde a sus intereses y necesidades nacionales. Pese a contar con la torre del agua y por lo tanto con abundantes recursos hídricos, la distribución espacial de los mismos es desigual; dando lugar a un gran desequilibrio entre norte y sur. Por un lado, el norte de China que representa el 65% de la superficie del país y acoge al 45% de su población, tan sólo cuenta con el 17,1% del agua dulce del país. Por su parte, el sur de China cuenta con el 82,9% de agua dulce para abastecer al 40% de la población china.

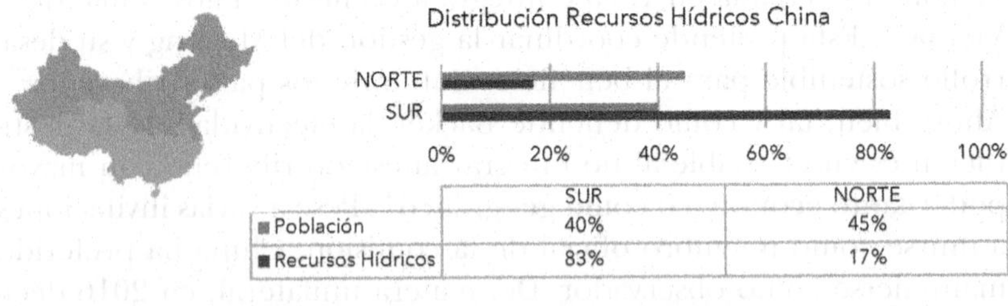

	SUR	NORTE
Población	40%	45%
Recursos Hídricos	83%	17%

Fuente: CWR, North South Divide - Mismatched water, people, resources & GDP, 2017

Regiones como Pekín, Qingdao, Tianjin o Shandong, que constituyen el motor económico del país, se encuentran en el norte. La creciente urbanización e industrialización de estas áreas, hace que requieran ahora de mayores recursos hídricos. Concretamente, 11 provincias del norte de china que concentran el 45% del PIB de China, sufren estrés hídrico. Dotarlas de tales recursos es un deber inex-

29 LLANDRES, B., "La política exterior china en el sudeste asiático", *IEEE*, No. 08 2020, p. 17.

cusable, puesto que son necesarias para el crecimiento y desarrollo del país en general[30].

Para hacer frente a este desafío hídrico, China desarrolló el proyecto "South-to-North Water Diversion Project". Proyecto de desvío de agua, que se presenta como el más grande y largo del mundo, y que fue aprobado en 2002 por el Consejo de Estado. Su objetivo es ajustar el desequilibrio hídrico con trasvases desde los ríos meridionales del país hacia las regiones del este y el norte del país. Se basa en tres rutas la occidental, la central y la oriental. La construcción de las dos últimas se inició en 2014 y 2013 respectivamente[31].

La central, transfiere el agua del embalse de Danjiangkou en Hubei a través de las provincias de Henan y Hebei hasta las ciudades de Beijing y Tianjin. Cuenta con una longitud de 1.155 kms de canales, embalses y estaciones de bombeo y aporta unos 11.000 millones de m^3 de agua al año. Por su parte, la ruta del este transfiere agua del río Yangtze a las provincias de Anhui, Jiangsu y Shandong. La primera fase de la ruta este transporta 8800 millones de m^3 anualmente[32].

Sin embargo, la ruta occidental del proyecto que debe realizarse en el Tíbet, aún no se ha construido. El gobierno chino la ha pospuesto indefinidamente alegando como causa la actividad sísmica de la zona, lo que independientemente de que sea cierta o no, no alivia a los países vecinos. El plan oficial de esta última une los ríos Yangtze y Amarillo a través de la meseta Qinghai-Tíbet, por donde se pretende desviar anualmente 17 mil millones de m3 de agua a Gansu y las provincias vecinas, lo que indudablemente tendría un impacto internacional al afectar a la cabecera de numerosos ríos transnacionales.

---

30 RODRÍGUEZ, M.,"El mayor trasvase de agua de la historia está en China", *Cinco Días,* 2018. https://cincodias.elpais.com/cincodias/2018/12/17/companias/1545063184_504455.html

31 WANG, M., CHEN, L., *An institutional analysis of China's South-to-North water diversion,* Vol. 150, No. 1, Thesis Eleven, 2019, pp. 68-80.

32 KATTEL, G., SHANG, W., WANG, Z., et al. "China's South-to-North Water Diversion Project Empowers Sustainable Water Resources System in the North", *MDPI,* vol. 11, nº. 13, 2019, pp. 2-3.

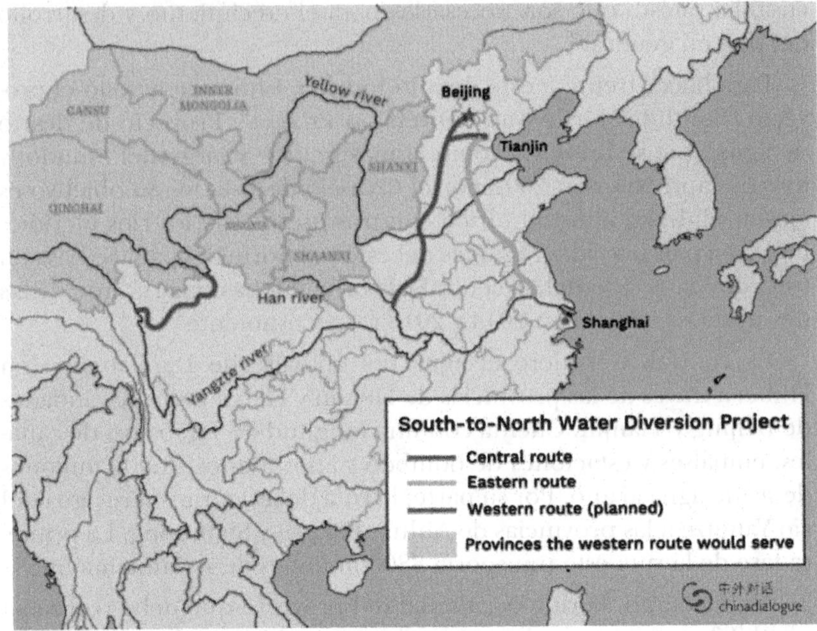

Fuente: China dialogue, 2020

De completarse el proyecto, anualmente se transferirían hasta 45 mil millones de metros cúbicos[33]. A pesar del éxito del SNWDP[34], los datos demuestran que el consumo de agua en las zonas del norte se ha disparado, lo cual podría dar lugar a futuros proyectos hídricos más ambiciosos y por lo tanto a mayores amenazas para países colindantes[35].

Por su parte, un proyecto de tal magnitud ha requerido de la construcción de múltiples una importante infraestructura, derivan-

---

33 THE ECONOMIST, *China has built the world's largest water-diversion project,* Beijing, 2018.

34 KATTEL, G., SHANG, W., WANG, Z., et al."China's South-to-North Water Diversion Project Empowers Sustainable Water Resources System in the North", *MDPI,* vol. 11, no. 13, 2019,pp. 2-3.

35 RODRÍGUEZ, M.,"El mayor trasvase de agua de la historia está en China", *Cinco Días,* 2018. https://cincodias.elpais.com/cincodias/2018/12/17/companias/1545063184_504455.html

do en consecuencias perjudiciales para el medio ambiente y para las comunidades locales.

4.2. Diplomacia del agua

Tal y como se ha explicado anteriormente, históricamente los estados no tienden a enfrentarse en un conflicto armado por el agua. Sin embargo, el abandono de la confrontación directa en favor de la cooperación depende de las relaciones que unan a los países implicados. La diplomacia del agua se basa en dos factores: en las relaciones de poder entre los involucrados y en el desarrollo económico de los mismos[36].

Por un lado, en las relaciones de poder es crucial el principio de "trust building", que se basa en la generación de cierta confianza entre los estados confrontados. Confianza que se hace especialmente difícil cuando el objeto de confrontación es un recurso insustituible. A su vez, el "trust-building" se dificulta incluso más cuando entra en juego la geografía, que otorga un privilegio evidente al estado aguas arriba, ya que le concede el control de facto sobre el río. Mientras China conserve el Tíbet como parte integrante de su territorio, ostentará este control de facto sobre los ríos transnacionales que nacen en ese punto.

Para minimizar el control de facto y así dar cierta protección a los estados río abajo, existen mecanismos de control "de iure". La ratificación de normas internacionales como la Convención de Naciones Unidas sobre el derecho de los usos de los cursos de agua internacionales para fines distintos de la navegación, pretende establecer una serie de límites al estado privilegiado en defensa de los países río abajo. Sin embargo, la capacidad coercitiva de este tratado se deviene nula al descubrir que China no ha ratificado el mismo, y por lo tanto no se ve sujeta a los límites de este.

Otra de las formas que tiene China para asegurar el control de iure sobre el agua, es la construcción y la inversión en los proyectos

---

36 XIEA, L., ZHANGB, Y. AND PANDA, J."Mismatched Diplomacy: China-India Water Relations Over the Ganges-Brahmaputra-Meghna River Basin", *Journal of Contemporary China*, vol. 27, no. 109, United Kingdom, 2018, pp. 32-46.

hidrológicos de dentro y fuera de su territorio, lo que le hace concentrar legalmente la propiedad de este. Estas inversiones, que refuerzan el control de facto, dependen del segundo factor que determina la diplomacia del agua; el desarrollo económico. La construcción masiva de proyectos hidrológicos china requiere contar con la suficiente capacidad económica. A más capacidad económica, mayor es la posibilidad de explotar los intereses económicos en el agua. Países como Tailandia, Camboya o Laos, no pueden competir económicamente con China, lo cual les hace estar en desventaja hasta en su propio territorio; donde China es la que financia multitud de proyectos.

Con lo anterior, el agua se convierte en una poderosa arma coercitiva con la que China puede ejercer una posición hidro hegemónica en el ámbito regional. Realidad, que desmiente la retórica del "win-win" que abandera el país, y desvela la verdadera mentalidad "zero-sum" en la cual para que uno gane, otros deben perder.

4.3. Estrategias hidrohegemónicas

A diferencia de la hidrodominación, donde el liderazgo se refuerza por la coerción, en la hidrohegemonía el liderazgo se ve reforzado por la autoridad. Se evitan tácticas coercitivas y se busca el cumplimiento voluntario de las "reglas del juego" definidas por el líder[37]. El hegemón, busca consolidar su control de los recursos hídricos, utilizando técnicas como la titulación del agua y su afianzamiento mediante la construcción de presas[38]. China cuenta con más de 87.000 represas y es líder mundial en cuanto a capacidad de generación[39].

---

37 ZEITOUN, M., WARNER, J.,"Hydro-hegemony—a framework for analysis of trans-boundary water conflicts", *IWA Publishing*, United Kingdom, Water Policy 8, 2006, pp. 435-460.

38 LIZ-RIVAS, L.,"Chinese Hydro-hegemonic Geopolitics in the Mekong River Basin", *URVIO, Revista Latinoamericana de Estudios de Seguridad No. 30,* 2021, pp. 108-120

39 CHOW, E."China Is Weaponizing Water", *The National Interest*, 2017.

Fuente: El mapa de la energía hidroeléctrica en el mundo, 2021

Tal posición predominante en lo que respecta al conocimiento sobre todos los aspectos de la planificación, construcción y operación de grandes represas, junto con la ya mencionada superioridad económica, le permiten financiar multitud de proyectos en países vecinos. Países como Laos o Camboya, cuyas represas se han financiado y construido por empresas chinas, han generado una alarmante dependencia sobre esta última[40]. Más del 80% de las represas de Laos están construidas por empresas chinas[41].

La financiación china de infraestructuras en el extranjero, forma parte de la iniciativa china One Belt, One Road, que requiere de la región del sudeste asiático por su salida al Mar Meridional de China. No obstante, tal iniciativa fomenta la dependencia de estos países

---

40 VU, T., MAYER, M.,"Hydropower infrastructure and regional order making in the Sub-Mekong region", *Revista Brasileira de Política Internacional,* Vol. 61, No. 1, Brasil, 2018, p. 12

41 GUERREIRO, P.,"Giving a dam in the Mekong basin: Is China making Laos the battery of Southeast Asia, or wrecking the Mekong delta?", *APP Society,* 2022. https://www.policyforum.net/giving-a-dam-in-the-mekong-basin/

en China, quienes, pueden verse amenazados en el caso de no estar conformes con ciertos planteamientos chinos.

En un futuro con mayores sequías, el agua podría pasar a convertirse en un arma con la que presionar a los estados que supongan un obstáculo, ya que un país sediento es vulnerable y doblegable. Así, el agua puede jugar un papel clave para las aspiraciones expansionistas de Pekín. Tal vulnerabilidad ya quedo reflejada en 2016 cuando los países ribereños del Mekong se vieron reclamaron a Pekín que liberara más agua para aliviar la sequía[42].

La asimetría de estas relaciones, no sólo aseguran a China el beneplácito de sus vecinos en sus pretensiones, sino que le garantizan a su vez el control de su esfera de influencia geopolítica. La esfera de influencia geopolítica es el área sobre la cuál un estado debe ejercer su poder de dominación política, económica, cultural y militar; por ser necesaria esta para amortiguar el poder de los principales adversarios. De acuerdo con Friedman, el Tíbet forma parte de las 4 zonas de amortiguamiento chinas: Manchuria, Mongolia Interior, Tíbet y Xinjiang[43].

CHINA'S HEARTLAND AND BUFFERZONE

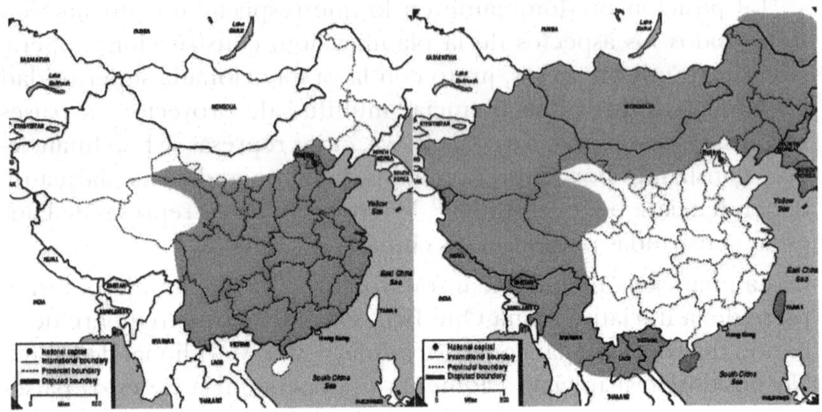

Territorio central y zona de amortiguamiento chino.

42 AMBRÓS, I., *El Mekong, el río de todos los conflictos*, Documento de Opinión IEEE,44/2021.

43 FRIEDMAN, G., "The Pressure on China", *Geopolitical Futures*, 2019, p. 3. https://geopoliticalfutures.com/the-pressure-on-china/

La barrera natural del Tíbet que es a su vez cabecera de ríos transnacionales convierte a estos en herramientas de proyección de poder que contrarrestan las intrusiones de terceros. Un ejemplo de tal intrusión es la iniciativa estadounidense del Bajo Mekong, con la que pretende contrarrestar y reequilibrar el poder acumulado por China[44].

5. AMENAZA AL ODS 6

La imagen hasta ahora expuesta muestra un contexto poco favorable para la consecución del ODS 6, que pretende garantizar la disponibilidad de agua, su gestión sostenible y el saneamiento a nivel mundial[45]. La utilización y acumulación desmedida por parte de los estados aguas arriba, supone una amenaza directa en lo relativo a la cantidad de agua disponible para millones de personas.

Un estudio realizado por Stimson, concluyo que en 2019 China incautó más agua del Mekong que nunca durante las estaciones húmedas y a su vez liberó más que nunca durante las estaciones secas[46]. Esta gestión produjo cambios devastadores en los niveles del río, así como inundaciones repentinas. Gestionar tales circunstancias se convierte en un reto aún mayor para países incapaces de desarrollar infraestructuras de saneamiento y depuración. Los anteriores impactos medioambientales que afectan de manera directa a las metas 6.3 y 6.6 que pretenden reducir la contaminación y proteger los ecosistemas relacionados con el agua[47], y ponen en duda el precio que hay que

---

44 VU, T., MAYER, M.,"Hydropower infrastructure and regional order making in the Sub-Mekong region", *Revista Brasileira de Política Internacional,* Vol. 61, No. 1, Brasil, 2018, p. 12

45 Organización de las Naciones Unidas Objetivos de Desarrollo Sostenible, *Objetivo 6: Garantizar la disponibilidad de agua y su gestión sostenible y el saneamiento para todos,* 2023. https://www.un.org/sustainabledevelopment/es/water-and-sanitation/

46 EYLER, B.,"New Evidence: How China Turned Off the Tap on the Mekong River", *Stimson,* 2020, https://www.stimson.org/2020/new-evidence-how-china-turned-off-the-mekong-tap/

47 KUENZER, C., CAMPBELL, I., ROCH, M., et al."Understanding the impact of hydropower developments in the context of upstream—downstream relations in the Mekong river basin", *Sustainability Sciencie,* 2013,p. 12, 14

pagar por la transición energética hacia un modelo más sostenible. Precio que, en el caso de la población asiática, dependiente de la agricultura y pesca de subsistencia, sería muy alto[48].

6. CONCLUSIONES

La reconfiguración del nuevo orden mundial con China como nueva potencia líder, requiere el afianzamiento de su posición regional e internacional como tal. Tal liderazgo depende en gran medida del aseguramiento de su propio desarrollo nacional, para el cual se hace indispensable contar con los recursos suficientes, entre ellos el agua. Con lo anterior, el control del Tíbet pasa a formar parte inalienable de la estrategia de acción del gobierno chino. Control que sirve a su vez como palanca hidrológica con la que mantener su esfera de influencia regional y que asegura el beneplácito para llevar a cabo sus proyectos.

La indudable ventaja geográfica, va acompañada de su supremacía económica y respaldada por un ilimitado régimen jurídico favorable a sus intereses; circunstancias que evidencian la amenaza que esto supone para los países río abajo, y por lo tanto para los millones de personas que habitan en ellos.

Pese a que difícilmente pueda darse un enfrentamiento directo como tal, el agua ha pasado a convertirse en un arma geopolítica con la que presionar a todos aquellos que no ajusten sus intereses a los del gigante asiático. Arma que pone en peligro muchos de los objetivos necesarios para un futuro mejor, entre ellos el que promueve el ODS 6. A diferencia de la retórica del "win-win" que pregona China; la realidad muestra una potencia hidrohegemónica que refuerza su posición mediante relaciones asimétricas sustentadas por vecinos alarmantemente dependientes de esta.

Finalmente, con esta contribución, lejos de servir al frecuentemente manipulado discurso occidental que criminaliza cualquier actuación del gobierno chino por ser enemigo directo de EEUU, se

---

48 ZARAMA-ALVARADO, S., *De la Gobernabilidad a la Gobernanza ambiental: Un acercamiento a los conflictos del agua*, Colombia, 2020, p. 15

pretende reflejar la amenaza que supone la concentración de tanto poder en un solo ente. Ente que este caso es un Estado, pero que podría verse sustituido por cualquier otro actor del que dependiesen íntegramente terceros estados con supuesta soberanía propia. El presente estudio demuestra como una vez más los intereses nacionales siguen prevaleciendo y la cooperación queda postergada a un segundo plano.

Referencias bibliográficas

AMBRÓS, I., *El Mekong, el río de todos los conflictos,* Documento de Opinión IEEE, 44/2021

BAIYU, G., "Vast river diversion plan afoot in western China", *China dialogue,* 2020. *https://chinadialogue.net/en/nature/11762-vast-river-diversion-plan-afoot-in-western-china-2/*

BLANCO, F.,"Los recursos hídricos en el mundo: cuantificación y distribución", *Cuadernos de estrategia,* nº. 186, 2017, pp. 33-39.

BRUZELIUS, E.,"Paper Tiger Meets White Elephant?An Analysis of the Effectiveness of the Mekong River Regime", *FNI,* 2006.

CHANDRASEKHARAN, D.,"Vietnam and the Mekong Delta: Drafting a plan to ensure greater productivity and climate-resilience", *World Bank Blogs,* 2019.

CHEN, T., "La paradoja de la similitud: las difíciles relaciones sino-vietnamitas", *Observatorio de la Política China,* 2021.

CHOW, E.,"China Is Weaponizing Water", *The National Interest,* 2017.

CHRISTOPHER, M.,"Water Wars: The Brahmaputra River and Sino-Indian Relations", *U.S.Naval War College Digital Commons,* 2013.

CWR, *North South Divide —Mismatched water, people, resources & GDP,* 2017 https://www.chinawaterrisk.org/the-big-picture/north-south-divide/

Departamento de Asuntos Económicos y Sociales de Naciones Unidas, *World Population Prospects the 2017 Revision,* 2017.

EYLER, B.,"New Evidence: How China Turned Off the Tap on the Mekong River", *Stimson,* 2020, https://www.stimson.org/2020/new-evidence-how-china-turned-off-the-mekong-tap/

EYLER, B.,WEATHERBY, C.,"Mekong Mainstream Dams",*S timson,* 2020, https://www.stimson.org/2020/mekong-mainstream-dams/

FERNÁNDEZ JAUGUERI, C.,"¿Por qué un derecho humano al agua?",*Water Assessment and Advisory— Global Network(WASA-GN),* 2006,p. 2-4.

FRIEDMAN, G.,"The Pressure on China", *Geopolitical Futures,* 2019, p. 3. https://geopoliticalfutures.com/the-pressure-on-china/

GANJANAKHUNDEE, S.,"Thailand Uses Participatory Diplomacy to Terminate the Joint Clearing of the Mekong with China", *Iseas - Yusof Ishak Institute Analyse current events,* no. 30, 2020, p. 7.

GOSWAMI, D. C. *Managing the Wealth and Woes of the River Brahmaputra.* Ishani, no. 4, v. 2, p. 8-19, 2008.

Government of India-Press Information Bureau, *Inter-Linking of Rivers,* 2022. https://pib.gov.in/PressReleasePage.aspx?PRID=1809267

GUERREIRO, P.,"Giving a dam in the Mekong basin: Is China making Laos the battery of Southeast Asia, or wrecking the Mekong delta?", *APP Society,* 2022. https://www.policyforum.net/giving-a-dam-in-the-mekong-basin/

HADDELAND, I.,HEINKE, J.,BIEMANS, H.,et al."Global water resources affected by human interventions and climate change", *PNAS,* vol. 111, n. 9, 2014.

HAOYANG, L., FUQIANG T., KEER Z., et al."Water-energy-food nexus in the Yarlung Tsangpo-Brahmaputra River Basin: Impact of mainstream hydropower development", *Journal of Hydrology: Regional Studies, Elsevier, n 45,* Beijing, 2022, p. 1.

HIDALGO, M.,"El agua del Tíbet: un recurso vital para China (reedición)", *IEEE, n 12* 2022, p. 8. https://www.ieee.es/Galerias/fichero/docs_analisis/2022/DIEEEA12_2022_MARHID_Agua.pdf

KATTEL, G., SHANG,W., WANG, Z., et al."China's South-to-North Water Diversion Project Empowers Sustainable Water Resources System in the North", *MDPI,* vol. 11, no. 13, 2019, p. 2, 3.

KUENZER, C., CAMPBELL, I., ROCH, M., et al."Understanding the impact of hydropower developments in the context of upstream—downstream relations in the Mekong river basin", *Sustainability Sciencie,* 2013, p. 12, 14

KUMAR, P., "New Chinese dam on Brahmaputra: China has already built 11 in Tibet", *India Today,* 2020. https://www.indiatoday.in/news-analysis/story/new-chinese-dam-on-brahmpautra-china-already-has-already-built-11-in-tibet-1745422-2020-11-30

KUZUMIN, S.,*Hidden Tibet: History of Independence and Occupation,* Library of Tibetan Works and Archives, 2010, p. 77

LIZ-RIVAS, L.,"Chinese Hydro-hegemonic Geopolitics in the Mekong River Basin", *URVIO,Revista Latinoamericana de Estudios de Seguridad No. 30,* 2021, p. 108-120

LLANDRES, B.,"La política exterior china en el sudeste asiático", *IEEE,* No. 08, 2020, p. 17, 18.

Mekong River Comissison, *Mekong river monitoring and forecasting,* 2023. https://www.mrcmekong.org/about/mekong-basin/natural-resources/

Mekong River Comissison, *Natural Resources,* 2023. https://www.mrcmekong.org/about/mekong-basin/natural-resources/

MERINO, A., *El mapa de la energía hidroeléctrica en el mundo,* EOM, 2021. https://elordenmundial.com/mapas-y-graficos/mapa-energia-hidroelectrica-mundo/

Organización de Naciones Unidas,*Informe mundial de las Naciones Unidas sobre el desarrollo de los recursos hídricos: No dejar a nadie atrás,*París, 2019, p. 15

Organización de las Naciones Unidas Objetivos de Desarrollo Sostenible, *Objetivo 6: Garantizar la disponibilidad de agua y su gestión sostenible y el saneamiento para todos,* 2023. https://www.un.org/sustainabledevelopment/es/water-and-sanitation/

Organización de las Naciones Unidas para la Educación, la Ciencia y la Cultura (UNESCO), *Informe Mundial de las Naciones Unidas sobre el desarrollo de los recursos hídricos: el valor del agua,* París, 2021, p. 14-17.

Organización de las Naciones Unidas para la Educación, la Ciencia y la Cultura (UNESCO),*Primer Informe de las Naciones Unidas sobre el Desarrollo de los Recursos Hídricos en el Mundo: Agua para todos, Agua para la Vida,* Parte II: Una mirada a los recursos mundiales de agua dulce, París, 2003, p. 67.

Panel Intergubernamental sobre el Cambio Climático (IPCC), *Climate Change Impacts, Adaptation, and Vulnerability Part A: Global and Sectoral Aspects,* Cambridge, United Kingdom and New York, 2014, p. 232-269.

PMF IAS, *Ganga-Brahmaputra River System: Major Tributaries of The Ganga & Brahmaputra,*2018.https://www.pmfias.com/ganga-brahmaputra-river-system-tributaries-ganga-yamuna-brahmaputra/

PRADO-FONTS, C., *Tíbet 2008: narrativas en conflicto, escenario global.* Anuario AsiaPacífico, No. 1, 2008, p. 165-173

RAJAH, R., DAYANT., A., PRYKE, J.,"Ocean of debt? Belt and Road and debt diplomacy in the Pacific",*Low Institute,* Sydney, 2019, p. 5.

RANDHAWA, M., *River Brahmaputra (Yarlung Tsangpo): Un potencial punto de conflicto entre India y China,* Colección Meira Mattos, v. 14, 2020, p. 25-47.

RLL, *Why China is Killing Asia's 3rd Longest River,* 2022.*https://www.youtube.com/watch?v=S4BIwTaZqlQ*

RODRÍGUEZ, M., "El mayor trasvase de agua de la historia está en China", *Cinco Días,* 2018.https://cincodias.elpais.com/cincodias/2018/12/17/companias/1545063184_504455.html

SENGUPTA, A., *Chinese Dams on Brahmaputra river/India's strategic concerns/Geo-political advantages,* 2021. YouTube: https://www.youtube.com/watch?v=QTQdF3SYFEw&t=279s

THE ECONOMIST, *China has built the world's largest water-diversion project,* Beijing, 2018. https://www.economist.com/china/2018/04/05/china-has-built-the-worlds-largest-water-diversion-project?utm_medium=cpc.adword.pd&utm_source=google&ppccampaignID=18151738051&ppcadID=&utm_campaign=a.22brand_pmax&utm_content=conversion.direct-response.anonymous&gclid=CjwKCAjwhJukBhBPEiwAniIcNZNV

vblgFnkxohP1HRRBq-8F3nLWxZRBijEoySD3I03eGSwK1Hc4fBoCjXwQAvD_BwE&gclsrc=aw.ds

UNITED NATIONS DEPARTMENT OF ECONOMIC AND SOCIAL AFFAIRS, POPULATION DIVISION, *World Population Prospects 2022 and World Population Dashboard,* New York, 2022, p. 3-9

VU, T., MAYER, M., "Hydropower infrastructure and regional order making in the Sub-Mekong region", *Revista Brasileira de Política Internacional,* Vol. 61, No. 1, Brasil, 2018, p. 12

WADA, Y., FLÖRKE, M., HANASAKI, N., et al."Modeling global water use for the 21st century: The Water Futures and Solutions (WFaS) initiative and its approaches", *Geoscientific Model Development,* 9, Berlin, 2016, pp. 175-222.

WANG, M., CHEN, L., *An institutional analysis of China's South-to-North water diversion,* Vol. 150, No. 1, Thesis Eleven, 2019, pp. 68-80.

WOLF, A., "A Long Term View of Water and Security: International Waters, National Issues, and Regional Tensions", *Wissenschaftlicher Beirat der Bundesregierung globale Umweltveränderungen,* Berlin, 2007, p. 11

World resources Institute, *Aqueduct Water Risk Atlas,* 2023. https://www.wri.org/applications/aqueduct/water-risk-atlas/#/?advanced=false&basemap=hydro&indicator=w_awr_def_tot_cat&lat=-14.445396942837744&lng=-142.85354599620152&mapMode=view&month=1&opacity=0.5&ponderation=DEF&predefined=false&projection=absolute&scenario=optimistic&scope=baseline&timeScale=annual&year=baseline&zoom=2

XIEA, L., ZHANGB, Y. AND PANDA, J."Mismatched Diplomacy: China—India Water Relations Over the Ganges—Brahmaputra—Meghna River Basin", *Journal of Contemporary China,* vol. 27, no. 109, United Kingdom, 2018, pp. 32-46.

ZARAMA-ALVARADO, S., *De la Gobernabilidad a la Gobernanza ambiental: Un acercamiento a los conflictos del agua,* Colombia, 2020, p. 15

ZEITOUN, M., WARNER, J., "Hydro-hegemony - a framework for analysis of trans-boundary water conflicts", *IWA Publishing,* United Kingdom, Water Policy8, 2006, pp. 435-460.

ZHAI, K., JOHNSON, K."Taking power-Chinese firm to run Laos electric grid amid default warnings", *Reuters,*2020.https://www.reuters.com/article/us-china-laos-exclusive-idUSKBN25V14C